Armin Strohmeyr
Uns gehört die Welt

PIPER

Zu diesem Buch

Lange Zeit gab es kaum etwas Interessanteres, als aus der Ferne weiße Flecken auf den Landkarten zu studieren: Sie inspirierten die Fantasie. Doch anstatt Geschichten zu erfinden, reisten die in diesem Band porträtierten Frauen im 18., 19. und frühen 20. Jahrhundert lieber um die Welt, um das wahre Abenteuer zu erleben. Sie waren getrieben von dem Drang, ihre Neugierde zu stillen und das Unbekannte mit eigenen Augen zu sehen. Mit Feldstecher, Schreibfeder und Machete im Gepäck erforschten sie fremde Gesellschaften und ferne Länder und trugen so zum heutigen Verständnis der Welt bei. Nie ließen sie sich von den Konventionen ihrer Zeit daran hindern, eigene Wege zu gehen und Neuland zu beschreiten. Ihre mit unverstelltem Blick verfassten Berichte sind unterhaltsame Marksteine der Reiseliteratur.

Armin Strohmeyr ist promovierter Germanist und Autor viel beachteter Biografien und Porträtsammlungen. Sein Buch »Verkannte Pioniere« wurde von der Zeitschrift DAMALS beim Wettbewerb »Historisches Buch des Jahres« mit dem 3. Platz prämiert und stand auf der Shortlist »Wissenschaftsbuch des Jahres« des Österreichischen Bundesministeriums für Wissenschaft und Forschung. Zuletzt erschienen bei Piper »Abenteuer reisender Frauen«, »Einflussreiche Frauen« und »Geheimnisvolle Frauen«.

www.armin-strohmeyr.de

Armin Strohmeyr

Uns gehört die Welt

Schreibende Frauen erobern die Fremde

9 Porträts

PIPER
München Berlin Zürich

Mehr über unsere Autoren und Bücher:
www.piper.de

Von Armin Strohmeyr liegen im Piper Verlag vor:
Abenteuer reisender Frauen
Einflussreiche Frauen
Geheimnisvolle Frauen
Uns gehört die Welt

MIX
Papier aus verantwor-
tungsvollen Quellen
FSC® C083411

Originalausgabe
Piper Verlag GmbH, München/Berlin
Januar 2016
© für diese Ausgabe:
Piper Verlag GmbH, München/Berlin 2016
Umschlaggestaltung: Birgit Kohlhaas, www.kohlhaas-buchgestaltung.de
Umschlagabbildung: H. Armstrong Roberts/Getty Images
Satz: Kösel Media GmbH, Krugzell
Gesetzt aus der Berling
Druck und Bindung: CPI books GmbH, Leck
Printed in Germany   ISBN 978-3-492-27392-3

»Die meisten Menschen fahren wie die Reisekoffer durch die Welt, und die größte Zahl der sogenannten Touristen, die behaupten, alles gesehen zu haben, liest alles in einem Buche nach und sitzt dann einfach im Gasthaus und schlürft Eiskaffee oder nimmt Whisky-Soda. Ich will gar nicht leugnen, daß es angenehmer ist, als in der Tropenglut herumzulaufen.«

Alma Karlin

für Birgit

Inhalt

1 Sophie von La Roche (1730–1807)
Von der »grünen Stube« zu den »Eißgebürgen«

Es ist der 22. Juli 1784. Nach einer mehrstündigen Wanderung steht die dreiundfünfzigjährige Romanautorin Sophie von La Roche auf einem Felsvorsprung oberhalb des Mont-Blanc-Gletschers. Freilich ließ sich die etwas füllig gewordene schwäbische Matrone von kräftigen Burschen in einem Tragestuhl nach oben schaffen, aber das schmälert die Abenteuerlichkeit des Unternehmens nicht. Sie selbst umschreibt ihre Gefühle dort oben so: »Man lernt an Allmacht glauben, wenn man hier steht, und die Felsen sieht. Wie klein, wie niedrig scheint aller Stolz der Welt [...] meine Seele war bewegt und durchdrungen. Gefühle der Anbetung, wie man sie sonst nirgends fühlen kan, Liebe gegen seinen Urheber, feyerliche Freude über Unsterblichkeit, Vergessen alles erlittenen Wehes, Vergebung alles Unrechts, liebreiches Übersehen aller Unvollkommenheiten, waren die Gesinnungen, die mich durchdrangen.«

Den Gipfel des Mont Blanc erklimmt Sophie von La Roche an jenem Tag freilich nicht – das wäre zu viel für ihre Begleiter. Der mit 4807 Metern höchste Berg Europas wird erst zwei Jahre später, am 8. August 1786, von Jacques Balmat und Michel-Gabriel Paccard nach einem zweitägigen Aufstieg bezwungen. Zweiundzwanzig Jahre später gelingt einer Frau die Besteigung des Gipfels: Marie Paradis wird jedoch – ähnlich wie ihre berühmte Vorgängerin Sophie von La Roche – streckenweise von Jacques Balmat getragen. Und es vergehen weitere dreißig Jahre, bis 1838 Henriette d'Angeville als erste Frau den höchsten Berg Europas aus eigener Kraft bezwingt.

Wichtiger als die erklommenen Höhenmeter ist in allen Fällen die Begeisterung, die diese Frauen angetrieben hat. Außer der sportlichen Herausforderung ist die geistige Befriedigung zu nennen, die schwärmerische Hinwendung an die großartige Bergwelt, die Entdeckung der von Menschenhand unberührten Natur – ein Phänomen, das auch heute noch zu beobachten ist und das die Vereinnahmung der scheinbar entlegensten Winkel der Erde nach sich zieht.

So kann man Sophie von La Roche durchaus als eine Pionierin romantischen Naturempfindens und individuell geprägter Reiselust verstehen. Dass sie erst im reiferen Alter, mit über fünfzig Jahren, ihren engeren Kulturkreis verließ und fremde Länder bereiste – die Schweiz, Holland, England und Frankreich –, war auch Ausdruck gelebter Emanzipation und ein Ausbruch aus der bürgerlichen Konvention. Zwar hat Sophie von La Roche über ihre Reisen detaillierte Journale geschrieben – nicht zuletzt, um sich vor der Nachwelt und der eigenen Familie abzusichern, indem sie die »Nützlichkeit« ihrer Unternehmungen (nämlich die Reise als Bildungserlebnis) hervorkehrte. Zugleich aber war sie sich ihrer literarischen Fähigkeiten und Verpflichtungen bewusst, indem sie ihr individuelles Reiseerlebnis als von allgemeinem Interesse begriff und ihre Leserinnen und Leser an ihren Begegnungen, Empfindungen und Abenteuern teilhaben lassen wollte. Die Reiseliteratur wurde zu einem festen Bestandteil der Buchläden – kam sie doch einem Bedürfnis breiter Schichten entgegen, die sich aus ihrem engen heimatlichen Umkreis lösen wollten, und sei es nur dadurch, dass man die Eindrücke anderer las und nachempfand.

Hunger nach Bildung

Die Verhältnisse, denen Sophie von La Roche entstammte, waren keineswegs günstig für eine selbstbestimmte Existenz als freie Autorin. Vielmehr war alles darauf angelegt, sie zu einer pflichtbewussten und frommen Bürgerin, Ehefrau und Mutter zu erziehen. Erst mit über vierzig Jahren konnte sie die vorge-gebenen Bahnen verlassen – bedingt durch den Erfolg ihres ers-ten Romans, aber auch durch die schwierigen ökonomischen Verhältnisse. So sah sie sich nach dem beruflichen Sturz ihres Mannes genötigt, die Familie durch ihre Schriftstellerei zu ernähren, was ihr Selbstwertgefühl hob und ihre gesellschaft-liche und familiäre Stellung festigte. Aber bis dahin war es ein langer, entbehrungsreicher und von Enttäuschungen geprägter Weg.

Sophie kommt am 6. Dezember 1730 in Kaufbeuren im All-gäu zur Welt. Der Vater, Georg Friedrich Gutermann, ist Arzt und hat in der Freien Reichsstadt die Stelle des Stadtphysicus inne. Die Mutter Regina Barbara entstammt der angesehenen Memminger Bürgerfamilie Unold. Doch so gebildet Guter-mann, der in Tübingen und Leiden studiert hat, ist, in *einem* Punkt denkt er sehr traditionell: Ein Mädchen kann den erhoff-ten Stammhalter nicht ersetzen.

Vater Gutermann muss sich gedulden. Denn nach der erstge-borenen Sophie kommen weitere elf Mädchen zur Welt. Erst das dreizehnte Kind ist der ersehnte Junge. Da Gutermann lange Jahre vergeblich auf einen Sohn wartet, will er aus der erstgeborenen Tochter, deren geistige Fähigkeiten er erkennt, etwas Besonderes machen. Sophie kann – glaubt man ihren Er-innerungen – bereits mit drei Jahren lesen. Früh wird sie vom Vater in Astronomie, Französisch und Geschichte unterrichtet. Bei den Gelehrtenabenden, die Gutermann veranstaltet, darf Sophie als »Bibliothekarin« assistieren. Doch das Lateinische, die Sprache der Gelehrten, bleibt ihr verwehrt. Vater Guter-mann will keine »Gelehrtenmamsell«. So handelt er im Wider-spruch, einerseits auf seine gelehrige Tochter stolz zu sein und andererseits ihrer Bildung Grenzen zu setzen.

Teilweise gibt er Sophies Drängen nach. Das halbwüchsige Mädchen – die Familie wohnt ein paar Jahre in Lindau am Bodensee, bevor sie endgültig nach Augsburg zieht – erhält ver-tieften Unterricht durch den Philosophiehistoriker Johann Jakob Brucker, außerdem Stunden in höherer Mathematik und italienischer Sprache und Literatur durch den gelehrten Arzt Giovanni Lodovico Bianconi. Die siebzehnjährige Sophie verliebt sich in den gut aussehenden dreißigjährigen Italiener. Doch Vater Gutermann, der bei aller Weltläufigkeit viel auf seine protestantische Konfession hält, steht einer Heirat mit dem Katholiken Bianconi ablehnend gegenüber.

1748 stirbt Regina Gutermann, die stets besänftigend auf ihren cholerischen Mann eingewirkt hat. Gutermann schickt seine verbliebenen vier Kinder zu seinen alten Eltern nach Biberach in Oberschwaben. Dann macht er sich überraschend mit Bianconi nach Italien auf. Er ist bereit, dessen Familie kennenzulernen, um sich die Angelegenheit mit Sophies Verlobung durch den Kopf gehen zu lassen. Als Gutermann nach einem Dreivierteljahr nach Augsburg zurückkehrt und seine Kinder wieder zu sich holt, kommt es zum Eklat: Er überwirft sich mit Bianconi, da sie sich nicht über die konfessionelle Erziehung etwaiger Kinder Sophies einigen können.

Gutermann erteilt Sophie eine harte Lektion. Sie hat erst als alte Frau, ein Jahr vor ihrem Tod, Worte dafür gefunden: »Ich mußte meinem Vater alle Briefe Bianconis, Verse, schöne Alt-Arien, mit meinen sehr pünktlich ausgearbeiteten geometrischen und mathematischen Übungen, in sein Cabinet bringen, mußte alles zerreißen und in einem kleinen Windofen verbrennen; Bianconi's Portrait [...] mußte ich mit der Scheere in tausend Stücke zerschneiden, einen Ring mit [...] der Umschrift: *ohne Dich nichts* [...] mit zwei in den Ring entgegen gesteckten Eisen, entzwei brechen und die Brillanten auf den rothen Steinen umher fallen sehen. – Die Ausdrücke meines Vaters dabei will ich nicht wiederholen. – So wollte man das Andenken des Mannes auslöschen, dem mein Geist so viel Schönes zu danken, mein Herz so viel Glück von ihm zu hoffen hatte, der mich nie gezankt, immer geliebt und gelobt hatte.«

Vielleicht wäre dieses Ereignis nicht mehr als eine biografische Anekdote geblieben, hätte sich für Sophie daraus nicht ein Hauptantrieb ihrer späteren Arbeit als Schriftstellerin und Herausgeberin entwickelt: Die Frage: Welches ist die richtige Erziehung? Und: Wie sind individuelle Neigungen und gesellschaftliche Interessen zu verbinden und zu versöhnen?

Doch nach der erzwungenen Trennung von Bianconi geht es für Sophie zunächst um das eigene seelische Überleben. Sie wird erneut nach Biberach geschickt und lernt im Hause des Predigers Thomas Adam Wieland – eines weitläufigen Verwandten von Sophies Vater – dessen sechzehnjährigen Sohn Christoph Martin kennen. Er ist Student der Philosophie und verfertigt – so munkelt man in dem Städtchen – galante Gedichte.

Christoph Martin ist von schwärmerischer Natur. Das fällt bei der enttäuschten, nach Wärme und Anerkennung dürstenden Sophie auf fruchtbaren Boden. An einem Sonntag im August 1750 verloben sich die beiden heimlich. Wenige Wochen später bricht Christoph Martin Wieland nach Tübingen auf, um Jura zu studieren. Das Dichten freilich lässt er nicht sein. Jetzt hat er auch eine Muse. Er schickt seiner »englischen« (engelsgleichen) Sophie leidenschaftliche Verse: »Englische Sophie, mein Herz, mein Licht/Du bist selbst, ja, du bist selbst die Tugend,/Aus der Anmuth aufgeblühter Jugend,/Reizt Sie selbst in Dir ein klug Gesicht./O wie strahlt aus deinen schönen Blicken,/Wo mit weisem Ernst sich Anmuth paart,/Eine Seele von Seraph'scher Art,/Fähig mehr als Weise zu entzükken!« Doch alle Reinheit der jungen Liebe erweicht die Eltern nicht. Sowohl Vater Gutermann als auch Mutter Wieland sind gegen die schwärmerische Verbindung. Christoph Martin indes wirft bald sein Studium hin und geht in die Schweiz, wo er in dem Literaturprofessor Johann Jakob Bodmer einen Gönner gefunden hat. Die Eindrücke in der Eidgenossenschaft sind für den jungen Dichter überwältigend. Er findet gleichgesinnte Autorenkollegen, genießt das liberale bürgerliche Klima und verschaut sich auch in das eine oder andere Mädchen. Kein Wunder, dass da die Briefe an die »englische« Sophie spärlicher und gleichgültiger werden.

Enttäuschung und die Fügung ins Unabänderliche veranlassen Sophie im Winter 1753 zu einem raschen Entschluss: Sie heiratet den dreiunddreißigjährigen Georg Michael Frank, der von allen »La Roche« genannt wird. Um La Roches Herkunft rankt sich ein Geheimnis. Angeblich ist er der illegitime Sohn des Reichsgrafen Anton Friedrich von Stadion, der in kurmainzischen Diensten steht und in Warthausen bei Biberach und Thannhausen Besitzungen hat. Auffällig ist, dass der Graf den Knaben einst bei sich aufnahm und ihm eine ausgezeichnete Bildung zukommen ließ. Stadion zog La Roche zu seinem engsten Berater und Vertrauten heran. In Warthausen muss La Roche seiner Braut zum ersten Mal begegnet sein.

Es ist keine Liebesheirat. Statt großer Gefühle gibt es praktische Gründe für eine Verbindung. Georg Michael La Roche benötigt eine Frau, die Geist und Bildung genug hat, um am Hofe Stadions als Konversationsdame und Vorleserin für den Grafen zu dienen. Sophie hingegen gelingt es mit der Heirat, den Fesseln des Vaterhauses und der unbefriedigenden Liaison mit Wieland zu entfliehen. Dass sie überdies mit La Roche einen Mann bekommt, der später ihren literarischen Ehrgeiz toleriert, kann sie noch nicht wissen.

Sophie findet sich rasch in ihrem neuen Leben zurecht. Im Palais Stadion in Mainz und am dortigen kurfürstlichen Hof gilt sie als schöne und kluge Gesellschafterin. Im Laufe der Jahre bringt Sophie acht Kinder zur Welt, fünf überleben. Für deren Erziehung bleibt ihr kaum Zeit, denn der Dienst bei Hof ist kräftezehrend. Als Graf Stadion im Jahre 1761 von seinem Amt als Mainzer Staatsminister zurücktritt, zieht er sich auf seine Besitzung Warthausen bei Biberach zurück. Die Familie La Roche folgt ihm. Der kleine Hof wird in jenen Jahren zu einem Hort der Künste und strahlt weit über die Grenzen der Herrschaft hinaus. Auch Christoph Martin Wieland, der in seine Heimatstadt Biberach zurückgekehrt ist und dort das Amt des Kanzleiverwalters versieht, geht auf dem Schloss ein und aus.

Mit Sophie hat er sich ausgesöhnt. Er ermutigt sie, sich literarisch zu versuchen.

In Sophie von La Roche reift in jenen Jahren der Plan, einen Erziehungsroman in Briefen zu schreiben. Impetus hierzu ist die Sehnsucht, sich ein – wie sie sich ausdrückt – »papierenes Mädchen« zu erschaffen, das sie nach ihren Vorstellungen zu einem Idealwesen erziehen kann – gerade weil ihr das bei ihren eigenen Kindern versagt bleibt, die sie auf Geheiß ihres Mannes Gouvernanten oder einem Internat überlassen muss. So entstehen die ersten Kapitel. Teile schreibt sie in Warthausen, Teile auf Schloss Bönnigheim bei Heilbronn, wohin die Familie 1770 nach dem Tod des Grafen Stadion zieht. Nur Wieland ist eingeweiht, und er liest Korrektur und unterbreitet Verbesserungsvorschläge.

Im Frühjahr 1771 geht ein Raunen durch die literarische Welt: Es erscheint ein Roman, der binnen kürzester Zeit zu einem Bestseller wird und um den sich Gerüchte ranken. Sein Titel: *Geschichte des Fräuleins von Sternheim*. Das Buch fasziniert weniger wegen seiner Handlung, sondern wegen seiner Haltung. Es ist die Zeit der Empfindsamkeit. Individuelle Gefühle, durch den Rationalismus und die Aufklärung verdrängt, treten nun in den Vordergrund, und obgleich sie intimen Charakter haben, verlangen sie Teilhabe verwandter Seelen.

In jenen Jahren um 1770 bilden sich in den Salons des Bürgertums – der neuen Bildungsschicht – Zirkel, in denen man sich briefliche Herzensergüsse vorliest. Der Brief wird zum Leitmedium jener Zeit, und er verliert als solches jeglichen privaten Charakter. Der Roman *Geschichte des Fräuleins von Sternheim* bedient diese sentimentale, empfindsame Richtung und treibt sie auf einen künstlerischen Höhepunkt. Denn in ihm wird nicht nur die Lebensgeschichte eines empfindsamen Menschen dargestellt, sondern sie wird auch – zum ersten Mal in der deutschen Literatur – aus der Sicht einer Frau beschrieben.

Doch eine Frage bleibt zunächst unbeantwortet: Wer ist der Autor des Buches? Der Roman erscheint anonym. Nur der Name des Herausgebers wird genannt: Christoph Martin Wieland. Schließlich sickert des Rätsels Lösung durch, denn der Kreis der Empfindsamen ist immer wohlunterrichtet: Tatsächlich handelt es sich beim Autor des Romans um eine angesehene Dame des gehobenen Bürgertums, die durch Heirat sogar mit dem Adel in Verbindung steht.

Die La Roches wohnen seit Kurzem in Ehrenbreitstein gegenüber Koblenz. Georg Michael von La Roche ist Minister am kurtrierischen Hof. Binnen kurzer Zeit ist das Haus der La Roches ein Sammelpunkt der geistigen Elite. Die Dichter und Philosophen Christoph Martin Wieland, Georg und Friedrich Jacobi, der schriftstellernde Kriegsrat Johann Heinrich Merck und der schreibende Hofmeister Franz Michael Leuchsenring kommen nach Ehrenbreitstein, der geniale, aber arg aufdringliche Jakob Michael Reinhold Lenz umschwärmt die Hausherrin, und der gerade einmal dreiundzwanzigjährige Johann Wolfgang Goethe wandert zu Fuß von Frankfurt nach Ehrenbreitstein. Noch im Alter schreibt er enthusiastisch über Sophie von La Roche: »Sie war die wunderbarste Frau, und ich wüßte ihr keine andre zu vergleichen.«

Die Zeitgenossen sind begeistert. Die einen sehen in der Erziehungsgeschichte des Fräuleins von Sternheim die exemplarische Darstellung dessen, was die Aufklärung vermag: die Befreiung des Menschen aus seiner selbst verschuldeten Unmündigkeit. Die Bewegung der Empfindsamen hingegen schätzt an dem Roman die gefühlsintensive Darstellung, die sich zum ersten Mal in einem belletristischen Werk ausspricht. Das Buch heizt die bisweilen exhibitionistischen Allüren der Empfindsamen an, und es kommt im Hause Sophie von La Roches in Ehrenbreitstein zu wahren Vorlese-Marathons: Abende, an denen man sich die schönsten gefühlsschwangeren Stellen aus eigenen Briefen und denen Dritter vorliest.

Auch der junge Goethe gehört zu den empfindsamen Jüngern von Ehrenbreitstein. Eben war er in unglücklicher Liebe zu der Wetzlarer Bürgerstochter Charlotte Buff entbrannt. Jetzt, im Hause La Roche, verliebt er sich in die schöne Tochter Maximiliane. Doch deren sonst so gefühlsselige Mutter hat ein wachsames Auge auf das Kind. Sie möchte eine standesgemäße Hochzeit. Ein unsteter Literat wie der junge Goethe bietet ihr zu wenig. Der jedoch schreibt – unter dem Eindruck seiner unglücklichen Amouren – in wenigen Wochen einen Roman, der ihn berühmt, ja, berüchtigt machen wird und in dessen Weltschmerz sich eine ganze Generation junger Menschen widergespiegelt sieht: *Die Leiden des jungen Werthers*. Goethes Geniestreich kommt nicht aus dem Ungefähren. Das Buch ist in vielem die fiktional kaum verbrämte Darstellung autobiografischer Erlebnisse. In der »Lotte« des Romans sind Züge von Charlotte Buff, aber auch von Maximiliane von La Roche verwoben. Den gefühlsbetonten Stil des *Werther* und die Technik individueller Sprechweisen hat Goethe exemplarisch im *Sternheim*-Roman seiner Autorenkollegin vorgezeichnet gefunden. Ihr gegenüber zeigt sich der junge, von seinem Genie überzeugte Stürmer und Dränger voller Vertrauen und Hochachtung. Der »chère maman«, wie er Sophie von La Roche liebevoll nennt, schreibt er Anfang Juni 1774: »Sie werden sehn wie Sie meinem Rad Schwung geben wenn Sie meinen *Werther* lesen, den fing ich an als Sie weg waren den andern Tag, und an einem fort! Fertig ist er.«

Nur kurze Zeit ist Sophie von La Roche das Idol der jungen Generation. Ihr Ruhm verblasst recht schnell. Die neue literarische Richtung des Sturm und Drang schafft sich Vorbilder aus den eigenen Reihen, darunter Goethe und etwas später Friedrich Schiller. Sophie von La Roche erscheint den Jungen bald als zu alt, zu mütterlich, zu bürgerlich. Hand in Hand mit dem literarischen Bedeutungsverlust geht der gesellschaftliche Niedergang der La Roches. Zwar kann Sophie im Jahre 1774 die älteste Tochter Maximiliane an den reichen Frankfurter Kaufmann Pietro Antonio Brentano verheiraten – eine Ehe, der zwölf Kinder entspringen, darunter die später als Schriftsteller so bekannten Geschwister Clemens und Bettine Brentano. Doch stürzt Georg Michael von La Roche im Jahre 1780 über eine Intrige am kurtrierischen Hof. Er hat sich mit seiner kirchenkritischen Schrift *Briefe über das Mönchswesen* zu weit vorgewagt und wird von seinem Brotherrn, Kurfürst Clemens Wenzeslaus, entlassen. Die La Roches ziehen sich nach Speyer zurück, in das Haus des befreundeten Domherrn Christoph Philipp von Hohenfeld.

Doch gerade in jenen Jahren gesellschaftlicher Schmach und persönlicher Not – Georg Michaels Pension reicht kaum zum Leben, er kränkelt, und die Ausbildung der Söhne verschlingt viel Geld – beweist Sophie von La Roche Tatkraft und Erfindungsreichtum. Um Geld dazuzuverdienen, gründet sie 1783 eine eigene Zeitschrift, die sie zum großen Teil selbst schreibt, redigiert, und deren Vertrieb in ihren Händen liegt. Der Titel des Journals: *Pomona. Für Teutschlands Töchter*. Die Zeitschrift erscheint in den Jahren 1783/84 in vierundzwanzig Heften und ruft Sophie von La Roche in die Erinnerung des Publikums zurück. *Pomona* ist die erste deutsche Zeitschrift für Frauen, die von einer Frau betreut wird. Sogar die russische Zarin Katharina abonniert fünfhundert Exemplare. Dabei ist das Konzept der Zeitschrift nicht neu. Sophie von La Roche überträgt darin nur die Erziehungs- und Bildungsgrundsätze, die sie bereits 1771 an ihrem »papierenen Mädchen« Sophie von Sternheim exemplarisch dargelegt hat. Die Palette der Themen, die in *Pomona* behandelt werden, ist groß: Das Überzeitliche wird mit dem Alltäglichen verbunden, das Schöne mit dem Nützlichen. Es geht um Mythologie, Geschichte, Naturforschung und Philosophie, aber auch um Mode, um einen zeitgemäßen Schulunterricht für Mädchen, um Gartenbau, Haushalt und Gedächtnistraining.

Sehnsucht nach den »Eißgebürgen«

Auch Reiseberichte werden in die *Pomona* aufgenommen. Kein Wunder, dass sich die Herausgeberin Sophie von La Roche bald nach der Ferne sehnt. In den Jahren 1784 bis 1786 bricht sie zu drei Reisen auf, die jeweils mehrere Monate dauern und sie in die Schweiz und nach Savoyen, nach Frankreich, Holland und

England führen. Den kranken Ehemann lässt sie unter Obhut in Speyer zurück.

Sie ist bereits Mitte fünfzig, für damalige Verhältnisse eine Frau an der Schwelle zum Alter. Die Straßen sind schlecht, die Gasthäuser verwanzt, die Kutschen unbequem und zugig, in den Wäldern lauern Räuber. Dass eine Frau dieses Alters sich auf den beschwerlichen Weg macht, weil sie neugierig auf die Welt ist, dazulernen und sich durch eigene Anschauung ein Bild von Ländern und Menschen machen will, ist ein ziemliches Novum. Sophie von La Roche hat über ihre Reisen mehrere umfangreiche Bücher geschrieben, die noch heute in ihrer Anschaulichkeit lesenswert sind. Es besticht der unverstellte, unvoreingenommene Blick. Sie besichtigt nicht nur die üblichen Sehenswürdigkeiten, sondern besucht auch Waisenhäuser, Gefängnisse, Manufakturen und Arbeiterwohnungen. Die Neugier siegt über das Vorurteil, die Liebe zum anderen Menschen über die Furcht vor dem Fremden.

Am 25. Juni 1784 ist es so weit: In Begleitung ihres sechzehnjährigen Sohnes Franz fährt Sophie von La Roche Richtung Süden, zunächst nach Straßburg. Über Freiburg im Breisgau – Sophie bewundert dort das Münster – geht es nach Neustadt im Schwarzwald und Donaueschingen. Bei Schaffhausen betritt sie Schweizer Boden und ist ganz außer sich, endlich im Land ihrer Sehnsucht zu sein. Wissensdurstig besucht sie in der Stadt sogleich ein »Naturalienkabinett«, ein privates Naturkundemuseum – davon kann sie auf all ihren Reisen nie genug bekommen. Dann geht es weiter zum Rheinfall. Sie ist überwältigt:

»Dieser Anblick, meine Kinder! kann man nicht beschreiben; aber ein vorher nie bekanntes Gefühl von der Macht und Schönheit der Natur durchdringt hier die Seele. Der herrliche Fluß […] stürzt […], wie im Unmuth der Starke gegen Hindernisse anprellt, gegen zwey in der Mitte stehende hohe und hundert damit verbundene kleine Felsen an, mit einer Schnelligkeit, einem Eifer und Treiben der nachkommenden Fluthen, daß alle vor sich, seitwärts und rückwärts sich stoßen, in die Höhe schäumen, als wirblende Wolken vom Sturm getrieben, sich übereinander wälzen und in den Abgrund stürzen. Meine Feder vermag nicht, es weiter zu beschreiben.«

Sophie ist überrascht, überall als eine Berühmtheit empfangen zu werden. Doch kann sie sich nicht lange damit abgeben, denn wieder sind es äußere Eindrücke, die sie überwältigen: Sie sieht in der Ferne die selbst jetzt, im Sommer, schneebedeckten Hochalpen: »Bey einem Ruhpunkte wurde meine Seele von einem lebhaften Vergnügen überrascht, denn ich erblickte auf einmal die Kette der Eißgebürge, welche in Lindau in meiner ersten Jugend, bey meinem Fortwachsen in Biberach, und in meinem verheyratheten Stande in dem Schlosse Warthausen immer so anziehend für mich war.«

Weiter geht es nach Zürich. Die Nachricht von ihrer Ankunft verbreitet sich rasch. An ihre Zimmertür klopfen der Idyllendichter Salomon Gessner und seine Frau, die die Autorin der *Geschichte des Fräuleins von Sternheim* wie eine alte Freundin »mit der Freymüthigkeit einer Republikanerin« begrüßen und nach empfindsamer Manier innig umarmen. Gessners führen Sophie sogleich zu dem Bibliothekar und »würdigen Professor« Leonhard Usteri, der der Besucherin die Schätze der Zürcher Stadtbibliothek zeigt.

Luzern, die nächste Station, »liegt schön an einem Busen des vier Waldstädter Sees, und kann durch die Schiffarth den Überfluß des Korns, des Obstes und der Kastanien, welche ihr Land trägt, leicht verhandlen und verführen«, so schreibt sie in ihr Tagebuch. Ihr Sohn Franz schaut sich hier, am See, gern nach den Mädchen um, was Sophie nicht ohne Wohlwollen bemerkt, denn tatsächlich gibt es hier, wie sie schreibt, »viele schöne und artige Frauenzimmer«. Der Vierwaldstätter See blinkt verführerisch in der Sonne, und Sophie und Franz unternehmen mit ein paar Bekannten eine Bootsfahrt. Die Literatin kennt keinen Müßiggang und greift auf offenem Wasser zum Notizbuch, um ihre Beobachtungen und Empfindungen für die Leserschaft festzuhalten: »Ich schreibe mühsam, weil die Ruderstöse meine Hand beunruhigen und ich euch doch so gerne alle Gefühle meiner Seele mittheilen möchte [...].«

Sie will ein kleines Stück in die Berge und überredet ihren Sohn zu einem Ausflug auf eine Alm auf dem Rigi. In Begleitung eines Schweizer Führers, der sich um die etwas füllig gewordene Dame sorgt, steigen sie eine Almwiese hinan. Belustigt notiert sie: »Wir stiegen über große und kleine Steine zwischen den schönsten Wasserkräutern nah zu dem größten [Wasser-] Fall, wo ich bey dem Schweitzer blieb, weil er ernstlich sagte: ›Mama! Ihr müßt nit weiter, ihr syd a schwere Frau, die das Stige nit gewohnet ist.‹« Sie mag vielleicht das Steigen nicht gewohnt sein, die Strapazen des damaligen Reisens, in engen Kutschen über holprige, ausgefahrene Wege, erträgt sie gleichwohl erstaunlich gut. Fast nie findet man in ihren Aufzeichnungen, die ansonsten mit persönlichen Details nicht geizen, Bemerkungen über Müdigkeit oder einen von den Schlaglöchern schmerzenden Rücken. Kaum ist sie an einem neuen Ort, oft hat sie noch nicht einmal ihren Koffer ausgepackt, schon stattet sie Bekannten einen Besuch ab oder findet sich auf einem Fest wieder.

Am 17. Juli trifft die Reisegruppe in Lausanne ein. Sehnsüchtig schaut Sophie über den Genfer See, für den sie eigenartigerweise kaum ein Wort übrig hat. Ihr Blick geht hinüber zu den Bergen Savoyens: »Gegen 7 Uhr erblickten wir die Spitzen des savoyischen Eißgebürges schön beleuchtet in röthlichem Feuer, und dann den Genfer See, der bey der Windstille spiegelglatt die lezten Strahlen unserer gemeinsamen Sonne in Silberglanz zurückwarf, und die grosen Schattenabdrücke der andern Berge zeigte. An den beyden Ufern hin blicken noch beleuchtete Thurm- oder Schloßspitzen zwischen tausendfachen Grün hervor. Ein unnennbar Gefühl von Freude und Bewunderung durchdrang meine Seele bey dem immer stärkern Annähern gegen diese Berge und Gegenden, welche ich so viele Jahre gewünscht, und deren Geschichte ich gelesen hatte.«

Keineswegs fühlt sie sich von der Größe und Schroffheit der Berge eingeschüchtert. Im Gegenteil: »Es war ein erquickender Anblick für mein Herz; denn so lang ich deutlich denke und fühle, haben grose Gebürge immer mit einem Einfluß von

Stärke auf mich gewürkt. Sie erniedrigen mich nicht diese mächtigen Geschöpfe, im Gegentheil finde ich mich erhöht, wenn ich bey ihrem Anblick an unsern gemeinsamen Urheber denke, der mir zerbrechlichem Wesen eine unsterbliche Seele gab. Ein Geschenk, welches wohl alles übertrifft, was seine göttliche Hand austheilen konnte.« Sie erkennt sogar den Wert des Gebirges für den ökologischen Kreislauf und den Nutzen für die Menschheit: »Diese Gebürge haben Größe, Macht, und Wohlthätigkeit in sich vereint; denn die, welche ewigen Schnee und Eiß tragen, geben auch unsern Flüssen ewig Wasser. Andre sind mit nährendem Gras für tausend Heerden bedeckt; andre mit Waldung, und aus ihrem Schooß geben sie edle und unedle Metalle, Chrystall und Marmor; alle sind auf ihren Höhen mit reiner Luft begabt.«

Von Lausanne fährt Sophie von La Roche westwärts. Mit der Andacht einer literarischen Pilgerin besucht sie Ferney bei Genf, das Voltaire zu seinem Alterssitz gemacht hatte. Jetzt, sechs Jahre nach seinem Tod, ist das Anwesen dem Verfall preisgegeben. Sophies Einstellung zu dem französischen Dichter ist zwiespältig. Sie anerkennt sein poetisches Talent, sieht den Atheisten aber mit Skepsis und pietistischem Tadel.

Sie hält sich nicht lange auf. Die savoyischen Berge leuchten schon sehr nah. In Genf lernt sie den Bruder ihres Brieffreundes Jean André de Luc kennen und lässt sich von ihm durch sein privates Naturalienkabinett führen, wobei es ihr Steine und Versteinerungen besonders angetan haben. Staunend nimmt sie einen Bergkristall in die Hand. Solch wunderschöne Edelsteine gibt es also in den Bergen! Sehnsüchtig blickt sie durchs Fenster auf die Alpenkette. Ein Wunsch durchzuckt sie, den sie bisher nicht zu denken wagte … Einer ihrer Schweizer Bekannten, ein Herr Le Badé, ahnt von ihrer Sehnsucht. Er unterbreitet ihr und Franz den Vorschlag, eine Expedition nach Savoyen zu unternehmen, zum höchsten Berg Europas, dem bis dahin noch nicht bezwungenen Mont Blanc. Sophie von La Roche ziert sich zunächst, aber nur zum Schein – dann sagt sie freudig zu. In ihren Notizen, den Töchtern zur Erbauung geschrieben, findet sich eine Rechtfertigung für dieses abenteuerliche Wagnis, das sich für eine Dame streng genommen nicht ziemt. Der Sohn Franz wird vorgeschoben: »Ich soll mit nach den Eißgebürgen, sagt Herr le Badé, und mit ihm diesen uns neuen Schauplaz der Natur besuchen; Franz bat mich so inständig darum, daß, wenn auch mein Verstand und Herz nicht die nehmliche Begierde gehabt hätte, ich doch Eurem Bruder zuliebe hingegangen seyn würde, weil ich den Grundsaz habe, daß man vernünftige Wünsche der jungen Leute, wozu dieser gehört, allezeit erfüllen soll [...]. Ich gehe also mit Franz nach Chaumoni [Chamonix] in Savoyen.«

Die Reisegruppe zieht von Genf nach Südosten, in die Berge. Am 22. Juli treffen sie nachts um halb eins in Chamonix ein. Dieser 22. Juli 1784 wird für Sophie von La Roche ein zentraler Tag ihres langen Lebens. Die beiden Tage im französischen Gebirge gehören für sie »unter die seeligsten meines Lebens, weil die größten, reinsten Gefühle meine Seele durchströmten in zween Tagen so viel von dem zu sehen und zu erfahren, was Gottes Allmacht unserer Erde gab, und wozu Fleis, Muth und Gewohnheit den Menschen führt«. Was sie ihren Töchtern und uns darüber berichtet, hat sie nach eigenem Bekunden noch am Abend desselben Tages atemlos zu Papier gebracht, noch während ihre »durch einen Gewitterregen genezten Kleider« vor dem Kaminfeuer trockneten.

Nach der Ankunft mitten in der Nacht gönnen sich die Reisenden nur vier Stunden Schlaf. Um fünf Uhr stehen sie auf, frühstücken eilig, rüsten zum Aufstieg. »Zwo Tragbütten mit Brod, Wein, Käs und kaltem Braten« werden zur Verpflegung mitgenommen, denn die Gruppe ist nicht klein: neben Sophie und Franz von La Roche gehören der Herr Le Badé, zwei Bergführer und sechs Träger dazu. Letztere müssen abwechselnd eine Sänfte schleppen, in der die ehrwürdige, etwas beleibte und kurzatmige Schriftstellerin sitzt. Sie kommen gut voran. Das klare Wetter bietet eine gute Sicht. Als Sophie von La Roche so in ihrem Tragestuhl sitzt und die steilen Hänge hinabblickt, wird ihr etwas blümerant, was sie aber vor den Begleitern verbirgt: »In das Thal konnte ich bald nicht mehr so tapfer hinunter schauen, weil wir in anderthalb Stunden schon auf einer Höhe waren, wo die Häuser in Chaumoni wie Kartenhäuser kleiner Kinder aussahen […].« Nach ein paar Stunden machen sie auf einer Almwiese Rast, die Brotzeit schmeckt nach so viel Anstrengung besonders gut: »Aber das Ganze war herrlich: die Quelle, mein mit grosen Steinen gestüzter Stuhl neben derselben, die Savoyarden auf der Anhöhe zerstreut umher sitzend, ein Glas Wein und ein Stück Brod in der Hand, ein Mädgen und ein Knabe, welche uns gefolgt waren, und auf hölzernen Tellern mit Blumen geziert Erdbeeren, Kirschen und kleine Käße anboten, Liedergen sangen, und dazu hüpften.«

Weiter geht es bergan, sie gelangen von den Almwiesen in unwirtliche Höhen, wo die Natur sich alles andere als lieblich zeigt: »Weiter hinauf trafen wir die Bäume etwas niedriger, viele bemooste Steine, auch viele andre von dem Gipfel neu herabgerollte Granitstücke, umgerissene grose Bäume, und eine grose Menge Trümmern eines herabgestürzten mächtigen Felsens, wovon eine grose Strecke bedeckt ist, und unfruchtbar und schauervoll aussieht, so, daß man denken möchte, Gott habe die Welt wieder zerstören wollen […].« Jetzt, auf schmalem Pfad, »nur zwo Hände breit«, an steilen Hängen vorbei, in dünner, kälter werdender Luft, wird ihr doch etwas bang. Sie verspürt Atemnot und fürchtet, ohnmächtig zu werden: »Die Träger mußten etwas abwärts gehen, so daß das ganze Gewicht meines Körpers auch vorwärts hieng; die Füsse mußt ich, um nicht auf den Steinen anzustoßen, ausstrecken; aber da stieß ich an die Füsse des vordern Trägers, und kont ihn dadurch fallen machen, wo er mich mit seinem Kameraden in den Abgrund gezogen hätte. Diese neben dem Blick auf den Weg entstandnen Gedanken erschöpften auf einmal allen meinen Muth; ich war einer Ohnmacht nahe, und nur durch die Idee bey Sinnen geblieben: Wenn du ohnmächtig wirst, so stürzest du ohne Hülfe aus dem Stuhl.«

Es wird merklich kühler. Hinter einem Felsblock eröffnet sich plötzlich die Aussicht auf den Gletscher »Mer de Glace«.

Sophie von La Roche stockt der Atem: »Einige Schritte weiter zu unsern Füssen das Eißmeer in dem ziemlich breiten Thal zwischen diesen Bergen hingezogen; wirklich in Gestalt hoher Wellen, die sich aus der Höhe herabwälzen, und Granitblöke mit sich führen, die so gros wie mein halbes Zimmer sind. Zwischen ihnen Pyramiden von glänzenden Eiß, wie von Cristal, und der Einschnitt, welcher eine weise Welle von der andern absondert, mit himmelblauen Eiß besezt.«

Kaum kann sie sich vom Anblick des Gletschers losreißen, als einer der Begleiter auf Quellwolken am Horizont aufmerksam macht und vor einem nahenden Gewitter warnt. Die Gruppe macht sich eilig auf den Weg hinab ins Tal. Doch das Gewitter zieht schneller auf als erwartet und entlädt sich mit Wucht: »Ich bekenne, daß mir ein wenig schauerte, als ich Blitze auf 50 Schritte von mir an dem Berg hinab gleiten sah, das Wiederhallen des Donners an den gegenüberstehenden Felsen hörte, nun wußte, daß ich durch eine Wetterwolke gehen mußte, und bey dem heftigen Regen zu fürchten hatte, daß meinen Führern oder mir die Füsse auf den genetzten Steinen und Gras ausglitschen, und wir in das Thal hinunterstürzen könnten. Das alles geschah nicht, und das Gewitter war ein Auftritt mehr, den ich auf diesem herrlichen Schauplaz der Natur betrachten konte.«

Obgleich bis auf die Haut durchnässt, versagen sie es sich nicht, zur Gletscherzunge hinabzusteigen. Überwältigt stehen sie vor dem Gletschermund, aus dessen Innerem sich ein eiskalter Bach ergießt: »Denkt euch ein Gewölbe von 50 bis 60 Schuh hoch, die Decke von dem schönsten Himmelblau, der Hintergrund Lazur, die Seitenwände wie von venetianischen Glas, in Scenen abgetheilt, durchsichtig, das Wasser schien zwischen Säulen von Cristall hervor zu rauschen.« Rückblickend auf diesen erlebnistrunkenen Tag kann sie nur pathetisch ausrufen: »Was war der Regen für eine kleine Beschwerde gegen die Gefühle dieses Anblicks? Ich segnete diesen Tag meines Lebens, dankte dem Himmel, daß er mir ihn aus der Hand der edelsten Freundschaft gegeben hatte [...].«

Anderntags unternimmt die Reisegruppe von Chamonix aus

noch einen kleinen Ausflug in die Umgebung, und man kann die sonst auf Äußerlichkeiten bedachte Dame in einem pittoresken Aufzug sehen. Sie hat sich nur unzureichend warme Kleidung mitgenommen und zögert nun nicht, in der abgeschiedenen Gebirgsgegend salopper aufzutreten: »Ich war in zwey Mäntel von Murmelthierhäuten eingewickelt, die mein Freund Pagard von einem Hirtenbuben lehnte.« Tags darauf geht es zurück. Sophie von La Roches Ferien neigen sich dem Ende zu. Zügig geht es über Genf und Lausanne nach Bern.

Die Zeit drängt, denn Franz soll nach Kolmar ins Internat. Also fahren Mutter und Sohn weiter nach Solothurn und Basel. Dort besichtigen sie das Münster mit dem Grabmal des katholischen Humanisten Erasmus von Rotterdam und das Zeughaus mit der Waffen- und Kanonensammlung. Sophie von La Roche vermerkt kritisch, »wie verschieden in einem Zeughause die Empfindungen einer Frau von der Männer ihren sind: mich wenigstens schauderte es bey der Betrachtung der seit Jahrtausenden angefangenen und immer mit neuen tödlichen Erfindungen abgeänderten Mordgewehre, von Menschen gegen Menschen, und oft wegen sehr geringer Ursachen«.

Weiter geht es ins Elsass. Am 19. August treffen Mutter und Sohn in Kolmar ein, und Sophie übergibt den Jungen ihrem alten Freund, dem Schriftsteller und Pädagogen Gottlieb Pfeffel, wobei sie nicht ohne mütterliche Rührung die Eleven betrachtet, »welche zu seiner Rechten und Linken so schön in Rangordnung standen, blühende junge Leute von allen Enden unsers Europa, welche nun Freunde und Cameraden meines Franzes werden sollten, ihn mit Neugierde betrachteten, er aber die Freude fühlte, unter Jünglingen zu leben und auch reiten zu lernen.« Über Straßburg, wo sich die unermüdliche Beobachterin in der Stadtbibliothek und in Handwerksbetrieben gründlich über die Geschichte des Buchdrucks, der Papierherstellung und -verarbeitung, über Schriftgießerei und -setzerei informiert, kehrt Sophie von La Roche nach Speyer zurück.

Ein gutes halbes Jahr später – das Erscheinen der *Pomona* ist eingestellt worden, und Sophie von La Roche verfügt wieder über mehr Zeit – ergibt sich die Gelegenheit zu einer weiteren Reise. Die Frankfurter Freundin Elise von Bethmann, eine gebürtige Französin aus Bordeaux, unterbreitet ihr den Vorschlag, sie auf einer Fahrt in ihre Heimat zu begleiten. Sophie sagt ohne zu zögern zu. Endlich ergibt sich die Möglichkeit, das Ursprungsland der Enzyklopädisten, das ihr aus Büchern so vertraut ist, selbst kennenzulernen. Auch Paris, das Zentrum der damaligen Kunst und Literatur, und Versailles, sagenhafter Ort eines prunkbesessenen königlichen Hofes, stehen auf dem Reiseprogramm. Am 10. März 1785 ist es so weit: Mit »der frohen und gütigen Bewilligung« Georg Michael von La Roches fahren Sophie und ihre Freundin Elise über Karlsruhe und Kehl nach Straßburg. Dort sieht Sophie ihren Freund Pfeffel und ihren Sohn Franz wieder und vernimmt mit mütterlichem Stolz »Zeugnisse von seinem Fleis und seinen guten Sitten«.

Es ist eine Zeit der Umbrüche und Verwerfungen. Die Aufklärung, die dem Menschen das helle Licht der Vernunft bringen wollte, ruft oftmals gerade das Gegenteil hervor. Wie stets in der Geschichte antworten Menschen auf Veränderungen in ihren Lebensgewohnheiten mit der Flucht in das Irrationale, den Aberglauben, die Wunderheilung. Abends gehen Sophie und Elise zur Vorführung eines physikalischen Experiments, dem man heilende Wirkung nachsagt und das damals groß im Schwange ist, dabei aber allerhand Scharlatanen zur finanziellen Gesundung verhilft: das Magnetisieren. Eine »drolligte Sache«, so urteilt die überraschend nüchtern-reservierte Sophie von La Roche. Sie sieht beim Eintreten in das Zimmer des Magnetiseurs einen großen Waschzuber, »der mit einem Deckel verschlossen ist, aus welchem viele eiserne Stangen hervorragen, von denen einige in die Höhe gegen den Kopf, andre gegen die Brust, gegen den Magen und Unterleib, auch an die Schenkel gerichtet werden können, und die man von Zeit zu Zeit mit den

Händen streichelt [...].« Der Wunderheiler hält einen eisernen Stecken in der Hand und »bewegt bey jedem den kleinen Stab nach allen nur möglichen Richtungen, streicht aber den kranken Theil dabey mit seinen Händen, doch so, daß das Streicheln immer abwärts gehe«. Für Sophie von La Roche ist das lediglich Hokuspokus, sie ist zu sehr eine pragmatische Schwäbin und aufgeklärte Intellektuelle: »Mich dünkt gewis, daß diese Kur sich mit Bemächtigung der Einbildungskraft anfängt, denn auf kalte ruhige Vernunft kann sie nicht würken [...].«

Über Lunéville und Nancy reisen die Freundinnen nach Paris, wo sie am 25. März 1785 ankommen. Sophie von La Roche ist von der Größe der Stadt wie erschlagen. Voller Bewunderung sieht sie die vielen Boutiquen und reich ausstaffierten Schaufenster, andererseits aber auch den Schmutz in den Straßen, die ärmlichen Häuser in den Bezirken der Innenstadt und das verlumpte Aussehen der einfachen Leute. Im Tagebuch schreibt sie: »[...] auch übersteigt die Armuth des Volks und der hohe Grad Unreinlichkeit, welche man hier überall antrifft, alle Vorstellung.« Die Regierung reagiert lediglich mit simpler Verkleidung, um das Elend zu verbergen. »Im Winter 1784«, so hat man Sophie erzählt, »wo viele tausend Arme für Kälte und Hunger starben, bezahlte man Jungen, welche masquirt die Strassen hin und her liefen, sangen und tanzten. Man begünstigte alle kleine Hekenwirthe und lustige Häuser, damit darinn recht gelärmt würde, um das Erzählen und Andenken an die armen Unglücklichen zu unterbrechen und zu verbergen.«

Andererseits sieht sie unerhörten Reichtum, Luxus, Verschwendung und Müßiggang – für die schwäbische Bürgersfrau verdammenswerte Laster. Voller Abscheu berichtet sie von den Dandys und Décadents, die die Zeit totschlagen und »alle physische Lüste übersatt gekostet« haben: »Diese Classe Menschen stehen um 10 oder 11 Uhr des Morgens auf, haben dann mit Frühstücken und Morgenkleidung zu thun, rennen hierauf in ein berühmtes Koffeehaus, gucken und horchen eine Weile, gehen von da zu einer artigen Geliebten, setzen sich bey ihr auf den bequemsten Stuhl, hören ihr zu, wenn ihr aufgeweckter

Kopf gerade gestimmt ist, einen Menschen zu unterhalten, der nicht eine Sylbe spricht, sondern nach einem oft zwo Stunden dauernden Stillschweigen wieder weggeht, um sich zu einem Mittagsessen anzukleiden [...]. Man behauptet, diese unglücklichen jungen Mannsleute wären sogar der Schauspiele überdrüssig.«

Die Diskrepanz zwischen Arm und Reich und die Verelendung breiter Schichten, die bereits vier Jahre später zum Ausbruch der Revolution und zum Sturz des feudalen Systems führen werden, geben Sophie zu denken und empören ihren Gerechtigkeitssinn. Fassungslos notiert sie: »Als ich nach meinem Gefühl darüber redete, antwortete man mir: ›O! Sie müssen hier das Ansehen des Elends nicht achten, sonst verderben Sie sich das Vergnügen Ihres Aufenthalts; Paris hat viele Hülfsmittel, es wird viele Arbeit und viel Allmosen gegeben.‹«

Auch hier, im Zentrum der Aufklärung, finden Wunderheiler, Magnetiseure, Geisterbeschwörer und andere Salbader ihre willigen Opfer. Sophie von La Roche, die sich viel darauf zugutetet, dass sie »die Physik und Mechanik immer liebte, und immer ihren Nutzen bewunderte«, besucht das Atelier eines, wie sie spöttisch schreibt, »sogenannten« Physikers, der einen Musikautomaten, eine von selbst spielende Orgel, erfunden hat. Das Instrument, so die enttäuschte Autorin, sei aber nur ein plumpes Ding, das mit einem solch furchtbaren »Gerassel« gespielt habe, »daß wir froh waren, als es aufhörte«. Außerdem habe der Physiker ein Pulver zum Putzen der Zähne angepriesen, »welches den Mund erfrische, die Zähne weis mache«. Für damalige Gemüter ein überflüssiges und unsinniges Brimborium, das von der sparsamen Schwäbin als »Geldmacherey« gebrandmarkt wird und ihren Spott erntet: »Drollig wars, wie sogleich mehrere Lust dazu bezeugten, die Frau den Augenblick Wasser und ein Waschbecken brachte, einige ihren Mund und Zähne sogleich damit putzten, allerley Gesichter schnitten, und dann den übrigen ihren aufgesperrten Mund und blökende [bleckende] Zähne weißen [weisen; zeigen] [...].«

Es gibt in der Weltstadt Paris viel Spektakuläres und Außergewöhnliches zu entdecken: Sophie von La Roche besichtigt – wie eh und je wissensdurstig und neugierig – den Louvre, der sie schaudern macht, da sie der Ermordung der Hugenotten in der Bartholomäusnacht gedenken muss. Doch rühmt sie die im Louvre tagende Académie Française, »welche gestiftet wurde, um die Reinheit und Vollkommenheit der Sprache zu befördern«. Sie besucht Gemäldeausstellungen, die sie schätzt, hat sie doch durch ihren Mann kunsthistorische Kenntnisse gesammelt, und bewundert Meisterwerke von Michelangelo, Raffael und Charles Le Brun. Aber auch ihre erzieherische und karitative Ader kommt auf ihre Kosten: Sie besucht ein Findelhaus, eine Taubstummenschule, das Hôtel des Invalides und die Militärschule. Auch informiert sie sich über Handwerk, Land- und Manufakturenwirtschaft und besichtigt die Porzellanfabrik von Sèvres, die Weinberge und Gärten auf dem Montmartre und das Atelier der damaligen Modezarin, einer Mademoiselle Le Bertin, »welche alle Kleider der Königin und der vornehmsten Damen bey Hofe macht, und wirklich jetzo alles verfertigt, was der Spanische und Portugisische Hof für die doppelte Vermählung zwoer Infantinnen braucht«. Sophie von La Roche sieht keine kleine Nähstube, sondern einen vorindustriellen Fabriksaal, in dem »an drey langen die Hauptseiten einnehmenden Tischen etliche zwanzig Mädgen« sitzen, »jede mit andrer Phantasie beschäftigt«. Begriffe wie Akkord und Gewinnmaximierung gibt es damals freilich noch nicht, und so kann die Besucherin aus Deutschland darin nur Vorteile erblicken. Mademoiselle Le Bertin besitzt nämlich noch andere Ateliers und beschäftigt, so weiß Sophie von La Roche, zweitausend Frauen, »indem sie Flor, Bänder, Zeuge, Blonden und Folieblumen nach ihren eigenen Gedanken ausarbeiten lasse, und jährlich mehr als eine Million Livres nach Paris in Umlauf bringe«. Für die deutsche Reisende jedenfalls scheint hier die Utopie von der Verbindung von Fleiß, Arbeit und weiblicher Beteiligung am Nutzen für die Gemeinschaft verwirklicht.

Die Roben aus der Manufaktur der Mademoiselle Le Bertin sind den aristokratischen Kreisen vorbehalten, und mit ihnen kommt Sophie von La Roche bald in Kontakt: nicht nur im Schauspiel und in der Oper (sie sieht Glucks *Iphigenie in Aulis*), sondern auch bei offiziellen Anlässen des königlichen Hofes. Einmal wacht sie »halb eilf Uhr Nachts« von den Schüssen der Kanonen auf, die von der Bastille zum Zeichen abgefeuert werden, dass Königin Marie Antoinette einen Sohn zur Welt gebracht habe. Die Bürgersfrau La Roche, die in aller Herrgottsfrüh aufsteht und sich dafür zeitig schlafen legt, ist über diese Ruhestörung indigniert, die ihr »alle […] übrigen Ideen […] verstört« habe.

Tags darauf zieht König Ludwig XVI. mit allem Pomp zur Kathedrale Notre-Dame, um Gott für die Geburt des Sohnes zu danken. Zehntausende Pariser und Pariserinnen haben sich auf den Straßen versammelt, um dem Monarchen zuzujubeln und vielleicht die eine oder andere Münze zu erbeuten, die von den königlichen Equipagen herab unters Volk geworfen werden. Sophie von La Roche und Elise von Bethmann beobachten das Spektakel verwundert: »Nun hörte man vom Weiten das Getöse von Rufen: Vive le Roi!« Als die königliche Kutsche unter Sophie von La Roches Balkon vorüberzieht, sieht sie den Monarchen aus großer Nähe: »Ludwig der XVI. sieht einem wohlwollenden Herrn gleich, lächelte freundlich auf alle Seiten und grüßte sein Volk.«

Auch bei anderer Gelegenheit kommt sie mit dem Hof in Berührung. Über Freunde in Versailles erhält sie Zutritt zum halböffentlichen Kirchgang des Königspaars, ein andermal wird sie zu einem Gartenfest nach Versailles eingeladen. Die Erscheinung Marie Antoinettes flößt Sophie von La Roche Achtung ein, sie begeistert sich für die astrale Schönheit der Monarchin: »Die Musik begann und wir sahen die Königinn aus einer Allee des Gartens herauskommen, schön und majestätisch, obschon einfach und leicht gekleidet, in einem violetten taffenten Leibrock, weisen Unterrock und Korset mit einem Rosenfarbnen Gürtel, einem großen Florhalstuch, einfachen gar nicht grosen Strohhut, leicht eingefaßt, und leicht liegende Bandschleifen, den Dauphin an einer, die Prinzessinn an der andern Hand

recht schön mütterlich führend, und mit anmuthsvoller Sorg-
falt, bald auf das Eine, bald auf das Andere blickend.«

Verstörender wirkt auf die Deutsche ein öffentlicher Auftritt
Marie Antoinettes. Als die Königin, ähnlich ihrem Mann wenige
Wochen zuvor, in einem großen, prachtvollen Konvoi zur
Kathedrale Notre-Dame zieht, schlagen ihr von der zum Jubeln
zusammengetrommelten Menge Verachtung und kaltes Schweigen entgegen. Sophie von La Roche beschreibt die Szenerie,
ohne jedoch ihre Rückschlüsse daraus zu ziehen: »Die Königinn selbst […] ist blendend weis, und war mit Diamanten
bedeckt. Ihre wirklich königliche Schönheit machte sie merk-
würdig […]. Aber kaum hatte ich in mir diese Bemerkungen
gemacht, so beobachtete ich an Männern und Frauen auf dem
Balcon neben mir eine Art Staunen in ihren Blicken auf einander, und endlich ein leises Fragen: was ist das? Alle Strasen voll
Menschen, und niemand ruft: Vive la Reine! Die todte Stille
war auffallend im Vergleich des Rufens beym Einzug des Königs.
Ein Mann von vielem Geist sagte mir: ›Sie sehen einen Zug des
Volks, welches den Muth hat, sein Misvergnügen zu zeigen. Es
trägt Lasten, aber es kriecht nicht, wie die Grosen: Man hat
etwas gegen die Königinn, und zeigt ihr, daß man nur der Pracht
des Zuges zuliebe kam, nicht für ihre Person.‹ Die Verbindung
des Vergnügens der Neugierde und das Schweigen des Wider-
willens in so viel tausend Menschen, wie abgeredet, dünkte
mich traurig; ich wünschte nicht heute Königinn zu seyn.«

Sophie von La Roches Engagement für die Armen kennt das
christliche Mitleid, auch das matriarchalische Verantwortungs-
bewusstsein der Bürgersfrau – nicht aber das Gefühl kämpferi-
scher Solidarität. Sie begrüßt »Brot und Spiele« als Mittel zur
Besänftigung des Volkszorns, ohne nach der Berechtigung des
Zorns zu fragen: »Ich liebe die Feste der Grosen, an welchen der
gemeine Mann seinen Antheil genießt. Goldene Kutschen und
Kleidung blenden und freuen ihn bey Tag, die Beleuchtung und
das Feuerwerk bey Nacht und jeder Feyertag ist ihm willkom-
men.« Andererseits scheut sie nicht die wohlwollende Begegnung mit dem Arbeiterstand. Neugierig beobachtet sie Gerüst-

bauer und Maurer und beklagt, dass sie wegen der Ungeduld der Bauherren sogar sonntags arbeiten müssen. Und sie unterhält sich angeregt mit ihrer Wäscherin, nicht ohne ihr gut gemeinte Ratschläge zu erteilen. So erhält Sophie von La Roche manchen überraschenden Einblick in die Lebensverhältnisse des »vierten Standes«, ohne sich jedoch Gedanken zu machen über die Rechtmäßigkeit der Ständegesellschaft. Für sie ist das System, so wie es ist, gut, die Herrschenden regieren »von Gottes Gnaden«. Sophies Zorn wird erst dann entfacht, wenn die dienende Schicht hochmütig die gottgewollten Grenzen übertritt oder umgekehrt die herrschenden Klassen ihr Gottesgnadentum als Freibrief für Maßlosigkeit und Willkür sehen, nicht als Auftrag zu Gerechtigkeit, Güte und Verantwortung. Dieses festgefügte Gesellschaftsbild Sophie von La Roches wird vier Jahre später zerstört werden.

Kaum mag sie sich von Paris und Versailles lösen, doch Elise von Bethmann drängt, endlich nach Bordeaux zu reisen. So brechen die Frauen auf und fahren ins Loiretal, dessen Schönheit und Fruchtbarkeit Sophie von La Roche über alles rühmt: »Welch ein herrliches Stück von Gottes Erde habe ich gesehen!« Über Orléans, Blois und Tours reisen sie südwärts in das Poitou und gelangen schließlich nach Bordeaux. Auf der hier breit und mächtig fließenden Garonne fahren große Segelschiffe, die aus Übersee kommen, flussaufwärts. Sophie steht staunend am Ufer und bekommt eine Ahnung von der Weite des Meers, das sie noch nie gesehen hat: »Diesen Mittag genoß ich noch einen herrlichen Anblick. Drey Schiffe kamen reich beladen von St. Domingo zurück, lößten kleine Kanonen, hatten ihre Flaggen und Banderolen fliegend, alles Schiffsvolk gepuzt auf dem Verdeck, und drey Matrosen stunden auf der kleinen Gallerie des Hauptmastes, welchen sie mit einem Arm umfaßt hielten, und mit dem andern mit weißen grosen Tüchern ihren Bekannten und den Kaufleuten zuwinkten.« Sie besucht, wissensdurstig wie immer, auch eine Schiffswerft. Ein Plan reift in ihr: Sie will vor der Rückreise nach Deutschland unbedingt das offene Meer sehen!

Nachdem Elise von Bethmann ihre Eltern und Geschwister besucht und Sophie etliche Kirchen, Klöster, ein Brunnenhaus, eine Zuckerbäckerei und eine Glasfabrik besichtigt hat, geht es wieder nordwärts über das Limousin und das Berry nach Paris. Dort verbringen die beiden Frauen noch ein paar Wochen, die sie mit Besichtigungen und gesellschaftlichen Verpflichtungen füllen. Sophie von La Roche, vom technischen und naturwissenschaftlichen Eifer der Zeit angesteckt, lässt sich staunend eine Dampfmaschine zeigen, die man in einer Art Werkspionage den Engländern abgeschaut hat. Die Maschine betreibt ein Pumpwerk, das Wasser aus der Seine in die Stadt bringt. Begeistert und zukunftsgläubig notiert die deutsche Besucherin: »Heute sah ich mit grosem Vergnügen und Aufmerksamkeit die Feuermaschine, welche in England erfunden und in Paris durch die vereinte Mühe der zween Brüder Perrier nachgeahmt wurde. Ich möchte bald sagen, diese Maschine allein verdiene eine Reise nach Paris; denn es kann einen denkenden Menschen wohl einige Stunden angenehm beschäftigen, über den glücklichen Augenblick nachzusinnen, in welchem die Gewalt der warmen Dünste berechnet und zum Dienst der Menschheit bestimmt wurde.«

Besuche bei dem berühmten Naturforscher Georges-Louis de Buffon und der gelehrten, damals jedoch durch die »Halsbandaffäre« um Marie Antoinette belasteten Gräfin Stéphanie-Félicité de Genlis, die in Montmorency bei Paris als »Verdienst- und Gütevolle Frau« ähnlich dem Fräulein von Sternheim eine gebührenfreie Schule betreibt, runden das Paris-Programm ab. Die Hoffnung auf eine Begegnung mit dem Chevalier Charles Geneviève d'Eon de Beaumont, einem stadtberüchtigten transsexuellen Salonlöwen, erfüllt sich leider nicht.

Dann hält Sophie von La Roche nichts mehr: Ende Juni reist sie seineabwärts nach Le Havre. Abends um neun kommt sie an und eilt zum Hafen. Eben als die Sonne untergeht und ihr rotes Licht in die See gießt, steht Sophie am Ufer, aufgelöst in Glück. Das Erlebnis des Meeres bekommt für sie einen ähnlichen Stellenwert wie ein Jahr zuvor die Wanderung zum Mont Blanc.

Wieder sieht sie darin die Allmacht Gottes und das Wundersame seiner Schöpfung bestätigt: »Ich kann den Eindruck nicht beschreiben, welchen ich fühlte, als ich an die Brustmauer mich anlehnte, und zu meiner Rechten die Stadt mit der wie ein Amphitheater mit lauter schönen Häusern besezten Anhöhe, seitwärts die Berge mit den Leuchtthürmen, und vor mir das weite grenzenlose Meer mit der starken wallenden Bewegung der Fluth sahe. Linker Hand lagen die Küsten der niedern Normandie, wo man die bewohnten Städte und Schlösser nur an weißen Punkten erkennt, wenn die Sonnenstralen darauf fallen. Vor einem Jahr sahe ich unermeßliche Gebirge von der Hand der Allmacht vor mir hin verbreitet, heute das Meer; die ersten still und Himmel ansteigend, dieses in immerwährender Bewegung von Millionen Wellen bedeckt, in mächtiger Lebenskraft von den Grenzen des Himmels gegen das Ufer her sich drängen, und mit Brausen und Schäumen sich zurück auf nachkommende Wogen werfen.«

Die Zeit drängt. Die »gütige Bewilligung« Georg Michael von La Roches war auf fünf Wochen ausgestellt. Jetzt sind seit der Abreise bereits mehr als fünfzehn Wochen verstrichen! Nochmals kehren die beiden Frauen kurz nach Versailles zurück. Am 29. Juni schließlich brechen sie zur Rückreise auf. Über Nancy und Lunéville geht es ostwärts. Als Sophie schließlich von den Höhen der Vogesen herabblickt, durchziehen sie heimatliche Gefühle: »Das schöne Elsaß lag weit ausgedehnt vor mir und der köstliche Duft der Weinblühte erfüllte die ganze Luft.«

Hollands »Wohlstand und Nettigkeit«

Zu Hause steht nicht alles zum Besten. Georg Michael von La Roche ist krank. Den Sommer 1785 über muss er das Bett hüten, und Sophie verbringt lange Tage am Lager ihres Mannes. Ende August kann sie an die Freundin Elise zu Solms-Laubach vermelden, ihr Mann sei wieder halbwegs gesund, doch habe er »in einem geschwächten Geist die Überreste des Wehs« behalten. Sie nutzt indes die Wochen, in denen sie an das Haus in Speyer gebunden ist, um die Tagebücher der Reisen in die Schweiz und nach Frankreich zu überarbeiten.

Noch ist sie nicht mit diesen beiden umfangreichen Skripten fertig, da bietet sich ihr im Sommer 1786 erneut die Gelegenheit, ins Ausland zu fahren. Christoph Philipp von Hohenfeld, der Speyerer Hausherr, will seine Schwester, die Freifrau von Erthal, nach Spa schicken, dem damals in Mode stehenden Kurort im Hohen Venn, nahe Lüttich. Für Sophie von La Roche die Gelegenheit, wieder auf Reisen zu gehen. Einem Brief an den Basler Freund Jakob Sarasin ist zu entnehmen, dass es bezüglich Sophies Reiselust zu einem Streit zwischen den Eheleuten gekommen sei. Sie setzt sich allerdings durch und erhält von ihrem Mann erneut eine »gütige Bewilligung«. Diesmal soll es nach Holland und weiter nach England gehen, das von Sophie in ihrer Geschichte des Fräuleins von Sternheim so gelobte Land, das sie bis dahin jedoch nicht gesehen hat und nur von den begeisterten Erzählungen ihres Mannes kennt. Bis an den Niederrhein soll Hohenfeld mitkommen, dann soll Sophies Sohn Carl, der in Preußen das Bergwesen studiert, sie begleiten. Bedingung für Sophie und Frau von Erthal ist, dass – so schreibt Sophie nicht ohne Augenzwinkern – »wir als gescheute Weiber uns aufführen, nicht krempeln [zanken], nicht delikat tun wollen […].« Sie versprechen es hoch und heilig, und so kann in der zweiten Augustwoche 1786 die Fahrt rheinabwärts beginnen.

In intellektuellen Kreisen spottet man bereits über die Reisewut der nicht mehr jungen Frau. Herzogin Anna Amalia von Sachsen-Weimar schreibt in jenem Herbst an Sophies alten Bekannten Johann Heinrich Merck – nicht ohne Neid: »Wie ich höre, so ist Madame La Roche nach England gereist; die Welt macht die Menschen, und es ist gut, wenn man in der Jugend sie kennenlernt, um im Alter Gebrauch davon zu machen, aber die gute La Roche fängt nur etwas spät an.«

In einer ersten Etappe geht es nach Bingen, dort trifft Sophie von La Roche mit ihrem zwanzigjährigen Sohn Carl zusammen. Sie kommen nach Koblenz, sehen vom Schiff aus mit

Wehmut ihr einstiges Haus in Ehrenbreitstein. Inzwischen ist das neue kurfürstliche Schloss, dessen Bau Georg Michael von La Roche mit Rücksicht auf die Staatskasse einst verhindern wollte, errichtet, was in Sophie »tausend schlummernde, unangenehme Ideen« weckt. In Koblenz sieht Sophie ihre Tochter Luise wieder, die in der Ehe mit Joseph Christian Möhn, der trinkt, unglücklich ist. Doch Sophie will das jetzt nicht wahrhaben, sie findet die Tochter »heiter, gut und sanft« vor.

Weiter geht es über Köln, Düsseldorf und Xanten ins preußische Kleve, dann über die Grenze in die Niederlande. Erste Station dort ist Nimwegen. Sophie bewundert »den Wohlstand und die Nettigkeit der Stadt«. Alles ist aufgeräumt und sauber, das erinnert sie an die Schweiz und entspricht ihrer schwäbischen Ordnungsliebe. Auf einem »Régulairschiff«, einem Linienboot, geht es auf der Waal nach Rotterdam, von dort nach Delft und Den Haag, einem »Dorf voller Palläste«, wie sie spöttelt. In Wahrheit hat sie großen Respekt vor den Niederländern. Ein Jahr zuvor noch voller Bewunderung für den Versailler Hof, kommt in Sophie nun wieder der alte reichsstädtische Bürgerstolz zum Vorschein, wenn sie die Niederländer rühmt: »Es ist erstaunend, wie der anhaltende Fleiß der Bewohner dieses Theils von Europa über das mächtigste Element siegte, Gränzen ihm setzte, das Joch eines übermüthigen Beherrschers abschüttelte, in fernen Welttheilen Königreiche sich unterwarf, und einen großen Theil aller Schätze der Erde sich eigen machte. […] Wie äußerst angenehm ist es mir, stufenweise die deutliche große Idee einer Republik erlangt zu haben! Von dem wohlthätigen Schattenbild an, welches in Reichsstädten herrscht, zu dem der verbündeten Schweizer-Cantons, und nun bei den mächtigen Staaten von Holland – welch eine Stufenleiter!«

Sie besichtigt in Scheveningen und Leiden wie üblich allerlei Bibliotheken und Naturalienkabinette und lässt sich von einem Maler Aquarelle von Tulpen und Hyazinthen zeigen, die er exakt nach der Natur malt, um die Blumenzüchtungen in einem Katalog anzupreisen, eine einzige Zwiebel für hundert

Gulden, wie sie fassungslos schreibt. Seit jeher ist sie eine praktische Hausfrau und wünscht sich nicht teure Tulpen, sondern »eher einige von ihren Johannisbeersträuchen, welche so hoch wachsen, daß man Gartenlauben damit decken kann, und beinah so große Beeren geben, als die Weingrapen, welche man Rißling nennt«.

In Amsterdam staunt Sophie über den Reichtum der Stadt und die Vielfalt der Bevölkerung: Sie besucht mehrere Synagogen und besichtigt ein Kriegsschiff und einen Ostindiensegler. Den Reichtum bezieht die Stadt aus dem Handel mit Südostasien. Sophie von La Roche, sonst dem Großkapitalismus aus moralischen Gründen eher abgeneigt, nutzt die Gelegenheit, um sich von all diesen Vorgängen ein Bild zu machen. So besichtigt sie ein Lager mit ostindischen Waren und ein Porzellanmagazin und besieht sich verwundert das laute Treiben in der Amsterdamer Börse: »In diesem Gebäude versammeln sich alle Tage von 11 bis 1 Uhr viele hundert Kauf- und Schiffleute, um ihre Geschäfte in Wechsel, in Waaren, in Assecuranzen u.s.w. mit wenig Worten auszumachen. […] auf den Säulen aber sind die Plätze angewiesen, wo die Kaufleute dieser und jener Nation der Erde sich stellen, so daß man gleich da Einen, welcher Geschäfte nach Japan, – dort Einen, welcher sie in Frankfurt am Main macht, antreffen kann.«

Sie ahnt, dass das nur die eine Seite des Handels ist. Der Zufall führt sie in die Kellerwohnung eines Matrosen. Sophie hat auf ihren Reisen gelernt, keine Scheu vor dem unteren Stand zu haben. Das Kellerdomizil hat sie sich ärmlicher vorgestellt. Sie ist befriedigt, »alles darinn sehr nett geordnet« vorzufinden. Der Matrose sitzt bei einer Tasse Kaffee und raucht: »Er schien in seinem Betragen ruhig und sanft.« Leider scheitert die Kommunikation an Sprachbarrieren: »Ich wäre gern zu ihm gesessen, und hätte mit ihm gesprochen – denn er war schon zweimal in Ostindien; aber ich verstand ihn nicht.«

Der Reichtum des Landes beruht nicht nur auf dem Handel mit Stoffen, Gewürzen, Tee und Kaffee, sondern auch auf dem mit Sklaven. Ein Umstand, den die Vertreter der Aufklärung und der Empfindsamkeit keineswegs klar verurteilen. Man hat allenfalls Mitleid mit einzelnen Unglücklichen, stellt aber die Institution der massenhaften Versklavung von Menschen nicht prinzipiell in Frage, zumal es sich in den meisten Fällen um Schwarze handelt, die damals selbst von fortschrittlichen Geistern nicht als vollwertige Menschen angesehen werden. Sophie von La Roches Anschauungen hierzu sind nicht anders. Im Jahr zuvor hat sie in Le Havre ein paar schwarze Schiffsjungen gesehen, die von den Straßenkindern gehänselt und misshandelt wurden. Anstatt den Gören ein paar Ohrfeigen zu verpassen, wie es ihrer resoluten Art entspräche, hat sie das nur mit Bedauern betrachtet. Jetzt, in Amsterdam, fragt sie eine Holländerin nach den Sklaven und ihrer Behandlung und erhält zur Antwort: »Die Holländer behandeln die ihrigen unmenschlich, die Franzosen sind liebreich, und die Engländer edelmüthig gegen die armen Geschöpfe.« Diese selbstgefällige Bemerkung lässt Sophie von La Roche unwidersprochen und unkommentiert.

Londons Pracht und Englands Sonderlinge

Schließlich schiffen sie und ihr Sohn Carl sich nach Harwich in England ein. Die Fahrt dauert achtundvierzig Stunden. Die See ist rau, doch Sophie von La Roches einzige Sorge ist – darin gleicht sie bereits einer professionellen Reporterin –, es nur ja auf Deck aushalten zu können, »um die Schiffsarbeit zu sehen« und darüber zu schreiben. Es kommt anders: Die Passagiere liegen seekrank in ihren Kajüten. Sophie ist »die Erste […], welche anfieng, und die Letzte, bei der es endigte«.

Endlich landen sie in Harwich an. England! Das ersehnte Land ihrer Träume! Noch vorsichtige Schritte machend, »wie die eines Trunkenen«, geht Sophie von La Roche an Land und liest sogleich »ein schwarzes Müschelgen auf, das einen Werth für mich erhielt, weil es auf englischem Boden war«. Die Reisenden wollen keine Zeit verlieren und besteigen die Expresskutsche nach London, ein neuartig konstruiertes Vehikel namens

»Colchester Maschine«, in und auf der zweiundzwanzig Personen Platz finden – Sophie von La Roche sitzt glücklicherweise im Innern.

Von London ist sie hingerissen, vor allem scheint ihr der Wohlstand breiter verteilt zu sein als in Paris, was sie mit der englischen Staatsform erklärt: »London ist mehr, viel mehr, als Paris, in vielen Theilen, und besonders in den nahgelegenen Ortschaften und den bürgerlichen Gebäuden der Stadt, weil hier so viel allgemeiner Wohlstand sich zeigt, welches dem Herzen des Menschenfreundes unendlich mehr Zufriedenheit giebt, als der Anblick von hundert Pallästen der Großen und Reichen, gegen tausend elende Hütten gestellt. – Sollte nicht diese gleichere Austheilung der Glücksgüter in England, und der viel minder merkbare Abstand unter Londons Bewohnern, dem mit der Monarchie verwebten republikanischen Geiste zuzuschreiben seyn?«

Sie spult das ihr gewohnte Programm aus touristischen Sehenswürdigkeiten und journalistischen Erkundungen ab: Sie geht ins Theater Covent Garden, besichtigt das British Museum, Westminster Abbey, das Ober- und Unterhaus, die St.-Pauls-Kathedrale, mit wohligem Grusel den Tower mit seinen Hinrichtungszellen, allerlei Naturalienkabinette, die Werkstatt des Hofuhrmachers, die Wedgwood-Manufaktur, ein Waisenhaus, das Haus der medizinischen Gesellschaft, die Gärten von Hampstead und Kew. Hier sieht sie voller Bewunderung exotische Pflanzen, deren Setzlinge James Cook und Georg Forster von ihren Südseeexpeditionen mitgebracht haben, und ruft zufrieden aus: »Mein Auge hat das ganze Reich nützlicher, nährender, und schöner Pflanzen der Erde und des Wassers gesehen.« Im Königlichen Museum zeigt man ihr die größten Diamanten der Welt. Das bereitet ihr aber wenig Eindruck, ahnt sie doch die menschenunwürdigen Umstände, unter denen die Steine in den Minen gebrochen wurden: »Mir war von der Naturgeschichte dieses Steins ein trauriger Theil in dem Gedächtniß geblieben, welcher das angenehme Gefühl der Bewunderung des vollkommensten Geschöpfes im Steinreich milderte: Denn in der erst seit 170 Jahren entdeckten zweiten Diamantengegend im Königreich Colconda, wo man die größten Steine findet, sind von 60 tausend Menschen, welche in den Gruben arbeiteten, 57 tausend aus Hunger und Elend zu Grunde gegangen.«

Erbaulicher findet Sophie von La Roche das »Tollhaus« von Bedlam. Zwar rühren die Schicksale der Insassen sie an, doch überzeugt sie sich, dass die Kranken gut behandelt werden. Als sie sich beim Aufseher erkundigt, durch welche Schicksalsschläge Frauen am häufigsten den Verstand verlören, erhält sie eine Antwort, die ihr im Hinblick auf ihre eigene Jugend zu denken gibt: »Junge durch Trauer über Untreue eines Geliebten, über seinen Tod, oder über Härte der Eltern, welche die Einwilligung zur Heurath versagten.«

Nach so viel Leid ist sie ganz froh, wieder Beispiele für den Fortschritt in Bildung und Wissenschaft vor Augen geführt zu bekommen. Sie besucht etwas außerhalb von London den Astronomen Wilhelm Herschel, der zusammen mit seiner Schwester Caroline Lucretia mit Hilfe neuer Teleskope und Messgeräte systematisch den Himmelsraum nach bislang unbekannten Planeten und Gestirnen absucht. Herschel hat den Uranus entdeckt. Ist er auf Reisen, versieht seine Schwester die Messungen. Sophie von La Roche ist von dieser geschwisterlichen Symbiose entzückt und sieht darin ein Beispiel für die wissenschaftliche Befähigung des weiblichen Geschlechts. Staunend beschreibt sie Herschels neuestes Spiegelteleskop »von 40 Schuh in die Länge, und 5 Schuh im Durchmesser, [...] für welchen der tausend Pfund schwere Spiegel bestimmt ist, welchen er goß und polirte«.

Eine andere bemerkenswerte Begegnung hat sie mit dem Grafen Alessandro Cagliostro, auch er einer der damals berühmt-berüchtigten Alchemisten und Wunderheiler, und auch er in die »Halsbandaffäre« um Königin Marie Antoinette verstrickt. Mit einem unklaren Gefühl des Schauders begleitet Sophie von La Roche eine Bekannte zum Haus des im englischen Exil lebenden Grafen. Der exotische Empfang lässt bereits auf einen Abenteuerroman hoffen, »als auf einmal die Thüre sich öffnete, und ein großer, prächtig gekleideter Mohr uns winkte, auszusteigen. Das beinah ganz einsam liegende Haus, die Gegend, und dieser ungewöhnlich große schwarze Bediente, brachte Ideen von Zauberschlössern in mein Gedächtniß. ›Der Himmel helfe uns glücklich zurück!‹ sagte ich bei dem Aussteigen. – Der Mohr gieng voraus, und wir bedächtlich, voller Erwartung ihm nach.« Doch dann stellt sich Cagliostro keineswegs als Abenteurer und Filou heraus, sondern nur als höflicher, etwas bedächtiger älterer Herr mit philiströsen Neigungen. Bei einem zweiten Treffen mit Cagliostro ist Sophie von La Roche zu Tisch geladen. Ein Menü mit allen Raffinessen wird geboten, und Sophie ist belustigt darüber, dass der Italiener »nur eine erstaunliche Menge Maccaroni« vertilgt. Immerhin lernt sie bei dem Grafen den Dandy Lord George Gordon kennen, einen Kirchenfeind, mit dem sich die glaubensstrenge Protestantin auf ein Streitgespräch über Religion einlässt. Sie schlägt sich tapfer, hält kein Blatt vor den Mund und weiß gegen den englischen Zyniker die Schönheit von Gottes Schöpfung leidenschaftlich zu verteidigen. Noch mitten im Disput muss sie plötzlich »über das Spiel des Zufalls lachen, durch welches ein asiatischer Charlatan [sie meint Cagliostro] – einer deutschen Romanschreiberin – einen englischen Fanatiker vorstellte«. Sophie von La Roche hat zu viel von der Welt und den menschlichen Schwächen gesehen, als dass sie noch alles ernst nähme: »Im Grunde freute ich mich, diesen so traurig als lächerlich berühmten Lord Gordon selbst zu sehen.« Gordon bekommt Achtung vor dieser geradlinigen Deutschen; er nimmt sie beiseite und gesteht ihr: »Ich liebe Sie, Madame! Wegen Ihrer Freimüthigkeit. Sie werden nichts mehr dergleichen von mir hören. Aber bleiben Sie nur lange genug in England, um Große und Kleine ganz kennenzulernen, dann werden Sie anders urtheilen, als jetzt.«

Über die Übersetzerin Marie Elisabeth de La Fite – sie ist Vorleserin der Königin und hat die *Geschichte des Fräuleins von Sternheim* ins Französische übertragen – wird Sophie von La

Roche an den königlichen Hof geladen. König Georg III. stammt aus dem Hause Hannover, seine Frau Charlotte aus dem Hause Mecklenburg. Das Monarchenpaar empfängt die Autorin aus Deutschland wohlwollend. Sie haben bereits vom Erfolg der *Geschichte des Fräuleins von Sternheim* vernommen. König und Königin wechseln mit der berühmten Literatin ein paar Worte auf Deutsch. Sophie von La Roche antwortet geschmeichelt: »Daß es mich für mein Vaterland freue, daß Ihro Majestäten seine Sprache noch liebten.« Der König darauf: »O! mein Herz wird nie vergessen, daß es von deutschem Blut belebt ist! Meine Kinder sprechen alle deutsch!« Für Sophie von La Roche ist diese Begegnung mit dem Königspaar der glänzende Höhepunkt ihrer dritten großen Reise, die Bestätigung ihres literarischen Ruhmes und ihres guten Rufes.

Sie bleibt noch knapp drei Wochen in London, dann rüsten sie und ihr Sohn Carl sich zur Rückreise. Diesmal will sie ihren kränkelnden Mann nicht länger als nötig allein lassen. In der zweiten Oktoberwoche fahren sie von London nach Dover und setzen am 12. Oktober nach Calais über. Noch ein letztes Mal blickt Sophie zu den Kreidefelsen zurück: »Adieu England! Sey immer so schön, als ich dich sah – und so gut, als ich dich glaube!«

Über Lille, Brüssel (wo sie das Beginenhaus besucht) und Lüttich geht es nach Aachen. Von dort macht Sophie von La Roche noch einen Abstecher nach Vaals, wo ein Kapitel ihrer *Geschichte des Fräuleins von Sternheim* spielt. Dann reist sie weiter über Köln, Siegburg, Limburg nach Wiesbaden und rheinaufwärts nach Speyer, wo sie am 25. Oktober 1786 eintrifft. Ihre Reisenotizen enden mit den frommen Worten: »Abends war ich in Speyer zurück; dankte Gott für meine glückliche, und der edlen Freundschaft für meine vergnügte, lehrreiche Reise; und bat die Vorsicht: mich in der Erinnerung des genossenen Guten die Kräfte zum Tragen jedes noch bestimmten Übels finden zu lassen!«

Bei ihrer Rückkehr wird sie von ihrem Mann vor vollendete Tatsachen gestellt: Georg Michael hat ohne ihr Wissen und ihre Zustimmung ein kleines Haus in Offenbach am Main gekauft. Sophie sträubt sich zunächst und gibt dann doch nach. Die liebgewonnene »grüne Stube« in Speyer vertauscht sie mit der »Grillenhütte«, wie sie das Haus in Offenbach etwas spöttisch nennt.

Die letzten zwanzig Lebensjahre Sophie von La Roches sind von Verlust und Resignation geprägt. 1788 stirbt ihr Mann, 1791 der Sohn Franz, 1793 die Tochter Maximiliane, die Mutter von Clemens und Bettine Brentano. In der Folge der Revolution überfluten französische Truppen die deutschen Länder. Der kurtrierische Staat löst sich auf, Sophie erhält aus Koblenz keine Witwenpension mehr. Mehrfach durchziehen Revolutionstruppen das kleine Offenbach. Auch in der »Grillenhütte« quartieren sich Soldaten ein. Um zu überleben, baut Sophie von La Roche in ihrem Garten Gemüse und Obst an und nimmt Kostgänger auf, Studenten oder auch ein paar ihrer Enkel aus dem nahen Frankfurt.

Verbissener denn je versucht sie in diesen letzten zwanzig Lebensjahren mit ihren Büchern Geld zu verdienen. Mit erstaunlichem Fleiß erscheinen fast jährlich Reisebücher, Romane, Erzählbände und persönliche Betrachtungen. Doch der finanzielle Ertrag ist gering. Vom einstigen Ruhm der Autorin der *Sternheim* bleibt fast nichts. Über Sophie von La Roches Bücher ist ein geänderter literarischer Geschmack hinweggegangen. Sogar die Enkel Bettine und Clemens, selbst literarisch tätig und wenig später Hauptvertreter einer geistesgeschichtlichen Strömung, der Romantik, erkennen nicht die Bedeutung ihrer Großmutter. Sie lieben sie, spötteln ein wenig über deren Marotten und schwäbischen Dialekt, aber haben kaum Einsicht in Sophie von La Roches literarisches Verdienst.

Ein Werk sticht aus dieser langen Reihe heraus: 1798 erscheint der über siebenhundert Seiten umfassende Roman *Erscheinun-*

gen am See Oneida, der in Nordamerika spielt. Sophie von La Roche hat darin Berichte ihres zeitweise in den Vereinigten Staaten lebenden Sohnes Fritz verarbeitet. Und obwohl Sophie von La Roche selbst nie in der Neuen Welt gewesen ist, spiegelt sich in ihrem Roman doch ein wenig ihr Fernweh nach unbekannten Ländern und fremden Menschen wider. Das Buch feiert Amerika als die Welt eines neuen Menschengeschlechts, jenseits der geistig-sittlichen Verwirrung und Desillusionierung, in denen sich das gegenwärtige Abendland befindet. »Nordamerika war mir nahe«, so der Erzähler in dem Roman, der der Autorin Sophie von La Roche aus der Seele spricht, »eine Art Sympathie zog mich an, die Wesen dieses Welttheils kennenzulernen; müde des Denkens und Nachsuchens, über das was seyn könnte, da ist und da war; – überzeugt in Amerika Anfang und Fortgang des Anbaues der Vernunft und der Erde zu sehen.«

1799 besucht Sophie von La Roche nochmals ihren einstigen Verlobten Christoph Martin Wieland auf dessen Gut Oßmannstedt bei Weimar. Milde betrachten beide die Missverständnisse vergangener Tage in Biberach und empfinden nach wie vor eine tiefe Nähe und Zuneigung. Der Abschied ist einer auf immer, und Sophie schreibt melancholisch: »Von Abschied wollte ich nicht sprechen, nur auf der Thürschwelle von Wielands Zimmer bat ich den Himmel ganz stille, ›alle, alle seine Wünsche für sich und seine Familie in allem zu erfüllen‹, und gieng noch einige Zeit allein in den Garten, bis ein kleiner Regen mich aus der mir so lieben Lindenallee verjagte.«

Sophie von La Roche stirbt nach kurzer Krankheit am 18. Februar 1807 in Offenbach und wird im benachbarten Dorf Bürgel begraben. Wieland erweist ihr einen letzten Freundschaftsdienst und veröffentlicht ihr letztes Buch – wie er auch bereits ihr erstes ediert hat –, ein Werk mit dem Titel *Melusinens Sommer-Abende*, eine Art autobiografisches Bekenntnis und Vermächtnis. Der Lebensweg der großen Romanautorin und begeisterten Reiseschriftstellerin war an sein Ende gelangt.

2 Louise Seidler (1786–1866)
Auch ich in Arkadien!

München, am 5. März des Jahres 1818. Die Luft riecht bereits nach Erde, die Sonne hat in windstillen Winkeln schon Kraft, Schneeglöckchen, Blausterne und Krokusse sprenkeln die noch braunen Wiesen an der Isar, die, vom Eis befreit, durch die Hauptstadt des bayerischen Königreichs schäumt.

München gilt damals als die aufstrebende Kunststadt Deutschlands. Nach dem Ende der Napoleonischen Kriege sind die geistigen und ökonomischen Kräfte frei für die Pflege von Musik, Literatur und bildenden Künsten. Bayern besitzt mit seinem Kronprinzen Ludwig (er wird 1825 König) einen feinsinnigen Förderer der Künste und Wissenschaften, der es versteht, bedeutende Männer in die Hauptstadt zu locken und ihnen Anstellungen, Lehrstühle und Dotationen zu verschaffen. Er veranlasst den Aufbau einer Pinakothek und lässt über Agenten – vor allem in Italien – wertvolle und berühmte Gemälde der Alten Meister für die bayerischen Sammlungen kaufen. An der Münchner Akademie lehren damals Künstler wie Johann Peter von Langer einen technisch guten, jedoch etwas glatten, nazarenischen Stil, der dem Geschmack der Biedermeierzeit entgegenkommt. Fast alle Studenten sind Männer, nur ganz wenige Frauen haben auf Empfehlung Zutritt. Zu ihnen gehört die im zweiunddreißigsten Lebensjahr stehende Louise Seidler, die bereits in Jena und Dresden bei den bekannten Malern Friedrich Wilhelm Döll, Christian Leberecht Vogel und Gerhard von Kügelgen studiert hat. Ihr Landesherr, Großherzog Carl August von Sachsen-Weimar, hat ihr ein Stipendium gewährt, damit sie in München ihre Technik auf den neuesten Stand bringen und zudem durch das Kopieren italienischer Meister, die in Münchens Sammlungen vertreten sind, ihrer Kunst eine größere geistige Tiefe verleihen kann.

An jenem 5. März klopft es an Louise Seidlers Tür. Der Briefbote überreicht ihr ein Schreiben. Es ist von Henriette Herz, der berühmten Salonière, die sich zu jener Zeit in Rom aufhält. Louise Seidler erbricht das Siegel. Ihre Freundin berichtet ihr ausführlich und mit Begeisterung vom Leben im milden Süden, von den architektonischen und künstlerischen Wundern der Ewigen Stadt, den offenherzigen Bewohnern, der großen, ausgelassenen, einander in Freundschaft verbundenen deutschen Künstlerkolonie. Louise Seidler, die mit Goethe befreundet ist, kennt aus seinen Erzählungen dessen Enthusiasmus für Italien, dem er seine geistige Wiedergeburt verdankte. Sie hat mit Begeisterung seine 1817 erschienene *Italienische Reise* gelesen und empfindet beim Rauschwort »Italien« Fernweh. Goethes Motto »Auch ich in Arkadien« wird für eine ganze Generation zur Losung geistiger Erneuerung und jugendlicher Befreiung.

Einige Äußerungen der Freundin Henriette bewegen Louise Seidlers Herz besonders: »[…] wer nicht nothgedrungen muß, der soll nicht sterben, ohne Rom gesehen zu haben, ohne durch Tyrol dahin gereist zu sein. […] so entzückt mich täglich der dunkelblaue Himmel, die herrlichen, mit Schnee bedeckten Berge, die in der schönsten Mittag- und Abendbeleuchtung vor mir liegen, indeß ich in warmer Sonne unter ewig grünen Bäumen stehe, auf hellgrünem Rasenteppich, der mit den mannichfaltigsten Blumen von ungeheurer Farbenpracht bedeckt ist […]. Sagen Sie nur, wie das Alles eine arme Nordländerin, die im Schnee geboren und erzogen ist, aushalten soll – mir ist auch oft, als könnte ich es nicht – und nun in all dieser Himmels- und Erdepracht gesammelt und aufgehäuft Schätze der Kunst aus ihren besten Zeiten, in unglaublichem Maße, ja, aufgehäuft und einzeln; denn in jedem Winkel der Stadt findet man Andenken der großen Kunstzeit!« Atemlos liest Louise Seidler diese Zeilen. Und atemlos vor Begeisterung über die Fülle schöner Eindrücke ist die Sprache des Briefes. Jahrzehnte später, als beinahe achtzigjährige, erblindete Frau, bekennt Louise Seidler: »Als ich diesen Brief gelesen hatte, beherrschte mich nur noch Ein Gedanke, Ein Gefühl: Italien zu sehen!«

Aber es mangelt ihr an Geld. Zudem erwartet ihr Vater, der seit dreieinhalb Jahren Witwer ist, die Tochter zurück in Jena, denn sie soll ihm den Haushalt führen und die Einsamkeit vertreiben. Doch Louise Seidler vertraut sich ihm an und sendet ihm den Brief, den sie von Henriette Herz erhalten hat. Der Vater versteht und leitet den Brief an Großherzog Carl August weiter. Der erkennt die künstlerische und menschliche Misere der begabten Malerin und gewährt ihr erneut ein Stipendium, zudem die Erlaubnis, nach Rom zu reisen, um die Alten Meister zu studieren. Es ist damals undenkbar für eine Frau, solch eine Reise ohne Anstandsdame und ohne männlichen Begleitschutz zu unternehmen. Die Mutter einer Freundin, Charlotte von Loewenich, »eine wohlhabende, resolute Wittwe, die in Frankfurt lebte«, findet sich für das Abenteuer bereit. Zudem wird ein Malerkollege, der fünfundzwanzigjährige Johann Caspar Schinz, der ebenfalls an der Münchner Kunstakademie studiert, für das Projekt gewonnen. Und ein Privatlehrer vermittelt den angehenden Reisenden in wenigen Wochen grundlegende Italienischkenntnisse.

Endlich ist es so weit: Frau von Loewenich trifft in München ein, Schinz ist bereit. In der letzten Nacht vor der Abreise findet Louise Seidler vor Aufregung keinen Schlaf: »Ich zählte Stunden und Viertelstunden, bis die Glocke fünf Uhr verkündete.« Der Pferdewagen fährt vor: »Nur schwer gelang es mir, meine Aufregung zu bemeistern. Ich faßte mich endlich so gut es ging und stieg ein. Der Kutschenschlag fiel zu, die Pferde zogen an, und hinaus ging es in den dampfenden Morgennebel.« Es ist der 20. September 1818. Das Abenteuer ihres Lebens beginnt. Selbst die Zahn- und Gesichtsschmerzen, die Louise Seidler als »Tücken des Münchener Klimas« plagen, erweisen sich als psychosomatisch und verfliegen, sobald sie die Alpenpässe überquert hat und das verheißene Land, »wo die Zitronen blühn«, vor sich liegen sieht. Beinahe mitleidig vergleicht sie später, im hohen Alter, das Reisen mit der guten alten Pferdekutsche und das mit der modernen Eisenbahn, die seit den 1830er-Jahren fauchend, dampfend und rußend die romantischen Landschaften Deutschlands und Europas durchschneidet: »Welch ein Unterschied, wenn die jetzige Jugend nach Rom reist! Kaltblütig steigt man in den Eisenbahnwagen, in das Dampfschiff, und landet in Civita-Vecchia, erreicht die herrliche Roma auf dem kahlsten Wege und gelangt durch unbedeutendes Straßengewinkel zum Hôtel. Weit poetischer kamen Schinz, Frau von Loewenich und ich an das Ziel unserer Sehnsucht: über die blauen Berge, quer durch Tyrol ziehend, erreichten wir aller Künstler gelobtes Land, – das sonnige Italien.«

Eine Jugend in Zeiten des Krieges

Louise Seidlers Karriere ist zu jener Zeit ungewöhnlich. Malerinnen sind seit dem 16. Jahrhundert namentlich bekannt, etwa Artemisia Gentileschi oder Sofonisba Anguissola. Im 18. Jahrhundert machen vereinzelt Porträtistinnen Karriere, darunter Angelika Kauffmann, Élisabeth Vigée-Lebrun und Anna Dorothea Therbusch. Doch das sind Ausnahmen. Erst im 19. Jahrhundert werden sich die Akademien und Galerien für Künstlerinnen allgemein öffnen. Bis dahin bedarf es besonderer Beziehungen und Empfehlungen, um ein Studium der Malerei aufzunehmen, das sich jedoch meist in privatem Unterricht vollzieht, nie an öffentlichen Einrichtungen. Doch unter dem Eindruck der französischen Aufklärung und unter dem direkten Einfluss der liberalen Gesetzgebung unter Napoleon Bonaparte (dem *Code Napoléon*) vollzieht sich juristisch und gesellschaftlich ein Wandel. Insofern ist es für Louise Seidler nicht nur von Nachteil, in die Zeit der Napoleonischen Kriege und Wirren hineingeboren zu werden – auch wenn sie und ihre Familie unter Einquartierungen und Plünderungen durch die Franzosen zu leiden haben.

Louise Seidler wird drei Jahre vor dem Ausbruch der Französischen Revolution geboren. Am 15. Mai 1786 kommt sie in Jena im Herzogtum Sachsen-Weimar zur Welt. Goethe, der in ihrem Leben eine wichtige Rolle spielen wird, bricht wenige Monate später zu seiner zweijährigen Italienreise auf – es ist eine Flucht aus der Enge der höfischen Konvention und der Überlastung durch seine ministerialen Pflichten. Ihm wird Louise Seidler zweiunddreißig Jahre später mit seinem Italien-Buch im Gepäck folgen.

Louises Vater August Gottfried Ludwig Seidler ist Universitätsstallmeister. Die Mutter Sophie Elisabeth Seidler ist eine geborene Kretschmar. Nach Louise kommen im Juli 1787 die Zwillinge Carl und Sophia zur Welt, sie sterben im Säuglingsalter. 1789 folgt die Tochter Wilhelmine. Die Familie lebt in einer Dienstwohnung im Jenaer Schloss. Auch Goethe wird nach seiner Rückkehr aus dem italienischen Arkadien im Schloss in direkter Nachbarschaft der Seidels eine Amtswohnung beziehen.

Wegen »häuslicher Zerwürfnisse«, wie Louise andeutet, wird sie zunächst von der Großmutter Seidler aufgezogen, die eine Wohnung im Alten Kloster in Jena hat und dort mit ihrer unverheirateten jüngsten Tochter Dorothea (genannt Dorette) lebt. Besonders zu Dorette entwickelt Louise ein inniges Verhältnis. In ihren Erinnerungen beschreibt die Malerin ihre Kindheit als glücklich und unbeschwert, von Spielen und Streichen durchzogen, und von viel Wärme und Liebe genährt. Früh erhält Louise Unterricht im Zeichnen: »[…] lebhaft erinnere ich mich des Ergötzens, welches das Portrait unserer Köchin, sowie dasjenige unseres häßlichen, struppigen alten Hundes, den ich lebensgroß malte, Allen bereitete, denen diese kindlichen Erzeugnisse zu Gesicht kamen.«

Besonders beeindruckend wird für das Mädchen eine Aufführung von Schillers *Die Räuber* durch Jenaer Studenten, die den alten Fechtboden des ehemaligen Klosters als Probenraum nutzen: »Alle die jungen Männer spielten feurig und sangen das Räuberlied mit größter Begeisterung.« Louise fängt Feuer.

Weniger an der revolutionären Thematik des Dramas als an dessen Gefühlsüberschwang: »Es ging überhaupt ein romantischer Zug durch die damalige Zeit; die Alten lasen Spießsche Ritterromane, und wir Kinder, Knaben wie Mädchen, waren glücklich, wenn wir ›Burggrafen und Edelfräulein‹ vorstellen konnten. [...] Diese Spiele nahmen meine Seele so sehr ein, daß ich sie auch zu Hause fortsetzte und dort einst mit der als Schwert verwendeten Elle die Talglichter vom Tische herunter agirte – worauf ich denn in einer dunklen Kammer die Freuden des Burgverließes zu kosten bekam.«

Goethe logiert zu jener Zeit wiederholt in seiner Jenaer Amtswohnung, gegenüber der Dienstwohnung von Vater Seidler. Es kommt zu ersten Begegnungen zwischen Louise und dem bereits damals als »Dichterfürsten« verehrten Mann. Die Kontakte sind gleichwohl belastet, denn Louises Hund »Dacke«, ein »unausstehlicher Beller und Kläffer«, wie sie gesteht, geht dem berühmten Mann gehörig auf die Nerven. Louise Seidler erinnert sich an Goethes »ernsten Unwillen«: »Ich bemerkte nun, wenn ich bei den Eltern war, mit nicht geringem Verdrusse, daß Goethe, dem alles Hundegebell in den Tod zuwider war, häufig nach Dacke, meinem beständigen treuen Begleiter, erklärten Lieblinge und Spielkameraden, warf, um ihn unter seinem Fenster fortzujagen; ja, endlich gab er den gemessenen Befehl, das Thier solle eingesperrt oder ganz weggeschafft werden. Als dasselbe nun bald darauf starb, welcher Todesfall mir bittere Thränen entlockte, warf ich einen großen Haß auf Goethe, denn ich ließ mir nicht ausreden, daß er meinen Dacke habe umbringen lassen.«

Vater Seidler ist zwar Staatsbeamter, aber sein Salaire reicht nicht aus, um den Kindern später ein unabhängiges Leben zu garantieren. Zudem sind die Zeiten von Krieg und materieller und sozialer Not geprägt. Louises Tante Dorette erkennt die Begabung der Nichte und drängt früh auf einen geregelten Unterricht. Louise Seidler erinnert sich: »Als daher ihr eigener Unterricht nicht mehr ausreichte, sorgte sie für die tüchtigsten Lehrer; namentlich wußte sie mich zu anhaltendem Fleiße im

Zeichnen aufzumuntern, indem sie für meine Erstlingsversuche beständig das lebhafteste Interesse kundgab.« Als die Großmutter stirbt, drängt Dorette darauf, die vierzehnjährige Louise nach Gotha in das angesehene Pensionat Sophie Ludolfine Stielers zu schicken. Drei Jahre bleibt Louise Seidler dort. In dieser Zeit knüpft sie Kontakte zur Fürstenfamilie, die, ebenso wie der Herzog von Weimar, einen kleinen, aber feinen Musenhof unterhält und sich mäzenatisch betätigt. Auch entstehen Freundschaften, die ein Leben lang anhalten, so zu Pauline Gotter und Fanny Caspers.

Zu jener Zeit erhält Louise Seidler unentgeltlich Zeichenunterricht bei dem bekannten Bildhauer Friedrich Wilhelm Döll, der elf Jahre in der deutschen Künstlerkolonie in Rom zugebracht hat. 1803 kehrt Louise Seidler nach Jena zurück, das zur damaligen Zeit ein Sammelpunkt der jungen romantischen Generation ist. Im Hause des Buchhändlers Frommann lernt sie Friedrich Schlegel, Dorothea Schlegel, Philipp Veit, Zacharias Werner, Ludwig Tieck und Friedrich Wilhelm Schelling kennen. Auch Goethe kommt manchmal von Weimar herüber und schenkt der aufblühenden jungen Malerin immer mehr Aufmerksamkeit. Zudem lernt sie den Maler Jacob Roux kennen, bei dem sie Unterricht nehmen will. Um das Geld hierfür zu verdienen, fertigt sie Handarbeiten an: »Ich nähte, strickte und stickte heimlich, oft bei Nacht, zu jämmerlichen Preisen, und wirklich erwarb ich mir auf diese Weise Geld genug, um den Unterricht bei Roux zu bezahlen. Ich copirte so emsig, daß mein Lehrer bald keine Vorbilder mehr für mich hatte; nun begann ich, Portraitstudien nach der Natur zu machen, und nicht ohne Glück.«

Louise Seidler könnte eine Karriere als Porträtmalerin beginnen – doch dann zieht der Krieg ins Land und in ihr Leben: Am 10. Oktober 1806 unterliegt die preußisch-sächsische Armee den französischen Truppen im Gefecht bei Saalfeld. Am 14. Oktober geht die Schlacht bei Jena und Auerstedt, in der sich auf beiden Seiten über 220 000 Mann gegenüberstehen, für Preußen und Sachsen verloren. Fliehende Truppen überschwemmen die kleine Universitätsstadt Jena, Verwundete und Tote liegen auf den Straßen. Wenige Stunden später besetzen die siegreichen Franzosen die Stadt, plündern und requirieren. Louise Seidler erlebt diese Tage als ein Trauma. Ihr Vater, der sich im Familiengarten vor der Stadt aufhält, wird von französischen Soldaten mit der Waffe bedroht. Ein Kutscher eilt zur Wohnung der Seidlers im Jenaer Schloss und ruft: »Um Gotteswillen, kommen Sie schnell mit in den Garten; Ihr Vater wird um's Leben gebracht, weil er sich nicht verständlich machen kann.« Louise Seidler, gerade einmal zwanzig Jahre alt, beweist Mut und Kaltblütigkeit: »Stumm vor Entsetzen stürzte ich eine Hintertreppe hinunter, die von Franzosen aller Waffengattungen belagert war. Ich musterte diese mit einem Blicke; die edlen Züge eines Sappeurs [Pioniers] flößten mir Vertrauen ein, so daß ich seinen Arm ergriff und ihn ohne Weiteres mit mir fortzog. […] Am Arme meines Beschützers erreichte ich unsern Garten, wo ich meinen Vater von einem Husaren mit blanker Waffe schwer bedroht fand.« Der unfreiwillige Beschützer kann vermitteln, Vater und Tochter Seidler kehren unbehelligt in die Stadt zurück. Tags darauf zieht Napoleon mit seiner Entourage ein. Louise Seidler steht am Fenster und sieht den Kaiser, der, so scheint es, unbesiegbar die Nationen Europas niederzwingt: »Durch ein Fenster unseres Vorsaals konnte ich ihn beobachten, wie er lange sinnend am Fenster des gegenüberliegenden Zimmers stand, in den Händen seine Uhr haltend, deren Kette er langsam durch die Finger gleiten ließ.« Die Seidlers dürfen im Schloss wohnen bleiben, doch alle verfügbaren Räume werden requiriert, um ein Lazarett einzurichten. »Jeden Morgen um 9 Uhr«, erinnert sich Louise Seidler, »rasselte mit grauenvoller Pünktlichkeit der Todtenwagen heran, um bald darauf wieder mit seiner schauerlichen Fracht – die nur leicht mit Stroh bedeckt war, unter welchem oftmals Köpfe, Arme, Beine hervorstarrten – durch das Thor zurückzufahren, dessen Flügel sich knarrend hinter ihm schlossen. Pechpfannen mit Theer wurden angezündet, um die durch die Ausdünstungen der Kranken und Gestorbenen verpestete Luft zu reinigen und epidemische Krankheiten zu verhüten. Noch viele Tage nach der Schlacht wurden Schwerverwundete in grauenhaftem Zustande hereingebracht, welche mit Thau und Gras ihr Leben jammervoll gefristet hatten. Sobald sie in Pflege kamen, starben sie meistens gleich.«

Einen Beschützer findet Louise Seidler in einem jungen französischen Offizier namens Geoffroy, »ein persönlicher Freund Bernadottes und, wie dieser, ein Gegner Bonapartes, dem er nur gezwungen folgte«. Sie verlieben sich, feiern im kleinen Kreis Verlobung. Doch der Krieg geht weiter, und mit ihm ziehen die französischen Verbände. Geoffroy muss Jena verlassen, wird wenig später nach Spanien versetzt. Der Briefwechsel bricht nach einiger Zeit ab. Erst Jahre später, an ihrem vierundzwanzigsten Geburtstag, erfährt Louise Seidler, dass ihr Verlobter in Spanien an einem Fieber gestorben ist. Diesen Verlust verwindet sie lange nicht: »Das Leben des Lebens war für mich abgeschlossen; mein Dasein in dieser Zeit war mir noch ein dumpfes Hinbrüten.« Sie wird sich nie wieder binden. Eine Zeit lang droht sie in Depressionen zu versinken. Ihre Eltern schicken sie trotz der kriegerischen Zeiten nach Dresden, damit sie an der dortigen Akademie bei Gerhard von Kügelgen und Christian Leberecht Vogel Unterricht nehmen kann. Das Lernen lässt sie wieder ins Leben zurückfinden, die künstlerische Arbeit verleiht ihrem Dasein Sinn: »Ich sah die Gemäldegallerie – eine neue Welt that sich mir auf. Ein unbeschreibliches Gefühl durchzitterte mich; wie schwarze Schleier fiel es von meinem Innern ab. Die hohe, heilige Kunst legte sich erbarmend an mein Herz. Von diesem Augenblicke an war es mir klar, daß ich nur in ihr ferner noch eine Lebensaufgabe finden könnte.« In den königlichen Sammlungen Dresdens kopiert Louise Seidler in den folgenden Jahren etliche Gemälde Alter Meister. Der Dresdner Maler Georg Friedrich Kersting hat Louise Seidler zu jener Zeit im Bild festgehalten: *Die Stickerin* zeigt die Rückenansicht einer jungen Frau, die an einem Tisch bei geöffnetem Fenster sitzt, in eine Handarbeit vertieft. Das Bild strahlt gleichermaßen Sammlung und Gelassenheit aus.

Das Kopieren ist damals fester Bestandteil der akademischen Ausbildung und gilt keinesfalls als zweitrangige Kunst. Diese Übungen wird Louise Seidler auch später in Rom betreiben und durch den Verkauf der Kopien gut verdienen. Doch nicht nur zur alten Kunst findet Louise Seidler in ihrer Dresdner Zeit Zugang. Sie schließt auch Freundschaften zu Vertretern der »modernen« romantischen Schule um Caspar David Friedrich, Georg Friedrich Kersting, Doris Stock und Therese aus dem Winckel.

Im September 1814 stirbt Mutter Seidler. Louise verlässt das ihr lieb gewordene Dresden und kehrt nach Jena zurück, um sich um den Vater zu kümmern, der bald mit einer anderen Frau eine Beziehung unterhält – was Louise mit Argwohn und Unwillen erfüllt. Ihr künstlerischer Werdegang gerät ins Stocken. Sie trägt schwer an den häuslichen und politischen Gegebenheiten: »Meine Gesundheit litt unter diesen drückenden Verhältnissen und gerieth endlich in fortwährendes Schwanken; ich durchlebte ein trübes, trübes Jahr, namentlich nachdem mein Vater den Entschluß einer Wiederverheirathung bestimmt gefaßt hatte und sehr bald wirklich auszuführen sich anschickte, während gleichzeitig in Folge der durch Napoleons Rückkehr von Elba auf's neue eingetretenen Wirren die Kunst wiederum, wenn auch zum Glück nur auf kurze Zeit, das Aschenbrödel wurde.«

Goethe im Gepäck

Zwar erteilt Goethe Louise Seidler 1816 den privaten Auftrag, für die Rochuskapelle bei Bingen ein Altarbild des Pestheiligen zu malen (es hängt noch heute dort), doch von den eigentlichen Zentren der bildenden Künste fühlt sich die junge, talentierte Frau abgeschnitten. Da legt Goethe bei seinem Herzog ein gutes Wort ein. Carl August gewährt Louise Seidler ein Stipendium von vierhundert Talern, damit sie sich in München an der dortigen Akademie ein Jahr lang fortbilden könne. Im Juli

1817 macht sich Louise Seidler auf den Weg. Über Coburg, Nürnberg und Augsburg erreicht sie die bayerische Hauptstadt. Sie hat in der Isarstadt Kontakt zu den Philosophen Friedrich Heinrich Jacobi und Friedrich Wilhelm Schelling (der Louises Jugendfreundin Pauline Gotter geheiratet hat), außerdem zu den Malern Johann Peter von Langer (der die Kunstakademie leitet) und dessen Sohn Robert von Langer und zu dem schwedischen Dichter Per Atterbom. Mit der gehörlosen Malerin Marie Ellenrieder, die später zur badischen Hofmalerin aufsteigt, verbindet sie bald eine Freundschaft. Ihr hat Louise Seidler auch die Schaffung eines Präzedenzfalls zu verdanken: »Da das Studiren auf der Kunstakademie Frauen nicht gestattet war, so hatte sich Direktor Langer anfangs auf keine Weise herbeilassen wollen, Maria Ellenrieder aufzunehmen, bis ihre Thränen, unter denen sie ihm vorstellte, wie ihre Taubheit sie zu jedem anderen Berufe unfähig mache, endlich sein Herz erweichten. […] mit der Aufnahme Maria Ellenrieders als Schülerin der Akademie zu München war übrigens ein Präcedenzfall geschaffen, der von guten Folgen war; mehr als eine meines Geschlechtes hat sich später in der Isarstadt ausgebildet, und zwar weder zum Schaden der Kunst, noch zum Nachtheil der weiblichen Würde.«

Louise Seidler beginnt sich eben in München, der kunstsinnigen Stadt mit der gewissen Italianità, richtig wohlzufühlen, da trifft aus Rom der besagte Brief von Henriette Herz ein, der in ihr das Fernweh entfacht. Ein weiteres Stipendium des Weimarer Großherzogs Carl August ist ihre Rettung. Am frühen Morgen des 20. September 1818 besteigt sie die Kutsche nach Rom. Fünf Jahre wird sie in Italien zubringen. Es wird das Abenteuer ihres Lebens. Im Kopf hat sie die sehnsuchtsvollen Gedichtzeilen ihres väterlichen Freundes Goethe, der Mignon in seinem Roman *Wilhelm Meisters Lehrjahre* singen lässt: »Kennst du das Land, wo die Zitronen blühn,/Im dunkeln Laub die Goldorangen glühn,/Ein sanfter Wind vom blauen Himmel weht,/Die Myrte still und hoch der Lorbeer steht,/Kennst du es wohl? Dahin! Dahin/Möcht' ich mit dir, o mein Geliebter, ziehn!«

Louise Seidler lässt sich auf der Route etwas Zeit. Kein Mensch ist damals so verblendet, eine Reise lediglich als Fortbewegung von einem Ort zum nächsten zu begreifen, die möglichst ohne »Zeitverlust« geschehen müsse. Zudem haben Louise, Schinz und Frau von Loewenich einen guten Führer »an ihrer Seite«, nämlich Goethes *Italienische Reise*. So folgt die kleine Reisegesellschaft dessen Spuren: Zunächst geht es nach Venedig, das damals wie ganz Oberitalien zum Kaiserreich Österreich gehört. Entzückt schreibt Louise Seidler: »Es war wie ein Traum, als wir endlich in dem ersten bedeutenden italienischen Orte, der märchenhaften Lagunenstadt Venedig, rasteten. [...] der von unzähligen Gondeln wimmelnde große Canal, die Rialtobrücke, der prächtige Marcusplatz, die Marcuskirche und wie sonst die Herrlichkeiten der oft geschilderten Stadt heißen, wurden mithin verhältnißmäßig rasch in Augenschein genommen; die hurtigen Gondeln trugen uns ebenso schnell wie wohlthuend geräuschlos von einer Sehenswürdigkeit zur andern. So besuchten wir die Schiffsbauwerkstätte [...]. Außerdem ließen wir uns in Venedig das Arsenal zeigen und erkletterten den Marcusthurm, der gleich den meisten Glockenthürmen in Italien abgesondert steht.« Weiter geht es nach Verona, Goethes Spuren folgend, aber nicht in allem mit dem Cicerone übereinstimmend, wie Louise Seidler kritisch bemerkt: »Indem wir diesem damals noch ziemlich neuen klassischen Werke treulichst folgten, genossen wir vieles doppelt; andererseits freilich geschah es, daß wir manches, weil es unserm großen Dichter entgangen war, oder weil er es nicht für erwähnenswerth gehalten hatte, gleichfalls nicht zu sehen bekamen.« Bildungsbürgerlich geht es dennoch zu: Während der langen, anstrengenden Kutschenfahrt auf staubigen, mit Schlaglöchern übersäten Schotterwegen rezitiert Frau von Loewenich aus dem Kopf unverdrossen Gedichte, darunter natürlich auch Verse des Weimarer Meisters.

Die Sehenswürdigkeiten in den italienischen Städten, besonders die Relikte aus römischer Zeit, sind damals noch ungesichert und offen. Alles läuft ruhig und beschaulich ab, und die wenigen Globetrotter, die sich in den italienischen Städten bewegen (vor allem Engländer, denn die haben das meiste Geld), verhalten sich – meist – zurückhaltend, zumindest fallen sie nicht so auf. Louise Seidler und ihre Begleiter erklimmen in der römischen Arena von Verona die Ränge und sind empört, dass man sogar hier den Erfolgsschriftsteller der damaligen Zeit spielt: August von Kotzebue. Der ist in ihren Augen nur ein seichter Modeautor (er wird im Jahr darauf von dem Studenten Karl Ludwig Sand ermordet).

Weiter geht es nach Mantua: Dort besichtigen sie auf dringenden Rat des Münchner Akademiedirektors Langer die Gemäldegalerie, vor allem die Bilder des Raffael-Schülers Giulio Romano. In Parma bewundern sie Gemälde von Correggio. Von Parma fahren sie weiter nach Bologna, auch hier wird die Akademie besucht. Bilder von Raffael, Guido Reni und der Brüder Annibale und Agostino Carracci fesseln die junge deutsche Künstlerin. Umso härter erscheint nach jedem Museumsbesuch die Rückkehr in den italienischen Alltag. Louise Seidler erwähnt mit Bestürzung die große Armut und die zudringliche Bettelei. Sie sind bereits fast vier Wochen unterwegs, als sie in Florenz ankommen. Der Palazzo Pitti mit seiner bedeutenden Gemäldekollektion und die Sammlung der Uffizien stehen dem Publikum offen. Emsig besucht die Malerin beide Galerien. Immerhin findet sie noch die Zeit, ein Souvenir zu erstehen: »[…] einen Strohhut – dieses berühmte Florentiner Fabrikat – zu kaufen, konnte ich nicht unterlassen.«

Sie bleiben nicht lange, denn es wächst die Ungeduld, endlich Rom zu erreichen. Immerhin werden unterwegs Arezzo, Perugia, Spoleto und Assisi kurz besichtigt. In der Wirkungsstätte des heiligen Franziskus vertrauen sie allerdings zu sehr Goethes Reisebuch, der ein distanziertes Verhältnis zur katholischen Frömmigkeit hat: »Hier [in Assisi] verleitete uns Goethe, die dreifach über einander gebaute Kirche des heil. Franciscus zu übergehen und nur einen antiken Tempel der Minerva aus den Zeiten des Augustus aufzusuchen […].« Dann aber kann sie nichts mehr aufhalten. Durch die römische Campagna, die damals noch ein kaum besiedeltes Weide- und Sumpfland ist, an dessen Horizont sich die barocke Stadtsilhouette Roms majestätisch abzeichnet, geht es dem Ziel der Reise zu: »Auf einer Anhöhe hinter der letzten Poststation la Storta sahen wir hochklopfenden Herzens zuerst die Peterskuppel allein; endlich erreichten wir, über die Ponte molle fahrend, Rom, welches [...] in der Campagna di Roma wie in einer Einöde vor uns lag.«

Ein lustiges Künstlervölkchen

Mehr als fünf Wochen nach ihrer Abreise erreichen die drei Deutschen ihr Ziel: »Durch die Porta del Popolo fuhren wir am Nachmittag des 28. Oktober 1818 zur ewigen Stadt hinein.« Rom ist Zentrum des Kirchenstaates, und man ist gegenüber Ausländern misstrauisch, will man doch das Einsickern liberalen Gedankenguts verhindern. Gleich am Stadttor müssen die drei ihre Pässe vorzeigen, doch Barthold Georg Niebuhr, der preußische Gesandte, ist auf Bitten von Henriette Herz gekommen und regelt als Diplomat die Einreiseformalia. Auch der in Rom lebende Prinz Friedrich, der Bruder des Herzogs von Gotha, ist zur Stelle, ebenso Louises Vetter Eduard. Die Malerin und ihre Begleiter werden zu ihrem Wohnsitz geleitet: Im Palazzo Guarniere in der Via di Porta Pinciana auf dem Monte Pincio wird Louise Seidler die nächsten fünf Jahre leben. Das Gebäude ist eine Heimstatt deutscher Künstler, und sofort wird die junge Malerin – als einzige Frau unter Männern – mit Neugier, Kavaliersgeist und der einer Dame gebührenden Achtung begrüßt.

Die Unterbringung in dem Palazzo, der von einem dilettierenden römischen Bildhauer günstig an Künstler vermietet wird, ist einfach: »Ich wurde in ein großes, feuchtes Zimmer geführt, ein kleinerer Raum, ehemals eine Küche, war daneben; dies sollte meine Wohnung sein. Als ich mir alles anschaute, hatte ich gleich eine echt italienische Ueberraschung: in einem Commodenkasten, den ich öffnete, entdeckte ich einen Scorpion, über den mich Todesangst ergriff.« Da Louise Seidler in diesen feuchten Räumen krank zu werden droht, bietet ihr der Hausgenosse Julius Schnorr von Carolsfeld einen Wohnungstausch an. So bezieht sie freundlichere, trockene Räume im ersten Stockwerk, beeilt sich in ihren Erinnerungen aber, die Einfachheit des Quartiers und ihre Bescheidenheit zu betonen: »Damit man aber nun nicht glaube, ich habe gewohnt wie eine Prinzessin, so folge gleich hier eine Schilderung meines nunmehrigen Quartiers, welches mich während der größten Zeit meines Aufenthaltes in Rom beherbergen sollte. [...] Es bestand aus einem langen, mit verwitterten Fresken gezierten Saale und einem anstoßenden Schlafzimmer, welches zwei Fenster und einen Kamin hatte. Die Marmorbekleidung der verbindenden Thür, in Folge eines Erdbebens geborsten, klaffte weit auseinander. Das Mobiliar war gleich null, man sah weder Vorhänge noch den Luxus eines Schreibtisches; als Sopha diente eine schmale, strohgeflochtene Bank; die einzige Kommode war grau angestrichen und mit bunten Linien verziert; das Bett, wie gewöhnlich in Italien, so breit, daß drei bis vier Personen darin Platz gehabt hätten. [...] Das Leinenzeug war stets ungerollt und so grob wie ein deutsches Soldatenhemd; Andersens ›Prinzessin auf Erbsen‹ würde wahrscheinlich auf dieser Lagerstatt in der ersten Viertelstunde den Geist aufgegeben haben.«

Die dunkle Jahreszeit steht vor der Tür. Dass der Winter auch im sonnigen Italien empfindlich kalt sein kann, muss sie bald erfahren: »Im Winter wurden die Annehmlichkeiten meiner Wohnung noch erhöht durch Kälte und Rauch. Das Kaminfeuer des Schlafzimmers reichte nicht aus, den großen Saal, in welchem ich arbeitete, mit zu erwärmen.« Sie kauft sich für teures Geld einen Zusatzofen und leitet den Rauch über ein Rohr zum Fenster hinaus. Doch der Wind drückt den Qualm oft genug ins Zimmer zurück, und Louises Künstlergenosse Philipp Veit neckt seine Kollegin, indem er »nach Art der deutschen Schornsteinfeger« zur Tür hereinruft: »Heute heizt man nicht!« Dennoch fühlt sich Louise Seidler wie neu geboren. Im Sommer blickt sie auf das üppige Grün des kleinen, vor ihren

Fenstern gelegenen Gartens, »dessen Mauern ganz mit dem saftigen Grün der Limonen überdeckt waren, zwischen denen Blüthen und Früchte prangten«. Dankbar resümiert sie: »Wohl war mein italienisches Heim […] höchst bescheiden und einfach, aber doch – wie glücklich fühlte ich mich darin!«

Louise Seidler sieht sich einer lebenslustigen und freigeistigen Gruppe gegenüber, die nicht nur die Kunst liebt, sondern auch das Dolcefarniente unter südlichem Himmel, die katholische Sinnlichkeit und die italienische Lebensfreude genießt. Sie schließt Freundschaften mit Julius Schnorr von Carolsfeld, Philipp und Johann Veit, Joseph Anton Koch, Bertel Thorvaldsen, Johann Friedrich Overbeck, Peter von Cornelius, Carl Begas und anderen. Auch Marie Ellenrieder, der Louise Seidler bereits in München begegnet ist, kommt vier Jahre später nach Rom, mit ihr zieht Louise Seidler sogar zusammen.

Rasch verfliegen die Monate, und Louise Seidler macht sich bereits Gedanken über eine Rückkehr nach Deutschland, denn das Stipendium des Weimarer Großherzogs gilt nur ein Jahr. Doch Caroline von Humboldt lässt ihre Beziehungen spielen: Sie bittet die Schriftstellerin Caroline von Wolzogen, Schillers Schwägerin, für Louise Seidler ein gutes Wort beim Fürsten einzulegen: »Dies geschah, und das Fürwort der Frau von Wolzogen, welche sich überhaupt seitdem warm für mich interessirte und mir nach meiner Rückkehr in's Vaterland die wohlwollendste Gönnerin wurde, hatte den besten Erfolg. Der gütige Großherzog setzte mir für ein zweites Jahr, das ich in Italien verleben sollte, abermals vierhundert Thaler aus.«

Römische Feste

Louise Seidler macht in Rom rasch künstlerische Fortschritte. Sie besucht Akademien und Galerien und kopiert emsig die Alten Meister. Im November 1818 trifft auch ihre Jugendfreundin Fanny Caspers ein. Louise porträtiert sie in altdeutscher Tracht. Das Gemälde erregt Bewunderung (heute befindet es sich im Kopenhagener Thorvaldsen Museum). Damit ist ihr Ruf als Porträtistin endgültig gefestigt.

Begeistert ist Louise Seidler nicht nur von den Meistern der Renaissance und des Barock. Einmal zeigt man ihr den Barberinischen Faun, der wenige Jahre später von dem Bildhauer Johann Martin Wagner im Auftrag des bayerischen Kronprinzen Ludwig für die Münchner Glyptothek erworben wird. Zu Louise Seidlers Zeit in Rom wird die Skulptur wegen ihrer von Moralisten als lasziv verurteilten Nacktheit kaum jemandem gezeigt. Der Jenaer Malerin gelingt es dennoch, den Faun zu sehen. Sie ist hingerissen: »Noch zeigte mir Wagner den barberinischen Faun, der so lebensvoll war, daß er zu athmen schien.«

Nicht von allen »Begegnungen« ist Louise Seidler so angetan. Im April 1819 langt Friedrich Schlegel in Rom an. Unter den Intellektuellen seiner Zeit besitzt er einen etwas anrüchigen Ruf als Autor des erotischen Romans *Lucinde* (1799). Doch sein Äußeres widerspricht jeglichen Projektionen, wie Louise Seidler noch als achtzigjährige Frau konstatiert: »Je mehr ich mich darauf gefreut hatte, ihn zu sehen, desto bitterer ward ich durch seine äußere Erscheinung enttäuscht. Wie hätte ich mir einen so lebendigen Geist in einer so schwammigen Fleischmasse denken können! Auch seine Augen sprühten kein Feuer; der Dichter der *Lucinde* und des *Alarkos* glich einem in Schwelgerei sich behaglich fühlenden Sybariten. Selten war er munter und aufgeweckt, doch meistens freundlich und wohlwollend.« Schlegel hat sich, wie etwa auch der Opernkomponist Gioacchino Rossini, von seiner Kunst abgekehrt und widmet sich nur noch kulinarischen Genüssen: »Sein Lieblingsthema des Gesprächs war alles, was mit der Kochkunst und mit gastronomischen Genüssen zusammenhing; er redete immerfort vom Essen und aß anscheinend nicht, um zu leben, sondern umgekehrt. Da konnte es denn nicht Wunder nehmen, daß er so dick war. Seine Frau [Dorothea Schlegel] machte zu allen Zeiten einen bedeutenderen Eindruck, als er.«

So sehr es Louise Seidler in Rom gefällt, *ein* Problem hat sie doch – wie auch einige andere deutsche Künstler: Die Stadt ist

Sitz des Papstes, Hauptstadt des Kirchenstaats und Zentrum des weltweiten Katholizismus. Zur damaligen Zeit sind protestantische Gottesdienste oder gar protestantische Kirchen verboten, doch in Kreisen der deutsch-protestantischen Exilgemeinde regt sich Widerstand. Zwar konvertieren einige der Künstler unter dem Einfluss der als romantisch empfundenen Mystik des katholischen Glaubens oder auch aus Bewunderung für den festlichen, weihevollen Kultus der katholischen Messe, doch die anderen wollen ihre Konfession in bester, wortwörtlich »protestantischer« Haltung gerade im Zentrum der päpstlichen Welt leben – wenn auch hinter verschlossenen Türen. In den Räumen der Herzogin Henriette von Württemberg wird am Palmsonntag 1819 ein protestantischer Gottesdienst mit Austeilung des Abendmahls gefeiert. Nicht ohne Genugtuung erinnert sich Louise Seidler: »Die schöne Feier mußte im Mittelpunkte des Katholicismus doppelt ergreifend wirken; gestärkt und erhoben gingen wir auseinander, Gott bittend, daß er uns im wahren Glauben kräftige und das Recht uns klar mache. Denn wohl bedurfte es großer Charakterfestigkeit, namentlich für uns beständig phantasievoll angeregte Maler, so manche Lockung zur Rückkehr in den Schooß des Katholicismus tapfer abzuweisen – um so mehr, als die großen Schönheiten dieses Cultus sich nicht leugnen lassen.« Die tapfere Protestantin Louise Seidler ist für die Reize der katholischen Konfession durchaus empfänglich: »Wie wohl hatte es mir oft gethan, beim Nachhausegehen nach vollbrachter Arbeit im dunkelsten Eckchen einer durch Kerzenschimmer matt erleuchteten Kirche während der Vespernandacht still in meinem Gott auszuruhen; wie vieles andere Poetische vermißte ich – mochte auch der Verstand noch so laut dagegen sprechen – in unserem Ritual, wie z.B. das Befehlen zarter Herzensangelegenheiten in die Hände der heiligen Jungfrau! Es geschah nicht, aber die Sehnsucht, es thun zu dürfen, war angeregt.«

Inspiriert von diesem ersten, noch geheim stattgefundenen protestantischen Gottesdienst spricht der einflussreiche preußische Gesandte Niebuhr mit dem mächtigen Kardinal Ercole

Consalvi, dem Staatssekretär von Papst Pius VII. Der Pontifex maximus, ein weiser und weltoffener Mann, gewährt daraufhin die freie Religionsausübung in der Stadt. König Friedrich Wilhelm III. von Preußen stiftet eine protestantische Kapelle in Rom, zudem den Posten eines protestantischen Geistlichen. Auch für Gebetsbücher und anderes wird gesammelt, und bereits am 27. Juni 1819 wird der allererste protestantische Gottesdienst im päpstlichen Rom offiziell gefeiert, mehr als drei Jahrhunderte nachdem Martin Luther seine fünfundneunzig Thesen an das Portal der Schlosskirche zu Wittenberg angeschlagen hat. Mehr als sechzig Personen zählt Louise Seidler voller Stolz an jenem Sonntag.

Die kleine protestantische Gemeinde wünscht sich auch einen eigenen Friedhof. Bislang wurden Nicht-Katholiken außerhalb der alten Stadtmauer, bei der römischen Pyramide des Cestius, eher verscharrt denn feierlich begraben. Das Gelände war von keiner Mauer umgeben, »die Gräber«, so weiß Louise Seidler vom Hörensagen, »waren allen Unbilden des Pöbels und der vorbeiziehenden Viehherden preis gegeben; oft waren Monumente beschädigt oder Gräber zerwühlt worden.« Doch Christian von Bunsen, Legationssekretär der preußischen Gesandtschaft, lässt mit Einwilligung des Papstes im Mai 1824 eine Mauer um den Friedhof ziehen. Der protestantische Friedhof in Rom beherbergt heute eine Vielzahl von Begräbnisstätten berühmter Männer und Frauen, etwa die Gräber von Goethes Sohn August (mit ihm hat Louise Seidler als Kind im Hof des Jenaer Schlosses gespielt), von John Keats, Percy Shelley, Malwida von Meysenbug, Hermione von Preuschen, Hans von Marées, Gottfried Semper, William Story und Wilhelm Waiblinger.

Selbstverständlich spielt sich das Leben der deutschen Künstlergemeinde weit mehr in Ateliers und Tavernen ab als in Kirchen oder auf Friedhöfen. Louise Seidler genießt den lockeren, emanzipierten Umgang, der nicht so sehr von moralischen und bürgerlichen Konventionen geprägt ist wie in Deutschland: »Das Leben der Künstler in Rom war überhaupt im Großen und Ganzen durchaus kameradschaftlich. Als wir erst näher miteinander bekannt geworden waren, versammelten sich Alle sehr oft Abends bei mir um des Lichts gesell'ge Flamme; der Thee aus einer großen Blechkanne, deren schätzbare Acquisition mir gelungen war, mundete trefflich. In den gewöhnlichen Wohnungen gab es weder Kaffee- noch Theegeschirr; man kam in Kaffeehäusern zusammen. […] Das Frühstück ließ man sich in's Haus bringen. Ein kleiner, netter Bursche klingelte früh und brachte auf einem gelben Blechbrette für jede Person ein Kännchen – Cucumetto genannt – mit Kaffee, ein Schälchen mit Krumenzucker, ein Glas Wasser und ein Brötchen. […] Viele Künstler, und besonders die, welche ihre Arbeit außer dem Hause hatten, nahmen ihr Frühstück im Kaffeehause selbst ein. Das uns zunächst gelegene hielten vier alte Jungfern, von den Künstlern ›Noctuen‹ (Nachteulen) genannt, in einem kleinen, ärmlichen, unreinlichen, mit halb zerfallenen Möbeln ausgezierten Lokal.«

Prinz Friedrich von Sachsen-Gotha-Altenburg lebt seit etlichen Jahren in Rom (er kehrt 1822 nach Deutschland zurück, um nach dem Tod seines Bruders August die Herrschaft in dem kleinen Herzogtum anzutreten). Friedrich, der zur katholischen Konfession konvertiert ist, genießt beim Papst und bei der hohen Geistlichkeit ein hervorragendes Ansehen. Er ist ein Liebhaber der Künste, vor allem der Musik. Durch ihn lernt Louise Seidler den legendären, geheimnisumwitterten Geiger Niccolò Paganini kennen, den sie recht kritisch betrachtet: »Dieser war damals ein eben aufgehender Stern am musikalischen Himmel. Sein Auftreten war barock, doch man verzieh es ihm, da sein Spiel voll tiefer Empfindung war. Sein Äußeres stellte sich dürftig und jämmerlich dar; lang herabfallende, schwarze, straffe Haare, hagere, bleiche Gesichtszüge mit einer bedeutenden Nase und kleine halberloschene Augen vereinigten sich zu einem keineswegs anziehenden Ganzen. Seine Haltung war schlaff, sein Gang schwankend. Er sah wirklich danach aus, als habe er lange im Gefängnis gesessen. Die Sage wollte wissen, er habe im Kerker auf einer alten Geige mit Einer Saite gespielt und ihr die wunderbarsten Klänge zu entlocken verstanden. Er spielte auch, als ich ihn hörte, nur auf Einer Saite; ihm zu lauschen, übte einen seltsam-fesselnden Reiz.« Über den Gothaer Prinzen macht Louise Seidler auch die Bekanntschaft Franz Grillparzers, von dem sie bereits in München Theaterstücke gesehen hat. Freudig geht sie zu dem anberaumten Treffen – und wird enttäuscht: »Sein Aeußeres, – eine schlanke, magere Figur, ein blasses, ovales Gesicht mit milden, gleichsam verklärt dreinschauenden Augen, – war nicht unangenehm; es kam aber zu keiner interessanten Unterhaltung, weil der anscheinend kränkliche Grillparzer sehr zurückhaltend und schüchtern auftrat.«

Der Prinz vermittelt Louise Seidler nicht nur Begegnungen mit Berühmtheiten. Er nimmt sie auch zu gesellschaftlichen Veranstaltungen und Ereignissen mit. Bei einer Theateraufführung – Louise Seidler darf in der Loge des Prinzen sitzen – ist die zurückhaltende Deutsche von der ungehemmten Begeisterung der Römer hingerissen und befremdet zugleich: »Mich frappirte anfangs der stürmische Beifall, mit welchem das italienische Publikum seine Lieblingskünstler überschüttet. Der *fanatismo* der Zuhörer kennt in solchen Fällen keine Grenzen; ich arme Nordländerin wüßte dies Wort nicht einmal richtig zu übersetzen; ›schwärmerischer Beifall‹ drückt es lange nicht aus.«

Louise Seidler weiß um die Mentalitätsunterschiede zwischen Nord und Süd, Deutschen und Italienern. Sie bestaunt und genießt in den Grenzen dessen, was ihre Herkunft und ihre Erziehung zulassen, die Heiterkeit und fast kindliche Ausgelassenheit der Römer, freilich ohne dass sie je die Konventionen ihres Standes und ihres Geschlechtes verletzte. Als besonders reizvoll und verstörend zugleich erlebt sie den römischen Karneval – auch hierbei übernimmt Prinz Friedrich die Vermittlerrolle. Er gewährt ihr einen Platz auf dem Balkon seines Palazzos, wo sie bequem dem bunten, teils wilden und enthemmten Treiben der Maskierten zusehen kann. In ihren Memoiren erinnert sie sich vierzig Jahre später voller Überschwang: »Das Auge wurde durch die auf Stühlen zu beiden Seiten der [...] Corsostraße sitzenden schönen Römerinnen, durch die zahllosen Masken, die langen Reihen von Carossen, deren Insassen sich dreist mit Confetti bewarfen, lebhaft beschäftigt. ›Confetti‹ heißt eigentlich Zuckerwerk, aber die Carnevals-Confetti sind nachgemacht: kleine Gypskügelchen, welche sich durch den Anprall des Wurfes in weißen Staub verwandeln, so daß die Straßen nach den Confetti-Scenen wie mit einer Lage weißen Mehls bestreut erscheinen.« Der große Umzug wird von einem Pferderennen auf dem Corso gekrönt: »Der Corso mußte von den Wagen geräumt werden, die Masken drückten sich zur Seite oder flüchteten sich in die Häuser, und die Renner stürzten auf das gegebene Zeichen vom Fuße des Capitols aus durch den Corso bis zum Obelisk der Piazza del Popolo, wo sie aufgefangen wurden.« Dann ziehen die Wagen mit den prachtvoll Maskierten erneut über den Corso. Louise Seidler wird von dem närrischen Treiben angesteckt und verlässt den Balkon – sie will nicht mehr nur Zuschauerin des heiteren Lebens sein: »Auch ich konnte nun der allgemeinen Lustigkeit nicht widerstehen und ließ mich verlocken, mit Frau von Schlegel, welcher das Zusehen vom Fenster aus schon längst nicht mehr amüsant genug war, einen Wagen zu besteigen und mich in die bunte Menge zu mischen.« Unter den Maskierten beobachtet sie Seltsames und Frivoles: »Ein alter Marquis wurde mit einem Strickchen an der Nase von einer jungen Schönen herumgeführt; ein anderes Paar machte sich dadurch bemerklich, daß die Epaulettes und Schuhschnallen des Cavaliere Büschel von Endiviensalat waren; den Kopf bedeckte eine bunte wollene Perücke mit vier Zöpfen, den Hut trug diese Maske unter dem Arme. […] Diese und ähnliche Caricaturen gingen gravitätisch auf und nieder; perorirende Advokaten, Doctoren mit der Medicinflasche, Harlekins und Colombinen, Pantalons mit ihren weiten Schlappärmeln […] drängten sich dazwischen – aber nirgend zeigte sich Pöbelhaftigkeit: Alles hatte einen gewissen Anstand. Das Volk benahm sich wahrhaft liebenswürdig.« Ganz so »züchtig« geht es freilich nicht zu, zumal auch Prominente auf dem Corso anwesend sind, von denen das Volk recht Anzügliches zu erzählen weiß. Da ist etwa die Prinzessin Marie Pauline Borghese, eine Schwester Napoleon Bonapartes. Sie ließ sich als junge Frau von Canova in Marmor modellieren – vollständig nackt; eine Skulptur, die bis heute in der Galleria Borghese in Rom als »Venus Paolina« zu bewundern ist. Louise Seidler gibt wieder, was der Tratsch ihr zugetragen hat: »Als eine Freundin sie fragte: ›Wie ist das möglich gewesen?‹, sagte sie ganz naiv: ›Mein Gott, ich ließ einheizen; ich konnte mich also nicht erkälten!‹«

Sein bacchantisches Ende findet der römische Karneval im Spiel der »Moccoli«, der Lichter. Louise Seidler erläutert das Geschehen: »Es zündet nämlich – um dem fröhlichen Gaste ›zu Grabe zu leuchten‹, – Jeder ein dünnes kleines Licht an; zu Hunderttausenden sieht man diese flimmern: auf dem Balkon, an den offenen Fenstern, an und in den Wagen, auf der Straße. Nun bemüht sich ein Jeder, dem anderen unter scherzhaften Zurufen das Licht auszublasen, das seinige aber zu schützen, wodurch ein unendliches Schreien, wirbelnde Bewegung und unbeschreibliches Getöse entsteht. Jubelnd und lachend schwingen sich die Spaziergänger auf den Schlag der vorbeirollenden Kutschen, um die Moccoli der Darinsitzenden auszublasen; man klettert auf die dicht mit Lichtern und Menschen besetzten Balkons, ja, man bedient sich, um die Moccoli-Flämmchen zu tödten, sogar weithin wirkender Blasebälge, und Alles schnauft, schnaubt und bläst, Alt und Jung macht wie von der Tarantel gestochen die wunderlichsten Sprünge, um dem Nachbar ein Licht auszulöschen, das dieser im nächsten Augenblicke wieder anzündet. Die scherzhaften Kämpfe, welche hieraus entstehen, geben Gruppen von der originellsten Haltung. So bildet sich im ganzen weiten Corso ein unaufhörlich wogendes Lichtmeer, bis eine Stunde nach Sonnenuntergang das Ave Maria ertönt und ein Kanonenschuß gelöst wird; dieser verkündet das Ende des Carnevals. Wie mit einem Zauberschlage verlöschen alle Lichter, statt ihres Glanzes erfüllt den Corso dichter Dampf, die Wagen biegen in die Seitenstraßen ein und die lärmende Fröhlichkeit räumt lautloser Stille den Platz.«

Mit dem Ende des Karnevals und dem Beginn der Fastenzeit fällt Rom, das damals von nur rund hundertvierzigtausend Menschen bewohnt wird, in einen Zustand der Geruhsamkeit, wodurch die Bauten seiner einstigen Glanzzeit nur um so majestätischer hervortreten. Louise Seidler genießt dieses stille Rom besonders: »In diesem Zustande hatte die heilige Stadt für mich etwas ausgeprägt Beschauliches, namentlich spät Abends war die Scene mir immer äußerst eindrucksvoll. Die Nacht ließ alle oft kleinlichsten Details verschwinden; die tiefe Ruhe auf den großen Plätzen und Straßen, nur unterbrochen durch das geisterhafte Rauschen und Plätschern der Brunnen und Fontainen, der wunderbare Nachthimmel, von welchem der Mond sein mildes Licht in schönster Fülle niedersandte, die imposanten Gebäude, welche in so reicher Zahl dem Blicke sich darboten – dies alles brachte einen großartigen Eindruck hervor; das gewaltige Rom ist doppelt erhaben beim Schimmer des Mondes.«

Die »Touristin« Louise Seidler stattet natürlich auch den berühmten römischen Brunnen, die später Conrad Ferdinand Meyer und Rainer Maria Rilke zu Gedichten inspirieren wer-den, Besuche ab. Auf der Piazza Navona mit Berninis Vier-Ströme-Brunnen wird im August ein Fest gefeiert, zu dem man den Platz unter Wasser setzt, damit man, wie die Malerin ver-wundert notiert, »eine Art von Corsofahrt veranstaltet, um sich abzukühlen!«.

Bewunderung und moralische Entrüstung halten sich bei der Protestantin die Waage, als sie den Petersplatz sieht und den Petersdom betritt: »So riesenhaft ist dieser Bau, daß dem Auge des Eintretenden jeglicher Maßstab der Verhältnisse entschwin-det; dies Menschenwerk wirkt auf den Beschauer hinreißend wie eine Schöpfung der Natur. Trotzdem überkam mich in des-sen Innern, wenn auch ein festliches, so doch kein heiliges Gefühl, wie es meine Seele immer in gothischen Domen emp-fand, deren Architektur mir stets wie eine versteinerte Hymne erscheint und meiner Seele gleichsam Flügel leiht. In der Peters-kirche konnte ich nie vergessen, daß die zur Fortführung des

Baus nothwendigen Gelder durch Ablaßkram und ähnliche Unwürdigkeiten erpreßt wurden […].«

Auch die anderen berühmten Kirchen Roms besichtigt sie: den Lateran mit der gegenüberliegenden Scala Santa, San Clemente, Santa Cecilia, San Pietro in Vincoli, Santa Maria Maggiore, Santa Maria in Ara Coeli, San Paolo fuori le Mura. Diese konstantinische Basilika sieht Louise Seidler noch im alten, originalen Zustand, bevor sie im Juli 1823 niederbrennt. Doch nicht nur für das christliche Rom interessiert sich die Malerin, sondern auch für die antiken Stätten: Das Forum Romanum ist zum größten Teil noch unter den Erd- und Schuttschichten der Jahrhunderte begraben, zwischen den Tempelresten und Triumphbögen weiden Kühe und Ziegen, weshalb das Gelände »Campo Vaccino« genannt wird.

Dem gegenwärtigen Rom steht die Deutsche, die sich gern als aufgeklärte Protestantin sieht, eher kritisch gegenüber. Das erhabene Pantheon sieht sie durch den Geflügel- und Gemüsemarkt, der davor abgehalten wird, entweiht. Besonders der krasse Gegensatz von prächtigen Resten einer glorreichen Zeit und der Armut der Bevölkerung stößt Louise Seidler auf: »Und die Gegenwart –? Sie wühlt die Bruchstücke des majestätischen Schuttes aus der Erde hervor, freut sich der aufgefundenen Brosamen und klebt ihre elenden Hütten zwischen die erhabenen Ruinen.« Sie empört sich über die unzureichende Bildung der Menschen und die Verbindung von Aberglauben, Dummheit und naiver Frömmigkeit. So erzählt sie die Geschichte eines Hausarztes, zu dem eine Mutter mit ihrer fettsüchtigen Tochter kam. Der Arzt verordnet eine strenge Diät. Doch nach wenigen Tagen kommt die Mutter erneut zum Arzt und klagt, ihr Kind liege im Sterben. Der Arzt eilt zu ihr nach Hause und erkennt, dass die Mutter gegen seine Anordnung verstoßen und das Kind weiter gefüttert hat: »›Ach, mein Gott!‹ schluchzt die Mutter, ›ich habe ja der Madonna eine Kerze gelobt, so schwer wie mein Kind, wenn sie dieses gesund machen wolle – mußte ich da die Kleine nicht immerwährend füttern. Damit sie recht schwer wurde und ich der Madonna eine stattliche Kerze darbringen konnte?'« Louise Seidler kommentiert entrüstet und mit einem gewissen Dünkel: »Aberglauben, Unwissenheit, Verdumpfung und Verdummung sind eben zu kraß in Italien; welch ein göttliches Land, und auf wie niederer Stufe seine Bewohner!«

Bei aller Kritik an der katholischen Kirche kann sich Louise Seidler doch deren Zaubers nicht erwehren. Besonders die Feierlichkeiten zu den Ostertagen, an denen sie teilnimmt, üben Anziehung auf sie aus. Sie ist dabei, als am Karfreitag der Papst und die Kardinäle in der Sixtinischen Kapelle die Feier zur Sterbestunde Jesu begehen, und schreibt noch Jahrzehnte später fasziniert: »Von den dreizehn Lichtern erlosch mit Ausnahme desjenigen, welches den Erlöser selbst bedeutete, eines nach dem andern, wie einer nach dem Andern Christum verrieth und verließ. Allmählich trat Finsterniß und Todtenstille ein; dann aber ertönte wunderbar das *Miserere* von [Gregorio] Allegri. Engel schienen ihre Stimmen in langgehaltenen, reinen Discanttönen erst leise, dann immer lauter zu erheben, den Höchsten anflehend um Erbarmen und Gnade. Endlich verhallte der letzte Ton – das letzte Licht wurde entfernt, und schweigend ging die Menge auseinander.« Von Pomp und Pracht sind hingegen zwei Tage später die Feierlichkeiten zum Segen »Urbi et Orbi« geprägt. Louise Seidler sitzt in einer Kutsche am Rande des Petersplatzes und gerät wie auch die gläubige Menge in einen Rausch der Begeisterung: »Unter dem Donner der Kanonen der Engelsburg, unter dem Glockengeläut der dreihundert Kirchen Roms erschien der Papst mit der dreifachen Krone im festlichsten Schmucke auf dem Balkon der Peterskirche; er wurde auf einem Sessel getragen und war von zahlreicher Dienerschaft begleitet, welche große Fächer von weißen Pfauenfedern ihm zur Seite hielten; [...] Angesichts der Menge erhob sich der Heilige Vater und gab den zahllos auf dem Petersplatz Versammelten, welche auf die Kniee stürzten, seinen Segen. Man rechnete, daß außer den Einwohnern Roms und den Landleuten, die herbeigeströmt waren, dreißigtausend Fremde in der heiligen Stadt versammelt seien. Auf dem großen Platze vor der

Peterskirche stand Kopf an Kopf; [...] Ablaßzettel flogen auf die Menschenmenge herunter und wurden eifrig aufgefangen. [...] dennoch machte es auch auf mich einen tiefen Eindruck, als so viele Tausende mit Einem Schlage andächtig auf die Kniee stürzten, um den Segen des ›Statthalters Christi‹ zu empfangen, der ihn am Ostersonntage der ganzen Christenheit spendet.« Am Abend wird auf der Engelsburg, dem antiken Mausoleum Kaiser Hadrians, ein bombastisches Feuerwerk gezündet. Auch jetzt ist Louise Seidler enthusiasmiert: »Das großartige Schauspiel begann mit zahllosen Raketen, die im Steigen einen fächerartigen Pfauenschweif bildeten. Bald schienen feurige Wasserfälle über die runden Mauern der Burg hinabzustürzen, bald hatte es den Anschein, als sei sie von glühenden Festons [Gewinden] und Blumensträußen umzogen; [...] Die Pracht dieses Feuerwerks wurde noch dadurch erhöht, daß es sich in dem hart vorüberfließenden Tiberstrome wiederspiegelte.«

Recht süffisant äußert sich Louise Seidler über den österreichischen Kaiser Franz I., der nach Rom auf Staatsbesuch kommt und die Brunnen auf dem Petersplatz bewundert. Nach einiger Zeit bemerkt er: »Schön! Schön! I hob nun g'nug g'schaut; lassen's die Wasser alleweil' nur wieder ab!« »Er ahnte nicht«, so Louise Seidler spöttisch, »welche Fluthen Roms antike Wasserleitungen spenden und hielt auch diese riesigen Fontainen für improvisirt.« Bei der Eröffnung einer Ausstellung mit Gemälden deutscher Künstler im Palazzo Cafarelli, in der auch Louise Seidlers Porträt ihrer Freundin Fanny Caspers gezeigt wird, begegnet sie kurz der kaiserlichen Majestät, ist aber so eingeschüchtert, dass sie sich, als er und sein Gefolge den Saal betreten und wenige Augenblicke später der Saaldiener sie als »Signora Luigia Seidler, pittrice tedesca« ausruft, seitlich hinausschleicht.

Es ist Sommer 1819. Louise Seidler hat von Carl August von Sachsen-Weimar eine Verlängerung ihres Stipendiums gewährt bekommen. Da beschließt sie, ihren Horizont wortwörtlich zu weiten: Neapel heißt das Ziel ihrer Reise, und in Begleitung einiger Malerfreunde bricht sie noch im Juli dorthin auf. Die Fahrt in einem Pferdewagen und mit einem gemieteten Führer geht durch die Albaner Berge, in denen Räuber ihr Unwesen treiben. »Ich läugne nicht, daß ich mich oft scheu auf der Land-straße umsah«, gesteht sie in ihren Memoiren, »gottlob war indessen meine Furcht vergebens; wir erreichten, auf der ehe-maligen *Via Appia* quer durch die berüchtigten pontinischen Sümpfe ziehend, deren Gifthauch unter dem schönsten Blu-menteppich hervorquoll, und die durch zahlreiche Heerden wilder Büffel belebt wurden, über Terracina und Capua das er-sehnte Neapel ohne den geringsten Unfall.«

Neapel ist die Hauptstadt des bourbonischen Königreichs beider Sizilien. Bei vielen Kunstkennern gilt sie als die reichste und sehenswerteste Stadt Italiens, ja der Welt. Auch Louise Seidler ist von den architektonischen und kunsthistorischen Eindrücken überwältigt. Sie und ihre Begleiter beziehen einfa-che Zimmer in einem kleinen Gasthof, ruhen sich aber nach der anstrengenden Reise auf staubigen Straßen nicht aus, sondern beginnen sogleich, das Gewirr der Gassen zu erkunden. Bevor sie jedoch Kirchen und Museen besuchen, geht es zum Hafen, wo ein buntes Treiben herrscht: »Am Hafen erregte vor Allem der Wald von Masten der hier ankommenden Schiffe meine Bewunderung; ungemein imposant erschien mir ein riesiges Linienschiff, welches die anderen Fahrzeuge gleich Vasallen umgaben. Dampfbööte gab es damals noch nicht; ein Linien-schiff wie das, welches ich sah, galt als Triumph der Schiffsbau-kunst.« Ein Panoptikum erlesener exotischer Waren breitet sich vor ihren Augen aus: »Da sah man nächst den gewöhnlichen Seefischen und den auch bei uns bekannten Krebsen bunte, Schlangen ähnliche Aale, Seesterne mit beinahe fußlangen

Armen, Seepferdchen, Canaliten (lange, schmale, wie Messer-
scheiden geformte Muscheln, aus deren oberem Ende das
Schalthier bisweilen in der Gestalt einer orangefarbenen kleinen Zunge hervorguckt, um dann sogleich gierig von den
Fischern abgebissen zu werden), Seekastanien [Seeigel], welche
ihren Namen mit Recht führen, denn ihre Schale, braun und
stachlicht, birgt ein dunkelgelbliches Thier. Es ist eine ganz
neue Welt der merkwürdigsten Geschöpfe, die sich hier auf-
thut.« Doch nicht nur die »Frutti di Mare« machen der Malerin
Appetit: »Besonders wohl gefiel mir das Aus- und Einladen
ungeheurer Massen von Orangen, Melonen, Feigen, Apfelsinen
und ähnlicher Früchte.« Es ist eine Welt voller Lärmen, Emsig-
keit und Sinnlichkeit, und selbst die einfachen Gelegenheits-
arbeiter, oft in Lumpen gehüllt, bereiten der jungen Frau Eindruck: »Mit Vergnügen verweilte ferner das Auge auf den
muskulösen, aber doch feinen Gestalten der Lazzaroni, welche
hier Netze auswarfen, dort zappelnde Fische ans Land zogen,
an einer andern Stelle Kähne ausbesserten oder Netze flickten
[…].« Wenn sie den Blick hebt, sieht Louise Seidler am Horizont, über der Stadtsilhouette, den damals tätigen Vesuv, eine
»prächtige Feuersäule«.

Anderntags findet Louise Seidler eine bessere Unterkunft bei
Privatleuten, von ihrem Zimmer hat sie eine unverstellte Aussicht auf den Golf. Sie macht sich, versehen mit einem Empfehlungsschreiben Caroline von Humboldts, auf den Weg zum
Palazzo des preußischen Gesandten Friedrich von Ramdohr.
Der ist ein Gentleman – damals ist es noch selten, dass sich
deutsche Reisende nach Neapel »verirren« – und lässt seine
Pferde anschirren. Mit der Privatkalesche geht es noch am selben Nachmittag in die reizvolle Umgebung. Louise Seidler ist
entzückt: »Es ist nicht möglich, Schöneres zu sehen. An manchen Felsenvorsprüngen ziehen sich hohe Cactusstauden empor,
auf deren fußlangen, breiten, stachlichten Blättern eiergroße
Früchte wachsen, die unsern gelben Pflaumen an Geschmack
gleichen. Ueberall die üppigste Vegetation: Granaten, Pistacien,
Mandeln, Feigen u. s. w. Und dann – die Fernsicht auf die einfa-

che, majestätische Größe des Meeres, auf den Golf, der in friedlicher Ruhe gleich einem reinen Spiegel vor mir lag, auf die zahllosen Schiffchen, welche mit weißen Segeln wie Schwäne hin und wieder zogen! Landeinwärts ward der Horizont begrenzt durch die ferne Bergkette mit Sorrent, durch den in rosigem Schimmer erglühenden Vesuv, aus dessen Krater heute eine dichte Rauchsäule zum Himmel emporstieg und glühende Funken einer Garbe ähnlich, rings verstreute, während die frische Lava in zwei Feuerströmen sich bergab ergoß! Wie steigerte sich aber wieder der Eindruck, als es Abend ward, als die Sterne heraufzogen und des Mondes mildes Licht das zaubervolle Bild mit silbernem Scheine umwob!«

Ramdohr eröffnet Louise Seidler den Zugang zum öffentlichen Leben. Die weiß sich vor Eindrücken in der rund vierhunderttausend Einwohner zählenden Großstadt kaum zu retten: »Die Straßen von Neapel waren – ganz im Gegensatze zu dem ernsten Rom – stets belebt durch eine bunt sich drängende Menge. Welcher herrliche, nie versiegende Stoff für den Maler! Man brauchte nur hineinzugreifen in's volle Menschenleben; wo man es packte, da war es interessant; überall bot sich dem Blicke Merkwürdiges, Originelles dar.« Sie bestaunt das pralle Leben auf den Märkten und in den Hökerläden, die in ihrer Warenfülle orientalischen Bazaren ähneln: »Runde Käse bilden zu beiden Seiten des Eingangs Säulen; ein Schinken reiht sich an den andern; am Plafond, am Fries hängen Speckseiten; unter diesen Festons [Gewinde] von Würsten. Auf einer Tafel liegen Haufen von Eiern, die durch einen Spiegel noch vervielfältigt erscheinen; daneben Oelfläschchen mit einer Citrone darauf. Alle diese Herrlichkeiten sind verziert durch Lorbeerzweige und kleine Papierblumen. Nicht weit davon der dampfende, brodelnde Oelkessel, in welchem Stücke Leber, Fischchen, Hirn, Artischocken u. dergl. frisch für die Vorübergehenden gesotten werden.« Sie kapituliert als Malerin vor dieser Überfülle an Eindrücken und gibt sich irgendwann nur noch dem Schauen hin, lässt sich durch das pralle Leben treiben: »Zwischen all diesem Getriebe das lebendigste Menschengewühl, wie es weder die Feder, noch der Pinsel in seiner ganzen Fülle schildern kann.«

Abends besucht Louise Seidler eine Aufführung im berühmten Teatro San Carlo, dem mit 3300 Plätzen damals größten Opernhaus der Welt. Sie ist zwar von den technischen Möglichkeiten und den Effekten beeindruckt, auch erwähnt sie einzelne exzellente Primadonnen, doch alles in allem steht sie der italienischen Opernkultur fremd, ja ablehnend gegenüber. Mit dem in Neapel wohnenden deutschen Ehepaar Hestermann (er ist der Bruder von Charlotte von Loewenich) pflegt sie freundschaftlichen Umgang. Gemeinsam unternehmen sie einen Bootsausflug zu den Inseln Ischia und Procida, dann nach Capri, wo sie die Blaue Grotte besichtigen, die damals durchaus schon bekannt ist (und nicht, wie oft falsch dokumentiert ist, erst 1826 von dem deutschen Dichter August Kopisch wiederentdeckt wird – nachdem sie bereits in der Antike als Nymphäum diente). Auch die Grotta di Posilippo und die Grotta del Cane (Hundsgrotte), in der aus Felsritzen giftiges Kohlenstoffdioxid entweicht und sich in Bodennähe sammelt, stehen auf dem Programm. Louise Seidler ist über den Führer empört, der »ein armes Hündchen herbeischleppte, welches er seines Winselns ungeachtet gewaltsam in die Grotte stieß, aus der er es todt oder nur betäubt, wie die Reisenden es wünschten, wieder hervorzuziehen beabsichtigte«.

Die antike Stadt Pompeji, im Jahre 79 beim Ausbruch des Vesuvs zerstört und verschüttet, ist unter der Herrschaft der archäologisch begeisterten Franzosen in den Jahren 1806 bis 1815 in Teilen ausgegraben worden und stellt eine touristische Attraktion ersten Ranges dar. Louise Seidler will die archäologischen Stätten unbedingt besuchen. Doch ihre Begleiterin Charlotte von Loewenich hat daran kein Interesse, »so dass ich den Muth fassen mußte, diese Reise allein, als einzige Dame mit neun mir (abgesehen von Schinz) fremden Herren zu unternehmen. Dieser Umstand, verbunden mit ungeheurer Hitze und argem Staube, ließ mir die Fahrt sehr wenig angenehm erscheinen.« Tatsächlich ist Louise Seidler von den Ausgrabungen eher enttäuscht: »Ich habe Pompeji in der Erinnerung wie ein ausgebranntes Dorf; die Häuser darin – mit Ausnahme der großartigen öffentlichen Bauten alle sehr klein und nur einstöckig – sind sämmtlich nicht mehr vollständig; die besten Wandmalereien sind ausgesägt und die aufgefundenen Geräthe in die Museen geschleppt.«

Sie ist von Abenteuerlust beseelt und wagt gemeinsam mit der kleinen Reisegruppe eine Besteigung des Vesuvs. Zunächst geht es ein Stück auf Eseln bergan – Louise Seidler amüsiert sich, als sie erfährt, das Tier, auf dem sie reite, trage den Namen »Kotzebue«, nach dem berühmten Dichter und Diplomaten August von Kotzebue, der wenige Jahre zuvor eben dieses Tier geritten habe (und der, das weiß Louise Seidler zu jenem Zeitpunkt offenbar noch nicht, vier Monate zuvor ermordet worden ist). Als es für die Esel zu steil wird, steigen die Reisenden ab und erklimmen zu Fuß die Bergflanke aus Lavageröll. Der Ausflug gerät tatsächlich zu einem Abenteuer, die elementare Gewalt der ungebändigten Natur wird auf dem Vulkan deutlich: »Als die Abendkühle uns das weitere Vordringen am Vesuv erlaubte, klommen wir, so hoch wir kommen konnten, bis der Boden so heiß ward, daß uns die Schuhe zu versengen drohten. Das Steigen war endlich so mühsam geworden, daß ich mich eine ganze Strecke von den Führern an den Händen aufwärts ziehen ließ. Im Innern des Berges donnerte es bisweilen; aus dem Krater schoben sich ganz langsam zwei breite Lavaströme herab. Wir entzündeten daran einen Stab und warfen eine Münze hinein, welche augenblicklich schmolz.« Eigentlich wollen die Reisenden ein Stück in den Krater hinuntersteigen, doch der einheimische Führer rät davon ab. Also machen sie sich an den anstrengenden Abstieg und kommen endlich unten an, wo sie vor der Rückreise nach Neapel zur Stärkung noch ein paar Flaschen des schweren hiesigen Rotweins »Lacrimae Christi«, »Tränen Christi«, leeren.

Louise Seidler bekommt von solchen Sightseeing-Touren mit einem gewissen Gruseleffekt nicht genug – nach all der Beschäftigung mit der Kunst der Alten Meister eine willkommene Abwechslung. Einmal jedoch wird ihr und ihren Begleitern die Neugier beinahe zum tödlichen Verhängnis. Der Schauplatz: die antiken Katakomben in Neapel, ein unterirdisches Labyrinth mit den Gräbern der frühen Christen. Louise Seidler, ihr Kollege Schinz und ein paar weitere Bekannte begeben sich am 24. September 1819 in Begleitung eines angeblich kundigen Führers zu einer Kirche, hinter der der Eingang zu den Katakomben liegt. Es ist Abend, in der Kirche wird die Vesper gebetet. Die Grusel-Touristen schleichen sich an den Gläubigen vorbei und gelangen durch eine Pforte im Seitenschiff auf einen kleinen Hof. Auf der anderen Seite des Hofes wiederum befindet sich in einer Felswand eine Tür zu den Katakomben. Der Führer schließt auf, die Ausflügler betreten die schwarze Finsternis. Eine einzige Fackel erhellt unzureichend die Gänge mit den in den Seitenwänden eingelassenen Gräbern. Der Weg führt nach unten, verzweigt sich, hin und wieder weitet sich ein Gang zu einer Kapelle mit Resten frühchristlicher Fresken. Die Luft ist dumpf und verbraucht, die Szenerie in das spärliche Licht der einzigen Fackel eingetaucht. Louise Seidler ist von den Malereien fasziniert: »Reste von Frescobildern waren in der That vorhanden: eine Madonna mit Heiligen zur Seite, aber schon ganz verwischt.« Anderes erfüllt sie mit leisem Schauder: »Wir gingen noch weiter, gelangten jedoch an Abgründe, welche, halb mit Schädeln gefüllt, eine so feuchte Moderluft ausströmten, daß unsere Fackel anfing, ganz düster zu brennen.« Der Führer begeht einen folgenschweren Fehler: »Um sie [die Fackel] heller auflodern zu lassen, rieb der Führer sie an der Wand. Aber, o Entsetzen! Statt emporzuflammen, erlosch sie gänzlich; kein Feuerzeug, keine zweite Fackel war mitgenommen worden! Gebieterisch verlangten die Herren, welche mit von der Partie waren, daß der Führer gehen und Beides holen solle, jedoch weinend und schreiend gestand dieser: daß er heute zum ersten Male die Katakomben betreten habe und des Rückwegs ganz unkundig sei, indessen werde die Madonna uns sicher beistehen, wenn wir Alle gute Christen wären.« Es entsteht Panik. Die Männer fluchen und schimpfen, der Führer jammert und beteuert seine Unschuld, Louise Seidler ist still und betet lautlos. Über sich hören sie hin und wieder leise das Rollen von Kutschen, denn eine Landstraße führt über den Fels hinweg. Umso grässlicher wirkt die Situation: eingeschlossen zu sein in ewiger Finsternis, während wenige Meter darüber die Menschen mit ihren Pferdekutschen und Ochsenkarren im Schein der Abendsonne durch die weite Landschaft rollen.

Es ist wie im Schattenreich der Toten: »Wir alle zitterten am ganzen Leibe; der Frost erstarrte uns, denn die feuchte Kälte des Ortes, an den wir so gänzlich planlos gerathen waren, contrastirte entsetzlich mit der Gluth des Tages, die nur eine leichte Tracht anzulegen erlaubt hatte. Die fürchterlichste Angst, in diesem offenen Grabe eines jammervollen Todes sterben zu müssen, ergriff mich.« Die Eingeschlossenen hoffen darauf, dass der Kutscher, der vor der Kirche wartet, Hilfe holt. Doch Louise Seidler hat ihre Erfahrungen mit den Kutschern Italiens gemacht und äußert den Verdacht, er sei bestimmt auf seinem Bock eingeschlafen. Sie schlägt daher vor, sie sollten sich im Finstern zurücktasten. »Allein die Erwägung, daß wir noch tiefer in die Katakomben hineingerathen oder in einen der mit Todtengerippen angefüllten Abgründe stürzen könnten, hielt uns von jeder Bewegung ab und bannte uns fest an unsern Platz. Nichts blieb mir übrig, als unter tausend Thränen ein Gebet um Barmherzigkeit zu Gott.« Die Männer bemühen sich um Fassung. Schinz versucht, Louise Seidler mit kleinen Scherzen aufzuheitern: Wie sie denn »ohne Nachttoilette« schlafen werde? Das kann die verzweifelte Malerin nicht beruhigen. Sie lauschen dem Rollen und Poltern über ihnen, während der kleinlaut gewordene Führer weint. Allmählich fühlen sie sich »bis zum Wahnsinn aufgeregt«: »Dazu kam physische Anstrengung, denn wir mußten aufrecht stehen, da der Boden so naß war, daß wir uns nicht niedersetzen konnten.« Sie wissen nicht, wie viel Zeit vergangen ist, sie rufen in die Finsternis hinein nach Hilfe – als endlich »ein leiser Wiederhall ertönte. Ein schwacher Lichtschimmer erschien als Stern der Erlösung; er wurde größer, er kam näher, kam ganz nahe – und endlich stand der gute Geistliche, der schon in der Kirche uns so ehrwürdig erschienen war, vor uns, eine Laterne in der Hand. Weinend drückten, küßten wir ihm die Hände, und unter Gefühlen, die sich nicht beschreiben lassen, traten wir den Rückweg an.« Sie erreichen den kleinen Hof hinter der Kirche, der Führer verdrückt sich stillschweigend, die Katakombenausflügler fühlen sich wie dem Orkus entstiegen: »Wer schildert die Gefühle, als wir aus der Nacht des Entsetzens heraustretend, wieder den Sternenhimmel erblickten und die von zahllosen Lichtern erleuchteten Straßen durchfuhren! Gesprochen wurde nicht; nur im stillen Dankgebet gegen Gott ergossen sich die Herzen.« Louise Seidler ist traumatisiert: »Die Folgen der tödtlichen Angst aber konnten wir lange, lange Zeit nicht völlig überwinden.«

Schwerer Abschied

In den folgenden Wochen wendet sich Louise Seidler wieder der Porträtmalerei und dem Kopieren Alter Meister zu, denn sie will sich vom Weimarer Großherzog, ihrem großzügigen Geldgeber, nichts Übles nachsagen lassen. Ende Oktober 1819 kehrt sie gemeinsam mit Johann Caspar Schinz nach Rom zurück. Erneut nimmt sie das Studium der Malerei auf und kopiert einige berühmte Gemälde, auch Werke, die damals der Öffentlichkeit noch verborgen sind. Denn durch ihre guten Beziehungen zu Künstlern, Diplomaten und hohen Geistlichen gelingt es ihr, private Sammlungen besuchen zu dürfen, etwa die des Kardinals Joseph Fesch, eines Onkels Napoleon Bonapartes.

Noch einmal zieht es sie nach Florenz, denn auf ihrer Durchreise hat sie die Stadt nur kurz besuchen können. Durch den Verkauf einiger Gemälde, meist Auftragsarbeiten, hat sie sich ein finanzielles Polster zugelegt. Ende Juni 1820 macht sie sich mit Schinz auf den Weg. In der Stadt am Arno verbringt sie sechzehn Monate, mit Studien, aber auch mit ausreichend Müßiggang des Schauens und geistigen Sammelns: »Die Stille und mein gleichmäßiges Leben in Florenz erwies sich mir bald als sehr wohlthuend. Ich richtete mich bequem und nach meinem Behagen ein, war meist zu Hause, bestellte mir mein Essen wie ich es mochte, unterwies die herrliche Wirthin, zu welcher mein guter Stern mich geführt, in der Kochkunst nach deutscher Weise und fühlte mich in meinen vier Pfählen um so zufriedener, als ich von meinem freundlichen Zimmer eine entzückende Aussicht auf wahrhaft paradiesische Gärten genoß.«

Ausgiebig studiert Louise Seidler die Sammlungen der Uffizien und des Palazzo Pitti sowie private Kollektionen. Sie besucht die Kirchen Santa Maria Novella, Santa Croce und San Lorenzo und begutachtet mit kundigem Blick die dortigen Fresken. Und sie kopiert einige berühmte Werke, etwa Raffaels *Madonna mit dem Stieglitz*, die *Madonna del Granduca*, die *Madonna Tempi* und die *Kreuztragung Christi*.

Die friedvolle Zeit wird kurz getrübt, als im Frühjahr 1821 österreichische Truppen durch Florenz ziehen, auf dem Weg nach Neapel und Sizilien. Der dortige König Ferdinand I. – den Louise Seidler in ihrer Zeit in Neapel als »bigotten Tropf, dem jeder Sinn für Kunst und edle Pracht fehlte«, abkanzelte – hat die Österreicher um Beistand gegen die Aufständischen gebeten. Nun quartieren sich die Truppen auf ihrem Marsch nach Süden in der Stadt am Arno ein. Obwohl Louise Seidler den regierenden Herzog der Toskana, den Habsburger Ferdinand III., als einen milden Herrscher bezeichnet und sie jeglichen Krieg – auch unter dem Eindruck ihrer Erfahrungen der Schlacht von Jena im Jahre 1806 – als menschliches Unglück verurteilt, kann sie doch eine gewisse Sympathie für die Revolutionäre in Süditalien nicht verhehlen: »Ich war von Herzen froh, daß es nicht länger währte (wie schlecht mir auch die Feigheit der Neapolitaner gefiel, durch deren Schuld der Feldzug ein so schnelles

Ende fand); wußte ich doch bereits aus trüber Erfahrung, daß nichts unter dem Kriege so sehr leidet, wie die armen Künste.«

Als sie Ende Oktober 1821 nach Rom zurückkehrt, lichten sich die Reihen ihrer Freunde und Gönner: Am 31. Januar 1822 stirbt der Bildhauer Rudolf Schadow (der Sohn des berühmten Johann Gottfried Schadow) mit fünfunddreißig Jahren an einer Lungenentzündung. Der zum Katholizismus Konvertierte, der sich der Franziskanerlaienbruderschaft angeschlossen hatte, wird in einem festlichen Leichenzug zu Grabe getragen. Louise Seidler ist von dem Pomp funèbre überwältigt: »Einer Sitte gemäß, welche ich sowohl in Rom, als auch in Neapel wiederholt beobachtete, lag die Leiche offen auf einer mit goldgesticktem Damast überdeckten Bahre, diese ward abwechselnd von sechszehn Künstlern getragen, welche dem Dahingeschiedenen die letzte Ehre erweisen wollten. [...] Psalmen summend ging die heilige Brüderschaft [der Franziskaner] nebenher, fast alle deutschen Künstler folgten der Bahre. Wahrhaft poetisch lag der Todte da, einem Schlafenden gleich; wie um Abschied für ewig zu nehmen, küßte ihn die Sonne noch einmal mit ihren letzten Strahlen. Der Eindruck dieses Leichenzugs war tief ergreifend; ernst und bewegt kehrten wir von seinem Anblick heim.«

Ende Mai 1822 stirbt im fernen Gotha Herzog August. Dessen Bruder Friedrich verlässt Rom nolens volens und eilt nach Hause, um die Regierungsgeschäfte des Fürstentums zu übernehmen, wobei Louise Seidler, wie sie selbst bekennt, »mit heißen Thränen Abschied« von dem Kunstfreund nimmt. »Schlag auf Schlag folgte nun«, erinnert sie sich. »Wenige Tage nach dem Herzog von Gotha verließ Johann Veit die ewige Stadt. In der Villa Rafaela gab er den befreundeten Künstlern und deren Frauen ein Abschiedsfest. Diese Villa, ein köstliches, von Rafael erbautes Kleinod, welches die Jahrhunderte verschont hatten, bis es 1849 bei den republikanischen Unruhen von den Römern selbst zerstört wurde, war damals von schlichten Winzern gepachtet worden.«

Die Freunde rücken, wie um die Lücken zu schließen, enger

zusammen: »Alle Kunstgenossen und Freunde wohnten jetzt am Monte Pincio ganz nahe um mich herum, ja, derjenige, welcher mir am meisten förderlich und nützlich war, Philipp Veit, war unter einem Dache mit mir; jeden Augenblick konnte ich mir Rath bei ihm holen, und dies war oft der Fall. […] Kam ich nach Hause, so fand ich oft Palette und Pinsel gereinigt, die Staffelei bekränzt und manche schriftliche Bemerkung vor derselben niedergelegt, die mir bei meiner Arbeit nützlich sein konnte.«

Im Sommer 1823 erhält sie die Nachricht, ihr Vater leide unheilbar an Rückenmarktuberkulose. Louise Seidler packt ihre Sachen und verabschiedet sich von den Freunden. Am Johannistag, dem 24. Juni, richten ihr die Freunde und Kollegen noch ein Fest in der Villa Poniatowski aus, vor der Porta del Popolo gelegen (die heutige Villa Strohl-Fern). Louise Seidler ist wie verzaubert: »Der Abend war wunderschön, die herrliche Aussicht wurde durch die scheidende Sonne vergoldet, deren Untergang mir nie so majestätisch erschienen war, wie diesmal.« Einer der Malerfreunde hat die Idee, den Abend in einer nahe gelegenen Osteria ausklingen zu lassen. Natürlich ist dort schon längst ein Tisch bestellt und festlich dekoriert, und es haben sich hier weit mehr Freunde versammelt als draußen im Garten der Villa Poniatowski: »[…] eine lange, sauber gedeckte, mit Blumen geschmückte Tafel zeigte sich meinen erstaunten Blicken, fünfunddreißig mir besonders befreundete und hoch von mir verehrte Künstler waren um dieselbe versammelt. Ein fröhlicher Gruß schallte mir von ihren Lippen entgegen, und vor einem prachtvollen Kranze erhielt ich meinen Platz; mein Sessel war mit Blumen umwunden und auf meinem Teller lag ein dichter Lorbeerkranz […].«

Spät in der Nacht gehen die Freunde auseinander. Louise Seidler betritt ihr Zimmer – und ist mit einem Mal allein: »Vor meinem Bette saß ich lange, gedankenvoll vor mich hinstarrend; wohl fühlte ich, daß Größeres mir nie beschieden sein könne. Voll inniger Wehmuth empfand ich, daß keiner meiner glücklichen Tage in Rom mir zurückkehren würde, und daß eine solche Seligkeit, wie ich sie dort genossen, fast nur den einen Wunsch übrig lassen konnte: lieber an der Pyramide des Cestius für immer auszuruhen, als nach Deutschland zurück-zukehren.«

Wenige Tage später hält eine Kutsche vor ihrem römischen Domizil. Johann Caspar Schinz, der sie ein Stück weit begleitet, und Louise Seidler steigen ein. Sie vergießt Tränen. Der Wagen fährt an, ein paar Freunde begleiten ihn zu Pferde. »Rasch ging es vorwärts – auf der Anhöhe, wo man zum letzten Male die Kuppel von Sanct Peter erblickt, machten wir Halt, stiegen aus, die letzte Flasche Orvieto wurde geleert, ein Hoch! der ewig herrlichen Roma gebracht, und die Scherben unserer Gläser flogen klirrend zur Erde. Zum letzten Male umarmte ich die Freunde; sie kehrten die Landstraße nach Rom zurück – mein Wagen eilte gen Norden vorwärts, der Heimath zu.«

Chronistin der romantischen Epoche

Das Abenteuer ihres Lebens, der fast fünfjährige Aufenthalt in Italien, hat damit ein Ende. Louise Seidler glaubt, nie mehr nach »Arkadien«, in das Land, wo die Zitronen blühn, zurück-zukehren. Im Januar 1825 stirbt ihr Vater. Louise Seidler heira-tet nie. Großherzog Carl August, ihr Gönner, erteilt ihr die Erlaubnis, im sogenannten Großen Jägerhaus in Weimar auf Lebenszeit zu wohnen. Zudem überträgt er ihr die Kustodie über die Großherzogliche Kunstsammlung und ernennt sie zur Hofmalerin. Louise Seidler verbringt in Weimar die nächsten vierzig Jahre bis zu ihrem Tod. Sie ist eine hoch angesehene Malerin, auch nach dem Tod ihrer Gönner Carl August (Juni 1828) und Goethe (März 1832) bleibt sie eine Weimarer Größe, deren Bilder und Kopien im Kunsthandel gut vertreten sind. Gemälde Louise Seidlers finden sich heute in öffentlichen Sammlungen und Kirchen, unter anderem in Altenburg, Bin-gen, Bremen, Düsseldorf, Gotha, Jena, Kopenhagen, Schleswig und Weimar. Als Kustodin der Großherzoglich Weimarischen

Kunstsammlung kümmert sie sich bis 1836 verantwortungsvoll um deren Pflege, Erhalt und weiteren Aufbau. Zudem nimmt sie über viele Jahre etliche Zeichen- und Malschülerinnen an. 1843 verleiht ihr der Weimarische Großherzog Carl Friedrich die Goldene Zivildienstmedaille für Kunst und Wissenschaft.

Ein Mal sieht sie das Land ihrer Sehnsucht und ihrer Freiheit doch wieder: Im Herbst 1832 unternimmt sie mit Henriette von Bardeleben eine gut sechsmonatige Reise nach Italien. Darüber, wie auch über ihre späteren Lebensjahre, hat Louise Seidler leider keine Memoiren hinterlassen. In Rom sind zu jener Zeit nur noch wenige ihrer Freunde anzutreffen, darunter Joseph Anton Koch, Franz Catel, Johann Reinhardt, Johann Friedrich Overbeck und Bertel Thorvaldsen. Sie lernt auch die dort tätigen Künstlerinnen Auguste Klaproth und Sophie Wenning kennen und gründet mit ihnen das erste Gemeinschaftsatelier für Künstlerinnen, da sie in den von Männern dominierten Malklassen und -ateliers diskriminiert werden und sich nur gemeinschaftlich die Miete und die Modelle leisten können.

Erst spät, wenige Jahre vor ihrem Tod, beginnt die fast erblindete Malerin mit der Arbeit an ihren Erinnerungen, die sie teilweise zwei Freundinnen diktiert. Das Originalmanuskript ist heute verschollen. 1873 veröffentlichte der Germanist Hermann Uhde, der das Skript noch besaß und es offensichtlich bearbeitete, die *Erinnerungen aus dem Leben der Malerin Louise Seidler*, die bald zu einem der meistgelesenen Erinnerungsbücher der Goethezeit wurden und noch heute nicht nur die Autobiografie eines interessanten Lebens und einer kunsthistorisch wichtigen Persönlichkeit darstellen, sondern auch ein bedeutendes kultur- und zeitgeschichtliches Dokument aus der Zeit der deutschen Romantik sind.

Louise Seidler stirbt am 7. Oktober 1866 in Weimar, wo sie bis zuletzt im Großen Jägerhaus gelebt hat. In seinen Erinnerungen schreibt der Freund, Kollege und Wegbegleiter aus den römischen Tagen Philipp Veit über sie: »Louise Seidler beseelte das lebendigste Interesse für alle Erscheinungen auf dem Gebiete der Kunst; […] nie ermüdete ihr Forschen und Streben, die Wahrheit zu erkennen und zu erfassen. [...] Während unseres Beisammenseins in Rom nahm sie stets den regsten, lebendigsten Antheil an den damals erwachenden Bestrebungen, der Kunst eine ernstere Richtung zu geben, sie gehörte zu jenen Kreisen, war in ihnen heimisch und den Künstlern stets eine willkommene, anmuthige Erscheinung.«

3 Malwida von Meysenbug (1816–1903)
Reise in die Freiheit

Es ist Mai des Jahres 1852. Im Hafen von Hamburg legt ein Schiff mit dem Ziel London ab. Die englische Hauptstadt ist damals Zufluchtsort Tausender deutscher Exilanten, die nach der Niederschlagung der Revolution Sicherheit in der Fremde suchen. Und vor allem: Freiheit. Denn in den deutschen Territorien, deren souveräne Fürsten sich geweigert haben, dem Volk eine Verfassung zuzugestehen, werden Demokraten und Liberale, Sozialisten und Bürgerrechtler jeglicher Couleur verfolgt, verhaftet, verhört, mit Berufsverboten belegt und oftmals zu vielen Jahren Festungshaft verurteilt. Einer von ihnen ist Gottfried Kinkel, ein Berliner Demokrat, der in der Festung Spandau eingesperrt wurde, aber nach ein paar Monaten mit der Hilfe von Gesinnungsgenossen aus dem schwer bewachten Gefängnis ausbrechen und sich nach England absetzen konnte. Er wohnt mit seiner Frau, der Schriftstellerin und Komponistin Johanna Kinkel, in London. Und zu ihnen macht sich nun, im Mai 1852, eine andere Demokratin auf, die sich selbst gern »Idealistin« nennt. Sie entstammt einer geadelten Familie und gilt wegen ihrer demokratisch-revolutionären und darüber hinaus emanzipatorischen Ideen als das schwarze Schaf ihrer Sippe und ihres Standes: Malwida von Meysenbug.

Es ist für die Fünfunddreißigjährige keine selbstgewählte Reise, geschweige denn ein Erholungsurlaub, vielmehr eine Flucht vor Gängelung, Polizeigewalt und möglicher Verhaftung. Und es ist eine Reise in die Selbstbestimmung, die Eigenverantwortlichkeit, die Freiheit. Malwida von Meysenbug macht die

Reise im rüschenbesetzten bodenlangen Kleid, eine Haube auf dem Kopf, einen warmen Mantel umgelegt, mit einem Reisesack als Gepäck. Sie hat für die Überfahrt, wie es sich für eine Tochter aus gutem Haus gehört, eine eigene Kabine gebucht. Doch noch weiß sie nicht, wo sie in London wohnen wird, wovon sie ihren Lebensunterhalt bestreiten soll, ob sie das Englische, das sie ein wenig aus Büchern gelernt hat, im Alltag wird sprechen und verstehen können, ob sie in der Weltstadt nicht Heimweh nach dem zwar unfreien, aber eben doch vertrauten Deutschland empfinden wird.

Sieben Jahre wird sie in England zubringen, zumeist in London. Sie wird bedeutende Repräsentanten der demokratischen und sozialistischen Bewegung kennenlernen, aber auch berühmte Schriftsteller, Komponisten, Künstler. Über diese Jahre wird sie – wie überhaupt über ihr gesamtes Leben – schriftlich Rechenschaft ablegen, vor sich und der Nachwelt. Die *Memoiren einer Idealistin* gehören zu den großen Lebens- und Reisezeugnissen einer für die Bürgerrechte streitenden Frau, die soziale und moralische Not nicht nur an anderen beobachtet hat, sondern auch selber schwere Zeiten durchlebte. Und: Sie war eine große Stilistin, eine feine Beobachterin, eine bemerkenswerte Literatin, weswegen ihre Memoiren bis heute ein besonderes Lesevergnügen darstellen.

Über die Flucht und die Überfahrt ins freie England notiert Malwida von Meysenbug gleichermaßen beklommen wie hoffnungsvoll: »So schwamm ich denn auf den Meereswogen, allein, flüchtig und tiefbetrübt. Ich dachte daran, wie oft der Mensch in seinem Wahn das Schicksal aufhält, um es nachher sich in bitterer, beleidigenderer Weise erfüllen zu sehen. […] Als ich hörte, daß wir die Mündung der Themse erreicht hätten, stand ich auf und begab mich auf das Deck. Hier sah ich nun unter einem nebligen Himmel eine neue reiche, mächtige Welt sich vor mir auftun.« Als das Schiff in London anlegt und die Passagiere an Land gehen, werden sie durchs Zollamt geschleust. Voller Verwunderung konstatiert Malwida von Meysenbug: »Die Durchsicht des einzigen Reisesacks, den ich bei mir hatte, war bald gemacht. Es überkam mich aber ein angenehmes Gefühl der Freiheit, als man mir keinen Paß abforderte. Sich auf einer gastfreien Erde zu fühlen, ohne das beleidigende Verhör von ›Wer? Woher? Wohin?‹ durchmachen zu müssen, das war wohltuend und ein Sachverhältnis, würdig eines großen Volkes, das sich sicher fühlt unter dem Schutz seiner Gesetze und den Fremdling daher von vornherein mit Vertrauen aufnimmt.« So hochgestimmt beginnt ihr Exil in London. Und doch weiß sie nicht, wie es weitergehen soll. Die Fragen, die ihr auf dem Zollamt nicht gestellt wurden, stellen sich ihr von selbst. Es sind die Fragen all jener Menschen, die durch die Jahrtausende hindurch – aus welchen Gründen auch immer – ihre Heimat und ihre Familie, ihre Sprache und ihre Kultur verlassen mussten …

Nutznießer der Restauration

Malwida von Meysenbug wird in gesicherte Verhältnisse hineingeboren. Nichts deutet in ihrer Kindheit auf eine gebrochene Existenz hin. Sie kommt am 28. Oktober 1816 in Kassel als neuntes von zehn Kindern des Hofbeamten Carl Rivalier und dessen Frau Ernestine zur Welt. Ein Jahr zuvor tagte der Wiener Kongress. Deutschland und Europa sind nach dem Ende der Napoleonischen Kriege zu Frieden und Ordnung zurückgekehrt. Aber der Preis dafür ist politische Erstarrung und Unfreiheit. Hessen, seit 1803 Kurfürstentum, dessen Residenz Kassel unter Napoleon Bonaparte Hauptstadt des Königreichs Westfalen (1806–1814) war und auf dessen Thron Napoleons Bruder Jérôme saß, wird nun wieder von der alten Herrscherfamilie regiert: Wilhelm I. (1743–1821, zuvor als Landgraf Wilhelm IX. genannt) widersetzt sich allen gesellschaftlichen Neuerungen. Er ist ein Vertreter des Ancien Régime und partout nicht gewillt, von seinen Machtbefugnissen oder seinen Einkünften abzugeben. In jenen Jahren kommt es – hervorgerufen durch die gewaltige Eruption des indonesischen Vulkans Tambora im April 1815 – in Europa zu aufeinanderfolgenden Missernten und dadurch zu Armut und Hunger in weiten Teilen der Bevölkerung. Die sozialen Spannungen nehmen zu, werden aber nicht zuletzt durch die von den Karlsbader Beschlüssen (1819) sanktionierte Beschneidung der Presse- und Meinungsfreiheit und der Bürgerrechte niedergehalten – notfalls mit Waffengewalt.

Kritisch urteilt Malwida von Meysenbug in ihren Lebenserinnerungen über die hessischen Fürsten: »Aber die letzten Generationen waren herabgekommen. Sie hatten ihr Privatvermögen auf schamlose Weise vermehrt, indem sie ihre Untertanen an fremde Mächte verkauften, um sie in fernen Kriegen zu verwenden. Maitressen regierten seit langem das Land.« Und über die Rückkehr Wilhelms I. nach der Vertreibung Jérômes stellt sie fest: »Der alte Fürst kehrte in sein Land zurück. Die Zöpfe und die Korporalstöcke nahmen wieder den Platz ein, den die französischen Grazien verlassen hatten. Das Land wurde abermals von einer Maitresse, der wenig liebenswürdigen Pflegerin eines siechen Greises, regiert. Günstlinge, die sich im Exil, das sie mit ihrem Fürsten teilten, bereichert hatten, erhielten die ersten Stellen im Staat. […] Die begeisterten Träume so vieler edler Herzen verflogen, und anstatt des Morgenrots der Freiheit, das die deutsche Jugend erhofft hatte, stieg ein neuer, düsterer, nebelverhüllter Tag herauf. Die Menschen der alten Zeit betrachteten den Zwischenakt der großen Komödie der absoluten Monarchie als beendet, um in Bequemlichkeit aufs neue die alten Throne und die alte Herrschaft einzunehmen. Das Blut der Völker war umsonst geflossen. Die Geschichte stand wieder still.«

Das ist aus einem späteren Blickwinkel geschrieben und geurteilt. In Malwidas Kindheitstagen sieht das eigene Erleben anders aus. Die Rivaliers sind durchaus Nutznießer des restaurativen Systems. Carl Rivalier macht als Hofbeamter Karriere, 1825 wird ihm vom neuen Kurfürsten Wilhelm II. der erbliche Adelstitel »Rivalier von Meysenbug« verliehen. Die Familie wohnt in einer der besseren Straßen Kassels mit dem bildhaften Namen »Schöne Aussicht«. Es ist eine behütete Kindheit. Die

Töchter sind – wie zu jener Zeit üblich – dazu ausersehen, zu gehorsamen und lebenspraktischen Ehefrauen und Müttern erzogen zu werden.

Malwida hat nach eigener Aussage ein liebevolles Verhältnis zu ihren Eltern. Die Mutter weckt in ihren Kindern künstlerische Neigungen, vor allem die Werke der deutschen Romantik werden im Hause Meysenbug früh vermittelt. Malwida erfährt den Geist der Romantik als etwas Befreiendes: »Diese Richtung, zugleich liberal, patriotisch und philosophisch, hatte auch eine eigentümliche Beimischung von dem Mystizismus, den die damals in höchster Blüte stehende romantische Schule hinzubrachte. Verbunden mit der unabhängigen Natur meiner Mutter, führte diese Richtung sie sehr häufig zur Opposition gegen die Konvention der Gesellschaft, an der die Stellung meines Vaters sie teilzunehmen zwang.« Freilich übersieht Mutter Meysenbug nur zu gern das anarchische und vor allem emanzipatorische Ingrediens der romantischen Bewegung. Während zu jener Zeit Frauen wie Dorothea und Caroline Schlegel, Bettine von Arnim oder Sophie Mereau-Brentano ihren eigenen, selbstbestimmten Lebens- und Kunstweg gingen, ist das im Hause Meysenbug für die Töchter nicht vorstellbar.

Die Meysenbugs sind protestantisch. Die religiöse Erziehung bleibt jedoch oberflächlich – später wird Malwida einer Freikirche beitreten und sich sogar mit Schopenhauers pessimistischer Philosophie anfreunden. »Wir erhielten keine sogenannte religiöse Erziehung«, schreibt sie in ihren Memoiren. »Ich erinnere mich nicht, wer mir zuerst von Gott sprach und mich ein kleines Gebet lehrte. Wir wurden niemals genötigt, unsere Frömmigkeit in Gegenwart der Diener oder fremder Personen zur Schau zu tragen, wie es in England geschieht.« Ein erschütterndes Erlebnis ist der Tod des jüngsten Bruders: »Eines Morgens erwachte ich vor Tagesanbruch durch ein ungewohntes Geräusch im Schlafzimmer meiner Mutter, in dem auch meine jüngste Schwester [Laura] und ich schliefen. […] ich hörte meine Mutter weinen und die alte Tante, die an ihrem Bett stand, sagen: ›Tröste dich, dein Kind ist jetzt bei Gott.‹ – Ich begriff, daß man von dem kleinen Bruder redete, der, erst einige Monate alt, seit mehreren Tagen krank gewesen war. Ich weinte auch still in mein Kopfkissen, ohne merken zu lassen, daß ich erwacht sei und die Worte gehört habe, die mir ein erhabenes Geheimnis zu enthalten schienen, das über meine Fassungskraft ging.«

Die von vielen Bürgern als bleiern empfundene Zeit der Restauration wird jäh durch ein revolutionäres Wetterleuchten gestört: Im Juli 1830 kommt es in Paris zu politischen Unruhen, in deren Verlauf König Charles X. abdankt und der damals als liberal geltende »Bürgerkönig« Louis Philippe den Thron besteigt. So fern Paris sein mag: Der revolutionäre Gedanke zündet mit zeitlicher Verzögerung auch in einigen Ländern Deutschlands, so in Hessen. Obgleich sich der Kurfürst unter dem Druck demokratischer bürgerlicher Kräfte genötigt sieht, seinen Minister Meysenbug mit der Ausarbeitung einer Verfassung zu beauftragen, kann das die Stimmung in der Bevölkerung nicht beruhigen. Es kommt auch in Kassel zu Demonstrationen und Krawallen, die sich gegen den Fürsten, aber auch gegen seinen Minister Meysenbug richten. Die Menge zieht zum Haus der Meysenbugs – es ist der erste, keineswegs romantisch-idealisierte Kontakt der fünfzehnjährigen Malwida mit der Revolution: »Nach einigen Stunden angstvoller Erwartung hörten wir einen Lärm, dem fernen Rauschen des Ozeans ähnlich. Bald sahen wir eine dichte, schwarze Masse in der Ferne erscheinen, die sich langsam heranbewegte und die Straße ihrer ganzen Breite nach ausfüllte. Ein Mann von ungewöhnlicher Größe ging voraus und schwang einen dicken Stock in der Hand. Dies war ein Bäcker, der das Haupt der Bewegung geworden war. Plötzlich hielt er vor unserem Hause still und mit ihm die ganze Masse, die ihm folgte. Er erhob seinen Stock gegen unsere Fenster und stieß furchtbare Verwünschungen aus. In demselben Augenblick erhoben sich Tausende von Händen und Stöcken und Tausende von Stimmen schrien und brüllten. Kaum daß wir Zeit hatten, uns von den Fenstern zurückzuziehen, so flogen schon große Pflastersteine gegen die Fenster des ersten Stocks und einige erreichten sogar den zweiten Stock, den wir bewohnten.« Die Menge versucht mit Stangen das verriegelte Hausportal aufzubrechen. Glücklicherweise erscheint ein Hofadjutant, der begütigend auf die Demonstranten einredet und ihnen versichert, ihre Forderungen würden von der Regierung zur Kenntnis genommen. Die Menge zerstreut sich.

Kurfürst Wilhelm II. tritt im September 1831 von seinen Amtsgeschäften zurück. Ihn vertritt als neuer Regent Friedrich Wilhelm (der nach dem Tod seines Vaters 1847 Kurfürst wird). Mutter Meysenbug und ihre Kinder verlassen Kassel und ziehen ins beschauliche Detmold, Residenz des kleinen Fürstentums Lippe, während Vater Meysenbug zunächst als Gesandter nach Baden-Baden geht, später dem hessischen Kurfürsten nach Frankfurt am Main folgt. Die Entwicklung der sechzehnjährigen Malwida gerät ins Stocken: Es fehlt die Vaterfigur, es fehlen die geistigen Anregungen Kassels, es fehlt der Freundeskreis. Sie droht geistig zu verkümmern, wie sie selbst im Nachhinein kritisch analysiert: »[...] ein Leben ohne bestimmten Plan, ohne regelmäßige Studien, ohne irgendein System. Es war das ein großes Unglück für mich, denn während dieser Zeit erhielt die träumerische Richtung meiner Phantasie ein solches Übergewicht, daß ich die Folgen davon mein ganzes Leben hindurch gespürt habe. Ich bin überzeugt, daß, wenn ich in jener Zeit hätte ernste, fortgesetzte Studien machen können, meine Fähigkeiten ich mit großer Macht entwickelt hätte, anstatt sich in der Spekulation und den Kämpfen der Einbildungskraft zu verbrauchen. Mich verzehrte ein brennender Durst zu lernen und zu wissen.« Dieser Durst bleibt in Detmold ungelöscht. Hinzu kommt eine religiöse Krise, die sich bei der späten Konfirmation zu geradezu hysterischer Sündenangst steigert. Ihre Erwartungen an das Leben wachsen in jenen Jahren ins Idealische hinein, das freilich von ihrer Existenz einer bürgerlichen Tochter kaum erfüllt werden kann. Ihre Vorstellungen mögen auf andere übersteigert wirken, Malwida selbst nennt sie prinzipientreu und idealistisch. So weist sie den Heiratsantrag eines jungen Mannes trotz dessen »standesgemäßer« Herkunft ab, da

sie ihn nicht liebt – in der damaligen bürgerlichen Vorstellungswelt ist diese Zurückweisung ein Akt der Undankbarkeit und
des Ungehorsams. Den Winter 1842/43 verbringt Malwida von
Meysenbug – inzwischen eine Frau von sechsundzwanzig Jahren und damit auf dem besten Weg zur nicht vermittelbaren
»alten Jungfer« – beim Vater in Baden-Baden. In der glamourösen Welt des mondänen Kurorts, wo sich internationales
Publikum von Rang und Namen tummelt, blüht Malwida von
Meysenbug auf. Sie verliebt sich in einen russischen Diplomaten, doch behält sie ihre Gefühle für sich – es schickt sich nicht
für eine Frau, um einen Mann »zu werben«, sie hat nach den
Konventionen der damaligen Zeit auf einen Antrag zu warten.
Der aber bleibt aus, auch weil der junge Russe über kein ange-
messenes Vermögen verfügt, eine Dame von Stand heiraten zu
können.

Hoffnung auf die Republik

Malwida von Meysenbug flüchtet sich in die Kunst. In Frankfurt, wohin ihr Vater im Dienste seines Fürsten zieht, nimmt sie
eine Zeit lang Zeichenunterricht bei dem bekannten Maler Carl
Morgenstern. Auch das erweist sich – obgleich sie Talent zeigt –
als Kompensation eines unerfüllten, richtungslosen Lebens.
1843 kehrt sie in die engen familiären und gesellschaftlichen
Verhältnisse Detmolds zurück. Dort lernt sie die große, unerfüllte Liebe ihres Lebens kennen, und zugleich den Mann, der
sie aus der geistigen Unmündigkeit herausführt: Theodor Althaus.
    Der 1822 in Detmold geborene Althaus, Sohn des lippischen
Superintendenten, studierte in Bonn und Jena evangelische
Theologie, unter anderem bei Gottfried Kinkel. Früh kommt er
mit demokratischen und frühsozialistischen Kreisen in Kontakt,
in Berlin hat er Verbindung zu Bettine von Arnim und Henriette Herz. In Detmold lernt er die sechs Jahre ältere Malwida
von Meysenbug kennen, deren große Liebe er wird. Althaus

unterstützt die Suchende bei ihren ersten sozialen Engagements, so bei der Gründung des »Vereins der Arbeit für Arme«, einem sozial-karitativen Verband bürgerlicher Frauen, die aus dem Verkauf selbstgefertigter Handarbeiten Arbeiter, die durch die industriellen Umbrüche und Auswüchse in Not geraten sind, unterstützen. Durch die Arbeit in diesem Verein, aber auch durch die Gespräche mit Althaus und dessen Kontakte zu demokratisch-revolutionären Kräften wird Malwida von Meysenbug für die soziale, frauenemanzipatorische und demokratische Frage sensibilisiert. Sie beginnt, ihre eigenen Anschauungen aus den politischen und philosophischen Strömungen ihrer Zeit und ihres Umfeldes zu formen.

Die Liebe zu Althaus bricht in Malwidas altjüngferliches, zurechtgestutztes Dasein wie eine elementare Kraft ein, eine Liebe, die bei aller erotischen Anziehung von Malwida doch seltsam sublimiert wird. In ihren Memoiren bezeichnet sie Althaus als ihren »Apostel«: »Dennoch wollte ich das Gefühl, das mächtig aufwuchs, um keinen Preis anders nennen als Freundschaft. Ich war entschieden, es auf den Verkehr zweier verwandter Seelen zu begrenzen, denn ein schweres Bedenken drängte sich mir auf. […] ich fühlte in mir die große einzige Liebe nah am aufblühn, ich sah voraus, daß eine Flamme ausbrechen würde, die mein Leben verzehren könnte, und ich wollte seine Jugend nicht mit einer solchen Verantwortung belasten. Ich war einige Jahre älter als er, und es schien mir, als dürfe ich nicht auf die Treue eines so jungen Herzens Anspruch machen.« Hier spricht eine Frau, die ihren Geliebten nie richtig besessen und ihn schließlich früh an eine andere Frau und an den Tod verloren hat, und die ihr Unglück, ihren »Verzicht« im Nachhinein als etwas Schicksalhaftes im Dienst einer höheren Idee verklärt hat. Die Konventionalität solcher Gedankengänge mag heute lächerlich erscheinen, aber sie ist im Grunde tragisch und zeigt, wie weit Malwida von Meysenbug trotz allen politischen und sozialen Fortschritts davon entfernt war, ihre ganz persönlichen Bedürfnisse und Sehnsüchte selbstbewusst vor der Gesellschaft einzufordern. Der Weg der Emanzipation, den sie später beschritt, war weiter, als es für ein Menschenleben ausreichte.

Die von Konventionen und unterschiedlichen Lebensvorstellungen belastete Liebesbeziehung zerbricht 1847. Malwida von Meysenbug wird krank, nach eigener Aussage ringt sie eine Zeit lang mit dem Tod. Althaus verlässt Detmold und wird Redakteur der von Robert Blum begründeten *Sächsischen Vaterlandsblätter* in Leipzig, 1848 kandidiert er im Fürstentum Lippe erfolglos für die Frankfurter Nationalversammlung und geht daraufhin als Korrespondent der *Bremer Zeitung* nach Frankfurt, um über die in der Paulskirche tagende Nationalversammlung zu berichten. In Frankfurt knüpft er erneut Kontakt zu Malwida von Meysenbug, die 1847 zu ihrem kranken Vater gezogen war (der am 28. Dezember 1847 starb). Nach dem Tod des Vaters genießt Malwida von Meysenbug eine gewisse Unabhängigkeit. Sie wendet sich ihren durch Althaus erweckten politischen Interessen zu und begeistert sich für die Ideen der Demokratie, Aufklärung und Emanzipation. Die Revolution von 1848, die sich in der Zusammenkunft der Frankfurter Nationalversammlung manifestiert, schließlich jedoch in ihren Forderungen nach nationaler Einigung und der Verabschiedung von Verfassungen in den deutschen Ländern scheitert, ist eine Bewegung des Bürgertums. Arbeiter (die später von der sozialistischen Bewegung als »Proletarier« apostrophiert werden) und Frauen sind in der Versammlung nicht vertreten. Das hält Malwida von Meysenbug nicht davon ab, sich für die Revolution zu begeistern. Sie erlebt den Einzug der Mitglieder des Vorparlaments in die Paulskirche am 30. März 1848. Über einen Bekannten gelingt es ihr drei Tage später sogar, sich während einer Sitzung auf die mit schwarz-rot-goldenen Tüchern verhängte Kanzel der Paulskirche zu stehlen, um von dort – unbemerkt – das Geschehen zu beobachten. Nach hitzigen Debatten der verschiedenen Lager und Gruppierungen fasst das Vorparlament einen Entschluss, der – so Malwida von Meysenbug – »darin bestand, daß für den ersten Mai ein definitives Parlament, aus allgemeinem Stimmrecht hervorgegangen, sich in Frankfurt versammeln solle, um über die Zukunft Deutschlands zu entscheiden. Ein Freudenschrei inner- und außerhalb der Paulskirche begrüßte diesen Beschluß, der augenblicklich draußen den die Kirche umgebenden Volksmassen bekannt gemacht wurde. Ich war wie von einem Schwindel des Glücks erfaßt; ich sah meine Träume Wahrheit werden, eine reiche, freie, lebensvolle Zukunft sich für Deutschland öffnen. Um sechs Uhr abends wurde das Vorparlament geschlossen. Die Abgeordneten verließen die Kirche wieder in Prozession, während das jubelnde Volk ihnen Blumen auf den Weg streute. Ich hatte es nicht bemerkt, daß ich den ganzen Tag nichts gegessen hatte, ich dachte nur an Deutschland […].«

Im April 1848 ist Malwida von Meysenbug aus finanziellen Gründen gezwungen, zur Mutter und den Schwestern nach Detmold zurückzukehren, »denn das Vermögen, das uns blieb, erlaubte uns nicht mehr wie früher zu reisen oder mit dem Aufenthaltsort zu wechseln. Die Notwendigkeit, Frankfurt zu verlassen, war mir wie ein Todesurteil.« Die republikanischen Bestrebungen in Deutschland scheitern am Unwillen der Fürsten, die mit militärischer Gewalt gegen die Revolutionäre vorgehen. Wie gelähmt verfolgt Malwida von Meysenbug in der lippischen Provinz die politische Entwicklung in Frankfurt und anderen großen Städten: »Ich fühlte einen grenzenlosen, vernichtenden Schmerz. Ich wußte, daß ich eine große Kraft der Entsagung besaß für alles, was die Menschen gewöhnlich Glück nennen. Aber dem entsagen, was das geistige Leben fördert […], das war für mich stets der untragbarste Schmerz und schien mir die wahre Sünde gegen den heiligen Geist. Das große Recht der Individualität an alles, was ihr nötig ist, um alles zu werden, was sie werden kann, stellte sich mir in bitterer Klarheit dar.«

In Detmold erfährt sie, Theodor Althaus liebe eine andere Frau. Die geistige Enge, das Gefühl politischer Ohnmacht und die Enttäuschung über die verlorene Liebe bringen Malwida von Meysenbug an den Rand ihrer Kräfte. Umso willkommener ist ihr im Herbst 1848 eine Einladung der Freundin Anna Koppe nach Berlin. »Ich hatte Berlin noch nie gesehen«, notiert Mal-

wida von Meysenbug enthusiastisch, »und war angenehm überrascht von so manchem Großartigen, was mir hier entgegentrat.
Ich fühlte mich befreit von der drückenden Enge der kleinen
Verhältnisse und begriff mehr als je, daß dem Menschen Raum
nötig ist, Raum für den Gedanken, für die Tat, mit einem Wort:
die Freiheit, nach seiner Überzeugung und dem innersten
Bedürfen seiner Natur zu leben.«

Kaum in Berlin angekommen, muss Malwida von Meysenbug im November 1848 die Niederschlagung der Revolution
mit militärischer Gewalt, die Auflösung der preußischen Nationalversammlung und die Verfolgung ihrer Repräsentanten mit-
erleben: »Daß man die Kammer auflösen und Berlin in Belagerungszustand erklären werde, schien abgemacht, nach den
Truppenmassen zu urteilen, die zusammengezogen wurden.
Die Aufregung unter den Arbeitern und den Studenten war
ungeheuer.« Die schlimmsten Befürchtungen bewahrheiten
sich: »Wir hatten uns am Nachmittag auf den Platz begeben,
wo die Kammer tagte, und standen mit einer Menge Arbeiter,
alles ernste, entschlossene Menschen, zusammen, denen wir
mitteilten, was wir durch den Deputierten wußten. Plötzlich
ertönte militärischer Lärm, und zu gleicher Zeit rückte von
mehreren Seiten her Kavallerie heran und fing an, den Platz zu
besetzen.« Am 22. November 1848 wird über Berlin der Belagerungszustand verhängt. In den folgenden Tagen wird die
demokratische Bewegung zerschlagen, ihre Anhänger werden
verfolgt, viele festgenommen. »Die letzte Hoffnung der Revolution war vorbei«, erinnert sich Malwida von Meysenbug, »der
Belagerungszustand wurde wirklich erklärt.« Malwida von
Meysenbug gelingt es trotz der militärischen Sperren auf den
Berliner Bahnhöfen, auf das Landgut des Großvaters von Theodor Althaus in der Nähe von Potsdam zu fliehen. Desillusioniert
muss sie erfahren, dass der Mittelstand über die Wiederherstellung von »Ruhe und Ordnung« erleichtert ist und die Verhaftung des demokratischen »Pöbels« gutheißt: »Ich erkannte in
dem allem, wie stark die Reaktion sei und wie sie systematisch
die Netze ausgestellt habe, um die Revolutionäre zu fangen.«

Enttäuscht und geschlagen kehrt Malwida von Meysenbug nach Detmold zurück: »Mein Leben zu Hause wurde traurig, wie zuvor.« Sie gilt in der Familie wegen ihrer demokratischen Attitüde als schwarzes Schaf, ihre politischen Überzeugungen werden mit Abscheu betrachtet und verurteilt: »Alles, was ich von meiner Reise erzählen konnte, brachte bei den Meinigen einen entgegengesetzten Eindruck hervor wie bei mir; jedes Ereignis, von dem die Zeitungen Nachrichten brachten, wurde total anders beurteilt, als wie ich es beurteilte.«

Im Visier des Geheimdienstes

Im Mai 1849 wird die revolutionäre Bewegung zuletzt in Dresden niedergeschossen. Malwida von Meysenbug verfolgt die Ereignisse aus Zeitungsberichten. Sie ist niedergedrückt: »Ich war fortwährend krank, den ganzen Frühling durch; ein Leiden folgte dem andern, aber ich litt noch mehr moralisch als physisch.« Theodor Althaus wird wegen seiner Beteiligung an der Revolution zu einem Jahr Gefängnis verurteilt.

Eine Möglichkeit, der erdrückenden geistigen Enge in Detmold zu entkommen, bietet sich ihr im Oktober 1850: Die bereits Vierunddreißigjährige zieht nach Hamburg, um an der dortigen »Hochschule für das weibliche Geschlecht« zu studieren. Der Titel »Hochschule« ist überzogen, es handelt sich schlicht um ein privat geführtes Institut der Freireligiösen Gemeinde, das Frauen eine Ausbildung zur Erzieherin ermöglicht. Malwida von Meysenbug gelingt es, Theodor Althaus als Dozenten an die Hochschule berufen zu lassen. Doch die Behörden Hamburgs weisen den missliebigen Demokraten nach vier Wochen wieder aus. Althaus, schwer krank, begibt sich zur Kur nach Gotha, wo er am 2. April 1852 stirbt. Die Nachricht trifft Malwida von Meysenbug sehr. Innerlich hat sie nie aufgehört, Althaus zu lieben: »Ich war wie tot für jeden persönlichen Anspruch. Ich lebte nur noch für die Arbeit.« Ihr Denken radikalisiert sich: »Noch mehr als früher verband ich mich mit der arbeitenden Klasse. Es schien mir immer klarer, daß die Zukunft in ihr ruhe; die bloß *politische* Revolution war mir gleichgültig geworden. Ich hatte mich überzeugt, daß sie stets mißglücken werde, solange das Volk Sklave des Kapitals und der Unwissenheit bleibe.«

Im Mai 1852 begibt sie sich erneut nach Berlin. In jene Zeit fällt eine Auseinandersetzung mit einem ihrer Brüder, der als Aristokrat ein Verfechter der bestehenden autokratisch-reaktionären Ordnung in Preußen ist. Er versucht im Gespräch, die »ungehorsame«, »abwegige« Schwester in ihre Geschlechterrolle zurückzudrängen. Der Bruch mit der Familie ist von da an vollkommen.

Malwida von Meysenbug ist bei den Polizeibehörden kein unbeschriebenes Blatt mehr: Man weiß um ihre persönlichen und brieflichen Kontakte zu führenden Vertretern der demokratischen Bewegung, so zu Julius Fröbel und Johanna und Gottfried Kinkel, aber auch um ihre politische Aufklärungs- und Diskussionsarbeit in Zirkeln belesener, politisierter Arbeiter, und um ihre Annäherung an sozialistisches Gedankengut. Einmal besucht sie den Friedhof der Märzgefallenen, damals außerhalb der Stadt gelegen. Bei den Gräbern sitzend rechtfertigt sie sich: »Ich war allein, geschieden von den Meinen, meine höchsten Neigungen galten Toten, meine Arbeit war vernichtet. – Hatten sie denn Unvernünftiges verlangt? Wollten sie sich durch den Ruin anderer erheben? Nein, sie hatten nur die Arbeit von dem Fluch befreien wollen, den die Tradition auf ihr ruhen läßt, seit er an der Pforte des verlorenen Paradieses ausgesprochen war. Sie hatten freie Institutionen verlangt, um ein freies, starkes, glückliches Volk zu werden. [...] Ich hatte gewollt, daß die Frau, anstatt des Mannes Brutalität nachzuahmen, so sehr ihm ebenbürtig werden sollte für die Kulturaufgabe der Menschheit, daß sie auch ihm helfen sollte, sich von allem Schlechten zu befreien.«

Sie wird vom Geheimdienst bespitzelt: »Die Reaktion wurde immer finsterer, immer mißtrauischer, und wir hielten es nicht für unmöglich, daß man einmal eine Haussuchung bei mir vornehmen könne, um so mehr, da das Dienstmädchen uns erzählt hatte, daß schon mehrere mal Männer in bürgerlicher Kleidung, die sie für Polizeidiener erkannt hätte, sie angeredet und gefragt hätten, was ich in dem Hause mache, welche Besuche ich empfinge usw.«

Einige Tage später erscheinen ein Polizeibeamter in Zivil und ein bewaffneter Soldat mit einem Vernehmungs- und Durchsuchungsbefehl. Malwida von Meysenbug wird aufs Polizeipräsidium geführt und verhört, ihre Papiere und Briefe werden beschlagnahmt. In einem unbeobachteten Augenblick gelingt es ihr, ein kompromittierendes Blatt mit Codierungen, die sie im Briefverkehr mit Gesinnungsgenossen benutzt hat, in ihrer Tasche verschwinden zu lassen. Auf dem Präsidium wird Malwida von Meysenbug vom Polizeichef vernommen. Man vermutet, dass sie zum Kern der revolutionären Bewegung gehört und Verbindungen zu den Exilierten pflegt. Sie wird nicht nur zu ihren Kontakten befragt, sondern man macht ihr auch moralische Vorhaltungen: »Er fragte mich, wie es nur habe kommen können, daß ich mich so von den Ansichten meiner Familie entfernt hätte und daß ich einen Weg verfolgte, der mich auf ewig von der Gesellschaft, in der ich geboren und erzogen worden wäre, trennte.« Im Verhör gibt sich Malwida von Meysenbug einsilbig und leugnet den Kontakt zu den Arbeiterführern. »Als der Beamte sah«, erinnert sie sich, »daß er kein Geständnis irgendeiner Schuld erhielt, daß ich ruhig und fest blieb und nicht das kleinste Zugeständnis machte, änderte er plötzlich den Ton, wurde zutraulich und freundschaftlich und bat mich zu glauben, daß dies alles zu meinem Besten geschähe […].« Er stößt bei ihr auf kaum verhohlenen Hohn: »Ich dankte ihm ironisch für diese Vorsorge, bedauerte aber, ihm sagen zu müssen, daß ich keinen andern Weg gehen könne als den, den mein Gewissen mir vorschreibe.« Der Beamte ist mit seinem Latein am Ende und vertagt das Verhör, bis er ihre Papiere studiert habe. Er entlässt Malwida von Meysenbug und bestellt sie für den übernächsten Tag erneut ein.

Zu Hause reden ihr ihre Freundinnen zu, sie solle Berlin und

Preußen sofort verlassen, da sie mit einer Verhaftung rechnen müsse. Zunächst weist sie dieses Ansinnen empört und naiv zurück: »Ich wollte noch bleiben, um meine Unschuld zu beweisen und meine Papiere, deren Verlust mir unerträglich wehtat, wiederzuerlangen.« Doch die Freundinnen stimmen sie um. England ist in jenen Jahren das bevorzugte Exilland der Demokraten. Rasch packt sie ihren Reisesack, steckt das wenige Bargeld, das sie hat, ein. Dann verlässt sie mit ihrer Freundin Anna das Haus, als wollte sie einen Spaziergang machen (das Gepäck lässt sie wenig später nachsenden), denn sie weiß, dass das Haus von Spitzeln bewacht wird. Im Gewimmel der Stadt tauchen sie unter, eilen zum Haus eines befreundeten Ehepaars, wo Malwida von Meysenbug über Nacht bleibt. Am anderen Morgen fährt sie mit einem Wagen zum Bahnhof und besteigt den Zug nach Hamburg. In jenen Minuten entlädt sich ein Gewitter mit heftigen Donnerschlägen, und scherzend stellt Malwida von Meysenbug den Freunden die Frage: »Wem gelten diese Donnerschläge – mir oder meinen Feinden?« Aus dem offenen Abteilfenster ruft sie noch hinaus: »Es galt jenen [den Feinden]; ich gehe in die Freiheit.«

Auf der Zugfahrt empfindet sie panische Angst vor Spitzeln und Polizeibeamten in Zivil, »das abscheuliche Gefühl der Furcht, das despotische, unreine, argwöhnische Regierungen einflößen, denen gegenüber die Unschuld kein Schutz ist«. Schließlich langt sie in Hamburg an, kommt bei einer Freundin unter, anderntags besteigt sie ein Schiff, das nach London fährt. Endlich ist sie in Sicherheit, sie ist frei – aber unglücklich, und voller Sorge und Ungewissheit über ihr weiteres Leben. Die Reise ins Exil wird zu einer Begegnung mit einer anderen Kultur – auch einer anderen politischen Kultur – und darüber hinaus zu einer neuartigen Begegnung mit sich selbst.

In London vermittelt ihr das befreundete Ehepaar Gottfried und Johanna Kinkel ein bescheidenes und günstiges Zimmer zur Untermiete. Zum ersten Mal seit Tagen kann sich Malwida von Meysenbug zurückziehen. Aber das plötzliche Alleinsein setzt Ängste und Sorgen frei: »Kaum fand ich mich aber in meinem engen unschönen Zimmerchen, in dem ein kolossales Bett, wie sie in England üblich, fast den ganzen Raum einnahm, allein, als das volle Gefühl meiner Lage mit Allgewalt über mich kam. Zum erstenmal im Leben war ich ganz allein, fern von allen, die ich bis dahin geliebt hatte, auf einer fremden Erde, mit dürftigen Mitteln, vor einer Zukunft, die stumm, düster und verheißungslos vor mir aufstieg.« Sie ist gezwungen, sich rasch in die fremde Sprache, in fremde Sitten und Gebräuche, Vorstellungen und Ansichten einzufinden. Als sie einmal in der Küche ihrer Wirtin ihr Kleid bügeln will, wird sie von dieser recht grob hinauskomplimentiert, da dies das Standesbewusstsein der »unteren« Klasse verletzt: »[...] eine Lady will in der Küche bügeln? Das ist unmöglich!« Malwida von Meysenbug ist enttäuscht, hatte sie doch im scheinbar progressiven England nicht mit solch einer freiwilligen Aufrechterhaltung der Standesgrenzen seitens der Arbeiterklasse gerechnet: »Dann aber wurde ich traurig, denn ich sah, daß ich, die ich durch so viele schmerzensvolle Kämpfe gegangen war, um mich von Vorurteilen unabhängig zu machen, in diesem Lande noch dümmeren Vorurteilen zu begegnen haben würde ohne die Möglichkeit, ihnen entgegenzutreten, weil ich, um mir eine Existenz zu gründen, von einer Gesellschaft abhängig werden mußte, die so eifersüchtig auf ihr Savoir-vivre ist, daß sie jede Abweichung davon wie eine Todsünde ansieht.« Sie stürzt in ein seelisches Loch: »Bittere Betrachtungen belagerten meine Seele und erhöhten die Melancholie, die ohnehin von mir Besitz genommen hatte. Ich hatte die Elastizität der ersten Jugend nicht mehr, nicht mehr den ungemessenen Glauben an die Zukunft, der über die Abgründe hinwegträgt.«

Glücklicherweise bringt das Ehepaar Kinkel die Freundin auf andere Gedanken. Die beiden laden sie zu einem Ausflug ein: »[…] nachdem uns ein Omnibus an das Ufer der Themse gebracht hatte, bestiegen wir eines der unzähligen Dampfboote, die besonders an Festtagen den Fluß hinauffahren, um Richmond, dem reizenden, stromaufwärts an der Themse gelegenen Städtchen, dem Sommeraufenthalt der Geld- und Ahnen-Aristokratie, zuzueilen.« Die liebliche englische Landschaft präsentiert sich in jenen Maitagen in ihrem schönsten Kleid: »[…] die Themse ist der grünufrigste Fluß in Europa. Bäume von einer Schönheit und Fülle, wie man sie selten trifft, hängen ihre gewaltigen Äste bis zur Erde und oft bis ins Wasser hinab und bilden undurchdringliche Laubdächer, deren frisches Grün sich im Flusse spiegelt; Landhäuser, halb von hinüberrankendem Efeu versteckt, schauen freundlich von herrlichen Rasenplätzen herab, die den Fremden überraschen, der noch nicht weiß, daß der Rasen in England durch besondere Pflege eine frische und sammetartige Schönheit erhält wie nirgends anderswo. Der ungewöhnlich helle, sonnige Tag, das fröhliche Leben der großen und kleinen Schiffe auf dem Strom, die Scharen festlich geputzter Menschen am Ufer, die liebenswürdige Unterhaltung meiner Freunde endlich, die mir mit begeisterten Worten das Land der Freiheit, das ihre neue Heimat geworden war, priesen – alles das zog mich von meinen trüben Gedanken ab, und ich überließ mich den Eindrücken der neuen Welt, die sich um mich ausbreitete.« In Richmond essen die Ausflügler zu Mittag, dann besteigen sie eine Kalesche und fahren weiter nach Hampton Court, kutschieren durch blühende Kastanienalleen zum Schloss und bewundern die großen Parkanlagen, in denen Rudel von Rehen und Hirschen weiden. Sie besichtigen das Schloss und die Gemäldegalerie mit den Kartons von Raffael. Als Malwida von Meysenbug abends in ihr Zimmerchen zurückkehrt, ist sie gelöst und versöhnt mit ihrem Schicksal: »Ich hatte für einen Tag mein tiefes Weh vergessen und mich beinah zuhause gefühlt in dieser neuen Welt, in der die Freundschaft mir von vornherein ihren Trost entgegenbrachte. […] eins war doch gewonnen: Ich hatte beschlossen, in England zu bleiben, daselbst zu arbeiten wie die anderen, um mir eine Existenz zu gründen, und nicht noch weiter auf das Ungewisse hin nach Amerika zu gehen. Dies war das Resultat dieses Tages und der verständigen Vorstellung meiner Freunde, und die Gewißheit, gefunden zu haben, wie man handeln soll, gibt immer eine gewisse Ruhe im tiefsten Schmerz.«

Sie beginnt, sich ins englische Leben einzufinden. Solange ihre kleinen Ersparnisse reichen, kann sie sich auf langen Spaziergängen dem Müßiggang der kritischen Beobachterin hingeben: »Ich wohnte nahe bei dem großen Regent's Park, einer jener grünen Tröstungen, die man zwischen die ungeheuren Steinmassen dieses Komplexes von Plätzen und Straßen, der London heißt, eingeschoben hat. Dorthin richtete ich täglich meinen einsamen Spaziergang und bewunderte die Kunst, die durch grüne Wiesen, schöne Baumgruppen, frische Wasserpartien, durch Herden von Schafen und alle Arten von Wasservögeln ein wohltätiges Abbild des Landlebens geschaffen hat für die Tausende von Kindern, die in den dunkeln, geschwärzten Häusern, den engen Straßen, der dicken mit Kohlendampf geschwängerten Atmosphäre leben – für die Bürgerfamilien, deren Vermögen nicht hinreicht, um im Sommer die Stadt zu verlassen –, ja selbst für die Proletarier, von denen mehr als einer unter den Bäumen dieses Parks sogar sein Nachtlager findet.« Sie weiß, dass sie nicht lange so in den Tag hinein leben kann, will sie nicht selbst unter den Bäumen des Parks landen: »Dabei drängte sich mir täglich mehr das Bedürfnis auf zu arbeiten, um Geld zu verdienen, denn die geringe Barschaft, die ich mitgebracht hatte […], schmolz bedeutend zusammen […].« Eine nach England reich verheiratete Bekannte, Frau Schwabe (die beiden Frauen kennen sich von der Hochschule in Hamburg), vermittelt Malwida von Meysenbug ein Vorstellungsgespräch bei einem reichen jüdischen Ehepaar, das für seine Kinder eine Gouvernante sucht. Doch die Demokratin ist so naiv, den potenziellen Arbeitgebern auf die Nase zu binden, dass sie noch nie als Erzieherin gearbeitet habe und zudem freigeistige Ansichten hege. Natürlich wird sie nicht engagiert, und Frau Schwabe versucht die enttäuschte Exilantin dadurch aufzumuntern, dass sie sie auf ihren Landsitz auf der Insel Anglesey in Wales einlädt. Malwida von Meysenbug ist froh, auf einige Zeit dem quirligen London mit seinem Lärm und seiner schlechten Luft entfliehen zu können.

Als Malwida von Meysenbug auf Anglesey eintrifft, ist sie begeistert: »Ich befand mich nun zum erstenmal ganz inmitten eines englischen Haushalts, obwohl meine Wirte deutscher Abkunft waren. Niemand unterwirft sich so leicht den Gewohnheiten eines fremden Landes, nimmt so leicht fremde Sitten und eine fremde Sprache an und identifiziert sich so stark und vollständig mit den Eingeborenen als wie die Deutschen. [...] Auch das Haus von Madame Schwabe war völlig nach englischer Sitte eingerichtet. Der Reichtum trat an die Stelle adeliger Herkunft, um den ganzen Kontingent eines aristokratischen Haushalts zu liefern.« Die deutsche Revolutionärin bestaunt in einer Mischung aus Bewunderung und Abscheu den Butler in schwarzem Frack und weißer Halsbinde, die Diener und Kutscher in Livreen, die Haushälterin, die Kammerjungfern, die Stubenmädchen und Stalljungen, die Hauslehrer und Erzieherinnen, »diese ganze Hierarchie des englischen Bedienungswesens mit ihren Rangunterschieden, die ebenso heilig gehalten werden wie die in der hochgeborenen Gesellschaft«. Frau Schwabe ist eine gut organisierte Hausherrin, deren eigentliche Leidenschaft eine riesige Korrespondenz ist: »Ihre bekannte Güte zog ihr eine Unzahl von Bittstellern und Anliegen aller Art zu, die Gastfreundschaft und die zahlreichen Verbindungen des Hauses erforderten, unaufhörlich Einladungen zu geben und zu empfangen; dann kamen die Briefe an Kaufleute, Lieferanten, Schneiderinnen, Verwalter der Häuser in der Stadt oder der Güter auf dem Lande usw., endlich die vielfachen Beziehungen, die Madame Schwabe in den meisten Ländern Europas mit zum Teil bedeutenden und hervorragenden Persönlichkeiten aller Klassen der Gesellschaft unterhielt. Das Arbeitskabinett dieser Dame glich dem Bureau eines Ministers [...].«

Seltsam muten den Gast aus Deutschland die patriarchalischen Sitten an: Jeden Morgen müssen sich alle Familienmitglieder und das gesamte Dienstpersonal in der Bibliothek versammeln, um einer geistlichen Lesung mit anschließender Predigt Herrn Schwabes zu lauschen. Die seit ihrer Hamburger Zeit einer freikirchlichen Gemeinde angehörende Malwida von Meysenbug ist unangenehm berührt und entzieht sich ohne falsche Rücksichtnahme dem Ritual: »Ich hielt es jedoch für meine Pflicht, Madame Schwabe zu sagen, daß ich nicht mehr bei diesen Morgenandachten erscheinen würde, da die religiösen Formen keine Bedeutung mehr für mich hätten.« Entgegen ihrer Erwartung stößt sie bei den Schwabes auf Toleranz, während ihr gerade von manchen Bediensteten Misstrauen, Kleingeist und religiöser Eifer entgegenschlagen. Die Verhältnisse im patriarchalischen England scheinen verkehrt zu sein, was die sozialistische Demokratin verwirrt konstatiert: »Für die Arbeiter seiner Fabriken hatte er [Herr Schwabe] ein wahrhaft väterliches Interesse und sorgte für ihr materielles und geistiges Wohl.« Dennoch sind die hierarchischen Verhältnisse nicht außer Kraft. Schwabe gefällt sich in der Rolle des Patriarchen, er ist ein bürgerlicher Emporkömmling mit seinen menschlichen und allzu menschlichen Seiten: »Daneben hatte er aber auch die kleine Eitelkeit des *parvenu* und fühlte sich geschmeichelt durch den Umgang mit dem Adel. Ein sehr praktischer Geschäftsmann, liebte er gleichwohl auch die schönen Künste und war ihr eifriger Beschützer.« Beinahe fühlt sich Malwida von Meysenbug mit den gesellschaftlichen Verhältnissen, aber auch mit ihrem persönlichen Schicksal versöhnt, vor allem, wenn sie mit den Schwabes Ausflüge in die reizvolle Landschaft Angleseys unternimmt – wäre da nicht der dunkle Gedanke an die Rückkehr nach London: »Die Naturschönheiten des herrlichen Landes übten mehr als die Gesellschaft einen wohltätigen, versöhnenden Einfluß auf mein Gemüt, und ich sah mit Angst der Rückkehr nach London und in die schwüle Atmosphäre des Flüchtlingslebens entgegen […].«

Nach ein paar Wochen der großzügig gewährten Gastfreundschaft kehrt Malwida von Meysenbug nach London zurück, in
die Großstadt, wo die sozialen Verwerfungen sichtbarer und
härter sind als in der walisischen Provinz. Es gelingt ihr, sich
mithilfe des Ehepaars Kinkel eine bescheidene Existenz als Pri-
vatlehrerin für Deutsch aufzubauen. Nun ist Malwida von
Meysenbug den ganzen Tag unterwegs, zu Fuß und in Pferde-
omnibussen, um in der riesigen Stadt von einem Schüler zum
nächsten zu gelangen. Die Industrialisierung ist zu jener Zeit in
England weiter fortgeschritten als im noch großteils agrarisch
und handwerklich geprägten Deutschland, und entsprechend
sind auch deren soziale und ökologische Folgen sichtbarer. Was
Philosophen wie Karl Marx oder Louis Blanc als Ausbeutung
durch das Kapital erkannt und analysiert haben, kann in Mittel-
england und vor allem in London in all seinen Facetten und
Härten beobachtet werden. Hustend geht Malwida von Meysenbug durch die Londoner Straßen. Sonne und blauer Himmel
zeigen sich nur selten, denn meist hängt eine Smogglocke aus
Ruß und Staub über der Stadt, während die von Abwässern
stinkende Themse langsam an der prächtigen Kulisse mit ihren
Palästen und Kirchen vorüberzieht: »Was es aber heißen will,
besonders in der Regen- und Nebelzeit, wenn man kaum einen
Schritt weit sehen kann und überall von einer dichten, gelbli-
chen, feuchten, übelriechenden Atmosphäre umgeben ist, durch
die die Sonne nur wie eine in Öl getränkte Papierlaterne hin-
durchscheint und wobei es oft so düster in den Häusern ist, daß
man um die Mittagszeit Licht anstecken muß, um arbeiten zu
können – was es heißen will, an solchen Tagen von einer Stunde
in die andere zu gehen, aus warmen Stuben wieder hinaus in
die feuchte Kälte, an den Straßenecken auf die Omnibusse zu
warten, in ihnen naß und triefend mit anderen nassen und trie-
fenden Wesen zusammengepackt zu sein und oft sich nur mit
einem flüchtig zwischen zwei Stunden in einem Bäckerladen
eingenommenen magern Frühstück bis zum späten Nachmittag

zu begnügen – das kann nur der wissen, der das selbst mit durchgemacht hat.«

Trotz all der Mühen des Arbeitsalltags empfindet Malwida von Meysenbug bald Genugtuung und Glück, sich zum ersten Mal in ihrem Leben ihren Unterhalt selbst zu verdienen, als »Freiberuflerin« unabhängig zu sein. Sie empfindet ihr Exil trotz aller Härten als Befreiung und Emanzipation: »Stundengeben war wenigstens individuelle Freiheit und Unabhängigkeit nach der Arbeit. Die Gewißheit, mich nach den Stunden in einer eigenen, wenn noch so bescheidenen Häuslichkeit zu finden, zog ich tausendmal dem Luxus vor, der mich vielleicht als Gouvernante in einem reichen Hause umgeben hätte, den ich aber mit fortwährender Unterwerfung unter einen fremden Willen und mit der Heuchelei eines Glaubens, den ich nicht mehr hatte, hätte erkaufen müssen.«

Sie tut sich nach einiger Zeit mit einer aus Hamburg stammenden Klavierlehrerin zusammen und nimmt mit ihr eine Wohnung, in der die beiden Frauen unabhängig von der Bespitzelung neugieriger Zimmerwirtinnen leben können. Es ist ein kleines, bescheidenes Glück, das aber umso höher geschätzt wird, als es hart erarbeitet ist: »So hatte mein Leben denn, wenngleich noch immer eine sehr bescheidene, doch eine etwas freundlichere Gestalt gewonnen. In unseren Zimmern waren wir doch nun die Herren, und die Wirtin konnte nicht beliebig eindringen; wir konnten uns mit unseren Büchern und Papieren umgeben, und wenn wir ermüdet von den Stunden heimkehrten, so fanden wir ein Zimmer mit einem guten Kaminfeuer, ein Mittagessen mit gesunder, wenn auch höchst einfacher Kost und das Heimatgefühl, das gegenseitiges Wohlwollen in unser Zusammenleben brachte.«

Weiterhin verkehrt sie in Exilantenkreisen, und in London formieren sich Zirkel von Sozialreformern und Politikern der verschiedenen Lager, Parteien und Nationen. Malwida von Meysenbug findet über Gottfried Kinkel Anschluss an Carl Schurz, Ferdinand Freiligrath und Alexander Herzen, an Lajos Kossuth, Louis Blanc, Joseph Domengé, Giuseppe Mazzini und Giuseppe Garibaldi. Zu Alexander Herzen, der nach dem Tod seiner Frau und eines Sohnes mit seinen Töchtern Olga und Natalie ein Dasein als Witwer und politisch Verfolgter fristet, entwickelt sich eine tiefe Freundschaft. Malwida knüpft zu Herzens Töchtern, vor allem zu Olga, eine mütterliche Beziehung und empfindet für den Familienvater eine Zuneigung, die nicht nur von seinem Wirken als Schriftsteller und Sozialrevolutionär entfacht wird, sondern auch von seiner männlichen Ausstrahlung. Gemeinsam lesen sie die russischen Klassiker, und Herzen erzählt ihr viel über russische Literatur, die Lebensverhältnisse im Zarenreich und über seine politischen Ideale. Seine Ausführungen fallen auf fruchtbaren Boden. Schwärmerisch erinnert sich Malwida: »Diese Stunden, in denen der geistvolle Russe mir die unbekannte Welt seiner großen, fernen, nebelverhüllten Heimat aufschloß, waren Oasen in dem trockenen Einerlei meines Lebens, und bald wurde dieses Haus mit den reizenden Kindern für mich eine Stätte der Erholung und Erquickung, an der ich wieder anfing, dem Leben einen sanften, wohltuenden Reiz abzugewinnen und die Arbeit nicht mehr als einen bloßen Frondienst anzusehen, sondern auch ihren milden Segen in beglückendem Erfolge zu empfinden.« Ihre Gefühle für den Russen kann sie kaum verbergen. Es scheint ihr Schicksal zu sein, unerwidert lieben zu müssen und sich ganz in die Rolle der Lehrerin, Erzieherin und Ersatzmutter gedrängt zu sehen.

Erholung bieten die Sommerferien, die Malwida von Meysenbug allein verbringt. Obgleich sie ungern von Alexander Herzen und ihren Ersatztöchtern scheidet, ist sie doch froh, London auf ein paar Wochen verlassen zu können: »Die Londoner Saison war vorüber; der Sommer war da und begann die heißen, von der Dunstatmosphäre Londons bedrückten Straßen unerträglich zu machen. [...] ich suchte mir einen Ort aus, wohin die Reise äußerst billig war, da man sie zu Wasser machen konnte, indem der Ort am Ausfluß der Themse in das Meer liegt und die Dampfschiffe dort anhalten. [...] Die Fahrt die Themse hinab war schön, schöner als ich sie mir von meiner ersten Einfahrt her erinnerte, und das kleine Örtchen Broadstairs, mein Ziel, grüßte mich gar einladend von hohen weißen Klippen herunter.« Sie nimmt ein Zimmer bei Schifferleuten, in einem kleinen Haus »auf einem Klippenvorsprung, den ein wenig Rasen bedeckte und den dürftige Sträucher, von der Salzflut zu oft gebadet, einfaßten, ein kleines Häuschen, das sich mit der Rückwand an die höher aufsteigende Klippe lehnte«. Von ihrem Zimmer aus genießt sie den überwältigenden Ausblick auf die weißen Klippen, zu deren »Füßen sich die Welle schäumend brach und zuweilen ein Sturzbad weißen Schaumes hinaufsandte, und dann darüber hinaus auf das weite Meer. Ich hatte gefunden, was ich suchte, und war entzückt.« Ihre Stimmung wird gedämpft, als ein Brief von Alexander Herzen eintrifft, der Malwidas Drängen, sie doch in ihrem Ferienort zu besuchen, eine Absage erteilt. Es ist auch eine Absage an ihr unausgesprochenes, aber gleichwohl fühlbares Werben. Das schmerzt sie tief. Sie sucht Trost in der Einsamkeit des Meeres, im Rückzug, in der Stille.

Als die Ferien sich dem Ende zuneigen, lässt sie sich – es ist bereits Nacht, der Vollmond steht am Himmel – von ihrem Hauswirt ein Stück weit aufs Meer hinausrudern: »Ich kenne kaum einen schönern Naturgenuß, als bei ruhiger See hinauszufahren in die laue Nachtluft, die auf dem Wasser milder ist als auf dem Land und, bald in dem glitzernden Silber, bald auf der dunkeln Flut, dahinzugleiten in die unbegrenzte Weite, still, traumhaft, als ginge es hinaus aus dem Reich der Erscheinung in das ewige Wesen der Dinge.« Das trauliche Tête-à-Tête löst dem Schiffer die Zunge, und er erzählt von seinen jungen Jahren, als er als Matrose zur See fuhr und viele Länder der Erde kennenlernte und er aus eigenem Vergleich zur Überzeugung gelangte, dass »die Republik die einzige, freier Menschen würdige Staatsform sei«. Er nehme auch »heißen Anteil an all den verbannten Republikanern, die jetzt auf unserer Insel weilen«. Malwida von Meysenbug ist von diesem Vertrauensbeweis gerührt und gibt sich ebenfalls als Republikanerin zu erkennen. Anderntags fährt sie nach London zurück, »in die leidenschaftlich bewegte Welt der sogenannten Wirklichkeit«, mit der festen Absicht, sich nicht ins kleine persönliche Glück bescheiden zu wollen, sondern mit ihren Gaben, allen voran den journalistischen und schriftstellerischen, dem Wohl der Menschheit und den Ideen der Demokratie und des Sozialismus zu dienen.

Wenig später zieht sie zu Alexander Herzen, um sich um die Erziehung und Ausbildung seiner Töchter zu kümmern. Sie weiß, dass sie von dem Russen keine Erwiderung ihrer Gefühle erwarten darf – und dennoch gelingt es ihr nicht immer, ihrem Herzen Zügel anzulegen. Das Verhältnis wird noch enger, aber nicht intim, als Malwida von Meysenbug und Alexander Herzen mit seinen beiden Töchtern und dem Sohn den folgenden Sommer und Winter gemeinsam in einem Landhaus in Richmond verbringen. Herzen arbeitet an seinen Schriften, Malwida unterrichtet die Kinder und kümmert sich um das Wohl ihres Brotherrn – für ihre eigene schriftstellerische Arbeit bleibt kaum Zeit. Herzen zieht bald weiter, auf die Insel Wight, nach Twickenham und wieder nach Richmond. Malwida folgt ihm treu, wie eine Ehefrau. 1855 kehren sie nach London zurück. Es kommt zu Spannungen. Sie kann es nicht verwinden, dass Herzens Denken sich immer ausschließlicher der Politik zuwendet und er vermehrt Kontakt zu russischen Revolutionären und Anarchisten sucht. Die Sprache in ihren Memoiren verrät ihre Enttäuschung. Auch unerfüllte Projektionen, Eifersüchteleien und gekränkte Empfindlichkeiten tragen dazu bei: »Ich ehrte die Ausschließlichkeit, mit der alle diese Dinge im Anfang Besitz von Herzen nahmen und den Charakter unseres häuslichen Lebens völlig umwandelten. [...] Doch hoffte ich, daß nach und nach auch alles übrige wieder in sein Recht treten und der gewohnte Gang des Lebens, den ich der Kinder wegen als für den allein richtigen erkannte, keine dauernde Störung erleiden werde.«

Ein offenes Gespräch bringt keine Klärung. Als Herzen einmal aufs Land fährt, lässt er einen Brief zurück, worin er Malwida von Meysenbug eine Trennung nahelegt. Sie willigt ein, verabschiedet sich von den Kindern, die ihr wie eigene ans Herz gewachsen sind (mit Olga wird sie gleichwohl zeitlebens freundschaftlich verbunden bleiben). Tags darauf erhält sie einen zweiten Brief Alexander Herzens, der mehr überdeckt als offen ausspricht, und den sie gekränkt kommentiert: »Ich las diese Zeilen mit einem Gemisch von tiefer Rührung und herber Bitterkeit. Warum hatte diese Freundschaft nicht tätiger eingreifen und zu rechter Zeit alles retten können, was nun unwiederbringlich verloren war?«

Wieder ist sie allein auf sich gestellt, und wieder findet sie bei Gottfried und Johanna Kinkel Halt und Zuspruch. Malwida von Meysenbug gibt wieder Stunden, daneben schreibt sie Artikel für Zeitungen und Zeitschriften und auch einen (verloren gegangenen) Roman. Die Schriftstellerei wird ihr immer wichtiger. Den Sommer 1857 verbringt sie in Wales, an der Küste, ganz allein. Sie nabelt sich ab von Hoffnungen, die unerfüllt blieben, von Projektionen, die sie unglücklich machten: »Täglich zog ich mit Büchern und Schreibzeug an das Meeresufer, setzte mich dort auf den Sand und schrieb, während die Welle sich zu meinen Füßen brach und ein großer Frieden der Einsamkeit mich umgab.« In Wales begegnet sie dem im Exil lebenden italienischen Republikaner und frühen Pan-Europäer Giuseppe Mazzini, mit dem sie Freundschaft schließt und sich über Politik austauscht. Wieder zurück in London, lernt sie Lothar Bucher kennen, ehemaliger Abgeordneter der preußischen Nationalversammlung, der ebenfalls im Exil lebt.

Das Leben in London wird überschattet vom tragischen Tod ihrer Freundin Johanna Kinkel, die am 15. November 1858 bei einem Sturz aus dem Fenster ums Leben kommt. Ob es ein

Unfall war oder Suizid (sie litt unter Depressionen), kann nie geklärt werden. Malwida von Meysenbug ist erschüttert: »Es war dies sicher von allen harten Schlägen meines Lebens einer der härtesten; er traf mich so unvorbereitet, so recht mitten in das Herz hinein.« Es ist ein Verlust, der ihr ihre Einsamkeit im Exil bewusst macht. Eine Zeit lang hat sie noch engen Kontakt zu Mazzini und seinem Kreis und beteiligt sich an den Zusammenkünften seiner Bewegung für eine allgemeine europäische Republik. Doch die Diskussionsabende, die in einer Kneipe in der Londoner City stattfinden, geraten mehr und mehr zum Debattierklub einiger eitler Männer, während die engagierten republikanischen Frauen, darunter Malwida von Meysenbug und ihre Autorenkollegin Angelika von Lagerström, sich in einem Nebenzimmer, »abgesondert von den übrigen Gästen«, zusammenfinden. »Je mehr ich aber hinging«, so Malwida von Meysenbug, »desto mehr sank mein Mut. Ich sah ein, daß dieselben Elemente, denen ich mit Schmerz in den höheren Schichten der Partei begegnet war, sich auch hier vorfanden. Neid, Eifersucht, Egoismus, persönlicher Ehrgeiz mischten ihre unlautern Motive in das Streben nach Verständigung über die höchsten Ziele, nach Feststellung sittlich reiner Grundlagen für das bürgerliche und staatliche Leben und die Bestimmungen über Rechte und Pflichten. Und alles das trat um so widriger hervor, als es mit einem gewissen geckenhaften Bestreben verbunden war, aus der eignen Sphäre herauszutreten und mehr zu scheinen, als man war; ja wohl gar gegen die Damen eine gewisse plumpe Galanterie auszuüben, indem man völlig den edlen Ernst, der jene leitete, verkannte.« Malwida von Meysenbug wird bewusst, dass ihre Tage in diesen Zirkeln selbstverliebter männlicher Revolutionäre gezählt sind: »Mit tiefem Schmerz frage ich mich abermals: ist das die Menschheit, die Masse, für die auch du dein Kreuz auf dich nahmst und von deren Befreiung und Vollendung zu sittlicher Schöne du den höchsten Traum geträumt?« Sie wendet sich von den revolutionären Zirkeln ab, ohne darüber ihre eigenen republikanischen Ideale zu verraten: »Mit rechtem Zorn sah ich aber auch bei dieser Gelegenheit, welches Übel die falschen Führer anrichten, die Doktrinäre und die Gewissenlosen, die unter dem Weihrauch, den sie den Massen streuen, nur den eigenen Ehrgeiz verbergen. Alle diese Leute, mit denen ich da zusammenkam, waren von kommunistischen Ideen angesteckt, die sie, bei halber Bildung, nicht einmal verdaut, sondern nur als ein glänzendes Spiegelbild eitler materieller Hoffnungen und Begriffe von Rechten aufgefaßt hatten. Dadurch war mancher kluge, verständige, gerade Sinn verkehrt [...].«

Malwida von Meysenbug verlässt England im Jahre 1859, desillusioniert, um etliche Hoffnungen ärmer. In Newhaven besteigt sie ein Schiff nach Dieppe in der Normandie. Der Abschied wird ihr trotz aller erlittenen Enttäuschungen schmerzlich: »Als ich die weißen Küsten Albions allmählich in die grüne Flut versinken sah, war es mir, als versänke mir eine zweite Heimat. Sieben Jahre des Exils voll schwerer Entbehrungen, harter Arbeit, tiefer Leiden, Verluste und Kämpfe waren in ihr verstrichen. Aber wie viel Liebe, Freundschaft, geistigen Fortschritt und Wachstum in dem einen, was not tut, hatte sie mir doch gegeben! Mit dankbarster Empfindung sah ich nach dem Insel-land zurück, das mit seinen blühenden Fluren, mit seiner hohen Kultur, mit seinen festen, starken, unabhängigen Menschen wie eine höchst merkwürdige, des Studiums werte Erscheinung inmitten des Ozeans daliegt.«

Als »Idealistin« bezeichnet sie sich weiterhin, ihre konkreten Hoffnungen auf eine Umsetzung republikanischer und sozialistischer Ideen muss sie jedoch fahren lassen. Die Errichtung einer deutschen Republik wird sie nicht erleben. 1871 wird das deutsche Kaiserreich wiedererrichtet. Heimisch wird Malwida von Meysenbug in Deutschland nie mehr. Die folgenden Jahrzehnte lebt sie teils in Paris, meist jedoch in Italien, das seit den Einigungskriegen ebenfalls eine Monarchie ist. Doch sie genießt den Süden, die italienische Lebenskultur. Auch ihrer Gesundheit tut das warme, trockene Klima gut. Zeitweise lebt sie in Venedig, auf Capri und in Florenz, die meiste Zeit jedoch in Rom.

Als Schriftstellerin kommt sie spät zu Ruhm, vor allem mit ihren umfangreichen Memoiren: 1869 erscheinen in französischer Sprache ihre *Mémoires d'une idéaliste*, 1876 in deutscher Sprache die *Memoiren einer Idealistin* in drei Bänden. Das Werk erscheint anonym und erst 1899 unter Nennung ihres Namens. Die Memoiren werden ein großer Erfolg und sind ein einzigartiges Lebenszeugnis einer Republikanerin und emanzipierten Frau des bürgerlichen Zeitalters. 1898 folgt der Band *Der Lebensabend einer Idealistin*, 1901 erscheinen die Essays *Individualitäten*, Bücher, die nicht mehr an den Erfolg und die Intensität des ersten Teils ihrer Memoiren heranreichen.

Malwida von Meysenbug bleibt auch gesellschaftlich ein Mittelpunkt: Sie knüpft Bekanntschaften und Freundschaften (auch Brieffreundschaften) zu Persönlichkeiten wie Friedrich Nietzsche, Richard und Cosima Wagner (deren Trauzeugin sie ist), Franz Liszt, Lou Andreas-Salomé und dem französischen Pazifisten Romain Rolland. Sie stirbt am 26. April 1903 in Rom. Die Urne mit ihrer Asche wird am 1. April 1904 auf dem protestantischen Friedhof bei der Cestius-Pyramide beigesetzt. Die lange und ereignisreiche Lebensreise einer eigensinnigen und freiheitsliebenden Idealistin war zu Ende.

4 Frieda von Bülow (1857–1909)
Afrika, Land der Verheißung

Im Mai 1887 reist die neunundzwanzigjährige Baronin Frieda von Bülow in Begleitung der Krankenschwester Bertha Wilke nach Sansibar vor der Ostküste Afrikas. Die beiden Frauen sollen im Auftrag des im Jahr zuvor gegründeten Deutschnationalen Frauenbunds in der jungen deutschen Kolonie Ostafrika eine erste Krankenstation errichten. Frieda von Bülow hat zwar vor ihrer Abreise in Berlin einen Kurs in Krankenpflege absolviert, doch sieht sie als Mitbegründerin des Frauenbunds ihre Aufgabe eher im organisatorischen Bereich, zumal sie freundschaftliche Kontakte zu Carl Peters, dem Begründer der Kolonie, besitzt. Frieda von Bülow ist mit dem Zug von Berlin nach Venedig gereist, dort hat sie ein Schiff nach Alexandria in Ägypten bestiegen, die Strecke von Alexandria bis Suez mit der Eisenbahn zurückgelegt und ist in Suez erneut an Bord eines Schiffes gegangen, das sie durch das Rote Meer und um das Horn von Afrika in den Indischen Ozean und schließlich nach Sansibar bringen soll. Was sie in jenen Wochen auf See noch nicht weiß: Ihre Freundschaft zu Carl Peters, den die einen als begnadeten Kolonisator und mutigen Helden sehen, die anderen lediglich als gewissenlosen Haudegen und menschenverachtenden Eroberer, wird in Afrika zu einer unerfüllten Liebe anwachsen.

Drei Jahre zuvor hat Carl Peters Teile der ostafrikanischen Küste und des Hinterlands mittels dubioser Verträge mit einheimischen Häuptlingen und ohne Beteiligung des Deutschen Reichs in den Besitz der Deutsch-Ostafrikanischen Gesellschaft gebracht. Deswegen weht über den deutschen Handels- und Kolonisationsniederlassungen noch nicht die Reichsflagge, sondern die Fahne der privaten Handelsgesellschaft: Auf der sogenannten »Petersflagge« ist ein schwarzes Kreuz zu sehen, das den weißen Grund in vier Felder teilt. Das linke obere Feld ist in roter Farbe, darauf prangen fünf weiße Sterne. Diese Sterne regen Frieda von Bülow zu einem Vergleich mit dem Sternbild »Kreuz des Südens« an, was bei einem britischen Mitreisenden auf Widerspruch stößt. »Eines Abends«, erinnert sich Frieda von Bülow, »zeigte mir der Oberst […] am Sternenhimmel das südliche Kreuz, welches ungefähr in der Mitte des roten Meeres zum ersten Mal sichtbar wird. Ich erzählte ihm stolz und freudig, daß dies Kreuz auf der Flagge unserer Ostafrikanischen Kolonie prange. Da sah mich der Brite groß an und brach dann in lautes Lachen aus. Ich frug, warum er lache. ›Sie haben Ihre Kolonialflagge ja recht bescheiden gewählt‹, sagte er, und lachte von neuem.« Die Patriotin weiß sich zu wehren: »Ich erklärte ihm darauf sehr bestimmt, das Thema deutscher Kolonisation würde von nun an nicht mehr zwischen uns berührt werden, da ich Spott über diesen Gegenstand nicht annehmen könne und wolle. Der Oberst ließ es sich sehr angelegen sein, mich zu begütigen, aber ich blieb meinem Vorsatz treu. Im stillen dachte ich: Lacht ihr nur. Wer aber zuletzt lacht, lacht am besten.«

Frieda von Bülow widmet der Idee des deutschen Kolonialismus und der Realität der Kolonie Deutsch-Ostafrika mehr als zwanzig Jahre ihres Lebens. Leidenschaft ist der Motor ihres Engagements. Die Leidenschaft trägt zwei Namen: Carl Peters und Afrika. Während aber die Liebe zu Carl Peters enttäuscht werden wird, bleibt ihr die Liebe zu Afrika ein Leben lang erhalten. Als produktive und beliebte Autorin von Romanen und Erzählungen, die *Im Lande der Verheißung* (so ein Romantitel) spielen, wird sie den Kontinent verklären.

Bereits in der frühen Kindheit kommt Frieda von Bülow mit fernen, exotischen Welten in Berührung. Geboren wird sie am 12. Oktober 1857 in Berlin als erstes Kind des preußischen Beamten Hugo von Bülow und dessen Frau Clotilde, geborene von Münchhausen. Nach Frieda kommen noch Sophie (1858), Margarethe (1860), Albrecht (1864) und Kuno (1867) zur Welt. 1863 siedelt die Familie nach Smyrna (dem heutigen Izmir) im Osmanischen Reich über. Hugo von Bülow hat in der damals fast ausschließlich von Griechen bewohnten Stadt die Leitung des Preußischen Konsulats übernommen. In Smyrna besuchen die Bülow-Töchter das Schulinstitut der Diakonissen. Bereits in jenen Jahren besteht eine enge, geradezu symbiotische Beziehung zwischen Frieda und ihrer jüngeren Schwester Margarethe. Doch nach nur zwei Jahren in Smyrna schickt der Vater seine Frau, die Töchter und den einjährigen Sohn Albrecht zurück nach Deutschland. Die Töchter sollen in heimischen Gefilden eine standesgemäße Erziehung erhalten. Clotilde von Bülow, die fromm ist, begibt sich nach Neudietendorf in Thüringen. Dort haben sich Herrnhuter angesiedelt. Ganz in der Nähe lebt im Herrenhaus von Ingersleben Clotildes Mutter Henriette von Münchhausen. Hugo von Bülow kehrt ebenfalls für kurze Zeit nach Deutschland zurück, er nimmt als Krankenpfleger am Preußisch-Österreichischen Krieg teil. In der nach dem Krieg von 1866 zu Preußen gekommenen Provinz Hannover übernimmt er das Amt des Landdrostes von Hildesheim, nach einem Jahr kehrt er nach Smyrna zurück. Anfang Februar 1869 erreicht die Familie die Nachricht von Hugo von Bülows Tod: Er ist am 26. Januar in Smyrna an einer Typhusinfektion gestorben. Der Legationsrat wird in der Fremde bestattet, erst 1907 werden die sterblichen Überreste nach Deutschland überführt.

Die Schwestern Frieda, Sophie und Margarethe besuchen die Mädchenerziehungsanstalt der Herrnhuter Brüdergemeine. Albrecht wird in ein Internat nach Erfurt geschickt, der dreijäh-

rige Kuno in das Elternhaus seines Vetters Max von Münchhausen nach Schwöbber bei Hameln. Die starren religiösen
Konventionen der Herrnhuter bleiben den Bülow-Töchtern
fremd. Umso lieber halten sie sich auf dem Gut der Großmutter in Ingersleben auf. Sie durchstreifen den weitläufigen Park
und lassen sich von der Natur zu selbst ausgesponnenen Geschichten und Gedichten inspirieren. Geistig frühreif, entdecken sie in der Bibliothek der Großmutter die Werke Goethes,
Shakespeares, Dostojewskis und Turgenjews, die sie mit Hin-
gabe lesen. Vor allem Turgenjew gilt der literarisch begabteren
Margarethe als großes Vorbild, dem sie in ihren ersten Erzählungen nacheifert.

Frieda und Margarethe verbringen immer wieder getrennt
voneinander die Ferien bei Verwandten in England. Das kann
die geschwisterliche Symbiose nicht trüben. Im Gegenteil: Die
Trennung ist Anlass zu einem regen Briefverkehr und zu inni-
gen Bekenntnissen. An Weihnachten 1876 schreibt Frieda an
Margarethe, die sich in Cheltenham aufhält: »Alle meine Liebe
konzentriert sich in dir. Die Liebe wohnt jedem Menschen inne,
wie Herz und Blut. Einen Gegenstand muß sie haben, findet sie
keinen wirklichen, so sucht sie einen gedachten. Ich hab einen
wirklichen und das bist du.«

Margarethe setzt alles daran, ihre Leidenschaft für die Dichtung zur Profession zu machen. Mit achtzehn Jahren vollendet
sie ihren ersten Roman. Noch immer gilt Literatur als Männer-
domäne, im schlimmsten Fall sogar als etwas moralisch Anrü-
chiges. Der Familienrat der Bülows ist immerhin so klug, das
Urteil darüber, ob Margarethe genügend Talent besitze, anderen
zu überlassen: Dem damals bekannten Literarhistoriker Julian
Schmidt werden Skripte Margarethes übermittelt. Der äußert
höchstes Lob. Für Margarethe ist nun klar: Sie will Schriftstellerin werden. Frieda hingegen ist sich ihrer Bestimmung noch
nicht sicher. Zwar absolviert sie, ebenso wie ihre Schwester
Sophie, das Lehrerinnenexamen, aber das deckt recht bescheidene fachliche und pädagogische Kenntnisse ab und befähigt
nur zum Unterricht an Mittelschulen. Frieda von Bülow besitzt

ebenfalls literarisches Talent, aber nicht – noch nicht – den bedingungslosen Willen, sich einer Sache ganz und gar zu verschreiben.

1881 geht Clotilde von Bülow mit ihren Töchtern nach Berlin. Frieda bezieht zunächst ein Zimmer im Haus der befreundeten Frau von Keudell und unterrichtet an einer Mädchenschule. Bald übersiedelt auch die rüstige und lebenszugewandte Großmutter Henriette von Münchhausen aus Ingersleben in die Hauptstadt. Das thüringische Gut wird verkauft. Die Großmutter und die drei Enkelinnen gründen einen gemeinsamen Hausstand. In der geistig offenen Atmosphäre, fern der frömmelnden Mutter Clotilde, blühen die jungen Frauen auf und beginnen das kulturelle Leben Berlins zu genießen. Margarethe verfasst in den kommenden drei Jahren ein literarisches Werk, das neben zahlreichen Gedichten auch Romane, Novellen und Erzählungen umfasst: *Novellen, Jonas Briccius, Aus der Chronik derer von Riffelshausen* und *Neue Novellen*.

Da schneidet der Tod das hoffnungsvolle Leben der gerade einmal Dreiundzwanzigjährigen ab: Am 2. Januar 1884 – Frieda hält sich seit einigen Wochen im Haus ihres Onkels Otto von Münchhausen in Gardone auf – gehen die Schwestern Sophie und Margarethe zum Schlittschuhlaufen an den zugefrorenen Rummelsburger See bei Berlin. Da sehen sie einen etwa fünfzehnjährigen Knaben, der ins Eis eingebrochen ist. Ohne zu zögern springt Margarethe, die eine gute Schwimmerin ist, ins eiskalte Wasser. Es gelingt ihr, den Knaben, der das Bewusstsein verloren hat und eben untergeht, zu packen und über Wasser zu halten. Auch Sophie stürzt sich ins Wasser. Herbeieilenden Passanten gelingt es, Sophie und den bewusstlosen Knaben aus dem Wasser zu ziehen. Doch Margarethe verlässt die Kraft, sie gerät unter die Eisdecke und ertrinkt. Ihr Leichnam wird erst tags darauf geborgen. Die deutsche Literatur verliert eine ihrer größten Hoffnungen. Margarethe von Bülows Skripte werden erst nach ihrem Tod veröffentlicht und offenbaren eine frühvollendete Erzählerin des bürgerlichen Realismus. Der Philosoph und Literarhistoriker Fritz Mauthner urteilt: »Margarethe v.

Bülow war ein großes, deutsches Talent, das seine Vollendung nicht erlebte und dessen Schöpfungen trotzdem den neuerdings so hoch geschätzten Leistungen des jungen Skandinavien ebenbürtig sind.«

Frieda von Bülow erfährt in Gardone vom Tod ihrer geliebten Schwester. Sie ist verzweifelt, hat sie doch ihre andere Hälfte verloren. Im Tagebuch vom Januar 1884 schreibt sie: »Es ist mir, als schriebe ich für sie, wenn ich in dies Buch schreibe. Ich habe geglaubt, ich würde nie wieder etwas schreiben, oder zeichnen oder schön finden, weil es doch alles immer in Beziehung auf sie war. Das Schreiben ist mir aber jetzt mehr Bedürfnis als zuvor.« Der Tod der Schwester stößt Frieda von Bülow, die sich ihres Lebensziels ohnehin nicht sicher ist, in eine Sinnkrise. Ihre Gesundheit leidet, sie ist gezwungen, auf Einladung ihres Onkels Otto von Münchhausen weitere vier Monate zur Erholung in Italien zuzubringen. Unruhig reist sie zwischen Venedig, Bologna, Neapel, Salerno, Sorrent, Rom, Florenz, La Spezia und Mailand umher – so sieht kein Genesungsurlaub aus, eher eine Flucht vor der bitteren Realität. Noch im April 1884 notiert sie: »Grete ist mir immer vorangegangen und ich folgte ihr, wohin sie sich auch wandte. Nun heißt die Tür, durch die sie mir entschwunden ist, der Tod – und ich verliere diese Tür nicht aus dem Blick.«

Wenige Wochen später, sie ist in Mailand, vertraut sie dem Tagebuch an: »Böse Gedanken. Ich weiß nichts, was mir des Leidens und Strebens wert scheint. Andere mögen sich in der Kunst auszeichnen. Ich hab' manchmal Lust, mit allem zu brechen, was mir das Fehlen des Liebsten predigt, mich unter ganz fremde Menschen und in starke Aktion zu begeben.«

Ein »Herrenmensch«

Sie kann nicht wissen, dass um eben jene Zeit, als sie diese trüben Gedanken hegt, in Berlin die »Gesellschaft für deutsche Kolonisation« von einem Mann gegründet wird, der in ihrem

Leben eine zentrale Rolle spielen wird; ein Mann, dessen Lebenswerk auch das ihre wird; ein Mann, den sie tragisch bis ans Ende ihres Lebens lieben wird: Carl Peters.

Der am 27. September 1856 in Neuhaus an der Elbe als achtes von elf Kindern eines evangelischen Pfarrers geborene Carl Peters ist ein Mensch voller hochfliegender nationaler Träume. Der schmächtige, bebrillte Mann mit dünnem Haar zeigt bessessene Züge, wenn es um die Durchsetzung seiner Karrierepläne geht. Bereits in seiner Jugend verschlingt Carl Peters die Reiseberichte des britischen Afrikaforschers David Livingstone und die Romane *Lederstrumpf* und *Robinson Crusoe*. Er träumt von Abenteuern in fernen Ländern, von der Eroberung fremder Reiche, von Reichtum, Ruhm und Ehre, und er vertritt in seinen Aufsätzen und Briefen eine Ideologie, die sich eklektizistisch bei den Schriften Nietzsches und Wagners bedient und in bestürzender Weise den Wortschatz der Nationalsozialisten vorausahnen lässt.

Im März 1884 gründet Carl Peters in Berlin mit Gleichgesinnten und Geldgebern aus Industrie und Finanzwelt die private »Gesellschaft für deutsche Kolonisation«. Von Anbeginn steht für Peters fest, dass er in Afrika nicht nur Handelsniederlassungen gründen und Märkte erschließen will, sondern dass es um Landnahme geht, notfalls ohne staatlichen Auftrag. Er will Fakten schaffen: »Bis das Reich sich entschließt, in eine energische Kolonialpolitik einzutreten, ist es möglich, daß das deutsche Volk selbst mit praktischen Schritten in dieser Richtung vorangehe!« Im Mai 1884 gibt die Gesellschaft Anteilsscheine zum zukünftigen Erwerb von Land in Ostafrika aus. Auf diese Weise können ein paar finanzkräftige Mitglieder geworben werden, darunter der Stahlindustrielle Alfred Krupp, der Bankier Karl von der Heydt und das Bankhaus Mendelssohn. Carl Peters wird auf dieser zweiten Sitzung der Gesellschaft zum Vorsitzenden des Aktionsausschusses gewählt. Dieser Ausschuss fasst im September desselben Jahres die Entscheidung, eine Expedition an die vom arabischen Sultanat Sansibar kontrollierte ostafrikanische Küste zu entsenden. Dafür wird die ungeheure Summe von 175000 Reichsmark zur Verfügung gestellt.

Gemeinsam mit seinen Expeditionskollegen Karl Jühlke, Joachim von Pfeil und August Otto reist Peters Ende September 1884 mit dem Zug nach Triest. Dort besteigen sie ein Schiff, das sie über Alexandria, Port Said und Aden nach Sansibar bringt, wo sie am 4. November eintreffen. Der britische Generalkonsul auf Sansibar Sir John Kirk ist bereits durch geheimdienstliche Berichte alarmiert und warnt den Sultan Said Bargasch vor den Deutschen und ihren Absichten. Und auch der kurzzeitig als deutscher Konsul auf Sansibar fungierende Hamburger Kaufmann William O'Swald hat Instruktionen aus Berlin erhalten: Er warnt den selbsternannten Kolonisator Peters, »weder Anspruch auf Reichsschutz für eine Kolonie, noch auch Garantie für sein eigenes Leben« zu haben. Peters, von seiner Idee – oder auch vom Wahn – befeuert, lässt sich nicht abschrecken. Bereits sechs Tage später setzen er und seine Leute nach Sadani an der ostafrikanischen Küste über.

Es folgt der beispiellose »Feldzug« einiger schlecht ausgerüsteter Hasardeure, die mehr Glück als Verstand haben, sich aber durch Dreistigkeit und Brutalität auszeichnen. Die Männer besitzen nur drei Gewehre mit wenigen hundert Schuss Munition. Sie werden begleitet von sechs Dienern, die sie in Sadani angeheuert haben, und sechsunddreißig einheimischen Trägern. In den folgenden sechs Wochen ziehen Peters und seine Männer durch die Savanne und handeln mit einheimischen Häuptlingen und arabischen Vizesultanen, die eigentlich dem Sultan von Sansibar verpflichtet sind, juristisch höchst anfechtbare »Verträge« aus, die der »Gesellschaft für deutsche Kolonisation« Gebiete von rund 140000 Quadratkilometern sichern. Carl Peters verzeichnet seine Erfolge nicht nur durch große Versprechen gegenüber den Häuptlingen, sie vor arabischen Sklavenhändlern und Tributzahlungen beschützen zu wollen. Er hilft auch – wie etliche Eroberer vor ihm – mit zweifelhaften Geschenken nach: abgetragenen Uniformjacken, allerlei Glitzertand, billigem Alkohol … Und er imponiert den Einheimischen mit dem

Abfeuern von Gewehrsalven, dem Hissen der Petersflagge und dem Absingen der Kaiserhymne *Heil dir im Siegerkranz*. Das alles geschieht noch relativ gewaltfrei, Peters' Aktion besitzt in den ersten Wochen den Vorteil der Überraschungsoffensive. Bei der späteren Ausweitung seines Kolonialreiches wird er andere Saiten aufziehen und sein wahres Gesicht zeigen …

Bereits Ende 1884 verlässt Carl Peters Ostafrika Richtung Bombay, von dort geht es zurück nach Europa. Am 5. Februar 1885 trifft er in Berlin ein. Der rasche Erfolg hat ihn gierig gemacht. Er träumt von einer Privatkolonie, die ganz Mittelafrika umfassen soll. Bereits drei Tage später schickt er ein Telegramm an seinen Gefährten Graf Pfeil, er solle eine weitere Eroberungsexpedition vorbereiten: Diesmal soll es bis an den großen Njassasee (Malawisee) im Südwesten gehen. Der Pastorensohn aus Neuhaus ist im Rausch: Afrika liegt ihm zu Füßen, ein Politikwechsel der damals desinteressierten Reichsregierung scheint nur eine Frage der Zeit. Er fühlt sich in jenen Wochen wie der von seinem Lieblingsphilosophen Friedrich Nietzsche propagierte »Übermensch«.

Carl Peters galt vielen seiner Zeitgenossen als deutscher Held. Noch 1941 wird er in einem propagandistischen Kinofilm mit Hans Albers in der Hauptrolle als der edle Heros gezeichnet, der sich in Ostafrika gegen böse Briten und mit Sklaven handelnde Araber und im heimischen Berliner Reichstag gegen die unpatriotischen und feigen Sozialdemokraten unter August Bebel zur Wehr setzen muss. Der Film bietet lediglich peinliche Klischees, langatmige, hölzerne Dialoge, eine arge Verdrehung der historischen Fakten und einen albernen Hans Albers, der durch die schlecht gemalten Afrikakulissen stolziert (denn an einen Dreh vor Ort, in Tansania, konnte man mitten im Weltkrieg nicht mehr denken) und stocksteif agiert, als hätte er die Nilpferdpeitsche verschluckt, mit der der historisch verbürgte Ostafrika-Konquistador Peters gern »seine Neger« verprügelte. »Heute schon einen Neger getötet?«, dieser zynische Kommentar ging Carl Peters leicht von den Lippen.

Carl Peters war nicht nur ein paranoider Abenteurer und

gewiefter Taktiker, er war vor allen Dingen ein gewissenloser Mörder und durchtriebener Rassenideologe. Bereits 1885 stellte er in einem Aufsatz die Frage: »Wie erzieht man am besten die Neger zur Plantagenarbeit?« Die Schwarzen Afrikas waren für ihn nur Material, das es einzusetzen galt, um die Schätze des Kontinents – Rohstoffe aus Acker- und Bergbau – zu heben und damit riesige Gewinne einzufahren. Ein anderes Zitat von Carl Peters offenbart, in welch menschenverachtenden Kategorien er dachte (und handelte): »Das Motiv, welches mich 1883 veranlaßte, mich mit der deutschen Kolonialbewegung zu befassen, war wesentlich der Wunsch, meine Landsleute, welche ich unter fremden Völkern in meist abhängigen Stellungen und dem Fremdländischen unterworfen kennengelernt hatte, auch innerlich frei und unabhängig machen zu helfen […]. Wenn man ein egoistisches Moment in diesem Motiv für meine kolonialpolitische Tätigkeit suchen will, so mag man es darin finden, daß ich es satt hatte, unter die Parias gerechnet zu werden, und daß ich einem Herrenvolk anzugehören wünschte.«

Für Gott, Vaterland und Carl Peters

Freilich ist Carl Peters, als Frieda von Bülow ihn 1885 kennenlernt, noch nicht der von den Sozialdemokraten angeklagte Mörder und Rechtsbrecher. Vielmehr umstrahlt ihn der Nimbus des Abenteurers und Idealisten. Und er hat Charme, ist klug, besitzt – zumindest im Umgang mit seiner »Herrenrasse« – zivilisierte Manieren und preußische Korrektheit, und gegenüber Damen von adligem Stand die leichte Unterwürfigkeit eines Emporkömmlings aus kleinbürgerlichen Kreisen. Bereits im Mai 1884 vertraut Frieda von Bülow, noch ganz unter dem Schock des Todes ihrer Schwester, ihrem Tagebuch den heißen Wunsch an: »Solange das Leben noch dauert, will ich nicht Sklave sein, sondern Herr.« Sie will ihrer Trauer und ihrem Schmerz entfliehen, sie will den Konventionen ihres Standes und den Schranken ihres Geschlechts entweichen, sie hat eine

unklare Sehnsucht nach Freiheit. Afrika wird zur Projektions-
fläche all dessen, was Frieda von Bülow unklar ersehnt. Und
Carl Peters erscheint ihr wie der Retter, der sie aus der Be-
schränktheit der Verhältnisse herausführt.

Frieda von Bülow spricht im Jahre 1885 bei Carl Peters vor
und bittet ihn um Protektion für ihren Bruder Albrecht, der
sich eine Knieverletzung zugezogen hat, aber als Offizier gern
an dem afrikanischen Abenteuer teilnehmen will. Nachdem
Peters Ende Februar das Auswärtige Amt in Berlin mit der
Ankündigung erpresst hat, nach Brüssel zu fahren und König
Leopold II. die Übertragung der Rechte an seiner, Peters' Kolonie, anzubieten, stellt ihm Kaiser Wilhelm I. am 27. Februar
einen Schutzbrief aus. Peters erhält von seiner Kolonialgesellschaft, die sich Anfang April in »Deutsch-Ostafrikanische Gesellschaft« (DOAG) umbenennt, Generalvollmacht und wird
vom Vorsitzenden der Gesellschaft, dem Bankier Karl von der
Heydt, großzügig unterstützt. So kann die DOAG im Frühjahr
1885 eine neue Expedition nach Ostafrika starten, mit dem
Ziel, weitere Landstriche zu »erwerben«.

Bereits nach ihrer ersten Begegnung ist Frieda von Bülow von
Carl Peters hingerissen. Noch 1904 gesteht sie der Freundin
Toni Schwabe: »Es kam wie ein Wirbelwind und riß mich dorthin, und während zu jener Zeit die Meute meinen Mut höch-
lichst bewunderte, fühlte ich mich so passiv, wie ein im Sturm
dahinrasendes Blatt. Dies zu erleben ist vielleicht das Schönste,
Berauschendste, was es gibt, aber auch das Allergefährlichste,
denn der Sturm zieht vorüber und dann liegt man da und soll
wieder lernen, sich aus sich selbst heraus fortzubewegen. Das
kostet ein Übermaß von Anstrengung. Es zerbricht allerlei und
man behält die Risse und Sprünge.«

Sie will nach Ostafrika und Seite an Seite mit Peters für die
deutsche Kolonialidee eintreten. Dazu engagiert sie sich in der
Kranken- und Missionshilfe. 1886 gründen Frieda von Bülow
und andere national gesinnte Frauen – darunter die Gräfinnen
Eva und Martha von Pfeil – aus dem aristokratischen preußischen Milieu den »Deutschnationalen Frauenbund für die Kran-

kenpflege in den Kolonien«. Frieda von Bülow sitzt im Vorstand, und in dieser Funktion erhält sie 1887 den Auftrag, nach Ostafrika zu reisen, um den Aufbau von Krankenstationen und Missionshäusern in die Wege zu leiten. Natürlich erwartet man von der Gesandten auch praktische Kenntnisse in Krankenpflege, Hygiene und angewandter Medizin, und so absolviert Frieda von Bülow rasch einen Kurs im Berliner Augusta-Hospital. Im Mai 1887 ist es endlich so weit: Gemeinsam mit der Krankenschwester Bertha Wilke macht sich Frieda von Bülow auf den Weg nach Afrika.

Haie, Kakerlaken und ein Zyklon

An Bord des Schleppers »Malva« fährt Frieda von Bülow durch das Rote Meer nach Aden. Dort muss sie auf die »Mecca« umsteigen, einen Dampfer der British India Line, der jedoch einen »widerlichen Geruch« verströmt. Frieda von Bülow kennt den Grund: »Diese nach Lamu, Mombassa, Zanzibar und Madagaskar fahrenden Dampfer nehmen für jene Orte in Aden eine große Ladung geräucherten Haifisches an Bord, von dessen üblem Geruch man sich kaum eine Vorstellung machen kann.« Sie gibt sich gelassen und weltmännisch – heimische Kutter röchen schließlich auch nicht fein: »Nun freilich, eine Schiffsladung aus Heringen und altem Käse bestehend möchte einen Nichtkenner dieser Delikatessen auch nicht durch ihr Parfüm anlocken.« Der mitreisende italienische Konsul in Sansibar, Vincenzo Fionardi, bietet der deutschen Missionarin eine Mango an, die Frieda noch nie gesehen, geschweige denn gekostet hat. Es sei eine Frucht, schreibt sie enttäuscht, »die leise nach Terpentin riecht und unter der dicken grünen Schale einen steifen, süßen orangegelben Crême enthält, den man mit dem Theelöffel ausißt. Wir konnten uns noch nicht mit dem Fremdartigen des Geschmacks befreunden.« Nicht alles, was fremd ist, muss behagen – diese Erfahrung wird die Kolonialidealistin noch etliche Male machen.

Es gibt an Bord noch anderes zu essen. Die Seeluft macht hungrig, und Frieda von Bülow spricht den Mahlzeiten kräftig zu. Der Kapitän warnt sie vor: »Essen Sie nur, Baronesse; morgen werden Sie es nicht mehr können.« Frieda von Bülow hat keine Angst vor einem Sturm auf offener See – weil sie noch nie einen erlebt hat. Weit unmittelbarer ist sie von den hygienischen Zuständen an Bord angewidert – auch das ein kleiner Vorgeschmack auf die Insektenwelt Afrikas: »Besonders graute uns vor den Kokerutschen [vom englischen »cockroach« für Kakerlake], einer etwa zehnfachen vergrößerten Auflage der heimischen Küchenschaben, die raschelnd überall umherliefen, leider auch scharenweise an den Wänden unserer Kabine. Diese Ungetüme machten uns große Not und wir wurden obendrein noch ob unseres Entsetzens ausgelacht.« Als ein Sturm aufzieht, fliehen die Passagiere unter Deck, und selbst die »Kokerutschen« verziehen sich in ihre Nester. Ein Südwestmonsun vor dem Horn von Afrika beutelt das Schiff: »Die Mecca tanzte zwischen Wellenbergen, die das Schiff von allen Seiten ansprangen, weshalb der Kapitän meinte, wir seien in die letzte Wellenbewegung eines Cyclon gekommen. Ich war so krank, daß ich zeitweise sogar die Besinnung verlor und dann glaubte ich mich stets in einer Waldschlucht meiner Thüringer Heimat.«

Der Sturm lässt nach, und Kapitän und Schiffsarzt nötigen die widerstrebende Passagierin an Deck, »wo ich in einen mit Tauen befestigten Schiffsstuhl gelegt wurde«. Verwundert reibt sie sich die Augen: »Es bot sich mir ein ganz eigentümlicher Anblick. Rings um das auf- und niedersteigende Fahrzeug standen dunkle Wasserberge, die den Horizont dicht vor uns abgrenzten. Sonst war nichts zu sehen. Sturzwellen kamen von allen Seiten über das Verdeck und spülten zahllose Silberfische an Bord, die von dem Kapitän und den Matrosen mit den Händen gefangen wurden zum delikaten Frühstück.« Trotz des hohen Seegangs und des Schlingerns des Dampfers ist die Stimmung an Bord gut. Schließlich erreichen sie die Insel Lamu vor der Küste des heutigen Kenia, die damals zum Sultanat Sansibar gehört: »Sowie die Schraube zu arbeiten aufhörte, fühlte ich mich frisch und munter, so daß ich mich ungesäumt auf Deck begab.« Sie laufen in den Hafen von Mombasa ein, erholen sich kurz und brechen nach Sansibar auf, wo sie am Abend des 16. Juni 1887 anlangen.

Die bunte Welt Sansibars

Schon aus einiger Entfernung sichtet Frieda von Bülow durch das Fernglas die palmenbestandene Küstenlinie, sie sieht den Sultanspalast, auf dessen Turm die Flagge Said Bargaschs weht. Sogar einige elektrische Lampen sind als Lichter in der tropischen Nacht auszumachen, denn der Sultan ist ein aufgeschlossener Monarch, der sich und sein kleines Reich gern mit den neuesten technischen Errungenschaften schmückt. Doch der erste Eindruck trügt. Recht enttäuscht schreibt die deutsche Reisende: »Nachdem wir auf nassem Sand und Korallen gelandet, wurden wir durch die Stadt geführt. Die engen, krummen, dunklen und holprigen Gassen entsprachen nicht dem Bild, das die reich illuminierte Häuserreihe am Meer vom Hafen aus geboten. Ich war auch ermattet von der anstrengenden Seefahrt und stolperte jeden Augenblick über Schutt und Gerümpel oder versank bis zum Fußgelenk in irgend eine Vertiefung. Eingefaßt waren die Gassen von hohen fensterlosen Mauern.« Die erste Nacht auf Sansibar verbringt Frieda von Bülow im Haus des italienischen Vizekonsuls. Am andern Morgen kehrt sie an Deck der vor den Korallenriffen ankernden »Mecca« zurück – als sich ein Boot dem Dampfer nähert und sie freudig mit »Guten Morgen, Baronin!« begrüßt wird. Es ist eine deutsche Delegation, bestehend aus dem Freiherrn Karl von Gravenreuth, Mitglied der DOAG, und ein paar Offizieren. Carl Peters, der sich auf dem afrikanischen Festland aufhält, hat die Herren nach Sansibar geschickt, um die Baronin zu begrüßen. Frieda von Bülow ist entzückt: »Meine trübe Stimmung war verschwunden. Es ist wahr, daß man sich sofort zu Hause fühlt, wo man Gesinnungsgenossen und Freunde findet.«

Frieda von Bülow und Bertha Wilke verlassen die »Mecca« und setzen erneut nach Sansibar über, diesmal in Begleitung der deutschen Kolonialdelegation. Die Damen nehmen Quartier im ersten Haus der Stadt, dem Hôtel d'Afrique Centrale. Unterwegs kommen sie an der Residenz des Sultans vorbei, und wieder fällt das Urteil der deutschen Baronin recht ungnädig aus: »Der Weg vom Landungsplatz zum Hôtel ist kurz, aber charakteristisch. Vor allem bietet er an Schmutz und Unordnung, was man von arabischer Straßenpflege irgend erwarten kann. Gegenüber dem Reisdenzschloß steht am Meere die Menagerie seiner Hoheit, bestehend aus sechs bis acht morschen Käfigen, in welchen sich ein ziemlich zahmer Löwe, eine Löwin, ein Stachelschwein, ein Jaguar und drei bis vier andere Tiere befinden. Die Straßenluft wird durch diese Sehenswürdigkeit natürlich nicht verbessert. Unter dem Schlafgemach des Sultans, einem frei, auf hohen Säulen stehenden Haus, ist ein Panther als Kettenhund angebunden, den die Vorübergehenden mit ihren Stöcken ärgern.«

Frieda von Bülow ist enttäuscht. Ihre Vorstellung vom Morgenland, genährt durch die Märchen von Tausendundeiner Nacht, steckt voller Klischees, aber das gesteht sie sich nicht ein: »An das Schlafhaus schließt sich der Harem, ein langer Bau mit himmelblau angestrichenen Fensterläden, der durch einen blütenreichen Garten von der Straße getrennt wird. Der Sultan läßt gerade vor diesen Garten eine Mauer in Gestalt eines unförmigen Schiffes bauen, die eine Wasserleitung in sich birgt mit nach der Straße gerichteten Krähnen [Wasserhahnen] zur Nutznießung der Gläubigen. Das ist einer seiner originellen Einfälle, der indessen in der Ausführung durch seine Geschmacklosigkeit geradezu erschreckt. Nasser Kalk, Lehm- und zackige Korallensteine, die zum Bau verwendet werden, bedecken den Weg in seiner ganzen Breite. [...] Auf der anderen Seite der Straße am und im Meer sahen wir eine Menge verrostetes Eisen liegen, Anker, Faßreifen, unbrauchbare Maschinenteile u.s.w., das wird hier abgelagert und dem rasch zerstörenden Einfluß der Witterung preisgegeben.«

Das Sultanat betreibt Handel nicht nur mit Südfrüchten und Fisch, sondern vor allem mit schwarzen Sklaven vom Kontinent, die in die Länder Arabiens verkauft werden. Bei der Besichtigung des Kraftwerks für Elektrizität – Symbol der Vorwärtsgewandtheit des Sultans – fällt Frieda von Bülows Blick auf die dort schuftenden schwarzen Sklaven: »Diese Fabriken bestehen aus offenen Schuppen. Davor sitzen auf der Straße in Reihen oder Gruppen aneinander gekettete Neger, welche Holz spalten zur Heizung der Maschinen. Das sind Diebe oder Leute, die ihren Contract gebrochen haben oder ihrem Herrn entlaufen sind, kurz harmlose Übelthäter, die hier zur Strafe mit eisernem Ring um den Hals an die Genossen festgeschmiedet arbeiten müssen. [...] Quer über die Straße laufen den Fabriken entfließende offene Abzugskanäle, die sich zu Pfützen von widerlicher Farbe und Geruch verbreitern. Man muß, um zu dem Hôtel zu kommen, über die schmutzigen Rinnsale voltigieren [springen] und dabei Acht geben, daß man nicht den dicht umherhockenden Sträflingen auf Hände oder Füße tritt.«

Ungeduldig fiebert Frieda von Bülow der Überfahrt zum afrikanischen Festland entgegen. Doch die Tage vergehen, ohne dass von Peters Instruktionen kommen. Vielmehr wird die deutsche Reisende bei den auf Sansibar lebenden europäischen Beamten und Kaufmannsleuten herumgereicht, denn es ist ein Novum, dass eine Dame aus adliger Familie in diese entfernte Ecke der Welt kommt. Auch dem Usagara-Haus, ein nach der Usagara-Expedition vom November und Dezember 1884 benanntes Gebäude, das als Treffpunkt der auf Sansibar tätigen Deutschen dient, stattet Frieda von Bülow einen Besuch ab. Sie fühlt sich sogleich wohl, es herrschen deutsche Sauberkeit und Ordnung, und das Interieur vermittelt altbekannte Symbole: »Hier waren Wände und Säulen mit Flaggen geschmückt und an der Hauptwand befindet sich auf blumenumkränzter Console eine Büste unseres geliebten Kaisers [Wilhelm I.].« Immerhin erfährt die angehende Missionsschwester von Carl Peters, der endlich nach Sansibar kommt, etwas über ihren zukünftigen Wirkungsort: Es ist Daressalam, eine arabische Ansiedlung, die von der Deutsch-Ostafrikanischen Gesellschaft als Vertragshafen genutzt wird, um das Hinterland zu erschließen.

Noch immer wird sie auf Sansibar mit Empfängen und Besuchen hingehalten. Ihre Spannung und ihre Ungeduld nehmen zu. Da ist die englische Mission, von der sie eine Einladung erhält. Ohne größere Erwartung geht Frieda von Bülow zusammen mit einem Führer dorthin. Doch sie staunt nicht schlecht: »Mitten in Neger-Armseligkeit, indischen von Unsauberkeit strotzenden Kramläden und arabischen Schutthaufen sieht man auf einmal ein Stück Englands vor sich mit seiner blanken in voll entfalteter Blüte stehenden Kultur. Erstaunen, Bewunderung und nationale Eifersucht erfüllten mich bei dem überraschenden Anblick. ›Wenn *wir* doch erst so weit wären!‹ rief ich.« Frieda von Bülow kommen Zweifel: Wird es ihr je gelingen, eine so gut geführte und ausgestattete Krankenstation aufzubauen und zu leiten? Woher die Geld- und Sachmittel nehmen, woher die Erfahrung? Auch ein Besuch beim »Konkurrenzunternehmen« der englischen Mission, dem von französischen Nonnen geführten katholischen Hospital, beeindruckt sie. Frieda von Bülow preist das Kloster sogar als eine »Stätte des Segens«, zumal auch ihr Bruder Albrecht dort mit Erfolg behandelt worden ist.

Fünf Wochen muss sie warten, bis es endlich in die neue Kolonie geht. So hat sie Gelegenheit, sich an das tropische Klima, das fremdartige Essen, die unzureichende Hygiene und die fremden Sitten und Gebräuche zu gewöhnen. Freilich ist Sansibar keineswegs mit der afrikanischen Savanne zu vergleichen: Hier arabische Kultur und eine vergleichsweise gehobene Zivilisation mit immerhin grundlegendem hygienischen Standard, dort unerforschte Gegenden mit Naturvölkern und ohne jegliche Infrastruktur. So fremd der Preußin die arabische Kultur auch bleibt, so fasziniert ist sie doch von ihr. In ihrem Tagebuch berichtet sie in jenen fünf Wochen auf Sansibar ausgiebig über das Gesehene und Erlebte. Das Ende des Ramadan, des muslimischen Fastenmonats, wird mit militärischem Pomp und einem großen Fest gefeiert:

»Gegen Sonnenuntergang marschierten des Sultans sämtliche Truppen heran mit klingendem Spiel oder r[h]ythmischem Kriegsgesang und nahmen auf dem Schloßplatz und dem angrenzenden ›Boulevard sur mer‹ vom Palast bis ziemlich zu unserem Hôtel Aufstellung. Einen schönen Anblick bieten die ›irregulären‹ Truppen. Das sind junge, meist mit edlen Gesichtszügen und sehr schlanken Gestalten ausgestattete Araber in dem durch Illustrationen aus der Zeit der Kreuzzüge bekannten überaus malerischen Kostüme: um den Kopf die hellseidene Keffie [turbanartig geschlungene Kopfbedeckung], die tief in den Nacken herabhängt, ein bis über die Knie reichender, meist weißer Waffenrock, darüber in dem schärpenartigen breiten Gurt eine Menge von Dolchen, Messern etc. Übrigens trägt auch von diesen Irregulären jeder Mann ein Gewehr. Die Berittenen tragen den Burnus [Kapuzenmantel] der Beduinen und jagen mit ausgelegter Lanze in gestrecktem Galopp meist auf wundervollen Vollblutpferden durch die Straßen. […] Am Meeresstrande sind, soweit der Blick reicht, Kanonen aufgefahren. Die Sultansschiffe prangen im reichsten Fahnenschmuck und das Volk der Araber, Indier, Perser, Aegypter, Goanesen und Suaheli erfüllt im Festtagsgewand Straßen und Plätze. […] Bald nach Sonnenuntergang, sowie die frühe Tropennacht das groteske Straßenbild verhüllte, wurden die Schiffe illuminiert, so daß die Formen des Takelwerks sich in weißen Lichtperlen von dem Wasser abzeichnen.«

Die Illuminierung und die Kanonenböller sind nicht nur Ausdruck der Festfreude, sondern sollen auch den Europäern imponieren: Der Sultan will zeigen, dass sein kleines Land durchaus fähig ist, sich zu verteidigen. Solch eine Demonstration ist bitter nötig, denn das, was Carl Peters seit zweieinhalb Jahren in den Sansibar gegenüberliegenden Landstrichen Ostafrikas betreibt, bietet Anlass zur Sorge. Sansibar ist nur so lange überlebensfähig, wie es Drehscheibe des Warenverkehrs zwischen Schwarzafrika und den Ländern Arabiens und Indiens ist. Dass nun Carl Peters, dieser ungebetene Störenfried, sich ausgerechnet auf Sansibar aufhält, zusammen mit einigen seiner Gefährten und sogar mit einem Frauenzimmer, einer Adligen aus dem fernen Deutschland, beunruhigt Sultan Bargasch. Er macht gute Miene zum bösen Spiel und lädt die Ausländer in seinen Palast ein: Sie sollen ruhig sehen, dass er ein mächtiger und reicher Herrscher ist und es mit den fernen europäischen Höfen durchaus aufnehmen kann. Frieda von Bülow freilich ist nicht so beeindruckt. Vor allem die sansibarischen Delikatessen erregen ihren Argwohn: »Heute, am zweiten Feiertag, war großer Empfang beim Sultan für die Europäer. Wer im Besitz eines schwarzen Überrocks oder Fracks ist, macht in Begleitung des betreffenden Konsuls dem Sultan seine Aufwartung und wünscht Glück zum neuen Jahr [nach muslimischem Kalender]. Nach beendigter Audienz besprengt ein Hofbeamter die Gäste mit Rosenöl. Man riecht es in Folge dessen den Europäern meist noch tagelang an, daß sie am Hof gewesen waren. Als Nachspiel erhält jeder Besucher eine Schüssel Confect in's Haus geschickt. Die Herren aus dem Usagara-Haus überließen mir liebenswürdig einen Teil der ihnen gewordenen Geschenke, allein da diese arabische, aus Sewsam, Honig und Mandel bereitete Süßigkeit in Hammeltalg gebacken wird, konnten sie mein Herz wenig erfreuen.«

Eine Revolverlady und ein Fest für Queen Victoria

Da guter Wille, Idealismus und protestantische Frömmigkeit allein nicht ausreichen, um in der Wildnis Afrikas zu bestehen, verfällt Frieda von Bülow auf eine für eine Dame höchst seltsame Idee: Sie nimmt Schießunterricht. Es hat sich eine Fotografie erhalten, die sie bei ballistischen Übungen zeigt: In der rechten Hand einen Revolver haltend, zielt die in ein langes schwarzes Kleid gewandete Baronin, deren Gesichtszüge Entschlossenheit zeigen, auf ein imaginäres Ziel. Hinter ihr ein Schießlehrer mit Rauschebart, der sich ein wenig über ihre Schulter neigt, die Augen hinter den Brillengläsern zusammengekniffen. Ob Frieda von Bülow jemals Gebrauch von der

Waffe gemacht hat, ist fraglich. Doch eine gewisse Sicherheit mag sie durch den Revolver empfunden haben. Die Idee zum Schießunterricht kam von ihrem Bruder Albrecht. »Ich habe«, schreibt sie, »auf dringende Bitten meines Bruders, einen geladenen Revolver neben mir liegen, aber kann mich noch immer nicht mit dem Gedanken vertraut machen, zu einer derartigen Waffe meine Zuflucht nehmen zu müssen. Wir deutschen Frauen sind gewohnt, unsere Sicherheit gerade in unserer Waffenlosigkeit zu sehen.« Freilich, vor ekelerregendem Kleingetier schützt ein Revolver nicht: »Muskitos umschwärmen mich mit singendem Sausen und erregen durch ihre Hartnäckigkeit meinen grimmigen Zorn. Diese blutgierigen Ungeheuer nötigen mich beständig um mich zu schlagen, wobei ich gewöhnlich mich selbst, aber nicht die Muskitos treffe. Eben läuft ein grünes Eidechschen die weiße Wand entlang, und nicht weit davon bewegt eine Riesenspinne ihre dicken haarigen Beine, ein greulicher Anblick.«

Noch einmal erlebt Frieda von Bülow auf Sansibar ein besonderes Fest: die Feierlichkeiten zum fünfzigjährigen Thronjubiläum von Königin Victoria von England, die sich seit 1877 auch Kaiserin von Indien nennt. Das Fest wird von den zahlreichen auf Sansibar lebenden indischen Händlern ausgerichtet, mit allem »Pomp and Circumstance«, was der Beobachterin wieder einmal die wirtschaftliche und militärische Überlegenheit Großbritanniens vor Augen führt: »Am Meere stand eine große überdachte Festhalle. Dort hatte vormittags der englische Generalconsul Mr. Holmwood, auf einem prächtigen goldenen Thronsessel sitzend, großen Empfang abgehalten und eine Festansprache geredet. An dem wie ein Triumph-Bogen hergerichteten Eingangs-Thor standen parsische und indische Comitee-Mitglieder, die der andrängenden Menge von Schwarzen den Eintritt verwehrten, Indier, Parsen, Goanesen und Europäer dagegen einließen. Die Europäer wurden als Ehrengäste ganz besonders höflich eingeladen, doch näher zu treten. Meiner bemächtigte sich ein vornehmer Parse, den eine rotblauweiße Schleife als zum Festcomitee gehörend bezeichnete. Er nötigte mich in die Halle nach einer Reihe von Stühlen, die den ersten Rang vorstellte. Dort wies er mir einen Sitz an neben drei Damen, die er mir mit Stolz als ›parseen ladies‹ vorstellte, die hübscheste und jüngste als seine Frau.«

Staunend verfolgt Frieda von Bülow das dargebotene Spektakel, zu dem auch Carl Peters erscheint: »Mittlerweile hatte sich um uns her die ganze europäische Gesellschaft eingefunden, so daß man nach links und rechts und ringsumher Grüße und heitere Bemerkungen auszutauschen hatte. [...] Vor uns am Strande des Meeres wurden nun Raketen und Mon[t]golfieren steigen gelassen, und sprangen Frösche [Feuerwerkskörper], Feuerräder, etc. Zum Schluß spielte die Goanesenkapelle des Sultans: Heil dir im Siegerkranz, bez[iehungsweise]. God save the queen [die deutsche Kaiserhymne und die englische Nationalhymne besitzen dieselbe Melodie]. Man führte schließlich die Damen an ein Büffet und bot ihnen in Eis gekühlten Champagner, Thee und Confect.«

Auf »teuer erkauftem deutschen Boden«

Endlich, nach fünf Wochen auf Sansibar, steht die Überfahrt nach Afrika bevor. Frieda von Bülow mietet sich einen schwarzen Diener mit Namen Theodor, denn auch wenn sie nur als Missionsschwester hierher geschickt worden ist, so will die Baronin auch in der Wildnis standesgemäß bedient werden: »Er ist ehemaliger englischer Missionszögling und Christ, daneben aber Soldat des Sultans [...]. Nachdem der Staatsdienst absolviert, hält er sich aber bis acht oder halb neun Uhr abends zu unserer Verfügung. Wir haben ihm zunächst ein menschenwürdiges Kostüm gekauft, nämlich ein Negerhemd, eine weiße Mütze und einen Stock. Nun können wir, ohne auf die besondere Gefälligkeit der befreundeten Herren angewiesen zu sein, auch nach Sonnenuntergang spazieren gehen.«

Unerwartet bietet Sultan Said Bargasch den Deutschen an, sie auf seinem Privatdampfer »Barawa« ans Festland zu bringen.

Ob das fürstliche Großmut ist oder aber das Bestreben, die Fremden endlich aus dem Blickfeld zu haben, bleibt unklar. Am 20. Juli 1887 gibt Carl Peters Frieda von Bülow Anweisung, sie solle ihre Sachen packen und sich bereithalten, anderntags werde der Dampfer des Sultans auslaufen und sie nach Daressalam bringen. Frieda von Bülow ist aufgeregt. Die Herren vom englischen, französischen, italienischen und portugiesischen Konsulat sind ebenfalls nervös, wissen sie doch die Aktivitäten der DOAG nicht recht einzuschätzen. Zwischen Sansibar und den europäischen Hauptstädten gehen Telegramme hektisch hin und her. Frieda von Bülow gibt sich verschwiegen und naiv: »Wenn diese Herren das Gespräch auf das flotte Vorgehen der Deutschen bringen, stelle ich mich ebenso unwissend wie gleichgültig. Darüber höre ich manche mich interessierende Äußerung ihrerseits.« Am Abend des 21. Juli gehen die Deutschen an Bord der »Barawa«. Frieda von Bülow erhält die Kajüte des Sultans zugewiesen, »die etwas geräumiger ist, als die anderen, ein rotes Plüsch-Sopha enthält, und an den weißgestrichenen Wänden Goldverzierungen im Muschelgeschmack der Rokokozeit mit roten Fähnchen und Medaillons« aufweist. Der Luxus ist recht fadenscheinig: »Indessen trieben Kockerutschen und Spinnen auch in diesem Prunkgemach ihr Wesen.« Frühmorgens verlässt der Dampfer den Hafen von Sansibar. Frieda von Bülow, Konsul William O'Swald und die anderen Herren von der DOAG sind bester Laune. Kaum auf dem offenen Meer – die Strecke zwischen Sansibar und Daressalam beträgt rund siebzig Kilometer –, fängt ein heftiger Monsun aus Südwesten zu blasen an. Das Schiff schlingert, und Frieda von Bülow kann »die Annehmlichkeiten der Seekrankheit einmal wieder durchkosten«. Nachmittags um drei Uhr – nach über zehnstündiger Fahrt – langt der Dampfer vor Daressalam an. Ein Boot kommt ihnen entgegen, darin als Empfangskomitee der örtliche Leiter der DOAG August Leue und – welch Überraschung! – Friedas Bruder Albrecht. Sie wurden telegrafisch über die Ankunft der »Barawa« informiert.

Endlich kann Frieda von Bülow afrikanischen Boden betreten. In ihrem Tagebuch schweigt sie sich über ihre Gefühle aus, doch in ihrem 1899 erschienenen Kolonialroman *Im Lande der Verheißung* beschreibt sie die Emotionen der Protagonistin so: »Als sie den Fuß auf den teuer erkauften deutschen Boden setzte, durchschauerte es sie feierlich. Ihre Seele sandte ein stummes Gebet empor. Und dann fühlte sie Kraft und Freudigkeit. Leichtfüßig eilte sie den Begleitern voran, mit Entzücken hingen ihre Blicke an der vertrauten Scenerie: den dichten schattigen und massigen Mangobäumen, den haushohen, sammetglatten Bananenblättern, den palmstrohgedeckten Hütten [...], einem am Boden hockenden Inder, der Bethel und Kautabak feil hielt, einer schlanken jungen Negerin mit nackten Schultern, die im großen Holzmörser Hirse stampfte. Ach, und diese laue, weiche, mit allerhand Orientdüften geschwängerte Luft!«

Viel Zeit, sich an den »Orientdüften« auf dem »teuer erkauften deutschen Boden« zu ergötzen, hat Frieda von Bülow indes nicht. Sie ist schließlich als Krankenschwester ins Land geholt worden, und im Zeltlager der Deutschen liegt ein schwer Fieberkranker der DOAG, der die Baronin zwar erkennt, »doch mußte ich zu meinem Leidwesen bemerken, daß meine Anwesenheit nicht wohlthätig wirkte«. Die unerfahrene Krankenschwester scheint noch nicht zu begreifen, dass zur Pflege mehr gehört als Patriotismus und Hochgestimmtheit. Da sie ratlos ist, verlässt sie den Kranken alsbald, »um nicht«, wie sie sich selbst eingesteht, »bei allem guten Willen Schaden anzurichten«. Das Hauptproblem: Es gibt in Daressalam für die Deutschen keine passablen Wohnungen, geschweige denn Räumlichkeiten zum Betrieb einer Krankenstation. Es ist eben leichter, mit ein paar Gewehren im Anschlag durchs Hinterland zu ziehen und die Eingeborenenhäuptlinge zur Unterzeichnung eines Kontrakts zu zwingen, als vor Ort eine menschendienliche Infrastruktur aufzubauen. Leichter fällt es, Patriotismus zu leben, und die Peters-Leute demonstrieren das gleich am ersten Abend, indem sie auf der Zither Tiroler Volkslieder zupfen und dazu singen.

Ganz andere Interessen hegt der Offizier Albrecht von

Bülow. Gemeinsam mit seiner Schwester geht er hinaus vor das Örtchen Daressalam und erkundet die bescheidenen Pflanzungen. Ihm schwebt eine zivile Existenz als Plantagenbesitzer vor. Das wird für die Geschwister Folgen haben. Frieda von Bülow erinnert sich: »Wir gingen an Ananaspflanzungen vorüber, sahen Tomaten als Unkraut wuchern, ebenso wie Rhicinus und kamen sogar an ein kleines Reisfeld. Mein Bruder nannte mir die Namen der bemerkenswerten Pflanzen und belehrte mich über ihren Bau. Ich habe aber die Lection schon wieder vergessen.« Sie wird sich wenige Jahre später die Pflanzennamen notgedrungen einprägen müssen.

Noch am Abend verlassen sie Daressalam, diese Ansammlung aus Zelten, Ruinen und den wenigen Steinhäusern der hier lebenden Araber und Inder, und besteigen die »Barawa«, die inzwischen eine Ladung Kokosnüsse aufgenommen hat – Proviant für Pilgerschiffe, die nach Mekka fahren. Wieder stellt sich bei Frieda von Bülow patriotische Entdeckerlust ein: »Die untergehende Sonne sah uns Alle wieder an Bord der Barawa, wo wir bei unserem zwiebelgewürzten Abendessen die Gläser klingen ließen auf das Wachstum Deutschlands in Afrika.«

Zu neuen Ufern

Bereits anderntags geht es zurück nach Sansibar, und diesmal benötigt der Dampfer des Sultans nur vier Stunden, da er mit dem Wind fährt. Vor der Insel ankert das deutsche Kriegsschiff »Möwe«, um dem Sultan und den Briten zu imponieren. Die fühlen sich von den Deutschen weniger eingeschüchtert denn belästigt. Aber solange Carl Peters mit seinen Männern nur hin und her schippert und an Festen und Empfängen teilnimmt, kann er seinen Expansionsgelüsten nicht nachkommen. Der drängt inzwischen wieder zur Ausfahrt, diesmal soll es südwärts gehen, entlang der afrikanischen Küste bis zur Grenze von Portugiesisch-Mosambik. Zuvor allerdings hat Frieda von Bülow ein »Damenprogramm« zu absolvieren, denn drei vornehme

Araberinnen aus des Sultans Harem wollen der weißhäutigen Fremden im Hôtel d'Afrique Centrale ihre Aufwartung machen. Durch eine geheime Seitenpforte betreten sie das Hotel: »Wir saßen um einen runden Tisch den Araberinnen gegenüber, tranken Mandelmilch und unterhielten uns so gut es ging. Die hölzernen mit Perlmutter eingelegten Masken behielten die Damen vor dem Gesicht, so daß man bis auf die schönen Augen von den Gesichtszügen nicht urteilen konnte. Ihre mit schwerem Goldschmuck beladenen Arme und Beine – letztere nur bis an die Knöchel von seidenen Beinkleidern bedeckt – waren schön geformt, Hände und Füße reizend, die Bewegungen langsam und vornehm. Im übrigen sahen die Damen mit ihren sanften, schwermütigen Augen aus, als ob sie geistig schliefen, was sie vermutlich auch thaten. Nach einer halbstündigen sehr primitiven Unterhaltung bestiegen die Schönen wieder ihr Schuhwerk, drückten uns der Reihe nach mit verbindlichem Abschiedsgruß die Hand und wanderten in feierlicher Prozession nach dem Mauerpförtchen zurück.«

Während Frieda von Bülow sich auf Sansibar auf so zweifelhafte Weise die Zeit um die Ohren schlägt, trifft aus Daressalam die Nachricht ein, einer der Herren von der DOAG sei an Fieber gestorben. Sie sieht darin ein böses Omen, »als ob die Gottheit anfinge, gegen uns Front zu machen«. Sie erinnert sich ihres Auftrags, dessentwegen sie nach Afrika gekommen ist: die Krankenpflege. »Hoffentlich komme ich endlich nach Dar-es-Salaam!«, seufzt sie im Tagebuch. »Ich glaube, daß sich durch Vorbeugungsmittel und vernünftige Vorsichtsmaßregeln viel Unheil verhüten läßt.« Sie warten noch auf das Placet des Sultans, der ihnen versprochen hat, die »Barawa« wieder zur Verfügung zu stellen. Endlich, am 5. August, laufen sie aus und erreichen wenige Tage später die kleinen Hafenorte Kilwa Kisiwani und Lindi, etwa drei- und vierhundert Kilometer südlich von Sansibar gelegen, unweit des Flusses Rowuma, der die Grenze zu Portugiesisch-Mosambik markiert. Peters will die zukünftigen deutschen Vertragshäfen inspizieren, wenn man denn bei ein paar ärmlichen Hütten und einer natürlichen Bucht oder

Flussmündung von einem Hafen sprechen mag. Wieder ist die Krankenpflege in den Hintergrund getreten, denn die Landnahme ist eine nationale Sache, bei der Frieda von Bülows und Carl Peters' gleichgestimmte Herzen höher schlagen. »Ich interessiere mich sehr«, bekennt die Baronin, »die für die Zukunft unserer Kolonie gewiß in erster Linie wichtigen und auch für meine besondere Aufgabe in Frage kommenden Hafenorte kennen zu lernen.«

Während Peters schon vorausgeeilt ist, um mit den örtlichen Walis, Statthaltern des Sultans, Verhandlungen zu führen, werden die auf der »Barawa« befindlichen Frauen – Frieda von Bülow, Bertha Wilke, aber auch ein paar Araberinnen und Suahelifrauen aus Sansibar – an Bord einer kleinen Dau gebracht und ans Ufer gerudert. Frieda von Bülow ist von der natürlichen Anmut und Schönheit der fremdländischen Frauen fasziniert: »Den besten Platz auf der Dau erhielt die Araberin, die mit ihrer Maske in feine schwarze Schleier gehüllt zart und vornehm aussah. Sie nickte mir im Fortfahren immer wieder freundlich zu. Sehr verschieden von ihr waren die beiden reichgekleideten aber unmaskierten Suahelifrauen. Den schwarzen Schönen geht es wie unseren Landmädchen. Sie sehen am besten aus in ihrer Volkstracht, bestehend aus einem oft in malerische Falten drapierten bunten Tuch, das dicht unter den Schultern befestigt, Hals und Arme freiläßt, während es den Körper eng umschließt und bis auf die Knöchel herabfällt.« Ein zweites Mal betritt Frieda von Bülow afrikanisches Festland, und diesmal legt sie ihrer Begeisterung keine Zügel an. Es ist, als müsste ein Maler die Lichtstimmungen und Farbfacetten festhalten: »Das Meer im Vordergrunde, kleine Inselchen mit blendend grünem Mangrovendickicht bewachsen, waldige Landzungen, ferne Berge und darüber der reine Himmel, alles blau in blau harmonisch abgestimmt, vor uns im Sonnenglanz blitzend die beständige Bewegung des ruhelosen Wassers, das war ein ebenso eigenartiges als entzückendes Landschaftsbild.« Sie greift tatsächlich zum Zeichenblock, freilich hat sie keine Farben dabei, sondern nur einen Bleistift, und versucht die Küste samt einer alten portugiesischen Festungsruine zu skizzieren. Bald drängen sich Dorfbewohner neugierig heran und blicken ihr über die Schulter.

Peters hat unterdessen nicht nur erfolgreich mit dem Wali verhandelt, sondern auch ein paar angeheuerte Träger angewiesen, Erde und Steine in Körben zu sammeln. Er will den Humus auf Fruchtbarkeit untersuchen und die Steine auf metallische Vorkommen. Frieda von Bülow freundet sich derweil mit einem schwarzen Mädchen namens Mawua an und erkundet mit ihr die Pflanzungen der Dorfbewohner: Baumwollstauden und Bananen, während auf den spärlichen Weiden Rinder und Schafe grasen. Mawua schenkt der fremden Dame einen Kranz von Jasminblüten. »Das Mädchen interessierte mich«, schreibt die deutsche Reisende, »und gefiel mir. […] Mawua hatte etwas Überlegenes, im Verkehr mit den Männern geradezu Stolzes an sich.« Gleichzeitig schränkt Frieda von Bülow mit dem Dünkel der Europäerin ein: »Übrigens ist dies der einzige Fall, in dem mir wirkliche Intelligenz bei einer Negerin in diesem Landstrich bis jetzt vorgekommen ist.« Die beiden tauschen Gesten der Sympathie: Frieda von Bülow schenkt dem schwarzen Mädchen einen aus Berlin mitgebrachten Fächer, »der eine komplizierte Mechanik zum Auseinanderklappen und lange rosa Atlasschleifen hatte«. Die Afrikanerin zeigt sich angesichts dieses Geschenks »den ganzen Nachmittag in ernst gehobener Stimmung« und schickt ihre Schwester ans Ufer der Lagune, wo eine Büffelherde weidet, um die fremde weiße Frau mit einer besonderen Delikatesse zu überraschen. »Triumphierend«, schreibt Frieda von Bülow, »brachte sie dann die frische, fette Milch in einer Porzellanschale! Das schmeckte einmal! Lange hatte uns kein Trunk gemundet wie dieser.«

Die vermeintlich freundschaftliche Ungezwungenheit trügt: Keineswegs auf Augenhöhe treffen sich Kolonisatoren und Einheimische. Mag bei Frieda von Bülow etwas altdeutscher Feudaldünkel mitschwingen, der jedoch keineswegs herzlos ist, so ist Carl Peters' Benehmen schlicht das eines arroganten, menschenverachtenden Konquistadoren: Die Reisenden sind bereits wieder auf dem Schiff des Sultans, als Peters mitten in der Nacht die indischen Bediensteten aus den Betten schreit, ein Gehabe, das der verblendeten Frieda von Bülow durchaus imponiert: »Gegen zwei Uhr nachts jedoch wurden wir durch die kräftige Stimme des Herrn Dr. Peters aus dem Schlaf gerüttelt. Er war dabei, den verschlafenen Goanesen Anordnungen in Betreff eines Nachtessens zu erteilen. Beruhigt und froh versammelten wir uns noch einmal in dem Eßzimmer [...]. Die Herren waren erschöpft und hungrig. Dr. Peters hatte seit zwölf Stunden ununterbrochen das Steuer in der Hand gehabt, aber das Segeln und Kreuzen in den mangrovenumstandenen, sumpfigen Flußarmen war äußerst beschwerlich gewesen.« Auch weiterhin gibt Carl Peters den strammen und unermüdlichen Helden und erntet bei der liebesblinden Missionsschwester rückhaltlose Bewunderung: »Zu beschaulichen Reflexionen und gemütlichen Unterhaltungen kommt es nicht, wenn Dr. Peters führt. Dieser geniale Mann scheint nur rastlos vorwärts eilen zu können, ohne Rücksicht auf das, was rechts und links vom Wege sich bieten mag.«

Jahre später wird Peters dieses rücksichtslose Vorwärtsschreiten, das ihm die Berechtigung zu gewissenlosen Gewaltexzessen zu geben scheint, zum Verhängnis werden. Doch davon ahnt Frieda von Bülow auf ihren ersten afrikanischen Landgängen nichts. Peters' Nimbus bleibt in ihren Augen unbeschädigt, auch in späteren Jahren. Ganz im Zauber Afrikas gefangen, seiner Exotik, seiner Landschaften, seiner Geräusche und Farben, seiner Düfte und seines Lichts, bleibt auch das Idol Carl Peters für die deutsche Baronin unergründlich und unangreifbar. Ein Abglanz, so scheint es ihr, fällt auch auf sie, und wenn sie sich mit der »Barawa« durch die Sturzwellen der Brandung kämpfen und schließlich auf den Schultern der schwarzen Bediensteten an Land getragen werden, so fühlen sich die Deutschen wirklich ein wenig wie strahlende Übermenschen. Allmachtfantasien durchzucken Frieda von Bülow. Wie Faust im zweiten Teil von Goethes Tragödie will sie ganze Länder urbar machen und glaubt dazu ausersehen zu sein: »Dem Menschen hat es Gott verliehen, der schönen Natur den Stempel seines bewußt strebenden Geistes aufzudrücken; das drängt sich dem Beschauer dieser ostafrikanischen Landschaften immer wieder auf. Sie tragen Reichtum und blühendes Leben in sich verschlossen und scheinen erwartungsvoll dem Herrn der Erde entgegenzusehen, daß er die edlen Keime aus dem langen Schlaf erwecke und an's Licht ziehe.« Wenige Jahre später wird es diesem weiblichen Faust nicht einmal gelingen, eine einzige Plantage profitabel zu führen.

Es ist seltsam, wie wenig die deutschen Kolonisatoren bei aller Bewunderung der fremden, exotischen Landschaften es vermögen, darin Eigenständiges, Unvergleichliches zu sehen. Stets vergleichen sie mit der deutschen Heimat, wägen ab, beurteilen, verurteilen. Auch Frieda von Bülow sieht in Ostafrika nur die künftige deutsche Scholle. Den Flusslauf des Lindi etwa, der in »gewundener Linie eine Reihe waldiger Bergkuppen durchbricht«, vergleicht sie mit dem mittleren Rheintal, das Urbild einer romantischen Landschaft. Dieser Vergleich muss hinken, und er kann die Reisende nur enttäuscht zurücklassen: »Aber es fehlen eben die Städte und Burgen, die Kirchlein und freundlichen Villen.« Das Fremde bleibt fremd, und es wirkt auf die europäischen Eindringlinge unheimlich und abstoßend: »Hier herrscht noch die Einsamkeit. Weißköpfige Flußadler sitzen auf den knorrigen Strünken am Ufer und der gellende Schrei eines wilden Affen tönt von Zeit zu Zeit durch die Wildnis.« Selbst Carl Peters' Organisationstalent und seine teutonische Hybris können die Expedition nicht immer als bloßen Spaziergang darstellen. Wiederholt sieht sich Frieda von Bülow mit der gleichgültigen Gnadenlosigkeit der Wildnis konfrontiert: gefährliche wilde Tiere, eine widrige Natur, Hitze und Trockenheit. Und gleichwohl belohnt dieser ungebändigte und teils unerforschte Kontinent mit grandiosen Ansichten und Ausblicken: »Wir arbeiteten uns tapfer durch das Gestrüpp, den Spuren der Nilpferde nachgehend, die durch das mannshohe Gras ganz gangbare Pfade getrampelt hatten. Auch Raubtierspuren zeigte mir der Baron [der Offizier Walter Saint Paul] und Löcher, die eine Hyäne gescharrt hatte. […] Wir versuchten in unserer Schlucht weiter zu gehen, aber die Lianen umklammerten uns, Dornen hakten sich in mein dünnes Kleid und Äste verbarrikadierten derart den Weg, so daß wir wieder die ziemlich steile Wand zum Tageslicht emporkletterten. Als wir den Gipfel des Berghanges erreichten, lagen Hafen und Flußthal als herrliches Panorama uns zu Füßen.«

Bald ist die Mündung des Rowuma-Flusses erreicht, der die Grenze zu Portugiesisch-Mosambik darstellt – sieben Jahre später werden deutsche Marinesoldaten das Kionga-Dreieck, ein vierhundert Quadratkilometer großes Gebiet südlich des Flusses, besetzen und damit die portugiesische Interessensphäre grob verletzen. Der Übermut von Hasardeuren ist damals weit verbreitet. Bei seiner Rowuma-Expedition dringen auch Carl Peters und seine Leute ein Stück weit ins Landesinnere vor, das von arabischen Kaufleuten und Sklavenhändlern kontrolliert wird. Sie suchen einen reichen Araber auf dessen prächtigem Landsitz heim, umgeben mit »einem undurchdringlichen Dornenwall«, an den »mit Zinnen gekrönte Türme« angebaut sind. Der Kaufmann gibt sich gastfreundlich, vielleicht auch, weil er von der Art und Weise des weißen Anführers gehört hat, sich notfalls mit Waffengewalt Zugang zu verschaffen. Die Tage des Sultanats Sansibar sind jedenfalls gezählt, und da scheint es vernünftig, sich mit den künftigen Herren zu arrangieren. Frieda von Bülow zeigt sich von der Pracht, den der Araber zur Schau stellt, angetan: »Auch bei der Abfahrt gab er uns mit seinem ganzen Gefolge das Geleit. Stattlich sah er aus, unter seinen zahlreichen Kindern, Sklavinnen und Dienern stehend mit langem weißen Gewande, gelblichweißem wallenden Bart, buntem Turban und den Herrscherstab in der Hand – ein ostafrikanischer Landedelmann.« Als sie flussabwärts und ins offene Meer hinausfahren, darf Frieda von Bülow das Steuer übernehmen – Peters zeigt sich als charmanter Kavalier, der seiner Dame ein wenig Emanzipation gönnt. »Dabei geriet ich aber recht bald links den Mangroven zu nahe«, erinnert sie sich, »und fuhr schließlich im Hafen auf eine der heimtückisch lauernden Korallenfelsen. Zum Glück kamen wir, ohne Schiffbruch zu erleiden, wieder los. Schön war es, als bei einbrechender Nacht das Meerwasser am Kiel und unter den Rudern phosphoreszierte.«

»Frei und leicht wird es dem geplagten Kulturmenschen zu Mute«

So geht die Neuland-Expedition glimpflich und sogar mit einer romantischen Empfindung zu Ende, und sie steuern mit der »Barawa« zurück nach Daressalam. Dort nehmen die Abenteurer Quartier in einem Ensemble requirierter Häuser indischer Siedler, dem sie den hochtrabenden Namen »Deutsches Haus« verpassen. Die Kammern sind einfach, öffnen sich zu einer Veranda hin, »Glasfenster, verschließbare Thüren, Schränke, etc. sind Luxusgegenstände, die Dar-es-Salaam vorläufig nicht kennt«, wie Frieda von Bülow vermerkt. Sie teilt sich eine Kammer mit Bertha Wilke, ist aber über die Einfachheit und Begrenztheit der Behausung keineswegs unglücklich. Im Gegenteil: »Ich kann aber in Wahrheit versichern, daß ich mich, so weit meine Erinnerung reicht, noch nie so frisch und geistig wohl befunden habe, wie hier in diesen ganz primitiven Verhältnissen. Frei und leicht wird es dem geplagten Kulturmenschen zu Mute, wenn er einige Dutzende der Sclavenketten, die wir ›Bedürfnisse‹ nennen, abzuwerfen genötigt ist.«

Tatsächlich erweist sich der Alltag der deutschen Baronin, die ja eigentlich als Missionsschwester nach Afrika geschickt worden ist, als recht kommod: Ein schwarzes Dienstmädchen, »getaufte Christin« und »gute Deutsche« namens Liese, wie Frieda von Bülow befriedigt feststellt, umsorgt die beiden Damen: »Die kleine Liese bringt mir Morgens ein Glas frischer Kuhmilch ans Bett, die herrlich mundet. Dann stehe ich auf und finde die Hausgenossen gewöhnlich schon auf der Veranda. Dort steht auch der Frühstückstisch und darauf, was des verwöhnten Menschen Herz begehren kann: einheimischer Honig, Eier, hausgebackenes Schwarzbrot und englische Zwiebacke.«

149

Auch ein Diener sorgt für das Wohlbefinden: »Sowie ich meinen Platz einnehme, erscheint der aufmerksame Mandoa und schenkt aus indischer Porzellankanne den Kaffee ein. Mandoa ist ein ehrgeiziger und strebsamer Jüngling, der ungeachtet seiner schwarzen Hautfarbe errötet, wenn er in spöttischer Weise auf eine Ungeschicklichkeit aufmerksam gemacht wird. Er ist sogar stolz und trotzig und weint Thränen bitteren Ärgers, wenn er sich gekränkt fühlt, oder ungerecht behandelt glaubt.« Etwas herablassende Bonhomie klingt aus solchen Zeilen der Baronin. Ihr Abgott Carl Peters wird wenig später grausame Gewalttaten verüben und damit zeigen, wie wenig er von den untertänigen »Negern« hält.

Immerhin kommt die Missionsschwester doch noch zum Einsatz: Ein Sklave des Sultans ist in ein Messer gefallen, und Frieda von Bülow versorgt die schlecht heilende Wunde, so gut sie es in ihrem Schnellkurs in Berlin eben gelernt hat. Sie sieht mit Genugtuung, wie der dankbare Patient ihr anderntags fünf Kokosnüsse vorbeibringt. Mit Eifer ist sie auch dabei, wenn es darum geht, ihre Vorstellungen von Ruhe und Ordnung durchzusetzen. Als am 31. August die Afrikaner ihr Neujahrsfest feiern und auch die in Daressalam lebenden Araber mit Gewehrsalven einstimmen, ist die Baronin aufgebracht und zwingt einen der deutschen Offiziere, zu den Feiernden zu gehen und sie notfalls mit Drohungen zum Schweigen zu bringen. Der Offizier weigert sich zunächst, doch Frieda von Bülow beharrt stur auf ihrer Forderung, »da mir Leben und Gesundheit der Unseren ungleich wichtiger erscheint, als die mehr oder minder gnädige Gesinnung der Araber. Diese müssen sich ja doch schließlich nach *uns* richten.« Sie hat die Herrenallüren ihres Idols Peters bereits übernommen. Auch in ihrem evangelikalen Eifer zeigt sich das: Sonntags wird die Veranda des »Deutschen Hauses« geräumt und zur Kirche umfunktioniert. Zum Gottesdienst kommandiert Peters auch seinen arabischen Leibwächter, einen Moslem, wie Frieda von Bülow mit Genugtuung vermerkt: Auch wenn er vom protestantischen Ritus nichts verstehe, so sei das »ganz gleichgültig«.

Allmählich spricht sich unter den Afrikanern und Arabern herum, dass die Dame aus Deutschland über Heilkräfte verfüge: Der Strom der Patienten reißt alsbald nicht mehr ab, und Frieda von Bülow ist genötigt, fast ohne Medikamente ihr Bestes zu geben. Zunächst versucht sie, den Bittstellern die Grundregeln der Hygiene beizubringen: Tägliche Körperpflege mit Wasser und Seife. Und tatsächlich kann sie damit manche Fälle von Entzündungen zumindest abmildern und auch einigen Fieberkranken mit Umschlägen helfen.

Abwechslung bieten kleine Expeditionen, an denen Frieda von Bülow teilnehmen darf: Das Dorf und das Hinterland von Bagamoyo unweit von Daressalam ist solch ein Ziel, und wieder ist die adlige Missionsschwester von der Schönheit des Landes und dem fremdartigen Reichtum von Flora und Fauna überwältigt: »Aus schilfumgebenen Wassertümpeln, dem idyllischen Wohnort giftiger Schlangen, tönt das Quaken des Ochsenfrosches und vereint sich zur friedlichen Abendsymphonie mit dem tausendfachen Gezirpe der Grillen. Rechts und links vom Wege ist die Wiese geschmückt mit prachtvollen Mangobäumen, deren compacte Laubkronen fast den Rasen berühren. Gelbe Blüten umspinnen das dunkle Grün jetzt wie mit Goldfiligran und ein Duft entsteigt ihnen ähnlich unserer Lindenblüte. Aus kleinen Vertiefungen ragen die riesigen Sammetblätter saftgrüner Bananen. Blühende Baumwollsträucher, Granaten, Orangen und über diese ragend Gruppen schlanker Kokospalmen vervollständigen das Bild dieser wilden Parklandschaft […].«

Abberufungen

Der Aufenthalt in Daressalam wird indes alsbald beendet, die Verhältnisse sind den Deutschen noch zu primitiv, und sie nehmen wieder Wohnung auf Sansibar. Frieda von Bülow richtet dort eine kleine Apotheke ein, mit den wenigen Medikamenten, die sie aus Deutschland mitgebracht hat, vor allem Chinin, das gegen Malaria verabreicht wird. Sie legt auch einen kleinen

Garten an, worin sie Gemüse und Bananen anbaut, Mangos und sogar Weintrauben erntet. Als Haustier hält sie sich einen zahmen Nachtaffen, der wie ein Känguru, »die lächerlichen Händchen mit den langen Fingern in die Luft streckend«, durch die Wohnung hüpft und seiner Herrin gern auf die Schulter springt. Mit ihrem Bruder Albrecht betreibt Frieda von Bülow Entomologie – unfreiwillig: »Abends, wenn ich mit meinem Bruder in der Halle beim Essen sitze, treiben wir Insectologie. Jeder Teller und der ganze Eßtisch wimmelt von kleinen, größeren und ganz großen geflügelten und ungeflügelten Ameisen. Zwischen diesen flinken Gästen spazieren Käfer von mancherlei Gestalt und Farbe. Laut brummend und mit den Flügeln klappernd, umschwirren ›langbeinige Cikaden‹ unsere Lampen; andere drehen sich wie Brummkreisel auf dem Tisch und summen dazu wie ein Kessel, der Dampf ausläßt.« Das klingt recht abgebrüht, und tatsächlich hat sie sich – inzwischen ist es Mitte Dezember des Jahres 1887 – an die örtlichen Gegebenheiten, auch an die weniger schönen, recht gut gewöhnt, um nicht alles als eklige Zumutung zu empfinden. Lästig ist ihr gleichwohl die stete tropische Schwüle, die binnen kürzester Zeit alles marode macht: »Jedes Stückchen Leder, jeder Schuh, jedes Futteral, jedes Buch präsentiert sich, wenn man es drei oder vier Tage vertrauensvoll sich selbst überlassen hat, mit dichten grünen Schimmelwaldungen überwachsen. Jedes Stückchen Metall hüllt sich in Rostbraun. Erfolglos hantiere ich mit Öl, Vasseline und Abwischtüchern herum, die Natur arbeitet hier gar zu eifrig. Man ist zuweilen versucht, die Hände zusammenzulegen und sich für überwunden zu erklären.«

Doch eine preußische und noch dazu protestantische Baronin lässt sich so leicht nicht zur Resignation verleiten: Beharrlich und unverdrossen geht Frieda von Bülow ihren Aufgaben nach, im Dienst für Gott und Vaterland, und um Carl Peters zu imponieren. Selbst eine Fieberattacke kurz vor Weihnachten 1887 wirft sie nicht aus der Bahn, und so kann das Fest der Geburt des Herrn doch begangen werden: mit Pfefferkuchen, Christstollen und einem zum Weihnachtsbaum umfunktionierten Orangenbäumchen, an dem statt Kugeln und Lametta buntes Papier, Pfefferkuchenherzen und leuchtend rote Pfefferschoten prangen.

Das Leben könnte in dieser Weise weitergehen, zumal Carl Peters kurz nach Weihnachten von einer Revision in Daressalam nach Sansibar zurückkehrt, »sehr erfrischt«, wie Frieda von Bülow befriedigt notiert – doch just am selben Tag, dem 27. Dezember, trifft per Schiff unangenehme Post aus Berlin ein: »Das war nun diesmal keine Weihnachtsfreude für mich«, gesteht die fidele Missionsschwester, »man ist in Berlin mit dem, was ich thue, unzufrieden und stellt unausführbare Anforderungen.« Im Tagebuch verteidigt sie sich: »Ich thue aber mit Überlegung und mit Bewußtsein, was ich im gegebenen Fall für das Rechte halte. Natürlich ist dadurch nicht ausgeschlossen, daß ich irren kann.«

Tatsache ist: Im fernen Berlin regt sich bei den anderen Vorständen des »Deutschnationalen Frauenbunds« Unmut über das Gebaren der Missionsschwester. Zum einen schreibt Frieda von Bülow seit einigen Monaten für diverse Zeitschriften in Deutschland Berichte über ihre Erlebnisse. Zum anderen ist ihr vertrautes Verhältnis zu Carl Peters ruchbar geworden. Beides gilt in konservativen protestantischen Kreisen als unangemessen für eine evangelische Missionarin, die sich besser um das leibliche und seelische Heil der Kranken und »Heiden« kümmern soll als um ihre journalistischen und amourösen Ambitionen. Frieda von Bülow, die ihrerseits ebenfalls dem Vorstand angehört, will den Frauenbund unter Druck setzen, scheitert aber und tritt enttäuscht von ihrer Mission zurück. Sie ist zutiefst verletzt, fühlt sich ungerecht behandelt, sieht ihre Arbeit unzureichend geschätzt. Am 21. Januar 1888 resümiert sie im Tagebuch den Hergang und Stand der Dinge: »Mein Aufenthalt in Ost-Afrika naht sich leider seinem Ende. Nach den zwischen mir und meinem Vorstand in Berlin zu Tage getretenen Meinungsverschiedenheiten mußte ich dem letzteren die Alternative stellen, mir, was Einrichten neuer Pflegestationen betrifft, einigermaßen freie Hand zu lassen, oder mich meiner Verpflichtungen zu entheben. Denn ohne eine gewisse Freiheit der Bewegung bin ich bei der Schwerfälligkeit des schriftlichen Verkehrs zwischen Berlin und hier nicht im Stand, mit Aussicht auf Erfolg weiter zu arbeiten. Eine daraufhin in Berlin einberufene Generalversammlung hat, wie mir telegraphisch mitgeteilt worden, einstimmig gegen mich entschieden.«

Die Entscheidung ist also gefällt, und so verabschiedet sich Frieda von Bülow schweren Herzens von Carl Peters, ihrem Bruder Albrecht und den Mitstreitern und Mitstreiterinnen des deutschen Kolonial- und Missionsprojekts. Ihr Fazit im Tagebuch ist voll nationalem Pathos: »Der Vorpostendienst unserer Landsleute hier, er sei von welcher Art er wolle, scheint mir für die Gewinnung und Festigung deutschen Einflusses von großer Wichtigkeit. […] Darum möchte man auch nur die Besten der Nation, hier, wo noch jeder Deutsche mehr oder minder als Repräsentant des Deutschthums empfunden wird, beschäftigt sehen. Ich scheide mit dem Wunsch, daß mein Platz im Interesse der Weiterentwicklung unserer Sache nur durch eine wirklich gute Kraft ausgefüllt werden möge. Dann kann und wird aus den von meiner Hand gelegten schwachen Keimen ein segenspendendes Werk emporwachsen zur Ehre der deutschen Nation. Das walte Gott.« Mit bestem Gewissen und erfüllt von patriotischem Eifer macht sich Frieda von Bülow auf die lange und beschwerliche Schiffsreise nach Europa. Im April 1888 kehrt sie nach Deutschland zurück.

Ihren Wunsch, dass nur »die Besten der Nation« in der deutschen Kolonie eingesetzt werden mögen, sieht sie mit Carl Peters zur Genüge erfüllt. Doch auch Peters sieht sich zu jener Zeit heftigen Angriffen und Vorwürfen ausgesetzt. Just zur selben Zeit wie Frieda von Bülow hat er aus Berlin eine Weisung erhalten: Er solle unverzüglich nach Deutschland zurückkehren und sich vor dem Direktionsrat der DOAG verantworten. Man ist von den Fähigkeiten des glamourösen Helden keineswegs so überzeugt, wie Frieda von Bülow es in ihrem Tagebuch verliebt darstellt. Peters stellt sich im Frühjahr 1888 dem Direktorium. Schließlich entscheidet die Gesellschaft, dass Peters zwar weiterhin Vorsitzender des Direktoriums bleiben solle, er aber keine Leitungsbefugnisse mehr ausüben dürfe.

Am 1. April 1891 übernimmt das Reich die Verwaltung des Schutzgebietes Deutsch-Ostafrika. Immerhin besitzt Deutschland nun eine Kolonie in Ostafrika (die heutigen Staaten Tansania, Burundi und Ruanda umfassend), die flächenmäßig doppelt so groß ist wie das Reich. Carl Peters wird 1892 nach Deutschland zurückbeordert und im Kolonialministerium beschäftigt. Er gerät ins Visier der Ermittlungsbehörden. Die Sozialdemokraten im Reichstag unter ihrem Führer August Bebel haben von den Methoden des deutschen Kolonisators vernommen und die Angelegenheit vor dem Parlament zur Sprache gebracht. Bebel bezeichnet den Konquistador als »typischen Vertreter des Imperialismus« und beschuldigt ihn der »Vergewaltigung unserer schwarzen Brüder und Schwestern«.

Ein Untersuchungsausschuss wird eingerichtet, ein Disziplinarverfahren eingeleitet. Peters muss sich vor Ausschuss und Gericht verantworten. Ihm werden etliche Fälle von Machtmissbrauch, Kompetenzüberschreitung, sinnloser Grausamkeit und einige Morde vorgeworfen. Trinkgelage, Prügelorgien und Hinrichtungen gehörten zum Tagesgeschäft dieses selbsternannten Konquistadoren und pathologischen Herrenmenschen, der allen Ernstes glaubt, in einem früheren Leben der Mongolenfürst Dschingis Khan gewesen zu sein. In jedem Camp, das Peters und seine Männer aufschlugen, ragte neben dem Fahnenmast mit der Petersflagge ein Galgen in den Himmel.

1897 wird Carl Peters unehrenhaft aus dem Reichsdienst entlassen, er verliert den Titel eines Reichskommissars und seine Pensionsansprüche. Strafrechtlich verurteilt wird er nie. Peters geht ins Exil nach London. Der größenwahnsinnige und zu Okkultismus neigende »Herrenmensch« plant eine erneute Expedition nach Afrika, auf der Suche nach dem sagenhaften biblischen Goldland Ophir, das er am Sambesi vermutet. Er wird bald rehabilitiert. Im Juli 1905 verleiht Kaiser Wilhelm II. – selbst ein begeisterter Anhänger der Kolonialidee – dem Begründer von Deutsch-Ostafrika den Titel eines Reichskommissars a.D. und lässt ihm Anfang 1914 seine Pension erneut anweisen. Peters heiratet im Februar 1909 Thea Herbers, die begüterte Tochter eines Kommerzienrats, eine »verständnisvolle und treue Gefährtin für den Rest meines Lebens«, wie er es formuliert – es ist eine Verbindung, die ihm die tief enttäuschte Frieda von Bülow nicht verzeiht. Im Oktober 1914 wird Peters als unliebsamer Ausländer aus Großbritannien ausgewiesen, er kehrt nach Deutschland zurück. Er und seine Frau leben in Bad Harzburg in der prächtigen »Villa Annenburg«. Carl Peters stirbt am 10. September 1918 an Herzschwäche, wenige Wochen vor dem Zusammenbruch des Kaiserreichs.

Eine Farm in Afrika

Auch Frieda von Bülow wird nie aus dem Zauber Afrikas heraustreten. Als sie, als Missionsschwester gescheitert, im April 1888 nach Deutschland zurückkehrt, kommt sie zunächst bei ihrer Mutter in Freiburg im Breisgau unter. 1891 zieht sie nach Berlin.

Bereits auf Sansibar hat Frieda von Bülow begonnen, für Zeitschriften in Deutschland Artikel über Afrika zu verfassen. Nun macht sie das Schreiben zu ihrem Beruf. Sie tritt damit in die Fußstapfen ihrer früh verstorbenen Schwester Margarethe. Es entstehen etliche Erzählungen und Romane, die sie zur Begründerin des deutschen »Kolonialromans« machen: *Am anderen Ende der Welt, Deutsch-Ostafrikanische Novellen, Tropenkoller, Im Lande der Verheißung, Das Portugiesenschloß* – das sind ein paar der Buchtitel. Sie verschaffen Frieda von Bülow nicht nur ein zahlreiches Publikum, sondern auch Kontakte zu anderen Literaten, darunter die Brüder Heinrich und Julius Hart und Gerhart und Carl Hauptmann. Eine tiefe Freundschaft verbindet sie mit Lou Andreas-Salomé, gemeinsam lernen sie am 12. Mai 1897 in München im Haus Jakob Wassermanns den jungen Dichter Rainer Maria Rilke kennen. Der ist von der schreibenden Afrikareisenden beeindruckt: »Daß sie [Frieda von

Bülow] sich ganz und gar zum Großen verpflichtet hielt, ja aus dem einzigen geraden Pflichtgefühl heraus lebte, das war vielleicht mein frühester Eindruck von ihr und der erste Anlaß zu jener Bewunderung, die mich noch jetzt erwärmt, wenn ich mich der schönen hohen Gestalt erinnere.«

Die Sehnsucht nach fernen Ländern lässt Frieda von Bülow nicht los. Mit Elisabeth Förster-Nietzsche, die sie 1890 kennenlernt, plant sie nach Paraguay auszuwandern und dort deutsche Siedlungen zu gründen – der koloniale Rausch erfasst damals breite Schichten der Bevölkerung. Nur eine Erkrankung der Schwester des Philosophen vereitelt das Vorhaben. Ein Angebot der rumänischen Königin Elisabeth, einer geborenen Prinzessin zu Wied, die sich als erfolgreiche Autorin »Carmen Sylva« nennt, als Hofdame nach Bukarest zu ziehen, lehnt die ambitionierte Afrikareisende ab. Rumänien ist ihr zu wenig abenteuerlich.

Ein trauriger Anlass führt sie schließlich nach Afrika zurück: Am 10. Juni 1892 wird der in der Schutztruppe dienende Albrecht von Bülow in einem Gefecht mit den rebellierenden Dschagga im Gebiet des Kilimandscharo schwer verwundet, tags darauf stirbt er. Da Friedas Bruder Kuno zu jener Zeit eine Stelle in einer Kolonialgesellschaft in Deutsch-Südwestafrika (dem heutigen Namibia) antritt und wenige Tage später abreist, überträgt der Familienrat Frieda die Aufgabe, nach Deutsch-Ostafrika zu reisen, um Albrechts Hinterlassenschaft zu ordnen – dabei geht es um eine Plantage an der Küste und eine unweit gelegene Koralleninsel im Indischen Ozean! Albrecht von Bülow hat das Land erworben, um nach dem Ausscheiden aus dem Offiziersdienst eine Sisal-Plantage weiter aufzubauen.

Frieda von Bülow denkt gar nicht daran, die Besitzungen in Afrika zu verkaufen und sogleich nach Deutschland zurückzukehren. Sie will, als Literatin erfolgreich, sich nun auch als Unternehmerin beweisen. Und sie will die Freiheit, die sie während ihres ersten Afrikaaufenthalts empfand, fortleben, den engen Verhältnissen der wilhelminischen Gesellschaft und dem Ennui der geistigen Elite entfliehen. Die Vorbereitungen zur

Reise ziehen sich hin. Die Familie hat einen weiteren Toten zu beklagen: Kuno von Bülow kehrt im Januar 1893 aus Südwestafrika zurück. Drei Wochen später, am 7. Februar, erschießt er sich aus Liebeskummer.

Endlich, am 6. Juni 1893, ein Jahr nach Albrechts Tod, kann Frieda von Bülow am Anhalter Bahnhof in Berlin den Zug besteigen, der sie nach Venedig bringt. Am Bahnhof wird sie von Carl Peters, ihrer Schwester Sophie und ihrer Freundin Lou Andreas-Salomé verabschiedet. Frieda von Bülow ist bereits auf dem Schiff »Bundesrath«, als sie einen Bekenntnisbrief an Lou schreibt: »Immer muß ich an die letzten Minuten vom Anhalter Bahnhof denken, wo in drei Menschen alles bei mir war, was mir auf Erden noch lieb und teuer ist: Sophie, du und ›er‹. Daß ich mich mit Dampfesschnelle von diesen dreien wegdirigierte in leere einsame Ferne hinaus, wollte mir mitunter wirklich schon wie Verrücktheit erscheinen, und doch mit jedem Tag überkommt mich auf dem weiten Wasser wieder jenes herrliche Freiheits- und Lebensgefühl, nach dem ich mich in unseren eigenen, von 1000 Schranken durchzogenen feindlichen Verhältnissen so lange vergebens gesehnt habe. Es läßt sich nicht genau erklären, nur beschreiben. Man hat das Gefühl des Losgelöstseins, des Immer-vorwärts-Gleitens in unendliche Weite. Alles Beengende, Alltägliche, Kleine scheint so weit hinter uns zu liegen, wie das längst nicht mehr fühlbare Festland.«

Seekrank, aber ansonsten wohlbehalten langt sie in Deutsch-Ostafrika an. Zehn Monate wird ihr Aufenthalt dauern. Später, in ihrem 1899 erschienenen Roman *Im Lande der Verheißung* hat sie ihre Gefühle idealisiert und diese der Protagonistin in den Mund gelegt: »Und mit einem mal erwachte ihre ganze Liebe für dieses Land, [...] in dem ihre Seele mit allen Fasern wurzelte. Sie fühlte, daß ihre Heimat hier war.«

In Wahrheit ist auch dieser zweite Afrikaaufenthalt ernüchternd und in vielem ein Misserfolg: Frieda von Bülow begibt sich in die Region des Ortes Tanga, wo die Plantage des Bruders liegt. Sie ist mehr als enttäuscht, findet spärliche Hütten vor und Felder, auf denen die Sisalpflanzen nur schlecht gedeihen.

Es regnet häufig in dieser Gegend nahe dem Äquator, Gebäude und Gegenstände schimmeln und verrotten. Auch ein Ausflug auf das nahe Eiland Yambe, das ebenfalls Bülow'scher Besitz ist, hat nichts von Inselromantik an sich: Der Boden ist versalzen, Trinkwasser muss in Fässern vom Festland herbeigeschafft werden, Mangroven umsäumen die Insel. Der dortige arabische Dorfvorsteher Watuma, der sich großspurig Scheich nennt, betreibt Kalköfen. Die Arbeit unter unmenschlichen Bedingungen wird von dreißig schwarzen Sklaven geleistet, die Korallen brechen, zerkleinern und in den Öfen, die mit Mangrovenholz beheizt werden, zu Kalk brennen. Der wird mit Booten zum Festland gebracht und an Bauleute verkauft. Immerhin gelingt es Frieda von Bülow, den Scheich zu verpflichten, ein Drittel des Erlöses den Sklaven auszuhändigen. Zumindest gibt er ihr darauf sein Wort.

An Lou Andreas-Salomé schreibt die Farmbesitzerin trotzig, mit der Haltung der Unbeugsamen, die sich ihr Glück erzwingen will: »Wenn ich mit großen Wasserstiefeln im Sumpf herumstrolche oder mit den Zollbeamten unterhandle, komme ich mir selbst ganz ›männlich‹ vor. Auch besitze ich hier ungleich mehr Gemütsruhe. Man lebt seinen kurzen, körperlich angreifenden Tropentag durch und denkt: was kommt, das kommt.«

Nach zehn Monaten muss Frieda von Bülow ihr Experiment aufgeben. Es fehlt an Ausstattung, an vertrauensvollen, gut ausgebildeten Mitarbeitern und Arbeitskräften, an Infrastruktur, an Absatzmöglichkeiten, und vor allem: an Geld. Sie bricht ihren Aufenthalt auf der Plantage ab und verlässt Afrika. In einem Brief an Lou vom 10. April 1894 behauptet sie, das Interesse an der Kolonialidee nicht verloren zu haben, und deutet an, sie wolle ihr Glück als Farmerin in ein paar Jahren erneut versuchen – sofern sie in Deutschland Investoren findet: »Ich bin immer noch bis zum Rand mit Kolonialinteresse angefüllt und hoffe immer noch, für die nächsten Jahre das Feld meiner Tätigkeit hier zu finden. Was mir von hier aus nicht gelungen ist, muß bez. will ich nun noch mal in Berlin versuchen. Allerlei Pläne durchkreuzen meinen Hirnkasten und lassen keinen Platz zur Beschaulichkeit. Dafür ist das Lebensgefühl intensiv und ich fühle mich oft so glücklich, daß ich laut für mich selbst ausrufe: o Gott, wie schön ist das Leben!«

»Mein besonderes Glück und Unglück«

Tatsächlich kehrt Frieda von Bülow keineswegs resigniert, sondern enthusiasmiert nach Berlin zurück. Der Aufenthalt in Afrika hat sie erneut den gesellschaftlichen und familiären Fesseln, die sie in Deutschland empfand, entbunden. Zurück in ihrer Heimat, publiziert sie weitere Kolonialromane, für die es im gesellschaftlichen Klima des wilhelminischen Imperialismus ein dankbares Publikum gibt. Das Schreiben gibt Frieda von Bülow in all den Jahren Halt und Sinn, die literarische Annäherung an Afrika ist ihr ein Mittel, die Freiheit, die sie im Deutschland ihrer Zeit nicht finden kann, zumindest in ihrer Fantasie zu leben. Ihrer Freundin Lou Andreas-Salomé gesteht sie: »Neben allem Schwierigen, Komplizierten, Widerspruchsvollen, das mir das Leben erschwert, erlebe ich immer wieder so Schönes, daß es mir oft wie eine phantastische Dichtung erscheint. Bleibt man bei sich selbst, so fühlt man, daß das Maß von Leid und Entsagen durch ein entsprechendes Maß von Genuß völlig ausgeglichen wird. Und was ich erlebe, ist mein Erleben, kein Anderer kann es leben. Es ist mein besonderes Glück und Unglück, – Glück und Unglück anderer könnt ich gar nicht gebrauchen.«

Ihre Bemühungen um Investoren scheitern. Das Auswärtige Amt teilt ihr sogar mit, man wünsche vorläufig nicht kleineren Privatbesitz in der Kolonie. So ist sie gezwungen, die Plantage und die Insel Yambe an die Deutsch-Ostafrikanische Gesellschaft zu veräußern.

Der Kontakt zu Carl Peters reißt nie ganz ab. Bisweilen gehen noch Briefe hin und her. Die alte Vertrautheit indes ist passé. Frieda erkennt das widerstrebend und empfindet ihre unstillbare Sehnsucht wider alle Vernunft als krankhafte Abhängigkeit. An Lou schreibt sie: »Was hab ich alles gethan, um diese Leidenschaft auszurotten! Alles unnütz! Bin ich um eine halbe Erdkugel von P[eters]. entfernt, so glaube ich mich gesundet und sowie ich ihn wieder nah weiß, überfällt's mich wieder wie eine schwere Krankheit.«

In den Jahren nach 1900 zieht sie sich zunehmend aus der Großstadt Berlin zurück. Die Sommer verbringt sie abgeschieden in ländlichen Gegenden: in Bärenfels im Erzgebirge, auf Burg Lauenstein im Frankenwald und auf dem mittelalterlichen Schloss Dornburg über dem Saaletal, nördlich von Jena. Im ältesten der drei Dornburger Schlösser (im zweitältesten, dem Renaissanceschloss, hielt sich Goethe in den letzten Lebensjahren wiederholt auf und schrieb dort einige seiner besten Altersgedichte) ist damals ein Stift für adlige Damen eingerichtet. Frieda von Bülow lebt hier gemeinsam mit ihrer Schwester Sophie. Den Rückzug empfindet sie als »Schutzmauer«, wie sie in einem Brief vom 22. März 1904 an Toni Schwabe bekennt: »Wissen Sie: daß die breite Masse der ›selig Gewöhnlichen‹ gegen die Außergewöhnlichen mehr oder minder bewußt und mehr oder minder energisch Front macht, ist doch ein großer Segen. Es bildet die Schutzmauer um die Eigenpersönlichkeiten, besonders wenn sie Künstlernaturen sind, ohne die sie nicht gedeihen würden. Tausendmal besser ist zu viel Verborgenheit als zu viel Öffentlichkeit.«

Im Sommer 1908 sitzt Frieda von Bülow gern im »russischen Gärtchen« des Parks von Schloss Dornburg, lesend, hinter hohen Malven versteckt. Sie ist an Krebs erkrankt und bereits sehr schwach. Bis zuletzt arbeitet sie an ihrem Roman *Die Schwestern*, worin sie ihre Beziehung zu Margarethe literarisch verarbeitet. Im Herbst 1908 erfährt sie aus der Zeitung, Carl Peters habe sich verlobt. Bis zuletzt sich an ihren Projektionen festkrallend, schreibt sie gekränkt an Lou: »Neulich las ich ganz unvorbereitet in der Zeitung etwas, was mich heftig erschütterte: Peters hat sich verlobt –! Und das läßt er mich aus der Zeitung erfahren!! – Die Braut ist, (nach der Zeitung) eine Commercialratstochter aus Iserlohn, wahrscheinlich sehr reich.

Sie wird wohl auch jung und reizend sein und er momentan in sie verliebt, aber dies allein würde ihn nicht zur Heirat bewogen haben. Er hat wohl sehr Geld gebraucht, viel Geld. [...] Gerade in den letzten Jahren war ich so glücklich! Es war eigentlich nur ein Phantasieglück, aber seine warmen Briefe mit der Anrede ›liebste Frieda‹ und der Unterschrift ›dein Carl‹ genügten dazu.«

Die letzten Lebensmonate verbringt Frieda von Bülow in der Universitätsklinik Jena. Die Schmerzen kann sie nur mit Hilfe von Morphium ertragen. Sie stirbt am 12. März 1909. Ihre Urne wird auf dem alten Friedhof von Dornburg beigesetzt.

5 Marie von Bunsen (1860–1941)
Die Entdeckung der Langsamkeit

Marie von Bunsen, eine der außergewöhnlichsten deutschen Reiseschriftstellerinnen des beginnenden 20. Jahrhunderts, umreißt in ihren 1929 erschienenen Erinnerungen *Die Welt, in der ich lebte* ihre Vorstellungen eines glücklichen und geglückten Reisens: »[…] bei dieser Gelegenheit [einer Tour nach Sizilien im Jahre 1906] habe ich mir meine Reisemethode ausgebildet, und ich halte sie für eine gute. Vor allem ein tunlichst zusammenhängendes Gebiet und die entsprechende Zeit. Halbstarres System, ein sorgfältiger Plan, mit der Möglichkeit, Unerwartetes einzuschieben, ausnahmsweise, wenn gute Gründe vorliegen, rücksichtslos vom Geplanten abzuweichen. Vielseitige Vorbereitung, die hieraus sich ergebenden Notizen mitnehmen, auch ausreichende Nachschlagebücher. (Ebenso wichtig als die Vorbereitung ist aber auch die nachherige rückblickende Bearbeitung, erst diese wird die Abrundung und Zusammenfassung der Eindrücke geben.) Dann hingebendes Baedekerstudium. Manchmal begegne ich anmaßenden Reisedilettanten, die ›darüber hinaus sind‹. Habt ihr eine Ahnung! Wie vieles habt ihr verpaßt, wie vieles ist euch entgangen, wieviel Zeit habt ihr nutzlos verloren! Dann Tagebuch führen; lohnt sich eine Reise, lohnt es sich auch, die mannigfaltigen Bilder, Beobachtungen und Erlebnisse festzuhalten.« Marie von Bunsen unternimmt ihre Reisen grundsätzlich alleine, allenfalls heuert sie vor Ort einen Führer an. Das Alleinsein ist von Vorteil, um nicht von den dargebotenen Merk- und Sehenswürdigkeiten abgelenkt zu werden. »Will man sich erholen, sich zerstreuen«, gibt die Autorin zu bedenken, »dann angenehme Gesellschaft; habe ich mich seit langem darauf gefreut, einer Berühmtheit zu begegnen, werde ich zu dieser auch den nächsten Freund nicht mitnehmen wollen und werde mir selbstverständlich ein Zwiegespräch wünschen. Alleinreisen ist Zwiegespräch, nur das Fremde, Neue, nur das eigene, aufnahmedurstige Ich. Jeder Dritte stört. ›Aber‹, so wird erwidert, ›man will sich doch aussprechen!‹ Diesen primitiv naiven Drang kann man sich abgewöhnen.«

Marie von Bunsen ist eine Reisende an der Schwelle zwischen alter und neuer Zeit: In den Jahren vor dem Ersten Weltkrieg war das Reisen nicht mehr eine Allüre exzentrischer Pioniere. Aber es war gleichwohl noch immer das Privileg weniger. Marie von Bunsen war bis zur Inflation von 1923 wohlhabend, aber keineswegs reich. Sie musste mit ihrer Reisekasse haushalten. Aber das bewahrte sie vor der Oberflächlichkeit snobistischer Globetrotter und ließ sie erfinderisch und wesentlich werden. Sie selbst umschreibt rückblickend ihre Reiseaktivitäten vor dem Ersten Weltkrieg: »Damals in den normalen Zeiten reiste ich herrschaftlich, wenn auch frauenhaft vernünftig alle überflüssigen Ausgaben vermeidend. Kam ich abends an, um morgens weiterzufahren, genügte mir irgendein einfach sauberer kleiner Gasthof, war ich hingegen in einer Hauptstadt, hatte Empfehlungen an die Gesandtschaften und wichtige Persönlichkeiten, ging ich ins erste Hotel.«

Marie von Bunsen nutzte alle damaligen Möglichkeiten der Fortbewegung – sofern sie günstig waren. Per Eisenbahn, Dampfer oder Ochsenkarren durchfuhr sie ferne Länder. Ebenso gern erkundete sie zu Fuß oder mit dem Ruderboot die Landschaft und »entdeckte« auf diese Weise Gegenden neu, die man im Zuge der Industrialisierung und des wachsenden Straßen- und Eisenbahnnetzes als nicht weiter erwähnenswert links liegen ließ: Mit ihrem Paddelboot »Formosa« erkundete sie zwischen 1905 und 1914 die Flussläufe von Havel, Werra, Weser und Oder und erschloss für sich und die Leserinnen und Leser ihrer Bücher nicht nur reizvolle Städtchen, Dörfer und urtümliche

Landschaften, sondern entdeckte in einer Zeit zunehmender Hektik auch die Langsamkeit. So verband Marie von Bunsen in ihrer Reise- und Entdeckungslust ferne Länder mit der eigenen Heimat, die Lust auf Unbekanntes mit der Freude an Wiederentdecktem, die Nutzung neuer, bequemer Verkehrsmittel mit der Beschränkung auf die eigene Muskelkraft. Das Reisen wurde ihre eigentliche Existenzform. Als sie im Alter kränkelte und durch die Inflation ihren Wohlstand eingebüßt hatte, schrieb sie ohne Bitternis oder Bedauern: »Auch bei mir ist, wie üblich, seither Geld und Gut hingeschwunden, die Bereicherungen, die Beglückungen verbleiben.«

Ein »Wassermensch«

Marie von Bunsen wird in eine wohlhabende bürgerliche und binationale Familie hineingeboren: Sie kommt am 17. Januar 1860 in London zur Welt, wo die Eltern zu Besuch bei Verwandten sind. Der Vater Georg von Bunsen ist ein preußischer Politiker, die Mutter Emma von Birkbeck entstammt einer englischen Bankiersfamilie. Die Bunsens wohnen damals in Bonn, wenige Jahre später ziehen sie nach Berlin. Marie beschreibt sich als frühentwickelt, bereits mit drei Jahren habe sie, die immer beim Unterricht der beiden älteren Brüder Karl und Lothar zugegen war, spielend lesen gelernt. Die Kinder werden auf Wunsch der Mutter zunächst von englischen Nurses erzogen. In Berlin, wo der Vater liberaler Landtags-, später Reichstagsabgeordneter wird, werden dem Ansehen der preußischen Familie entsprechend deutsche Gouvernanten engagiert. Die Familie wächst: Nach Marie kommen noch die Töchter Ida, Berta, Else, Emma und Hildegard zur Welt, ein jüngerer Bruder namens Arnold stirbt früh.

Zur Erfahrungswelt der Bunsen-Kinder gehören sommerliche Aufenthalte bei den Großeltern in Keswick/Lake District und Cromer/Norfolk. Marie und ihre Geschwister wachsen zweisprachig auf. Auf ihren späteren Reisen in ferne Länder wird ihr das zustattenkommen, denn schon damals gilt das Englische als die Lingua franca der weiten Welt. In Cromer, das an der Nordsee liegt, erlernt Marie früh das Schwimmen. Die Liebe zum Wasser wird sie ein Leben lang begleiten. Noch 1929 erinnert sie sich an die Sommer an der englischen Küste und bekennt sich als »Wassermensch«: »Bald hatte ich mir das Schwimmen abgesehen; eine wahre Leidenschaft war und ist mir noch heute das Baden und Schwimmen. [...] Schon in frühester Jugend ging mir nichts über Meer, Seen und Flüsse.« Sie wagt es sogar, im offenen Meer zu schwimmen – die sportliche Herausforderung wiegt schwerer als das Risiko, so während eines Aufenthalts an der französischen Riviera: »Leuchtendblaues Meer; oft schwamm ich nach den entferntesten, mit goldbraunem Tang bedeckten Felsen, ließ mich vom schneeweißen Gischt umspülen. Ich schwamm über tintenviolette Tiefen, dann durch smaragdgrünes, dann auch durch saphirblaues Wasser. Es war phantastisch, es war ein Böcklinsches Meeresgeheimnis, und in großartiger Schönheit stieg vom Wasser aus die Bergküste empor.«

Die Familie Bunsen unterhält freundschaftliche Beziehungen zum Haus Hohenzollern: Die Bunsen-Kinder werden sonntags regelmäßig ins Kronprinzenpalais eingeladen, wo sie mit den Prinzen und Prinzessinnen (so auch mit dem kleinen Wilhelm, dem späteren Kaiser Wilhelm II.) spielen. Seiner gesellschaftlichen Stellung entsprechend erwirbt Georg von Bunsen 1869 ein Grundstück in der Berliner Maienstraße 1, unweit des Nollendorfplatzes, und lässt im historisierenden Stil eine märchenschlossartige Villa errichten, mit Ziergiebeln, Türmchen, Erkern und neugotischen Fensterlaibungen. Für die Bunsen-Kinder werden Haus und Park – Marie von Bunsen hat davon einige Aquarelle angefertigt – zu einem Spielparadies: »Als der Bau vollendet war, legten wir drei kleinen Mädchen ein Brett auf die Brüstung des oberen Balkons nach dem Giebel, unter dem Brett fiel die Mauer etwa 70 Fuß hinunter; ruhig gingen wir hinüber und richteten uns behaglich im Giebel ein. Auch heute würde ich kaum vor einer Leiter zurückschrecken, auch nicht vor einem schmalen Laufsteg.« Das weitläufige Anwesen gleicht eher einem Landgut, mit »Stall, Kutscher- und Gärtnerwohnung, Gewächshaus. Es wurden Schweine und Tauben gehalten. [...] Schon nach wenigen Jahren wurde der von dem alten Nußbaum beschattete Rasentennisplatz eingerichtet. Tennis war erst eben in England aufgekommen, mit Ausnahme des Tennisplatzes der englischen Botschaft war unserer der erste in Berlin.« Allmählich gewinnt der Tennissport auch in Berlin Freunde, wie Marie von Bunsen amüsiert zu berichten weiß: »Vorüber waren die Zeiten, in denen die Polizei zwei in weiß[en] Flanell gekleidete Engländer, die sich nach Charlottenburg zum Sportplatz begaben, wegen ›anstoßerregendem Aufzug‹ zur Wache nahmen.« Und auch das Radfahren wird Widerständen zum Trotz immer beliebter: »Im Winter 1896 habe ich mit dem Radfahren begonnen, das war damals ein kühner Schritt. Die gutgepflasterte, aber noch unbebaute Knesebeckstraße war der beliebteste Unterrichtsplatz; dort bin ich, dort sind viele Berliner zum ersten Male rechts und links abgefallen, bis wir die Sache herausbekamen. Berlin war hierin rückständig, von Damen der Gesellschaft haben die Botschafterin von Keudell und ich, meines Wissens, als erste sich öffentlich draußen auf dem Rad gezeigt. Anfänglich aber nur um 8 Uhr morgens im Tiergarten, denn noch konnte man von Fußgängern und Reitern schnöde Bemerkungen hören.«

Den Sommer 1873 verbringt Marie wie üblich bei den Verwandten in England. Doch mit dem Ende der Ferien kehrt sie auf Wunsch ihrer Eltern nicht nach Berlin zurück, sondern tritt in das Londoner Queen's College ein. Die Schule bereitet ihr Freude, und sie genießt das weltstädtische Ambiente Londons: »Der Unterricht war recht gut, als Ausländerin wurde ich von den Lehrern verwöhnt und fühlte mich sehr wohl. Auch sonst war das Leben in London interessant. Mein Vater führte mich oft nach Westminster Abbey, in Museen, Galerien und klassische Konzerte.« Gemeinsam mit ihrem Vater unternimmt sie 1873/74 zwei Reisen nach Belgien und Cornwall, die in ihr eine lebenslange Sehnsucht nach der Fremde entfachen. Von der

Segeltour in den englischen Südwesten schwärmt der »Wassermensch« Marie von Bunsen noch fünfzig Jahre später: »Nun ging es zurück nach Cowes, an der Insel Wight erwartete uns die auf sechs Wochen gemietete Segeljacht ›Jone‹, und sechs Wochen lang wurde an der südenglischen und nordfranzösischen Küste umhergekreuzt. [...] Die grüne Üppigkeit der Devonshire-Küste begeisterte mich, die zerklüftete Wildheit der Felsenküste von Cornwall. [...] gelegentlich badeten wir in kristallblauen Felsenverstecken. Reizvoll waren die Muschelufer, die fruchtbaren, kühn geschwungenen Linien der Kanalinseln, die stets sich erneuernden Sonnenuntergänge, Sternennächte und die morgendlichen Nebel auf dem Meer. Nicht nur sehe ich das alles noch, ich empfinde es auch noch.« Die Saat ist gesät, das Fernweh schlummert in der jungen Marie. Aber noch ist sie – als »Tochter aus gutem Hause«, aber auch allgemein als Frau – nicht befreit von Zwängen und Konventionen, um ihrer Sehnsucht nachgeben zu können.

Der abgesteckte schulische Lehrstoff genügt Marie von Bunsen schon lange nicht mehr. Sie entdeckt die Welt der Literatur für sich, noch mehr aber die Forschungsberichte berühmter Reisender und Gelehrter. In der Berliner Singakademie werden damals Vorträge zu diversen geistesgeschichtlichen Fachrichtungen gehalten, die Marie von Bunsen eifrig besucht. Sie hört Georg Ebers über Ägypten sprechen, Georg Schweinfurth über Afrika, Ernst Curtius über Olympia, Karl Richard Lepsius über die Ägyptologie, Herman Grimm über Kunstgeschichte, Theodor Mommsen über römische Geschichte, Max Müller über Indien und das Sanskrit. Einige der Gelehrten gehen auch im Haus der Bunsens in der Maienstraße ein und aus und finden an der hübschen, intelligenten Marie Gefallen. Sie erinnert sich noch im Alter: »So wuchs ich ganz von selbst in das im Elternhaus geführte Gesellschaftsleben mit hinein.«

Die Bunsens sind klug genug, ihre Töchter Berufe erlernen zu lassen. Freilich haben junge Frauen damals kaum eine Wahl: Der Lehrerinnenberuf an Volksschulen ist eine der wenigen Möglichkeiten für Frauen, sich ihren Lebensunterhalt selbst zu verdienen. »Anderes gab es ja auch nicht«, erinnert sich Marie von Bunsen viel später, nach dem Ersten Weltkrieg, »heutzutage hätte ich natürlich, ehrgeizig und gut veranlagt wie ich war, das Abitur gemacht, um dann zu studieren. Damals wäre das sensationell gewesen, und es hätte nur in Genf, inmitten von kurzhaarigen Nihilistinnen geschehen können.« An einem Privatinstitut, dem Crainschen Seminar, bereitet sich die Sechzehnjährige auf das Lehrerinnenseminar vor. Sie hat das Glück, Lehrerinnen zu bekommen, die ihr nicht nur den nötigen Stoff nahebringen, sondern ihr auch emanzipatorisches Selbstbewusstsein vermitteln und vorleben. Eine von ihnen ist Helene Lange, eine frühe Frauenaktivistin. »Das war ein großer Vorzug«, so Marie von Bunsen, »denn sie ist eine ganz ungewöhnliche Lehrkraft gewesen. Spielend hat sie immer alle männlichen und weiblichen Kollegen aus dem Feld geschlagen, hatte auch stets den stärksten persönlichen Einfluß.« Obgleich Schülerin Helene Langes, wird Marie von Bunsen doch keineswegs ihre Parteigängerin. Als 1919 die Frauen in Deutschland das Wahlrecht erhalten, ist Marie von Bunsen skeptisch. Sie bleibt zeitlebens in ihren gesellschaftspolitischen Ansichten eine Aristokratin der wilhelminischen Ära: konservativ-patriotisch, mit dem Stolz ihres Standes und dem Selbstbewusstsein ihrer aus eigener Kraft erlangten gesellschaftlichen Reputation als Schriftstellerin. Die Emanzipation als legislativer Akt erscheint ihr unsinnig.

Ganz ernsthaft wird die Lehrerinnenausbildung von Marie von Bunsen freilich nicht betrieben. Immer wieder unterbricht sie die Studien und begleitet ihren Vater auf Reisen. Das – zumindest vordergründig – einem humanistisch-klassischen Ideal verpflichtete deutsche Publikum bereist Italien noch immer auf Goethes Spuren – das »Land, wo die Zitronen blüh'n«. Aber auch der durch Napoleons Feldzug ausgelösten Ägypten-Euphorie wird gefrönt, zumal seit 1869 der Suezkanal Mittelmeer und Rotes Meer verbindet, was auch die touristische Erschließung erleichtert. Beide Länder darf Marie von Bunsen an der Seite von Verwandten kennenlernen: 1881 bereisen sie die oberitalienischen Seen, Mailand, Genua, Pisa, Rom und Neapel. Dort tritt bisweilen noch die Malaria auf, der Schrecken aller Italienfahrer seit den Heereszügen der Ottonen. Auch Marie von Bunsen erkrankt: »Zweiundeinhalb Monate lag ich dort in Neapel, Lungenentzündung und Rippenfellentzündung kamen hinzu, mein Leben hing an einem Faden.« Die Bunsens reisen wieder Richtung Norden, an der Riviera, in San Remo und Mentone, kuriert sich die Zwanzigjährige aus. Unterdessen stirbt im fernen Berlin die Schwester Ida an Typhus. Die Eltern schicken Marie zu einer unverheirateten Tante nach England. Den Herbst verbringt sie auf der Insel Wight, sie gesundet seelisch und körperlich und schwimmt noch im Oktober im recht frischen Meer.

In jenem Herbst 1881 erhält Marie eine Einladung ihres Onkels Bill Birkbeck, eines Bruders der Mutter, ihn und seine Frau im Winter nach Ägypten zu begleiten und so den englischen Nebeln zu entfliehen. Der Onkel hat für mehrere Monate eine Dahabeya, ein Nilschiff, gemietet, mit dem er stromaufwärts bis nach Oberägypten und Nubien segeln will. Die wohlhabende englische Tante Lucy trägt Maries Reisekosten. Wieder geht es südwärts, aber nun in ein Land, das weit mehr Abenteuer und Urwüchsigkeit verspricht als Italien. Die Fahrt auf einem Luxusdampfer ist angenehm und komfortabel: »Ende November durchfuhren wir die Adria, auf Afrika haltend. Der P. & O.-Dampfer, die Bochara, war damals das Beste vom Besten [...]. In den ersten Tagen studierte ich noch fleißig ägyptische Geschichte und arabische Brocken, in den letzten Tagen habe ich hauptsächlich geflirtet.«

Vielversprechend ist die Ankunft in dem geheimnisvollen Land am Nil: »Am Abend des 1. Dezember 1881 Ankunft in Kairo, in dem schon damals klassischen Shepheard's Hotel. [...] Reich angefüllte Tage folgten. Was die Pyramiden, die Museen, die Moscheen einem empfänglichen jungen Wesen bedeuteten, läßt sich denken.« Nach einer Audienz beim Wesir Cherif Pascha verlassen Onkel, Tante und Nichte die Stadt. Sie besteigen das gemietete Schiff, die »Sultana«: »Bei günstigem Wind glitten wir den glatten Strom hinauf, an uns vorüber Palmen, Hütten, Minaretts, Inseln, das Pyramidenfeld. [...] Es entrollte sich die Nilfahrt. Schwerlich gibt es eine vollendetere Reiseart als die auf der Dahabie [Dahabeya]; [...] Zu dieser Jahreszeit wehte meistenteils ein Nordwind, füllte die hohen weißen Segel, bei eintretender Flaute wurde das Schiff auf dem Treidelpfad von der Mannschaft gezogen. Morgens aufwachend, sah ich vom Bett aus die Umrisse der im dunkeln Gewand wasserschöpfenden Frauen, der Palmen, der Reiter im wehenden Mantel.«

Sie besuchen Ausgrabungsstätten, Höhlengräber, koptische Klöster und Einsiedlerklausen, machen Ruderfahrten auf dem Nil, besteigen Kamele und lassen sich ein Stückchen durch die Wüste tragen. Marie erbettelt vom Onkel sogar die Erlaubnis zu einem Bad im Nil: »Hielt er [der Onkel] eine Bucht für krokodilunverdächtig, konnten Onkel und Tante nicht dreinreden, und ich badete dort, hielt er die Gegend für sicher, durften wir nach Herzenslust umherwandern.« Bei Assuan stoßen sie auf den ersten Nilkatarakt. Damals existiert der Staudamm noch nicht, und die Boote müssen von Treidlern über die Felsen im Wasser gezogen werden. Marie von Bunsen ist von dem Schauspiel überwältigt: »Der Gouverneur von Assuan an Bord, 300–400 halbnackte Bewohner der Kataraktendörfer zogen unter betäubendem Schreien, wie es wohl seit Tausenden von Jahren geschehen, an Seilen die Dahabie durch das rauschende Wasser an den Felsen vorbei. Überall schwimmende Menschen, sie kletterten auf das Verdeck, Haschan war sehr erregt, der Gouverneur betete seinen Rosenkranz herunter.« Die Nilfahrt endet in einem Fiasko: Beim Versuch, den nächsten Katarakt zu überwinden, erleidet die Dahabeya Schiffbruch, sie zerschellt an den Felsen, die Passagiere können sich jedoch ans Ufer retten. Das Wrack bleibt im Wasser liegen, behindert den Schiffsverkehr und muss von siebenhundert einheimischen Helfern herausgezogen werden.

Marie von Bunsen beginnt auf jener Fahrt ein Tagebuch – es ist der Anfang ihrer reiseschriftstellerischen Tätigkeit. Später wird sie professionell Reisefeuilletons und -bücher verfassen und damit einen Teil ihres Lebensunterhalts verdienen. Bereits als junge Frau inszeniert sich Marie von Bunsen als Globetrotterin. Eine Fotografie aus jener Zeit zeigt sie in ägyptischer Tracht, mit einem Schleier, der das Gesicht frei lässt, in den Händen ägyptischen Hausrat haltend. Die Ägyptenreise von 1881 ist für Marie von Bunsen ein Initiationserlebnis. Von da an stellt der Orient – Naher und Ferner Osten – ihre große Sehnsucht dar, worin sich für die angehende Reiseschriftstellerin allerlei Projektionen – auch abseits der gesellschaftlichen Realität der dort lebenden Frauen – unklar vermengen.

Als Marie von Bunsen wieder in Berlin eintrifft, ist sie vor die Wahl zwischen einer Ausbildung zur Lehrerin für Volksschulen und der gesellschaftlich sanktionierten Abschiebung als kaiserliche Hofdame gestellt. Erstrebenswerter erscheint eine lukrative Partie, und das Vermittlungsforum dafür sind Bälle, bevorzugt bei Hofe oder beim Geldadel. Sie wird als Debütantin eingeführt, zunächst im Hause der reichen Bankiers Mendelssohn-Bartholdy in der Jägerstraße. Doch allen Bemühungen zum Trotz bleibt Marie von Bunsen unverheiratet – über die Hintergründe hat sie in ihrer Autobiografie nur Andeutungen gemacht, wobei die weit verbreiteten antisemitischen Ansichten auch in ihrem Falle durchaus Bedeutung hatten: »Daß es mit den anziehenden schönen Männern, in die ich stark verliebt war, ›nicht klappte‹, war gut; wir hätten nicht zueinander gepaßt. Ein Freier hatte einen ›großen Geist‹, war aber ungepflegt und jüdischer Abkunft. Nein, ich habe keinen abgelehnten Antrag bereut. Die Betreffenden haben sich die Antwort gar nicht zu Herzen genommen.« Vielleicht war ihr schon in jungen Jahren die Unvereinbarkeit von Ehe und Eigenständigkeit bewusst. Ihre vielfältigen geistigen Interessen und sportlichen Aktivitäten – Wandern, Rudern, Schlittschuhlaufen – dürften ihr die

Entscheidung erleichtert haben. Voraussetzung hierzu allerdings war ihre finanzielle Unabhängigkeit. Die schien trotz der Wohlhabenheit der Eltern nicht selbstverständlich – immerhin hatten diese eine große Kinderschar abzusichern.

Zunächst sieht es für die junge Marie von Bunsen so aus, als stünde ihr nicht ein – zumeist freudloses – Dasein als Lehrerin bevor, sondern die nicht minder freudlose Existenz einer Hofdame der künftigen Kaiserin. Georg von Bunsen unterhält gute Beziehungen zu Kaiser Wilhelm I. und dessen Sohn, dem Kronprinzen Friedrich. Als der greise Wilhelm am 9. März 1888 stirbt und Friedrich als König von Preußen und Deutscher Kaiser den Thron besteigt, scheint auch für Marie von Bunsen die Zukunft als Hofdame im Gefolge der neuen Kaiserin Victoria vorgezeichnet. Victoria ist die älteste Tochter der gleichnamigen englischen Königin, und Marie von Bunsens mütterlicherseits englische Abkunft und ihre Vertrautheit mit englischer Kultur scheinen die besten Voraussetzungen für den höfischen Dienst. Doch der an Kehlkopfkrebs leidende Kaiser regiert nur neunundneunzig Tage. Er stirbt am 15. Juni 1888. Nachfolger wird sein Sohn Wilhelm II. Damit endet für Marie von Bunsen jäh die Aussicht auf ein geruhsames Leben im Berliner Schloss. Der von der Familie Bunsen zunächst als Unglück empfundene Tod Kaiser Friedrichs – Georg von Bunsen verliert als Politiker seine Protektion – erweist sich im Nachhinein als Marie von Bunsens größtes Glück: Statt in den Gemächern der Kaiserin zu verdämmern und ein unselbstständiges Dasein bei Hofe zu führen, wird sie in die Freiheit katapultiert und ist gezwungen, ihren eigenen Weg zu suchen und zu gehen.

1896 stirbt Georg von Bunsen, drei Jahre später seine Frau Emma. Das prachtvolle Haus in der Berliner Maienstraße, längst zu groß für die restliche Familie, wird verkauft. Marie von Bunsen fällt eine Erbschaft und ein Teil des Erlöses aus dem Immobilienverkauf zu, die ihr ein materiell sorgenfreies Leben ermöglichen: »Das Haushalten ist mir nie schwer gefallen, und wenn auch bescheiden, habe ich doch herrschaftlich gelebt.« Sie ist frei – frei von finanzieller Sorge, frei von der Notwendigkeit, einem Erwerbsberuf nachzugehen, eine Unterhaltsehe einzugehen oder sich in freudlosen und von Kabalen durchsetzten Pöstchen bei Hofe zu verdingen. Es beginnt für sie die Zeit der Unabhängigkeit: »Nicht die eigentliche Jugendperiode, sondern diese von 1902 bis zum Krieg [1914] während Zeitstrecke der Lebensfülle und der Unabhängigkeit ist die schönste meines Lebens gewesen.« Sie beginnt ihre literarischen und journalistischen Neigungen zu professionalisieren und – vor allem – sie mit ihrer wahren Leidenschaft, dem Reisen, zu verbinden. Sie bereist Nordamerika ebenso wie den Orient, Deutschland ebenso wie Europa und die fernen Länder jenseits der Ozeane. Sie durchmisst die Kontinente auf Kamelen, Eseln und Elefanten, in Eisenbahnzügen, auf qualmenden Dampfern und in stinkenden frühen Automobilen.

Im Ruderboot durch Deutschland

Den zeitgenössischen Lesern prägt sie sich jedoch besonders durch ihre Paddelboottouren ein. 1914 erscheint der erfolgreiche Band *Im Ruderboot durch Deutschland. Havel, Werra, Weser und Oder*, der anschaulich und lebendig ihre Bootstouren mit der »Formosa« durch die weitverzweigten Fluss- und Kanalregionen Nord- und Mitteldeutschlands schildert und bis heute nichts von seiner Eindrücklichkeit eingebüßt hat, zumal weite Teile der beschriebenen Wasserlandschaften in ihrer romantischen Naturbelassenheit erhalten geblieben sind. Marie von Bunsen erkennt, dass die Schönheit heimischer Landschaften sich nicht vor jener der großen weiten Welt zu verstecken braucht: »Vielleicht zeigen diese anspruchslosen Schilderungen, was unsere Heimat allüberall zu bieten vermag. Gerade weil ich Europa in ausgedehntem Maße kenne, mich noch in drei anderen Weltteilen längere Zeit aufgehalten habe, darf ich die ungewöhnlichen Vorzüge, die Mannigfaltigkeit der landschaftlichen und architektonischen Werte Deutschlands betonen.«

Beispielhaft ist die Paddeltour auf der Havel, die Marie von Bunsen im Sommer 1905 unternimmt. Sie startet am 28. Juli in Potsdam, Begleiter ist ihr Hündchen Stop:

»Sorgsam verteile ich die Taschen, den aufgerollten Jagdsack, die Segeltuchdecke und stoße ab. Der verwitterte Schiffsbauer wünscht glückliche Reise; auf der langen Brücke steht der Gepäckträger, der die Sachen vom Bahnhof brachte, und sieht interesseerfüllt zu. Halbzwölf; vom Turm der Garnisonkirche erklingt das altmodische heitere Glockenspiel. Am Ufer liegt die Laubenkolonie; […]. Eine Reihe goldgelber Sonnenblumen spiegelt sich im Wasser, eine Reihe milchweißer Schwäne zieht in ahnungsloser Schönheit an ihnen vorbei.

Ich rudere über die seeartige Havel auf den Judengraben zu. Nicht nur der Abkürzung halber, ich liebe diesen versteckten, kleinen Wasserweg. An beiden Seiten biegen sich Weidenbäume herüber, ragen Silberpappeln empor. Zu Pfingsten hat man hier gelbe Schwertlilien und duftendes Heu; jetzt gibt es gewaltige Kardengewächse mit imposant stilisierten Blättern, es bringt der Wind anheimelnden Duft vom reifenden Korn. Zwei Balkenbrücken führen herüber; schön in ihrer einfachen Würde.

Draußen schimmert die Fläche; in blaublasser Ferne zeigen sich die Umrisse der Kaputherhügel. Nicht nur hellt es sich auf, hinter mir weht es frisch, und ich hisse das Segel. Die ›Formosa‹ ist nur ein schlichtes Ruderboot, vom Kreuzen ist keine Rede, das Segeln beschränkt sich also nur auf das primitive Ausnutzen eines Voll- oder Halbwindes. Harmlose Gemüter haben auch daran viel Freude.«

Geruhsam geht es weiter, am Dorf Caputh vorüber. Die sich dem Auge darbietenden Bilder wirken urzeitlich und unzeitlich gleichermaßen: »An der schmalen Landzunge wird ein Floß gebaut, baden nackte Knaben. Ungelenke Kähne ziehen vorüber, oft rudert man noch auf die alte Art, stehend, nach vorn, mit einem Riemen; am Bug benutzt ein Knabe den kleineren als Steuer. Dieses Fischer- und Schifferdasein wirkt prähistorisch einfach, und liegt doch vor den Toren Berlins.« Wenn es nicht gerade regnet und stürmt und sie Zuflucht in einem Dorfgast-

hof suchen muss, zieht sie es vor, die Nächte auf der »Formosa«
zu verbringen. Dazu hat sie sich ein besonderes Patent einfallen
lassen:

»So binde ich die ›Formosa‹ an den Pfosten, packe aus, richte
mich ein und bereite das Mahl. Vertrauensvoll koche ich mir
Havelwasser zum Kakao und öffne die Büchsen. Eine dieser
enthält Zunge; Stop schnüffelt an derselben, infolgedessen ist
unser Verhältnis etwas gespannt. Dann versuche ich mein
Schutzverdeck anzubringen. (Es ist aus rot und weißem Segeltuch, auf dem Wasser sind das doch die hübschesten Farben.)
Ich hatte mir dasselbe sinnig ausgedacht und von meiner Jungfer ausführen lassen. Am Mast sollte es hochgezogen, am Heck,
am Bug, an den Seiten mit Ringen und Haken befestigt werden;
seitwärts ein kleiner Vorhang, der sich an einer Schnur hin und
her schob. So war das ganze Boot verdeckt; am Mast war genü-
gender Raum zum bequemen An- und Ausziehen, durch den
zurückgeschobenen Vorhang konnte man die nächtliche Natur
genießen. Das Prinzip war tadellos, in der Ausführung rächte
sich mein Dilettantismus. Das Segeltuch fiel infolge seiner
Schwere tütenartig zusammen; so wurde ich beim Liegen allerdings schön bedeckt, vom An- und Auskleiden in einem wenn
auch noch so kleinen Zeltraum war jedoch nicht die Rede. Eine
zweite Enttäuschung bereitete mir mein Revolver. Er war ganz
neu, ich hatte ihn in der Feuerwaffen-Prüfungsanstalt in Halen-
see eingeschossen; jetzt gelang es mir nicht, ihn zu laden. Einen
Revolver, ein Hündchen und ein gutes Gewissen halte ich für
voll ausreichenden Schutz; nun mußte ich eben auf ersteren
verzichten, das ließ sich nicht ändern. Ich zog mich also aus und
badete in der fahlen Dämmerung, in der die gelben Mummeln
und weißen Violen noch eben erkennbar waren. Erst nahm ich
Stop, dem ich verziehen hatte, nach dem Ufer, damit er seinen
Abendspaziergang abhalten könne, und schwamm dann in der
dort breiten, ruhig dahinfließenden Havel umher. Darauf breitete ich den Jagdsack aus und kroch hinein. Vorsorglich hatte
ich mir ein weißes Moskitonetz an den Sack nähen lassen, das
tat gut, denn Mücken gab es in Masse. Da lag ich nun; seit Jah-

ren und Jahren hatte ich mir Nächte im Freien gewünscht, endlich hatte ich es erreicht.«

Wenn es regnet, wird es etwas ungemütlich, aber die toughe Paddlerin hält das nicht von ihrem Vorhaben und den täglichen Etappen ab:

»Um sechs hört der Regen auf; ich benutze rasch die Gelegenheit zum Waschen und Anziehen. Kaum bin ich aber in den Kleidern, so gießt es wieder. [...] Stop muß doch seinen Morgenspaziergang vornehmen, also ziehe ich mir Regenmantel und Mütze an, bedecke alle Sachen mit dem Segeltuch und rudere und stake mühsam durch Schilf und Rohr und Weidengruppen ans Land. Die Wiese ist mit Blumen bedeckt, aber triefend; Stop weigert sich, dort zu lustwandeln, ich muß mit; Schuhe und Strümpfe werden recht naß. Es regnet unverdrossen; schließlich packe ich alles zusammen und rudere darauf los. Sehr vergnüglich ist es nicht, die Landschaft jedoch unzweifelhaft hübsch. Jenseits von dem Wald, den ich gestern abend gesehen hatte (wie konnte er mir nur graulich vorkommen), dehnen sich leuchtend grüne Wiesen, auf ihnen weiden schwarze und weiße Kühe, dahinter sind Abhänge und Wälder.«

Solche Unbill ist indes rasch vergessen. Unvergleichlich lohnt es die Natur mit Schönheit, die Landschaft wird geradezu zu imaginärer Musik: »Nach dem Mittagmahl im Boot lagere ich mich und warte auf das Abflauen des Windes. Die schneeweißen Wolken, die scharfen Brisen geben eine merkwürdige Färbung. Bei einem Gemälde spräche man von einem überaus subjektiven Kolorit; Bäume, Schilf und Gräser sind strahlend beleuchtet, haben ein kaltes graues Grün; über dem verwitterten Gebälk der Ablage blühen Mohnblumen wirr durcheinander, auch diese haben ein raffiniertes, blasses Rot. Die Wolken schweben dahin, Luftgebilde, lebend und doch unwirklich, Phantome im ewigen Sich formen, im ewigen Verfließen. Als erklängen in voller Kraft C-dur-Akkorde, so türmen weiße, gewaltige Massen sich auf, dann ist alles verweht, vernichtet, es flattern graue, zerrissene Fetzen kläglich vorbei. Hier scharfe Gegensätze von Licht und Schatten, hier Übergänge von unsagbarer Feinheit. Zarte, traumhafte Verschleierungen und das leuchtendste Blau, matte Triften vom weichsten Weiß bis zum sanftesten Perlmuttergeflimmer.«

Ist das Ziel einer Paddeltour allen Widrigkeiten, aller körperlichen Anstrengung zum Trotz endlich erreicht, ist es wie ein Fest. Kurz vor der Einmündung der Havel in die Elbe erhebt sich auf einem Hügel die alte Bischofsstadt Havelberg: »Da, um eine Schilfecke kommend, sah ich Havelberg in der Ferne; wie ein altes Schloß auf hohem Berg ragte malerisch der Dom in die Luft. Nach dem Kießling gab es vor der Stadt eine Gartenwirtschaft am Weinberg, und so hielt ich nicht weit von einigen am bewaldeten Bergabhang gelegenen Häusern in einer Bucht. Der Bischofstadt zu Ehren wollte ich mich etwas umziehen; man wird findig, unter einem roten, indischen Tuch schlüpfte ich in meine frische Bluse, ohne den Insassen der Kähne oder den am Ufer melkenden Frauen ein Ärgernis bereitet zu haben. Dann übergab ich die ›Formosa‹ der Obhut einer vor ihrer Kajüte versammelten, liebenswürdigen Schifferfamilie und sprang mit Stop an Land.« Doch mit dem Erreichen des Ziels wartet zugleich die Rückkehr in den Alltag, in die Vorzüge und gleichermaßen Beschneidungen der Zivilisation: »Dann war meine Zeit um. Trotz der Sonnenhaube war mein Gesicht braun gebrannt; meine Hände wahrten, dank des beständigen Handschuhtragens, eine anständige Farbe, machten jedoch einen ›ausgeweiteten‹ Eindruck. Wie gesund und robust ich mich fühlte, läßt sich nicht sagen. Nun sollte eine Reihe von Besuchen beginnen: Jungfer, Koffer und Kultur. Das Kulturleben hat ja vieles für sich, wenn man es nur zeitweilig abzuschütteln vermag.« Das Resümee solch einer Rudertour durch heimatliche Gefilde jedoch klingt enthusiastisch: »Wer glückliche, anregende Wochen verleben will, nehme sich ein Boot und rudere durch Deutschland.«

Nachdem Marie von Bunsen heimische Landschaften mit dem Paddelboot durchquert und per Schiff und Eisenbahn auch weite Teile Europas und Nordamerikas erforscht hat, bricht sie im März 1911 zu zwei langen Reisen auf, die sie durch ganz Ost- und Südostasien und auf den indischen Subkontinent führen. Erst der Ausbruch des Ersten Weltkriegs zwingt sie dazu, nach Deutschland zurückzukehren. Sie hat 1934 über diese Reisen ein Buch mit dem langen Titel *Im fernen Osten. Eindrücke und Bilder aus Japan, Korea, China, Ceylon, Java, Siam, Kambodscha, Birma und Indien* veröffentlicht und trotz oder gerade wegen des großen zeitlichen Abstands eine Reiseschilderung geschaffen, die von irisierenden Bildern und poetischem Glanz durchflossen ist.

Ursprünglicher Anlass für die Reise ist die fixe Idee, einmal zu Fuß dem Lauf der berühmten japanischen Tokaido-Straße zu folgen: »Immer wieder wurden die landschaftlichen Schönheiten dieser Strecke abgezeichnet, wir besitzen noch die Reiseskizzen dieser Künstler. Immer wieder beschrieben Schriftsteller, feierten Dichter und Satiriker das bunte Treiben aller Stände auf dieser belebtesten Verkehrsader des Reiches. Es ist die berühmteste Heerstraße der Welt gewesen. Da nahm ich mir in Berlin vor, sie von Tokio bis Kioto zu durchwandern und zwar ohne Reisediener, mich auf meine dürftigen, mühsam erlernten Sprachkenntnisse verlassend. In Tokio wurde mir in unserer Botschaft, wie in der Gesellschaft, aufs eindringlichste abgeraten. Unmöglich könne eine Dame sich der Unbehaglichkeit der japanischen Gasthöfe aussetzen, und niemand, auch nicht ein Herr, unternähme eine Reise ins Innere, ohne einen sprachkundigen Diener und ohne europäischen Proviant. Außerdem wäre gar nichts Besonderes zu sehen. Ich habe nicht einen Augenblick geschwankt.« So spontan wird im heimischen Berlin ein Entschluss gefasst, und so hartnäckig bleibt es vor Ort dabei, alle Warnungen wohlmeinender Zeitgenossen in den japanischen Wind schlagend!

Nicht immer ist es selbst für eine erfahrene Globetrotterin wie Marie von Bunsen einfach, die japanischen Verhaltensregeln zu durchschauen. Zudem stößt sie als allein reisende emanzipierte Frau bisweilen auf Unverständnis, was ihre japanischen Gastgeber und Begleiter freilich hinter ihrer Höflichkeit zu verbergen suchen. Einmal will der Besitzer einer der größten Zeitungen des Landes die Europäerin auf einem Spaziergang zu einem entlegenen Tempel begleiten. Die eigenwillige Marie von Bunsen erinnert sich: »Da er kein Wort Englisch kann und mein Japanisch trotz aller Mühe sehr bescheiden ist, sah ich den Zweck nicht recht ein; das ist jedoch seine Sache, ich lächelte und brachte meine besten Höflichkeitssätze vor.« Der Ausflug zu zweit erweist sich wider Erwarten als ein angenehmes Erlebnis, der Zeitungstycoon ist von der toughen Deutschen angetan und bekundet dies recht seltsam, als er sich mit der Bahn auf den Rückweg nach Tokio macht: »Er übermittelte mir seine Freude über den genußreichen Spaziergang, bestaunte meine Gehfähigkeit, befrug mich über die Italienische Armee, unser Steuersystem, meine Lebensstellung, und verabschiedete sich dann mit schwungvollen Worten.«

Nicht immer ist Marie von Bunsen allein unterwegs: Ottmar von Mohl, ein preußischer Kammerherr, der einst im Auftrag der japanischen Regierung das preußische Hofzeremoniell am japanischen Kaiserhof eingeführt hat und beste Kontakte zu den herrschenden Kreisen unterhält, und dessen Frau Wanda nehmen die deutsche Reisende unter ihre Fittiche und öffnen ihr Türen zu Häusern, Palästen und Institutionen, die sonst europäischen Reisenden – und noch dazu Frauen! – streng verschlossen bleiben: So kann Marie von Bunsen eine Burg der Shogundynastie besuchen und sieht, wie deren Mitglieder in ihren reichen, bunten Gewändern auf einer Prozession zu einem Tempel ziehen. Freilich können auch das Ehepaar Mohl und ein japanischer Führer die deutsche Schriftstellerin nicht immer vor Fauxpas bewahren: »Ich schilderte meinen verzweifelten Kampf mit der japanischen Sprache, erwähnte die Entgleisungen, über die mein Begleiter Koyama zusammengefahren war. Wie es in meiner Grammatik stand, hatte ich Kinder mit einem proletarisch häßlichen Ausdruck bezeichnet. Drei gleichgekleidete, allerliebste kleine Mädchen wollte ich freundlich bewundernd ›Mäuschen‹ nennen, gebrauchte aber das Wort ›Ratten‹. Hierüber freute man sich.«

Marie von Bunsen kennt keine vermeintlichen Tabus, wenn es um die Erkundung fremdländischer Sitten und Gebräuche geht. Ein Kapitel ihrer Reiseerinnerungen an Japan widmet sich der »Moral«. Mithilfe der Gattin des italienischen Botschafters, der Marchesa Guiccioli, informiert sich die Reisende über das berühmte Freudenhausviertel von Tokio, wo Liebesdienste unter Aufsicht der Behörden und mit voller gesellschaftlicher Sanktionierung angeboten werden. Leider, so Marie von Bunsen, brannte dieses Viertel in der Nacht vor ihrer Ankunft ab. »Würde es aufgebaut werden?«, so fragt sich die besorgte Globetrotterin. Es reicht der wissensdurstigen Autorin aus dem wilhelminischen Deutschland nicht, Freudenhäuser nur aus Berichten Dritter kennenzulernen. Sie besucht zwei der angesehensten Geishaschulen – natürlich öffnen sich ihr die Türen durch gute Kontakte – und ist recht angetan über diese Lehranstalten für künftige Geishas, die in Bildung und Ansehen mit den frühneuzeitlichen Kurtisanen verglichen werden können: »Überaus gediegen wirkte die Tokioer Geishaschule. Ein ummauerter japanischer Bau, ein Gärtchen, Galerien; in jedem Raum wurde Unterricht erteilt, so im Schreiben, Tanzen, Nähen, Blumenordnen, Singen, im Samisenspiel [Spiel auf einer dreisaitigen japanischen Laute], in der Teezeremonie. Die Lehrerinnen waren ältere, einfach gekleidete Frauen. Diese Schule ist die angesehenste in ganz Japan; strebsame Eltern bringen Opfer, um vielversprechende Töchter hier anzubringen, schon mit sieben Jahren können sie aufgenommen werden.« Auch das älteste Freudenhaus Tokios wird von Marie von Bunsen und einer englischen Touristin mit einem Besuch beehrt: Das Haus Sumidsha aus dem 16. Jahrhundert, dessen Kurtisanen so berühmt waren, dass sie sich allerlei Freiheiten erlauben durften und ihnen jeglicher Luxus gewährt wurde. Marie von Bunsen wird von der

Hausdame durch die Räumlichkeiten geführt. Die Globetrotterin ist angetan: »Jedes Zimmer hatte seinen besonderen Namen. Wir sahen das Päonienzimmer, das Mondzimmer, Glanzpunkt war jedoch das Perlmutterzimmer. [...] Hamagutschi [die Hausdame] freute sich über unser beeindrucktes Staunen, sagte: ›Ja, man behandelt diese armen Geschöpfe bei uns humaner als anderswo, so sind sie wohl anständiger und zivilisierter. Nie kommt ein Diebstahl vor, nie gebrauchen sie ein gemeines Wort, und diese Bildung verdanken sie vor allem diesem Haus, dieser Hochschule der verfeinerten Tradition.‹ [...] Wir zwei europäischen Damen hatten uns ein Freudenhaus anders gedacht.«

Marie von Bunsen besucht in Japan traditionelle Kleinstädte und Dörfer ebenso wie moderne, von der beginnenden Industrialisierung verunzierte Hafenstädte, Klöster und Tempelanlagen ebenso wie ein Dorftheater, den heiligen Berg Fujiyama ebenso wie den nachmals durch den deutschen Dichter Max Dauthendey auch in Europa berühmt gewordenen Biwasee (*Die acht Gesichter am Biwasee*, 1911). Die Deutsche begibt sich auf ein rituelles Reisfest und besucht die Hummer-Taucherinnen von Toba. Sie wird auch Zeugin des traditionellen Fischfangs mit Kormoranen: »Flackernde Kienkörbe am Bug der grobgefügten Kähne beleuchteten die halbnackten Fischer. Der Erste hielt in der Hand ein Dutzend Stricke, am Ende eines jeden schwamm ein raubvogelähnlicher Kormoran. Beständig verschluckte der eine oder der andere einen Fisch, sofort wurde sein Strick angezogen, mit raschem Griff nahm der zweite Fischer die Fische aus dem leicht zusammengeschnürten Hals, und ohne daß einer der Stricke sich verhedderte, warf er den Kormoran wieder in den Fluß.«

Bemerkenswert, wenngleich etwas gruselig ist die Seidenraupenzucht: »Maulbeerbäume bedeckten die Felder, in allen Häusern standen übereinandergeschichtete, mit Blättern aufgefüllte Korbplatten. Die Blätter bewegten sich; unheimlich, abstoßend wühlte dort die weißgraue lebende Masse der Seidenraupen.«

In ferne Zeiten fühlt sich Marie von Bunsen zurückversetzt,

als sie traditionelle Ritterkämpfe sieht; nicht, wie man heute vermuten könnte, auf einem historisierenden »Mittelalterfest«, sondern in einer von außen unscheinbaren Kampfschule, in die der Zufall sie auf einem Spaziergang durch Kioto führt: »In einem stillen baumreichen Teil von Kioto umherwandernd, hörte ich rauhes Geschrei, heftige Stöße. Der Lärm kam aus einem japanischen Gebäude. Die Tür stand offen, ich trat ein, sah vor mir den wilden Kampf vermummter Gestalten. Sie trugen einen aus festen Stofflagen gefertigten, an Ritterrüstungen erinnernden Panzer, eine Gittermaske verdeckte das Gesicht, über Haar und Schultern hing ein dunkles Tuch, kurze Hosen, bloße Beine. Leidenschaftlich schwangen sie ihre Holzschwerter oder kurze, oben umwickelte Lanzen. […] Wie mir nachher gesagt wurde, war es das Vereinshaus der über eine Million Mitglieder – Männer, Knaben und Mädchen – zählenden ›Gesellschaft für kriegerische Tugend‹.«

Der viereinhalbmonatige Aufenthalt in Japan klingt geruhsam aus, in einem Ferienhäuschen in der pittoresken Bucht von Matsushima, auf den Klippen oberhalb des Meeres – nach den vielen Begegnungen und dem Sightseeing der ideale Ort, auszuspannen und die körperlichen und geistigen Kräfte zu sammeln. Die etwas erschöpfte und ruhebedürftige Reisende ist von der Atmosphäre des Ortes entzückt:

»Es ist ein nettes japanisches Häuschen, wird von einer gewaltigen Kiefer beschattet, von Blumen und Zypressen umgeben, grenzt an ein Wäldchen. Dort girren Tag und Nacht Waldtauben, dort blühte – ich traute meinen Augen nicht – wild die stolze mächtige Lilium auratum. Betäubend süß zog ihr Duft herein. In den Fels gehauene Stufen führten hinunter an den Strand. Hier erstreckte sich der große, vornehme japanische Gasthof mit seinen Galerien und seinen, auch auf den Höhen angebauten Nebenhäuschen. Weit und breit war alles japanisch, Matsushima liegt ziemlich nördlich, liegt weder an der Eisenbahn, noch hat es einen europäisch geführten Gasthof; so kommen Touristen nicht her. Die Mahlzeiten waren natürlich japanisch, aber abwechslungsreich und gepflegt. Man brachte sie mir ins Häuschen, verrammelte abends die festen Läden, öffnete sie in der Frühe, tagsüber streifte ein Luftzug durch die Räume. Im Schatten der gewaltigen Kiefer, zwischen den Zypressen, sah ich auf die weite Meeresbucht, auf bewaldete Vorsprünge, Felsenabstürze und ferne Gebirge. Überall Inseln, einige verdämmerten im Dunst. Gern streifte ich im Fischerdorf umher, bewunderte die geschmackvolle Hafenanlage, die Steineinfassung, die große Steinlaterne, die Bänke im Schatten der römischen Pinien; Matsushima ist japanischer Ausflugs- und Badeort. Sampangs [traditionelle flache Segelboote] mit ihren altertümlichen rechteckigen Segeln kehrten, mit Netzen beladen, heim, vorzüglich wirkten die Umrisse der kräftigen halbnackten, braunen Schiffer.«

Noch im Abstand von über zwanzig Jahren ist die Erinnerung an das Häuschen bei Matsushima mit märchenhaften, rauschenden Bildern verknüpft: »Gern nahm ich mir einen Sampang, umfuhr einige der vielen Inseln. Der Sandstein war durch den Wellenschwall grottenartig ausgehöhlt, ich landete an den aus dem Felsen geschnittenen Stufen. Große Kiefern krümmten sich über dem Wasserspiegel, reckten sich empor. Im Halbschatten umgaben gelbe und orangene Taglilien einen stumm und still dasitzenden Buddha mit niedergeschlagenen Augen. Denke ich an das Häuschen am Meer, verbinde ich vor allem mit ihm den Waldtaubenruf, den Lilienduft und die kiefernbeschattete Insel mit dem sinnenden Buddha.«

Dann kommt die Stunde des Abschieds vom Reich der aufgehenden Sonne: Am Abend des 31. August 1911 besteigt Marie von Bunsen einen Dampfer nach Korea. Sie ist gleichermaßen neugierig auf das, was vor ihr liegt, wie traurig, das ihr liebgewonnene Land und seine Bevölkerung zu verlassen. Den Japanern sendet sie noch einen persönlichen Wunsch hinterher: »Von Herzen hoffe ich, daß Japaner[n] mit ebenso bescheidenen Sprachkenntnissen, wie es die meinen waren, im Harz, an der Ostsee, in Oberbayern ähnliche gute Erfahrungen mit Gastwirten, Gepäckträgern, Kutschern und Bootsleuten zuteil werden mögen. Ich wünsche es von Herzen!«

Bereits am Morgen des 1. September langt der Dampfer an der koreanischen Küste an. Ähnlich Japan ist auch Korea für die Deutsche ein Hort friedlicher, farbiger Exotik. Zunächst reist sie nach Seoul und lernt den englischen Generalkonsul kennen, der es ihr ermöglicht, den Palast des einstigen Kaisers zu besichtigen. Die gewaltsame Besetzung des Landes durch die Japaner erwähnt die deutsche Autorin nur in zwei recht dürren Sätzen: »Eine japanische Truppe drang am 8. Oktober 1895 durch eine Seitentür in den Nordpalastbezirk. Die Kaiserin flüchtete, wurde mit zwei Dienerinnen niedergemacht.« Der Zufall will es, dass Marie von Bunsen den Mörder der Kaiserin wenige Wochen zuvor in der Halle des Hotels Imperial in Tokio kennengelernt hat: »Der General Nogi besuchte seinen Freund, unsern General von Dufaix, und als er fortging, fragte mich einer der deutschen Herren: ›Sprachen Sie mit dem Adjutanten?‹ ›Nur ein paar Worte.‹ ›Er hat allerwahrscheinlichst die Min-Königin von Korea umgebracht, auf jeden Fall war er dabei, hat die Sache geleitet.‹« Die von wohligem Schauer durchrieselte Globetrotterin besichtigt nun in Seoul die Örtlichkeit der Meucheltat: »Ich besah mir die Stätte im Nordpalastbezirk. Man schleppte die Leiche nach einer kleinen Insel im Wald, bedeckte sie mit Strohmatten, steckte diese an …« Hinsichtlich der völkerrechtswidrigen Unterwerfung Koreas durch die japanischen Aggressoren vertritt Marie von Bunsen jedoch die typisch pragmatisch-kolonialistische Einstellung ihrer Zeit: »Daß Korea durch die Eroberung, durch die Angliederung an Japan weitaus mehr gewonnen als verloren hat, wird jedoch von allen Einsichtigen angenommen.«

Es bleibt bei diesen oberflächlichen, angelesenen Eindrücken und Ansichten. Bereits wenige Tage später verlässt Marie von Bunsen Seoul und reist weiter nach China, das damals zwar noch ein unabhängiges Kaiserreich ist, aber den europäischen Kolonialmächten – darunter Deutschland – in ungleichen Verträgen Handelsniederlassungen und Flottenstützpunkte einräumen musste. Marie von Bunsen besucht zunächst die alte Kaiserstadt Peking, wo fünfzehn Jahre zuvor die mit ihr befreundete Elisabeth von Heyking lebte und davon inspiriert ihren Bestsellerroman *Briefe, die ihn nicht erreichten* schrieb. Noch regiert der 1906 geborene Kindkaiser Puyi (Xuandi). Wenige Wochen nach Marie von Bunsens Ankunft in Peking wird die Revolution ausbrechen. Am 1. Januar 1912 wird die chinesische Republik ausgerufen, der Kaiser de facto entmachtet, der sich daraufhin ins zwölfjährige innere Exil seines Palastes im Bezirk der Verbotenen Stadt zurückzieht.

Von alledem kann Marie von Bunsen während ihres Aufenthalts im September 1911 nichts ahnen – bei der Niederschrift ihres Reisebuchs über zwanzig Jahre später freilich hat sie einen anderen Blick auf die chinesische Geschichte. Als Touristin des Jahres 1911 ist sie von der fremden Ursprünglichkeit der Stadt berührt – ganz im Gegensatz zu ihrer Freundin Elisabeth von Heyking, die Peking verabscheut hat. Marie von Bunsen schwärmt von einem Spaziergang auf der alten Stadtmauer: »Deutlich läßt sich von hier aus die Stadt übersehen, und ich halte Peking, die Stadt des genialen Kublai Khans, für die schönste der heutigen Welt. […] Unserer Menschheit hat Peking als Stadtschönheit nichts an die Seite zu stellen. Ein klar gegliederter Plan mit logisch sich durchkreuzenden Hauptstraßen, an deren Aus- und Eingängen mächtige Torgebäude. Die gleichmäßig niedrige Häusermasse wird durch die einheitlichen grauen guten Dächer bestimmt, dazwischen liegt das Baumgrün der herrschaftlichen Besitze, dazwischen stattliche, oftmals von Hainen umgebene Tempel und ebenso stattliche öffentliche Gebäude. Dann prangen in der Mitte des weiten Stadtraumes die gelben Mauern, die gelben Dächer, die Baumwipfel der ›Verbotenen Stadt‹, des Kaiserpalastbezirkes.«

Sie reist an die Küste, nach Hang-Tschau (Hangzhou), das kurz vor der Mündung des Qiantang-Flusses ins Ostchinesische Meer liegt. Dort wird von alters her die durch den Herbstvollmond hervorgerufene Oktoberflutwelle, die in die Flussmündung hineindrückt, von einer schaulustigen Menge beobachtet und gefeiert. Marie von Bunsen will das Spektakel ebenfalls betrachten, zum Uferdamm lässt sie sich recht bequem in einer traditionellen Sänfte tragen: »Morgens warteten vor der Tür vier Träger mit der Sänfte; sie war aus schwarzlackiertem Rohr, hatte einen blauen Vorhang, innen geblümtes Papier. Es ist ein erstaunlich angenehmes Beförderungsmittel; vor mir hatte ich ein schmales Brett, und so glatt war die Bewegung, daß ich nicht nur gut lesen, auch gut schreiben konnte.« Sie erreichen den Uferdamm vor der Stadt, wo bereits eine festlich gestimmte Menschenmenge auf das Naturereignis wartet: »Plötzlich ging eine Bewegung durch die Menge. Meine Träger eilten herbei, und ich stellte mich am Deichrand auf. Alle sahen nach der fernen Strommündung. Dort in der Luftlinie war ein heller Strich sichtbar geworden, jetzt schien er zu zittern, jetzt breitete er sich aus, erstreckte sich schließlich bis über die ganze große Bucht. Nun konnte man das Annahen erkennen, und schließlich – unsere Spannung wurde immer erregter – sahen wir deutlich eine gewaltige, sich oben fast überschlagende Welle. Sie kam immer näher, sie rauschte und stürmte und dröhnte. Alle schrien durcheinander, aber noch lauter war das Toben dieser furchtbaren Welle. Unaufhaltsam, mit ruhiger entsetzlicher Macht schwoll und donnerte der Wasserwall vorüber …«

Nachdem sie dieses gewaltige Naturschauspiel bestaunt hat, drängt es Marie von Bunsen zu einer stillen Fahrt auf einem pittoresken Fluss, einem Seitenarm des Yung. Sie mietet ein behagliches Hausboot und verbringt »einen langen, überaus reizvollen Tag« auf dem Gewässer: »China, unberührtes China umgab mich. Der Fluß ist die Landstraße, hier lagen Städtchen, Dörfer und Anwesen, hier ging der Handel und Wandel vor sich … eine freundliche anziehende Landschaft mit grünen Fluren, herbstlichen Feldern, mit von gewaltigen Bäumen umgebenen Gehöften und einem geschwungenen Berghintergrund. Auch in Europa würde man das Flußbild bewundern, nirgends in Europa wären jedoch so schöne Brücken anzutreffen.« Sie besucht noch die nahe gelegenen Tempelanlagen von Ninwang. Dann neigt sich ihre Zeit im Reich der Mitte bereits dem Ende zu.

Doch bevor sie sich Ende Oktober auf die Weiterreise nach Ceylon (Sri Lanka) macht, erreichen sie erste Meldungen von der Revolution in Peking. Erschrocken notiert sie: »Vielleicht nur Unruhen? Allerdings hatte man über zunehmende Mißstimmung so manches gehört ...« In der Rückschau fügt sie hinzu: »An jenem auf dem Fluß verlebten Tag war das tausendjährige Kaiserreich zusammengestürzt. Von nun an regierte ein Präsident im schwarzen Gehrock.«

Im Dschungel Ceylons

Mit dem Schiff geht es weiter nach Ceylon, damals britische Kronkolonie. Marie von Bunsen findet sich in einem völlig anderen Kulturkreis sowie einer anderen Klimazone wieder. Es ist November, aber auf der Insel nahe dem Äquator gibt es weder Sommer noch Winter. Die Farben und Gerüche hier sind greller, aufdringlicher als in China oder Japan, die Natur überbordender, die Menschen wirken geheimnisvoller. Mit einem von Ochsen gezogenen Postwagen geht es über Land. Marie von Bunsen steht im Bann all der fremdartigen Schönheit: »Immer fuhren wir im Baumschatten. Da sah ich vor mir ein bis heute haftendes Bild. Es nahte sich gewaltig und dunkel ein Elefant, auf ihm saß ein halbnackter, tiefbrauner, griechisch schön geformter Jüngling und blies die Flöte vor sich hin. Von den Amherstbäumen rieselten große rote Blüten hernieder, bedeckten den Boden. Es stockte einem das Herz.« Besonders von der Schönheit und natürlichen Anmut der Bewohner ist die deutsche Reisende überwältigt: »Während der Ausspannung ging ich voraus, besah mir das Dorfleben, die Töpfer und Schmiede an ihrer Arbeit. Ich hatte mich schon an den Eingeborenentypus gewöhnt, anfänglich hatte mich der aufgeregte, fast verstörte Ausdruck, hatten mich ihre glühenden Augen unangenehm berührt. Jetzt sprach mich die alte Rasse an, späten klassischen Bronzen glichen ihre allerdings meistens allzu weichen Glieder, gelegentlich sah ich, selbst beim niedern Volk, erstaunlich feine Nasen, edelgeschwungene Lippen. Da die Lasten auf dem Kopf getragen werden, haben alle eine prachtvolle Haltung, der Gang ihrer bloßen Füße ist lautlos und leicht.«

Marie von Bunsen beobachtet Frauen, die aus Palmenzweigen Dachbedeckungen flechten. Von einem jungen Mann, der behände die Palmen hinaufklettert, lässt sie sich eine Kokosnuss bringen. Im Dschungel, so hört sie, leben außer wilden Elefanten auch Krokodile, Tiger und Leoparden, und tatsächlich liegt eines Morgens, als sie die Tür ihrer Hütte öffnet, vor ihrer Schwelle ein toter Leopard, der nachts von einem Dorfbewohner erlegt worden ist.

Sie hat Staunenswertes von den antiken Ruinen der im 5. Jahrhundert erbauten »Löwenburg« Sigiriya gehört und macht sich auf den beschwerlichen Weg durch den Urwald. Das erste Stück geht es mit einem Ochsenwagen voran, doch das Zugtier ist störrisch, lenkt den Karren in unwegsamen Morast und lässt sich selbst durch Schläge nicht bändigen. »Regen setzte ein, ich stand und wartete unter den Bäumen. Es war der Tiefpunkt des Tages.« Mitten im Dschungel wird Marie von Bunsen Augenzeugin einer fremdartigen Fauna und Flora: »Große elsterartige weißschwarze Vögel flogen vorbei. Ich kam auf frische Spuren von Elefanten, sie hatten Zweige heruntergerissen, waren umhergestampft. Langsam zog eine große, grünliche Schildkröte über den Weg, auf diesem sammelte ich umherliegende Stachelschweinkiele, gelegentlich trotteten Schakale scheu vorbei. Öfters vernahm ich das aufgeregte, kleinlich böse Kreischen der Affen, und während ich auf den anscheinend wieder einmal versagenden Ochsenkarren wartete, lief eine Reihe grotesk zierlicher Affen über den Weg, schwang sich in die Wipfel, wiegte sich in den aufschnellenden Zweigen. Der Wald war lebendig.«

Endlich erreicht sie den gewaltigen Felsen, auf dem die Löwenburg thront: »In den Fels gehauene Stufentreppen führten hinauf. […] Noch ein Viertel ist erhalten, ich ging auf dem alten Pflaster, und auf der mit glänzendem Stuck bezogenen, von überhängendem Felsgestein geschützten Wand waren noch

Überbleibsel der weithin sichtbaren Fresken zu sehen. […] Es kamen Zisternen, Gefängnisse, ein weit und breit die Gegend überschauender Luginsland. […] und hier erhob sich das Sensationelle dieser sensationellen Burg – das Löwentor. Vierzig Fuß hoch war ein sitzender Löwe aufgetürmt, Stufen führten zum Rachen, und der Rachen war das Tor! Durch dieses hindurch führte der letzte steile Aufstieg zur oberen Burg, zum Königspalast.«

Durch Hinterindien

Marie von Bunsen unterbricht ihre große Asienreise, verlässt Ceylon und kehrt nach Deutschland zurück. Zwei Jahre später, im Oktober 1913, setzt sie ihre Südostasienreise auf der Insel Java fort, die damals Teil von Niederländisch-Indien ist. Auf Vermittlung eines alten holländischen Herrn besichtigt sie den Palastbezirk des Sultans von Dschokschakarta und lässt sich von ihrem Begleiter den Platz zeigen, wo alljährlich am 10. November rituelle Kämpfe von Männern mit vorgehaltenen Lanzen gegen wilde Tiger ausgetragen werden. Auch der Harem des Sultans ist einen Blick wert – freilich wird die Deutsche nur in den Vorhof gelassen, die eigentlichen Frauengemächer bleiben ihr verschlossen. Besonders angetan ist sie von der üppigen Natur der Insel, die damals noch nicht so zersiedelt und übervölkert ist: »Denke ich an Java zurück, sehe ich vor mir eine oft und an den verschiedensten Stellen erlebte Vision … üppig grüne Fluren, Blumen am Weg, Blüten auf den Bäumen, es erstrecken sich gewellte Waldhöhen, blaue Züge, es erheben sich Palmen und wiederum Palmen.« Mit dem Blick der Aquarellistin sieht sie die Farben und Lichtstimmungen: »Da, in weiter Ferne, erhebt sich aus der blaßnebligen, sonnendurchschimmerten Luft plötzlich, unerwartet, schier atemberaubend ein zart getönter, sehr großer, sehr geheimnisvoller Vulkan. Mächtig und rein schnellt er schwindelnd hoch empor … Und dann kommt Schleierdunst, und die Vision ist entschwunden.«

Marie von Bunsen verlässt Java und Niederländisch-Indien und begibt sich im November 1913 nordwärts, in das unabhängig gebliebene Königreich Siam (Thailand). In der Hauptstadt Bangkok trifft die bekannte Reiseschriftstellerin wiederum auf Europäer, das deutsche Diplomatenehepaar Buri, das der Besucherin Türen öffnet und ihr Kontakte knüpft. Marie von Bunsen wird Augenzeugin einer traditionellen Leichenverbrennungsfeier samt festlichem Mahl. Zudem hat sie das Glück, am alljährlichen Thronbesteigungsfest des Königs Vajiravudh Rama VI. als offizieller Gast teilnehmen zu dürfen. Voll freudiger Erregung betritt sie den Palastbezirk mit der gewaltigen Königshalle. Es haben sich Ehrengäste aus aller Welt, diplomatische Corps, der Hofstaat versammelt. Endlich betritt der König die Szenerie, in Begleitung des Hofmarschalls schreitet er die Reihen der Wartenden ab und begrüßt die Diplomaten einzeln. »Ich stand«, erinnert sich Marie von Bunsen, »hinter unserm Vertreter, er war vom Hofmarschallamt beauftragt worden, mich, die einzig anwesende Reisende, vorzustellen; aber bereits ehe Vajirawud[h] am Deutschen Reich anlangte, fiel ihm kein Wort mehr ein, schweigend, erschöpft reichte er nur jedem die feuchte Hand. Eine kleine untersetzte Gestalt, ein rundes dickes Gesicht mit unruhig umherflackernden Augen.«

Der damals dreiunddreißigjährige König, der seit 1910 herrscht, ist in den ersten Regierungsjahren beim Volk unbeliebt. Er ist ein absolutistischer Monarch, erst 1912 hat er eine Palastrevolte überstanden, die ausgebrochen war, weil er eine Verfassung zwar angekündigt, dann aber nicht verabschiedet hat. Erst in den nachfolgenden Jahren bis zu seinem Tod 1925 gelingt es dem König, das Land innerlich zu befrieden und nach und nach in die Moderne zu führen, etwa durch die rechtliche Gleichstellung von Mann und Frau. Marie von Bunsen freilich hat ihr schlechtes Bild vom König bis 1934 bewahrt. In ihren Erinnerungen urteilt sie recht harsch über seine »anstößige Ehelosigkeit« (in Wahrheit hat der König, der 1913 noch ehelos war, später vier Mal geheiratet) und behauptet, sein Ende sei »beschleunigt« worden (tatsächlich starb Vajiravudh Rama VI.

an einer Krankheit). Wenn auch der Eindruck von dem Monarchen bei dem von ihr besuchten Empfang nicht gerade gut war, so lobt Marie von Bunsen doch nach zwanzig Jahren noch das Festmahl und erinnert sich an die erlesenen Speisen: »Sie waren glattweg vorzüglich. Ravioli mit einer Gehirnfüllung, eine von Gemüseblättern umwickelte Pastetenmasse, knuspriges, mit geraspelter Kokosnuß gereichtes Gebäck. Champagner floß, nicht von Lakaien oder Lohndienern wurde er gereicht, sondern von Kammerjunkern, den jungen Söhnen der vornehmsten Familien. So will es die Überlieferung des Landes.«

Sie hat noch eine entsetzliche Begegnung mit einem der seltenen weißen Elefanten, einem gewaltigen Tier, das sich losreißt und wütend und trompetend durch Bangkoks Straßen trampelt, während die Passanten, darunter Marie von Bunsen, in Panik in die angrenzenden Häuser flüchten. Und sie sieht auf Einladung des Prinzen Dewawongse, des Außenministers, eine Aufführung des berühmten Hofballetts: »Die Körper vibrierten im gemessenen Takt, die Bewegungen, die Schritte wurden mit vollendetem Können, mit entzückender Geschmeidigkeit ausgeführt; ungewohnt, aber nie unschön, wirkte manche Linie, so die asiatisch hieratisch zurückgebogenen Hände.«

Dann verlässt sie Bangkok und reist weiter – sie will ganz Indochina kennenlernen – in das damals von den Franzosen besetzte, benachbarte Königreich Kambodscha. Mit dem Dampfer geht es auf dem Mekong-Fluss in die Hauptstadt Phnom Penh. Marie von Bunsen hat eine offizielle Empfehlung und wird von einem Kammerherrn der Königin in Empfang genommen. Sie besichtigt einen buddhistischen Tempel und fährt anschließend mit dem Dampfer weiter in die alte Tempelstadt Angkor Wat. Die letzte Strecke über den See zu der auf einer künstlichen Insel liegenden Anlage wird in einem Einbaum zurückgelegt – für die begeisterte Ruderin Marie von Bunsen ein besonders einprägendes Erlebnis. Endlich steht sie vor dem Haupttempel. Hingerissen berichtet sie:

»Er ist gewaltig groß; 200 m breit ist der das Rechteck umziehende Graben, 200 m lang an jeder Seite die reliefgeschmückte

Galerie. Weit umspannend, hochaufragend, als hätten Riesen ihn errichtet, ist der Bau. Und doch werden die Pfeiler, die Sockel, die Reliefumrahmungen, wie mit zarter, kostbarer Goldschmiedearbeit von den mannigfaltigsten, geschmackvollsten Ornamenten umsponnen. Oft erkennt man den Holzbauursprung dieser Steinarchitektur. In schmalen hohen, vorgekragten Wölbungen stehen feierliche Götterbilder, mystisch beleuchtet heben sie sich vom tiefen Dunkel. […] Unermeßlich ist der Gestaltenreichtum der schier endlosen Reliefgalerien: Kriegerzüge, Schachspieler, Hahnenkämpfe, Schweine der noch heute sich in den Dörfern umhertreibenden Rasse. Weise Brahmanen umgeben den König, Jagden spielen sich ab, immer wieder ziehen Szenen aus der Mythologie und Heldensage lebendig, bildartig vorüber. Der Kriegertyp ist kräftig, hart, oft grausam verzerrt, die mythischen Tänzerinnen haben eine lasziv-sinnliche Anmut.«

Unter sachkundiger Führung besichtigt sie auch die alte Khmer-Hauptstadt Angkor Thom und mehrere Tempelanlagen, die tief im Dschungel verborgen sind, dann verlässt sie das Land.

Nach einem kurzen Abstecher nach Saigon in Annam (Vietnam) geht es im Dezember 1913 westwärts, ins damals britisch besetzte Birma (Myanmar). Wieder ist es ein völlig anderer Kulturkreis, ein anderer Menschentyp, eine andere Mentalität. Marie von Bunsen ist von den birmesischen Frauen angetan, von ihrer Art, sich frei zu geben, sich bunt zu kleiden, von ihrer Schönheit und Anmut, aber auch von ihrem Selbstbewusstsein, ihrer inneren Freiheit, die ihnen von den Männern nicht strittig gemacht wird: »Frei, aber nicht frech, unbekümmert, sicher und heiter ziehen die ansprechenden Gestalten [der Frauen] vorbei. Aus Saigon, aus dem Land der meistenteils in ärmliches, einförmiges Schwarz gekleideten Annamiten [Vietnamesen] kommend, wirkte die blumenbeethafte Farbenfreude um so stärker. Blaugrüne, rosenrote, aprikosengelbe Seide umschlang als langes Untergewand diese Frauen, darüber ein weißes Jäckchen, an den bloßen braunen Füßen Sandalen, Blumen im rabenschwarzen Haar. Sie genießen ihr Leben und leisten dabei einbringliche Arbeit. Fast der gesamte Kleinbetrieb ruht in den Händen der Frauen, sozusagen hat jede im Bazar ihren eigenen Stand. Dieses, so meint der Birmane, verstehen sie ja am besten.« Sie lobt, dass es in Birma keine Kastenunterschiede gibt und der bescheidene Wohlstand relativ gleichmäßig verteilt ist. Auch ist die rechtliche Situation der Frauen traditionell besser als in anderen asiatischen Ländern, dürfen sie doch in der Ehe das Verfügungsrecht über ihre Mitgift und ihr Erbe behalten und auch selbstständig Geschäfte tätigen. »Deswegen«, so folgert die deutsche Reisende, »ihr zuversichtliches, natürliches, lebensfrohes Auftreten, deswegen stehen sie den Europäern näher als irgendeine Asiatin.«

Der mächtige Irawadi-Fluss durchströmt das Land, und Marie von Bunsen nutzt die Gelegenheit, ihn auf einem Dampfer zu befahren und so recht bequem Land und Leute betrachten zu können: »Eine ungewöhnlich schöne Landschaft, eine unglaublich mannigfaltige bunte Menschheit. [...] Vorbei an Dörfern und Städtchen, an Steilufern und Bergen. Nie fehlten Palmen, Bananen und die großartigen Banyanbäume, mit ihrem mächtigen Wurzelwerk, ihrem tiefen Schatten. In der Ferne erschien der ausgestorbene Popa-Vulkan, er wird von Geistern bewohnt, wird angebetet. Allabendlich, buchstäblich an jedem Abend golddunstige Sonnenuntergangspracht, erregende glühende Wolkenbilder. Allmorgendlich silbergrauer, verschleiernder und entschleiernder Nebeldunst. Dazu die farbenlustige Tracht. Da steht an den Landungsstufen ein seidenbekleideter Jüngling in einem maisgelben seidenen Kopftuch, einer hell lachsrosa Jacke, einem grüngelb schillernden Pasogewand. In Zitronengelb, Apfelgrün, Veilchenblau, in milchigem Rosa ergeht sich neben ihm eine Frauengruppe.«

Marie von Bunsen ist von den lebensfrohen Farben und den schönen, selbstbewussten Menschen wie trunken. Sie besichtigt kurz die damalige Hauptstadt Mandalay im Zentrum des Landes, dann geht es erwartungsvoll weiter flussaufwärts, in die gebirgigen Grenzregionen zu China, wo Bergvölker leben. Die

Natur wird immer wilder: »Wir durchfuhren die hochaufragenden, dichtbewaldeten Berge der Stromengen, schroffe, felsige Steilufer folgten. Am Endpunkt des Flusses, in Bhamo, nahe an der chinesischen Grenze, wechselte ich meinen Dampfer, um auf dem sogenannten Bazardampfer zurückzureisen. […] Gern trieb ich mich in der Ortschaft [Bhamo] umher, besah mir die Häuser der Eingeborenen, mit ihrer guten Holzarbeit, ihren Schnitzereien, ihren von der Galerie herabhängenden Orchideen. Ich beobachtete Töpfer und Weber an ihrer Arbeit, fand ausnahmslos die Bevölkerung freundlich und höflich. Nach dem Dampferleben ersehnte ich mir einen längeren Spaziergang und ging aufs Geratewohl die nach der chinesischen Grenze führende Landstraße entlang. […] Gelegentliche Sümpfe mit watenden Büffeln, selten zeigte sich eine Siedelung. Dafür begegnete ich den fremdartigen Gebirgsbewohnern. Immer schöner wurde der Tropenwald, großartige Stämme ragten empor. Aber er nahm gar kein Ende, und nach anderthalb Stunden kehrte ich um. Da hörte ich langgedehntes, mannigfach moduliertes, melancholisches Singen. Es kamen mir zwei Jünglinge der Kachin-Bergstämme entgegen. Rote Tücher umschlangen ihr Haar, sie trugen dunkelblaue Kittel, ein langes Messer steckte in der Holzscheide und in der Hand hielten sie Bogen und Pfeile. Singend zogen sie an mir vorüber. Das war nicht mehr Birma, das war weltentlegenes Gebirgsland.«

Zu Gast bei Maharadschas

Wie verzaubert besteigt Marie von Bunsen in Rangun einen Dampfer voller Pilger und fährt Richtung Westen, nach Indien. Den ebenfalls unter britischer Protektion stehenden Subkontinent bereist sie sechs Monate lang, von Januar bis Juni 1914 – nicht ahnend, dass es ihre letzte Reise in Übersee sein und bald der Krieg ihre wohlbehütete, privilegierte Welt erschüttern und zerstören wird. Sie kommt nach Kalkutta, damals Hauptstadt der britischen Kolonialverwaltung in Indien und noch keineswegs die ausufernde Megacity wie heute, sondern eine europäisch geprägte Stadt mit vornehmen Zügen: »Ich nahm einen Wagen, der Kalitempel lag außerhalb von der Stadt, aus hell beleuchteten Theaterportalen strömten elegante, gesellschaftlich angezogene Europäer mit ihren Damen heraus. Es kamen Landhäuser, und bald hörte Europa auf.« Es hält die Reiseschriftstellerin keineswegs in den Vierteln der Briten, sie will vielmehr das unverfälschte Indien mit seinen Verwerfungen und Irritationen erleben.

Die berühmte Globetrotterin besitzt auch für Indien diverse Empfehlungen, sodass sich ihr Tür und Tor öffnen. In Kalkutta wird sie von Cornelia Sorabji eingeladen, einer hoch angesehenen Dame, die aus einer alten Parsenfamilie stammt, zum Christentum übergetreten ist, in England Jura studiert hat und jetzt in Kalkutta als Vormund der verwitweten indischen Fürstinnen (Ranis) und deren Kinder fungiert. Für diesen Empfang schlägt Marie von Bunsen sogar eine Einladung des britischen Generalgouverneurs aus – auf die Gefahr hin, als undankbar oder ahnungslos zu gelten.

Sie verlässt Kalkutta und reist nach Fatehpur Sikri, dem Sitz des im 16. Jahrhundert regierenden Mogulkaisers Akbar (1542–1605). Der fortschrittliche Philanthrop und Kunstliebhaber hat die Stadt nach seinen Vorstellungen und Idealen erbauen lassen und trachtete danach, die Lebensbedingungen seines Volkes zu verbessern: »Hier hat Akbar fürsorglich seiner Untertanen gedacht, Flurschäden wurden den Landleuten ersetzt, er förderte die Wiederverheiratung der Hinduwitwen, verbot Kinderehen, er hat drückende Steuern aufgehoben. Dichter und Musiker zog er an den Hof, er war ein großzügiger und verständnisvoller Bauherr. [...] Diese in den letzten Jahrzehnten des 16. Jahrhunderts erbaute Stadt Fatehpur Sikri wurde Anfang des 17. Jahrhunderts wegen ungenügender Wasserzufuhr verlassen!« Besonders ist die aufgeklärte, moderne Reisende von der religiösen Toleranz des Mogulkaisers und dessen Liebe zur Weisheit angetan: »Vor allem umleuchtet Akbars Namen jedoch die staunenswerte Toleranz in Glaubenssachen dieses Mohammedaners. Da steht das stattliche Haus, in dem Gelehrte, Weise und Denker als seine Gäste lebten. An jedem Donnerstagabend begab er sich in eine architektonisch bemerkbare, achteckige Kuppelhalle und mit kühner Offenheit wurden hier religiöse und metaphysische Probleme erörtert. Mohammedaner und Christen, Brahmanen und Juden, Buddhisten, Hindu-Gurus und die feueranbetenden Parsen haben in seiner Gegenwart ihren Glauben verteidigt.«

Der indischen Architektur steht die weitgereiste Autorin hingegen skeptisch gegenüber: »Selbst an den gefeiertsten Tempeln störte mich jedoch das Schmuckübermaß, die Verzwicktheit der baulichen Glieder, der unruhige Umriß der viel zu vielen zwecklosen Türme.« Hingegen schätzt sie die Architektur der Mogulkaiser in Delhi und Agra. Doch nicht nur architektonischen und religiösen Stätten nähert sie sich mit Neugier, besonders haben es ihr die Menschen angetan, in einem Land, wo sich die unterschiedlichsten Völker, Sprachen, Religionen und Kasten nebeneinander behaupten. Einmal beobachtet sie in Gwalior eine Wallfahrt von Zigeunern zum Grabmal des Musikers Tansen, der Hofmusiker unter Akbar war. In der Stadt am Rande der Gangesebene wird sie auf einer Abendgesellschaft sogar dem herrschenden Maharadscha Sindhia vorgestellt, dessen prachtvolle Gewänder, die mit Diamanten besetzt sind, Eindruck auf sie machen. Sie besucht die nordindischen Festungen Daulatabad (»Götterberg«) im Staat Maharashtra und Chittorgarh in der Region Mewar, die über Jahrhunderte nicht erobert worden sind, und wohnt in Udaipur – das in den Bergen von Rajasthan gelegen und Residenz eines anderen Maharadschas ist – einem rituellen Fest für die Göttin Gangora bei. In Jodhpur in Rajasthan, am Rande der Wüste Thar, besichtigt sie die geheimnisvolle Felsenburg und darf den Staatsschatz bewundern: »Haufenweise Ringe mit Rubinen, haufenweise Ringe mit Smaragden, verschwenderisch viele, fein und zierlich gefaßte Juwelenketten aus dem 18. Jahrhundert, Perlen im Übermaß, sowohl lose in Schalen liegend, als in langen Ketten gereiht, als gefaßt in reichen Schmelzgehängen.«

In Jodhpur begegnet Marie von Bunsen Spuren der einst praktizierten Witwenverbrennung: »Jodhpurs Schätze waren überwältigend; tiefer, bis ins Herz packte mich jedoch beim Abstieg von der Felsburg einer der Tordurchgänge. Da sah ich an der Wand rote Abdrücke kleiner Hände, andere Abdrücke waren im Stein umrissen und vergoldet. Es mögen an vierzig Hände gewesen sein, jede verkörperte ein tragisch verzücktes Frauenschicksal. Herrlich geschmückt, blumenbekränzt, mit feierlich entblößtem Oberkörper kamen von der Burg geritten diese hochgezüchteten Ranis (Fürstinnen), die noch nie ein fremder Mann erblickt hatte, hier drückten sie ihre rotgefärbte Hand an die Mauer, mitten unter der verehrenden Menge ritten sie dann dem Feuertod entgegen.« Die welterfahrene Reisende sieht die einstige rituelle Witwenverbrennung differenziert und ohne europäisches Vorurteil: »Die Witwenverbrennung, das Sati, ist verboten, und der kultische Brauch wird anscheinend ausnahmslos als ›grausam‹ verschrien. Ich habe ketzerische Ansichten; von einer unerbittlichen Grausamkeit ist das normale indische Witwenlos. Da die Unseligen in einem früheren sündhaften Dasein sich dies Schicksal zugezogen haben, werden sie verachtet, durch die unbeugsame Sitte bestraft. Auch harmlose Freuden sind ihnen versagt, so streng sind ihre Entbehrungen, daß sie jahraus, jahrein Qualen erdulden. Beschloß ehemals jedoch eine Witwe Sati zu begehen (immer war es eine freiwillige Tat), begeisterte sich die ganze Umwelt. Wie zu einer Heldin, einer Heiligen, einer Göttin sah man zu ihr empor. Europäische Augenzeugen berichten, wie diese Blumenbekränzte, Reichgeschmückte lächelnd heranritt, lächelnd den Scheiterhaufen bestieg, sich zu dem toten Gemahl setzte. [...] Sie wußte es, alle wußten es, als Göttin würde sie auferstehen, ewiges Glück mit dem durch sie erlösten Gatten teilen ...«

Marie von Bunsen verlässt Rajasthan und reist nordwärts, in das muslimische Punjab (im heutigen Pakistan), damals Teil Britisch-Indiens. Am Zusammenfluss von Kabul und Indus liegt die Stadt Attock. An dieser Stelle zog im Jahre 326 vor Christus Alexander der Große mit seinem Heer vorüber, auf dem

Sprung, das sagenhafte Indien zu unterwerfen, nachdem er Kleinasien, Ägypten, das Zweistromland, Persien und Baktrien erobert hatte. Doch Alexander scheiterte nach anfänglichen Erfolgen und kehrte im Jahr darauf um. Bis heute ist der Indus der Scheidestrom der Welten, wie auch Marie von Bunsen erkennt: »Auch jetzt noch ist dies eine Völkerscheide, die Religion verbietet einem Hindu den Fluß zu überschreiten.«

Später, nach Ausbruch des Ersten Weltkriegs, wird Marie von Bunsen erfahren, dass der englische Geheimdienst sie in Attock beobachtet hat, weil er in ihr eine Spionin vermutete. Belustigt, beinahe hämisch und nicht ohne nationale Anwandlungen erinnert sie sich: »Als der Weltkrieg ausbrach, dachte ich nicht ohne eine gewisse Genugtuung an Attock. Die englischen Offiziere besahen sich zweifellos meine Karte … ›Aus Berlin‹. Sie haben die Ordonnanz nach diesem Deutschenbesuch ausgefragt. ›Ja, ich erinnere mich genau, eine große Dame, deutsch war sie aber nicht, sie war englisch.‹ ›Hm, und was hat sie angegeben?‹ ›Sie hat sich alles sehr genau besehen, sie zeichnete, photographierte und machte Notizen in ein kleines Buch.‹ ›Da haben wir es! Die kam direkt vom Großen Generalstab, sprach englisch wie eine Engländerin, zeichnete, photographierte und machte sich Notizen. Und wir, in unserer dämlichen Harmlosigkeit haben sie hereingelassen.‹ … Daß der Große Generalstab, falls er Spioninnen in Indien benutzte, sich befähigtere ausgesucht hätte, brauche ich wohl nicht zu erwähnen.«

Marie von Bunsen begibt sich erneut nach Süden, nach Jhalrapatan in Radschputana. Dort wird sie von dem erst fünfunddreißig Jahre alten Maharadscha von Jhalawar »im weißen Turban, langem schwarzseidenen Rock« empfangen. Der Herrscher ist ein moderner, aufgeklärter Mann, der in England studiert hat und keine Scheu vor emanzipierten europäischen Damen kennt. Marie von Bunsen ist – so scheint es – fast ein wenig verliebt in den klugen, zuvorkommenden, gut aussehenden Monarchen, der – vollendeter Gentleman – sie wie eine Königin behandelt. Vor allem seine Liebe zu den Wissenschaften und seine Leidenschaft für Bücher haben es der gebildeten Schriftstellerin angetan: »Wir durchritten, hoch auf dem Silberthron der reichgeschmückten Staatselefanten sitzend, den Dschungel; Pfauen saßen auf den Zweigen, ließen ihre schimmernden Schweife durch die Gräser ziehen. Aber am liebsten ließ ich mir von dem feingebildeten, feinfühligen Maharadscha erzählen. Er weicht von den meisten seiner Standesgenossen ab, obwohl nur 35 Jahre alt, ist seine Lebensauffassung streng, er hat nur zwei Leidenschaften – Naturwissenschaft und seine außerordentlich umfangreiche Bibliothek. Der Finanzminister erwähnte mir seufzend die Londoner Buchhändlerrechnungen.«

Als sie sich nach einigen Wochen schweren Herzens von Jhalrapatan und dem Maharadscha verabschiedet, nimmt der Herrscher ihr ein Versprechen ab: »Aber Sie müssen ein anderes Jahr wiederkommen, auf längere Zeit, und dann gebe ich Ihnen Einführungen an die vielen indischen Höfe, mit denen ich verwandt bin.« Zum Abschied hängt er der Reisenden eine Ehrenkette um den Hals und besprengt sie mit wohlriechender Essenz. »Wir hatten uns«, so Marie von Bunsen, »wirklich angefreundet, mit warmer Dankbarkeit denke ich an diesen Besuch zurück.«

Beide glauben gern an ein Wiedersehen im kommenden Jahr. Marie von Bunsen verbringt in den darauffolgenden Wochen noch einige Zeit auf einem Hausboot auf einem See in Kaschmir, umgeben von den schneebedeckten Sieben- und Achttausendern des Himalaja. »Dort habe ich«, schwärmt sie in der Rückschau, »glückliche sechs Wochen verlebt. […] Indien lag hinter mir, dies war Kaschmir, mit einer anderen Bevölkerung, einer anderen Kultur. Die Kaschmiri haben von altersher den Ruf ungewöhnlicher Schönheit […].« Sie zieht weiter zum malerischen Dal-See, »und hier begannen die vielen, noch heute schönen Mogulkaisergärten. Im Sommer kamen die Kaiser hergereist […]. Wohl verständlich ist uns auch die Beglückung aller, aus der brütenden Hitze der indischen Ebene in diese hohe Luft, in diese zauberhafte Landschaft mit den Schneebergen, dem Platanengrün, dem kühl fließenden Wasser zu kommen.« Sie kann nicht genug von dem vielgesichtigen Subkontinent bekommen: So verlässt sie Kaschmir und fährt mit ihrem Hausboot flussabwärts, nach Pakistan, sieht Islamabad, wo sie »tiefgrüne Seen mit Wasserlilien« bewundert, »und überall rauschten Quellen in üppiger Fülle«.

Doch dann durchkreuzt das politische Geschehen im vermeintlich fernen Europa alle Pläne und Wünsche: Nach dem tödlichen Attentat auf den österreichischen Thronfolger Franz Ferdinand am 28. Juni 1914 in Sarajevo bricht der Erste Weltkrieg aus. Mit einem Mal ist die welterfahrene deutsche Reisende eine Persona non grata in Britisch-Indien. Schweren Herzens verlässt sie ihr Hausboot und Kaschmir und reist, so schnell sie kann, nach Deutschland zurück.

Die Welt wird kleiner

Marie von Bunsen wird den Subkontinent nie mehr wiedersehen, wird das Versprechen, das sie dem Maharadscha gab, nicht einlösen können. Der Erste Weltkrieg und die politischen und wirtschaftlichen Verwerfungen der Zeit nach 1919 vereiteln das. 1923 verliert sie durch die Inflation fast ihr gesamtes Vermögen. An größere Reisen außerhalb Deutschlands ist nicht mehr zu denken. Zudem werden ihre Ansichten unter dem Eindruck des verlorenen Krieges und der untergegangenen feudal-großbürgerlichen Welt immer patriotischer, nationaler, auch verbitterter und intoleranter. In den Zwanziger- und Dreißigerjahren entfaltet sie nochmals eine breite literarische Tätigkeit, zu der Memoiren, Reisebücher und Biografien zählen. Ihre Erinnerungen speisen sich vornehmlich aus den Erlebnissen der Jahre vor dem Ersten Weltkrieg. In der Rückschau auf ihre großen Reisen vergisst sie die politischen und persönlichen Enttäuschungen und zeigt in ihren Büchern nochmals etwas von der Weltoffenheit, mit der sie einst fremden Ländern und Menschen begegnete.

Dem Alter steht sie zugewandt und gelassen gegenüber. 1932 – sie ist zweiundsiebzig – schreibt sie: »Mein Abbröckeln

scheint sich in maßvollen Grenzen zu halten. Ich bin leistungs-
fähiger als die meisten Menschen über fünfzig. [...] Die Gegenwart ist ja so fesselnd, die Zukunft bietet Probleme, und ich
plane allerlei.« Bei bloßen Plänen freilich bleibt es oft. Größere
Reisen unternimmt sie nicht mehr. Dennoch bewahrt sie sich
ihre Neugier bis ins Alter: »Nichts hat mir meine Reiselust,
meine Vorliebe für Wanderungen, Rudern und Schwimmen,
meine leidenschaftliche Freude an der Natur geschwächt. Noch
immer ist mir jede neuerschlossene Gegend eine Beglückung.«
Und sie schließt den zweiten Teil ihrer Autobiografie mit den
Worten: »Tatsächlich und offenkundig sind die bisherigen Ansichten über das Altern unzeitgemäß.«

Marie von Bunsen stirbt am 28. Juni 1941 in Berlin. Die Welt,
der sie entstammte, ging in jenen Jahren vollends zugrunde.

6 Elisabeth von Heyking (1861–1925)
Reisende in vier Weltteilen

Am 8. März 1907 erscheint in den *Hamburger Nachrichten* ein Artikel der Journalistin Irma Charlotte mit der eigenartigen Überschrift *Bei der Verfasserin der ›Briefe, die ihn nicht erreichten‹*. Für die Zeitgenossen ist diese Schlagzeile keineswegs rätselhaft. Vielmehr gehören die *Briefe* zum literarischen Gemeingut: Es ist der Titel eines der bekanntesten deutschen Romane des frühen 20. Jahrhunderts, ein Buch, das zu Lebzeiten der Autorin einhundert Auflagen mit mehreren Millionen verkauften Exemplaren allein in Deutschland erreicht und zudem in etliche Fremdsprachen übersetzt wird. Der Name der Autorin: Elisabeth von Heyking, geborene von Flemming. Sie ist die Ehefrau des Diplomaten Edmund von Heyking, der im Februar 1906 von Kaiser Wilhelm II. zum neuen preußischen Gesandten in der Hansestadt Hamburg ernannt worden ist. Doch der Diplomat, der in zwanzig Jahren im diplomatischen Dienst in vier Kontinenten tätig war, steht zu jener Zeit bereits im Schatten seiner berühmten Frau. Denn Elisabeth von Heyking ist nicht nur *die* Bestsellerautorin ihrer Zeit, sie entstammt auch einer der bekanntesten Familien des deutschen Geisteslebens, ist sie doch die Enkelin des Romantikerpaars Bettine und Achim von Arnim, die Urenkelin der von Goethe verehrten Maximiliane Brentano und die Ururenkelin der bedeutendsten Schriftstellerin der Empfindsamkeit, Sophie von La Roche. Kein Wunder also, dass die Journalistin der *Hamburger Nachrichten* nicht den neuen preußischen Gesandten, sondern dessen Gattin in den Fokus ihres Berichtes stellt, etwa wenn sie die exotisch bestückten Privaträume des preußischen Gesandtschaftspaares beschreibt:

»Da sind große Paravents, Ampeln, kleinere Hausgötzen, eine Buddha-Statue auf dem Treppenabsatz, ein Rauchzimmer, in dem man sich in den östlichsten Osten hineinversetzt glaubt; ferner in den Salons mexikanische Kirchenstickereien, gewundene goldene Säulen aus einer Kirche in Puebla, die jetzt dem profanen Zweck einer wirkungsvollen Türeinrahmung dienen. Unter den Familienbildern befindet sich ein schönes Pastell der interessanten Freundin Goethes: Bettina v. Arnim, die eine Vorfahrin Frau v. Heykings ist. Ein Neubau nach dem Garten zu bildet den Speisesaal, dessen Deckenmalerei dadurch amüsant ist, daß ein Schwarm schwarzer Fledermäuse aus einem Eckkamin heraus ins Blaue zu fliegen scheint. Die Wände des Treppenhauses sind mit vielen, von Frau v. Heyking selbst stimmungsvoll und wahrhaft künstlerisch ausgeführten Aquarellen geschmückt, die meisten nach ägyptischen oder chinesischen Motiven: ein Stück Pekinger Stadtmauer, ein Hof mit großer steinerner Schildkröte, ein Gewühl von Booten in Kanton usw.; alles Erinnerungen ihrer Aufenthalte in Peking oder im Nillande.«

Der Artikel macht deutlich: Selbst in Hamburg, in dessen Hafen Schiffe aus der ganzen Welt ankern und Waren und Passagiere aus aller Herren Länder nach Deutschland bringen, wirkt die Einrichtung der preußischen Gesandtschaft, für die Elisabeth von Heyking verantwortlich zeichnet, erlesen und exotisch. Die Gegenstände verweisen auf die fernen Orte, an denen die Eheleute gelebt haben. Elisabeth von Heyking ist ihrem Mann, den damaligen Konventionen entsprechend, gefolgt und hat dessen Karriere unterstützt. Aber sie war weit mehr als das schöne, schmückende Accessoire, die »Frau Gemahlin«. Selbst in den Jahren vor ihrem literarischen Durchbruch hat sie als Autorin eine eigenständige Sicht- und Betrachtungsweise gepflegt und darüber in ihren *Tagebüchern aus vier Weltteilen*, die posthum (1926) von Grete Litzmann herausgegeben wurden, Zeugnis abgelegt. Diese Tagebücher sind –

wenngleich von der Herausgeberin gekürzt und wohl auch in ihren allzu privaten Passagen zensiert (die Original-Diarien sind im Zweiten Weltkrieg verbrannt) – ein erstklassiges Dokument weiblicher Reise- und Welterfahrung aus der Kaiserzeit und gewähren Einblick in die außergewöhnliche Geschichte und das Geistesleben einer bedeutenden deutschen Familie, die das Kulturleben durch zwei Jahrhunderte geprägt hat.

Im badischen »Exil«

Elisabeth ist die älteste Tochter von Armgart (einer Tochter von Bettine und Achim von Arnim) und Albert von Flemming. Sie kommt am 10. Dezember 1861 in Karlsruhe zur Welt. Albert von Flemming, selbst aus altem brandenburgischen Adel mit Sitz auf Schloss Buckow in der Märkischen Schweiz, ist preußischer Gesandter im Großherzogtum Baden. Die engen politischen und familiären Beziehungen zwischen Zähringern und Hohenzollern machen diese Position bedeutsam und ehrenvoll. Das lässt sich auch an Elisabeths Taufpaten ersehen: Königin Augusta von Preußen, deren Tochter, die Großherzogin Louise von Baden und die russische Großfürstin Helene Pawlowna, die häufig in der Kur- und Vergnügungsstadt Baden-Baden zu Gast ist. Der Taufname »Elisabeth« soll an die berühmte Großmutter Bettine (»Elisabetha«) erinnern. Es ist eine Welt, in der Adel und Etikette noch Bedeutung haben. Knapp drei Jahre später kommt die zweite Tochter Irene zur Welt – auch sie wird später eine anerkannte Dichterin und führt ebenfalls das literarische Erbe ihrer Großeltern weiter.

Standesgemäß beziehen die Flemmings wenige Jahre später eine repräsentative Villa in Baden-Baden. Hier gehen die Größen der badischen und preußischen Gesellschaft ein und aus, selbst der preußische König Wilhelm (der spätere deutsche Kaiser) kommt zu Besuch. Aber auch Künstler, Musiker und Literaten wie Clara Schumann, Sophie Menter, Anton Rubinstein, Pauline Viardot, Iwan Turgenjew, Ludwig Auerbach und

Viktor von Scheffel sind gern gesehene Gäste in der preußischen Gesandtschaft und im privaten Zuhause der Flemmings.

Zum aristokratischen Ambiente gehört auch, dass die beiden Töchter Elisabeth und Irene ausschließlich von Privatlehrern und Gouvernanten erzogen und unterrichtet werden und keine öffentliche Schule besuchen. Der Bildungs- und Unterrichtskanon ist großzügig und begrenzt gleichermaßen: Literatur, Fremdsprachen (Französisch, Italienisch, ein wenig Englisch), Zeichnen und Malen stehen im Mittelpunkt (vor allem Elisabeth wird später eine ausgezeichnete Aquarellistin), eine Berufsausbildung für Frauen hingegen ist damals schlicht undenkbar. Die Charaktere der Schwestern könnten unterschiedlicher kaum sein: Irene gilt als lustig, pfiffig, graziös, auch launisch, Elisabeth hingegen ist die Scheue, Duldsame, Stille. Mutter Armgart beschreibt die Ältere: »Sie ist ganz eigenthümlich liebenswürdig u[nd] macht so auf alle Menschen einen ganz aparten Eindruck. Sie hat einen merkwürdigen Charakter bei aller Kinderigkeit, den man aber nur beobachten kann wenn man so immer mit ihr ist. Ein so tiefes treues Gemüth.«

Das Großherzogtum Baden mit seiner offenen, leichtlebigen Wesensart bleibt den Flemmings stets fremd. Die preußisch-korrekte, protestantisch-strenge Art der Gesandtenfamilie lässt sie das Leben in dem Großherzogtum bei allen äußeren Annehmlichkeiten ein wenig als ein Exil empfinden. Diese Unbehaustheit wird Elisabeth ein halbes Leben lang – auch als Ehefrau eines Diplomaten, der in vier Erdteilen eingesetzt wird – begleiten. Erst der Erfolg des Romans *Briefe, die ihn nicht erreichten* wird ihr vergleichsweise spät ein Leben in Unabhängigkeit und materieller Sorglosigkeit ermöglichen, das nicht mehr von der Karriere ihres Mannes und den Launen von Kaiser und Auswärtigem Amt abhängig ist.

Die Ferien verbringt die Familie gern auf Schloss Buckow in der Märkischen Schweiz, auf Schloss Crossen an der Weißen Elster (das einem Onkel gehört), in Berlin bei Verwandten oder in den zum Königreich gehörenden Regionen an der Nordsee. Die preußische – und seit 1871 auch deutsche – Hauptstadt

Berlin, wo Armgarts Schwester Maximiliane lebt, wird für die Flemmings in ihrem badischen »Exil« geradezu zum Sehnsuchtsort. Die sechzehnjährige Elisabeth klagt in einem Brief an die Berliner Verwandten: »Wenn wir in Berlin blos bei Euch sein könnten […]; aber das geht ja eben nicht und wir müssen in Carlsruhe in ungetrübter Stille weiter duseln und uns in Träumen bei Euch befinden und euch für Euer freundliches Gedenken danken.«

Die Atmosphäre im Kurort Baden-Baden wird von der jungen Frau zunehmend als weltfern und lähmend empfunden: »Diese späten Herbsttage in Baden-Baden hatten einen seltsamen etwas lügübren [düsteren] Zauber. Die beiden Höfe, mit all den kuriosen Gestalten, die sich aus vielen Ländern ihnen zu Ehren alljährlich da versammelten, waren fort; weggeweht wie ein sonderbarer Spuk von lauter greisenhaften Wesen; die großen Hotels standen leer; die Boutiquen am Kursaal wurden geschlossen; an den Anschlagsäulen hingen Fetzen von Annoncen längst verklungener Conzerte, längst gerannter Rennen; die Lichtenthaler Allee wurde nicht ganz so sauber mehr gekehrt; Nebel lag über der Oos.«

Sterbefälle und Hochzeiten

Ein Schicksalsschlag verstärkt das Gefühl der Verlorenheit: Am 17. Januar 1880 stirbt Armgart von Flemming an einem Gehirnschlag. Albert von Flemming und die beiden Töchter sind schwer getroffen. Elisabeth schreibt: »Es ist wohl das Traurigste, was einem Mädchen passiren kann, seine Mutter zu verlieren, und der Schatten bleibt auch sicher für das ganze Leben.« Um der Trübsal zu entrinnen, unternimmt Albert von Flemming mit seinen Töchtern eine Reise nach Italien. Begleitet werden sie von Elisabeths Freundin Lita zu Putlitz. In Verona lernt Elisabeth Litas Bruder Stephan kennen, einen sechsundzwanzigjährigen Habilitanden der Nationalökonomie. Die beiden verlieben sich und verloben sich noch in Italien. Bereits am

2. August 1881 heiraten sie in der evangelischen Kirche zu Buckow, die prachtvollen Hochzeitsfeierlichkeiten finden im Flemmingschen Schloss statt.

Das Paar bezieht eine Mietwohnung in Berlin-Tiergarten. Doch bald treten erste Spannungen auf, zwischen Elisabeth und ihren Schwiegereltern, aber auch zwischen den jungen Eheleuten, Spannungen, die auch durch die Geburt der Tochter Stephanie am 13. Juni 1882 nicht gelöst werden. Während Stephan zu Putlitz im Mai 1883 nach Halle an der Saale geht, da er an der dortigen Universität eine Professur für Staatswissenschaften erhalten hat, zieht sich Elisabeth mit ihrem Töchterchen auf das Flemmingsche Schloss nach Buckow zurück.

Zu jener Zeit lernt Elisabeth den Baltendeutschen Edmund von Heyking kennen. Ob sich zwischen ihnen bereits damals ein Liebesverhältnis entspinnt, bleibt unklar. Jedenfalls kommt es zwischen den Eheleuten Putlitz zu heftigem Streit. Stephan zu Putlitz sieht seine Ehre und sein Glück zerstört und erschießt sich am 24. Juli 1883 in Berlin. Die Zeitungen wittern hinter dem tragischen Selbstmord eine eheliche Tragödie und bauschen die Sache zu einem Skandal auf. Elisabeth flieht nach Florenz und Venedig. Statt aber die Beziehung zu Heyking eine Zeit lang ruhen zu lassen, verkehrt sie weiterhin mit ihm, was der Presse zu Ohren kommt und Elisabeth in den Augen der »Gesellschaft« zur schamlosen Frau macht, die Schuld am Freitod ihres Ehemannes trage. Elisabeth begeht den Fehler, ihre Tochter Stephanie zu den Schwiegereltern zu geben, die nun, nachdem die Presse den Stein ins Rollen gebracht hat, die Enkeltochter nicht mehr zurückgeben wollen. Ein jahrelanger Rechtsstreit durch mehrere Instanzen ist die Folge. Erst im November 1885 wird das inzwischen drei Jahre alte Mädchen der Mutter zugesprochen.

Der Skandal geht an der Familie Flemming nicht spurlos vorüber. Am 17. März 1884 stirbt Albert von Flemming, ein durch die Ereignisse gebrochener Mann, in Florenz im Beisein seiner Töchter. Immerhin ist das väterliche Erbe – darunter mehrere wertvolle Immobilien in Berlin, Karlsruhe und Baden-Baden –

so groß, dass Elisabeth und Irene als Privatièren ein sorgenfreies und bequemes Leben führen können. Edmund von Heyking – der in Riga unter anderem als Zeitungsredakteur tätig war, bevor er 1880 zum Studium der Nationalökonomie nach Berlin zog – gibt die russische Staatsbürgerschaft auf und erhält als Baltendeutscher die des Deutschen Reichs. 1883 gelingt es ihm, in persönlichen Kontakt zu Reichskanzler Otto von Bismarck zu treten, der ihn beim Auswärtigen Amt für den diplomatischen Dienst empfiehlt.

Am 4. Juni 1884 heiraten Elisabeth und Edmund. Am 17. April 1885 kommt der Sohn Alfred zur Welt. Die Eheleute erhoffen sich ein neues Leben außerhalb Deutschlands, doch erweist sich Elisabeths durch die Affäre Putlitz beschädigter Ruf als Hindernis. Im Auswärtigen Amt will man von einer raschen Karriere Edmund von Heykings nichts wissen. Das Deutsche Reich unterhält zur damaligen Zeit Botschaften lediglich in den wichtigsten europäischen Ländern. In den meisten Staaten Europas und der Welt sind hingegen nur Konsulate eingerichtet. Der konsularische Dienst aber ist keineswegs im Sinne Heykings – und noch weniger nach dem Geschmack seiner Frau Elisabeth, die einen starken Karrieresinn entwickelt. Die Eheleute sind daher nicht gerade glücklich, als sie im Sommer 1885 nach Übersee beordert werden: Heyking ist zum deutschen Konsul in New York berufen worden.

Die Stadt hat damals noch nicht den Nimbus einer attraktiven Metropole. Für Europäer gelten die Vereinigten Staaten von Amerika noch immer als abgelegenes, kulturloses Gebiet. Vor allem das Klima – Eiseskälte im Winter, schwüle Hitze im Sommer – wirkt auf viele abschreckend. Immerhin nehmen die Heykings nicht Quartier in der Stadt, sondern außerhalb, in Longbranch/New Jersey, wo sie ein Haus mieten. Von dort nimmt Edmund von Heyking jeden Morgen den Zug nach New York.

Für Elisabeth von Heyking beginnt das Dasein einer Diplomatengattin. Zwanzig Jahre lang erfüllt sie diese Aufgabe ohne Aufgabenbereich mit großem Ehrgeiz, den sie auf ihren Mann überträgt. Das Bonmot, wonach hinter jedem erfolgreichen Mann eine Frau stehe, trifft in diesem Falle nur insofern zu, als Edmund von Heyking in seiner Diplomatenlaufbahn niemals einen wirklich begehrenswerten Posten erhält und ihn seine Frau nach dem Erscheinen ihres literarischen Debüts an Ruhm (und auch an Einnahmen) übertrifft. Freilich wächst Elisabeth von Heyking erst allmählich in ihre »Aufgabe« einer Diplomatengattin hinein. In den ersten Jahren empfindet sie den Ortswechsel als belastend. Auch aus diesem Grund beginnt sie im Sommer 1886 ein Tagebuch, worin sie ihre Erlebnisse, Begegnungen, Hoffnungen und gescheiterten Illusionen verarbeitet. Die Diarien besitzen nicht nur autobiografischen Bekenntnischarakter, sondern auch dokumentarischen Wert. Sie zeugen davon, wie eine Frau aus dem Schatten ihres Mannes heraustritt, eigene Vorstellungen und Ansichten entwickelt und sich die Länder, in denen sie lebt, durch Beobachtung und Beschreibung aneignet.

Die Heykings leben sich in Amerika nicht recht ein. Edmunds Besoldung ist so gering, dass sie davon nicht einmal die Miete ihres Häuschens bezahlen können und von Elisabeths Erbe zuschießen müssen. Bereits im Januar 1886 schreibt Elisabeth von Heyking ungeduldig – wobei sie das berufliche Fortkommen ihres Mannes bezeichnenderweise als gemeinsame Angelegenheit betrachtet: »Wir haben uns […] als äußersten Termin, den wir hier abwarten wollen diesen Herbst festgesetzt. Können wir es bis dahin nicht erlangen eine gute Versetzung zu bekommen so müßten wir dann eben abgehen.«

Entgrenzung in der Fremde

Tatsächlich erhält Edmund von Heyking wenige Wochen später eine Berufung auf einen anderen konsularischen Posten. Doch, anders als erhofft, nicht in eine der prachtvollen Hauptstädte Europas, sondern an den äußersten Rand der europäisch zentrierten Weltkarte: nach Valparaíso in Chile. Beide sind über die

Versetzung entrüstet, Elisabeth schreibt unumwunden von einer »Verbannung«. Im Juli 1886 landen sie mit dem Schiff in der chilenischen Hafenstadt und beziehen ein Landhaus in dem Städtchen Las Zorras, unweit von Valparaíso gelegen. Die Heykings empfinden die »Gesellschaft«, mit der sie in Chile Umgang pflegen müssen, als provinziell und hinterwäldlerisch. Dem will Elisabeth von Heyking – ganz in der Überzeugung ihrer aristokratischen Würde und ihres geistigen Erbes – Kultur und »Herzensbildung« entgegenstellen, wie sie noch am Tag ihrer Ankunft gelöbnishaft festhält:

»Ich habe mir dagegen vorgenommen, die Jahre, die wir hier zubringen müssen, zu möglichster Herzens- und Geistesbildung zu verwenden. Herzensbildung, indem ich suchen will, möglichst genau all meine Pflichten zu erfüllen, und zwar sie nicht murrend, sondern gern auf mich zu nehmen.«

Sie ist von einem preußisch-protestantischen Elitedenken und Sendungsbewusstsein erfüllt. Doch ihr Vorsatz, sich nicht von Alltäglichkeiten ablenken zu lassen, wird oft genug durchkreuzt. Oft und nicht ungern lässt sie sich auf das Abenteuer der Fremde ein. Sie bereist das mehr als viertausend Kilometer lange Land, das sich von den Wüsten im Norden bis zu den Polargebieten Feuerlands und vom pazifischen Meeressaum bis zu den Schneegipfeln der Kordilleren erstreckt. Elisabeth von Heyking ist zunehmend fasziniert von der Größe und Weite des Landes, von seinen wilden Naturschönheiten, von seinen Menschen. Das Leben in der Fremde bringt ihr vor Augen, wie klein ihr eigener Erfahrungsschatz ist und wie wenig sie über die Welt und ihre Zusammenhänge weiß: »Es ist mir oft wie ein Schmerz, als fühlte ich ein zweites Leben in mir, das nicht zum Ausdruck kommen kann. Ich habe so keinerlei Gaben und kann gar nichts. Oft will es mich dünken, könnte ich nur das Kleinste leisten, ganz aus mir selbst heraus und selbständig, so käme dieser zweite Geist zur Ruh.« Sie beginnt sich im Fremden selbst zu suchen und entdeckt Wünsche und Fähigkeiten, die sie sich in den engen Grenzen der ihr anerzogenen Konventionen nicht zugestanden hat. Auch das literarische Schreiben, das unvoreingenommene Nachdenken über die äußere und innere Welt, gehört dazu. Reiseeindrücke wie die folgenden werden notiert: »28. März [1887]. Mittags per Eisenbahn von San Felipe nach Los Andes gefahren durch ein reiches fruchtbares Tal mit großen Reben und Weiden. Alles in herrlichstem Grün. Los Andes ein kleines sehr niedlich gelegenes Städtchen, mit Blick auf die fernen Gebirge. [...] 29. März. Um fünf aufgestanden und per Wagen nach Los Lorros gefahren, dort zu Pferde gestiegen. Auf einem ganz fabelhaften Weg auf mittlerer Höhe eines ganz steilen Geröllbergs, zu dessen Fuß der Aconcagua schäumt, nach dem Salto del Soldado geritten, einer merkwürdigen engen Felsenspalte, durch die der Aconcagua sich drängt. Von da aus weiter bis nach Guardia vieja, einem ranchoartigen Gasthaus, wo wir mittags aßen, ruhten und ich etwas skizzierte. Nachmittags weiter geritten bis Juncal, wo wir abends sehr müde ankamen. Nachtessen im Freien, bei malerischer Umgebung von allerhand Pferdetreibern, die den nächsten Tag nach Argentinien weiter wollten. Sehr kalte Nacht auf Strohbetten zugebracht, wir fünf in einem großen Zimmer, in welchem ein Verschlag für Rose [eine Bedienstete] und mich abgeteilt war.«

Bei aller Neugier auf Land und Leute ist es ihr wichtig, deutsche Kultur und Bräuche zu pflegen. Was aber könnte »deutscher« sein als ein Weihnachtsfest? Elisabeth von Heyking scheut keine Mühen, der Feier mitten im chilenischen Sommer etwas »Heimeliges« zu verpassen: »Ich hatte für sie u. die Kinder einen Baum im Garten geschmückt u. außerdem zwischen den Bäumen an Guirlanden chinesische Lampen aufgehängt. – Die vielen Lichterchen im Garten sahen reizend aus u. die Luft war so schön milde daß wir bis nach Mitternacht draußen blieben. – Für unsere Dienstboten u. Arbeiter, die alle Halbindianer sind, hatte ich auch im Freien einen Baum geschmückt – den ersten Wei[h]nachtsbaum den sie je gesehen! – nach der Bescheerung tanzten sie alle im Hof ihren Nationaltanz bei Guitarre u. Gesangsbegleitung, dazwischen unterbrachen sie sich um unendliche Male auf unsere Gesundheit zu trinken u. wir mußten dann mit spanischen Toasten darauf antworten. – Es war wirklich sehr nett und das ausländischste Wei[h]nachtsfest das man sich denken kann.«

Nicht alles, was Elisabeth in Chile sieht und erlebt, kann als exotisches Abenteuer verbucht werden. Vielfach herrschen in der Provinz, vor allem unter den Indios, pure Armut, soziale Not und Aberglaube. Von einem ihrer Ausflüge berichtet die Diplomatengattin ihrer Tante Maximiliane von Oriola: »Die Bolivianerinnen die so wundervolles Haar haben u. auch viele Halbindianerinnen Chiles waschen sich das Haar mit Pipi – es soll das beste Mittel sein u. wie Dünger für Pflanzen wirken. Sie haben den Aberglauben daß das Pipi blonder Europäer besonders heilsam ist.« Das mag noch als skurril, aber harmlos hingehen. Anders sieht es während einer Ruhrepidemie aus: Auch Elisabeth von Heyking infiziert sich. Es ist eine Krankheit, »wie man sie hier [...] durch schlechtes Wasser u. Gewöhnung an das eigenthümliche entnervende Klima leicht bekommt u. an der es sich eher stirbt wie nachher wieder gesund wird«. Sie überlebt, erkrankt aber ein Jahr darauf erneut, und wertet Chile seither als »Schauerland«.

Edmund von Heyking ist mit der schlechten Besoldung unzufrieden – noch immer sind die Eheleute auf Elisabeths Erbe angewiesen. Im Sommer 1887 lernen sie in Santiago den bolivianischen Gesandten kennen, der ihnen für eine Investition in eine bolivianische Silbermine hohe Renditen verspricht. In der Hoffnung auf leichten Gewinn legen die Heykings einen großen Teil des Flemmingschen Sparguthabens an – und verlieren wenige Monate später alles, als die Bergbaugesellschaft in Konkurs geht. Elisabeth von Heykings Vermögen ist – von den Immobilien abgesehen – verloren. Die Hoffnungen auf ein sorgloses Leben als Privatiers sind zerstoben.

Edmund von Heyking versucht vergebens eine Versetzung zu erlangen. In ihrer Not wendet sich Elisabeth an ihre Tante Maximiliane von Oriola, die gute Beziehungen zum kaiserlichen Hof besitzt – doch auch das nützt nichts. Als es Anfang August 1888 in Valparaíso und Umgebung durch heftige Regenfälle und Stürme zu einer Überschwemmungskatastrophe kommt, bei der Hunderte Häuser von Wassermassen und Schlammlawinen mitgerissen werden und zahlreiche Menschen den Tod finden, sind die Heykings nervlich am Ende. Edmund von Heyking stellt in Berlin ein Gesuch um Beurlaubung, dem stattgegeben wird. Am 5. Januar 1889 besteigen sie den Postdampfer Richtung Europa. Die Fahrt geht durch die Magellanstraße und den Atlantik. Fünf Wochen später gehen sie in Bordeaux an Land. Zunächst reisen sie nach Italien. In Florenz besucht Elisabeth ihre herzkranke Tante Gisela, die mit dem Kunsthistoriker Herman Grimm verheiratet ist. Gisela stirbt wenige Wochen später, am 4. April. Die Heykings kehren nach Deutschland zurück.

In Indiens Märchenwelt

Sie sind erschöpft, haben Geldsorgen, wissen nicht, was die berufliche Zukunft bringen wird. Eine Zeit lang sieht es so aus, als würde Edmund von Heyking ins Konsulat nach Nizza beordert, was Elisabeth als »erbärmliches Pöstchen« abqualifiziert, das jedoch den Vorteil besäße, in einer angenehmen Klimazone zu liegen. Doch am 24. September 1889 erhält Edmund von Heyking ein Telegramm des Auswärtigen Amtes, das anfragt, ob er bereit wäre, das Konsulat in Kalkutta zu übernehmen. Heyking sagt zu, denn der Posten im britisch besetzten Indien erscheint ihm verantwortungsvoll zu sein, also auch ein Sprungbrett für die weitere diplomatische Karriere. Gleichwohl fürchten sich die Eheleute ein wenig vor den klimatischen, hygienischen und sozialen Zuständen. Am 17. Oktober erhält Heyking von Kaiser Wilhelm II. die Ernennungsurkunde überreicht. Elisabeth von Heyking schreibt voller Stolz an ihre Tante Maximiliane: »Unser Schicksal gänzlich verändert. [...] Mein Mann Generalkonsul in Calcutta geworden. – Du kannst dir wohl denken wie glücklich wir sind. Es ist ein so großes avancement, ein sehr interessanter Ort und vornehme englische Gesellschaft. Die Schattenseite ist das Klima, aber es ist meinem

Mann gesagt worden er solle viel mit dem viceköniglichen Hof in die Berge ziehen und so hoffen wir uns vor der ärgsten Hitze zu bewahren.«

Am 6. Dezember 1889 treffen die Heykings samt Kindern und Personal mit dem Zug in Genua ein. Von dort geht es per Schiff nach Port Said in Ägypten, der Einfahrt des zwanzig Jahre zuvor eröffneten Suezkanals. Die Heykings unterbrechen die Reise und fahren mit der Eisenbahn nach Kairo, um den Nil und die Pyramiden von Gizeh zu sehen. Weiter geht die Reise durch den Suezkanal, das Rote Meer und die Arabische See nach Bombay an der indischen Westküste. Dort besteigen die Reisenden den Zug, der sie quer durch den Subkontinent nach Kalkutta bringt. Am 6. Januar 1890, einen Monat nach der Abreise in Genua, sind sie endlich am Ziel.

Kalkutta ist damals noch überschaubar und geordnet. Elisabeth von Heyking äußert sich recht angetan: »Morgens nach einer Vorstadt gewandert, um den Tempel der Göttin Kali zu sehen. In den engen Straßen um den Tempel viel merkwürdiges Leben. Reizende nackte Kinder und halbwüchsige Mädchen in bunten Draperien mit intelligenten Ziegengesichtern. Am Eingang eines Tempels kauerte ein opiumrauchender Fakir. Zum Schluß besahen wir uns noch den Kalighat, dies ist eine Treppe, die zum Gangeskanal hinführt und wo gebadet wird. Während wir auf den Wagen warteten, der natürlich nicht da war, sprachen wir mit einem sich für einen Brahmanen ausgebenden Manne. Er wußte von Deutschland, daß dort Sanskrit gelehrt wird, und erzählte uns, er sei in einem Missionary-house erzogen worden, habe dreimal die Bibel gelesen, sei aber schließlich doch bei seinem Glauben geblieben. Die Protestanten lehrten, daß Christus Gottes Sohn sei, aber wir alle seien ja Söhne Gottes.« Die Deutsche genießt die Natur, Ausflüge in die Umgebung und in den botanischen Garten mit einem »Riesenbanyanbaum […], dessen von neuem wurzelschlagende Zweige einen kleinen Wald bilden«. Zwei Wochen nach ihrer Ankunft lernt Elisabeth von Heyking den englischen Vizekönig, den Vertreter Queen Victorias, kennen, mit dem sie sich sehr gut unterhält, wenngleich sie die »leere frivole Welt« am Königshof kritisiert: »Die Männer arbeiten viel, aber the ladies keep themselves going by having always some dissipation [Zerstreuung] on hand.«

Es könnte alles gut und angenehm sein, zumal man in der heißen Jahreszeit – ebenso wie der Hof des Vizekönigs – in die höher gelegene konsularische Sommerresidenz in Simla zieht, wo es kühler ist. Da trifft am 18. März 1890 telegrafisch die Nachricht aus Berlin ein, Reichskanzler Otto von Bismarck habe den Kaiser wegen unüberbrückbarer Differenzen schriftlich um die Entlassung gebeten. Wenige Tage nach der Demission des Reichskanzlers scheidet auch dessen ältester Sohn, der Staatsminister im Auswärtigen Amt Herbert von Bismarck, aus dem Dienst aus. Für die Heykings ein herber Rückschlag, haben doch beide Bismarcks ihre Hände schützend über den Diplomaten gehalten, gegen Feinde und Intriganten aus dem Auswärtigen Amt. Elisabeth von Heyking klagt: »Edmund und ich sind in Sorge um das Ganze und auch um unser eignes Vorwärtskommen, denn Freunde, die sich für uns interessieren, haben wir jetzt im Auswärtigen Amt wohl keine mehr.« Sie wird mit ihrer Mutmaßung nur allzu recht behalten …

Dennoch genießt sie den sommerlichen Aufenthalt in Simla, das vierhundert Kilometer nördlich von Delhi liegt, in den waldreichen Ausläufern des Himalaja, auf zweitausend Metern Höhe. Zunächst erscheint alles anheimelnd, fast wie in den Alpen. Als jedoch heftiger Monsunregen einsetzt, wird es ungemütlich: »Man ist wie in Wolken eingewickelt und der Regen scheint von allen Seiten auf einmal zu kommen. Während 26 Tagen haben wir nicht einmal die Sonne gesehen und alles ist grau grau. Was man auch anrührt ist naßkalt, trotz großer Kaminfeuer in allen Zimmern. In den Schlafstuben hingen fortwährend alle Kleidungssachen vor den Kaminen zum Trocknen und wenn man Bücher oder Stiefel ein paar Tage im Schrank läßt, ohne sie abzureiben, findet man sie mit Schimmel bedeckt.«

Im Oktober 1890 besuchen sie den Hof des Maharadschas in Patiala im nordwestindischen Punjab. Elisabeth von Heyking

fühlt sich geehrt und wie in ein Märchenland versetzt, wenngleich sie manche Eigenheit des Empfangs und der Unterbringung eher mokant vermerkt:

»Um 9 trafen wir in Patiala ein und auf dem Perron stand der
Maharajah, uns alle zu empfangen, in einem entzückenden
lachsfarbenen Gewand und sein ganzer Hofstaat ebenfalls in
schönsten Kostümen. An der Bahn sahen wir Imperial Service
Troops, die sehr gut aussahen, mit mehreren Elefanten. Wir
fuhren nun zum Lager, das wie eine Stadt ist, mit Straßen,
künstlichen kleinen Gärten, die nur für diese Tage angelegt
sind, und auf dem Wege stehen viele komische Triumphbogen,
auf denen Jagden, Tiere und Prizefighters in möglichst naiv
kindlicher Manier gemalt sind. Unser Zelt ist in der Haupt-
straße, nahe am vizeköniglichen Lager. Eigentlich müßte ich
Zelte sagen, denn es sind deren zwei, ein sehr großes schönes
für Edmund und ein kleines, dumpfes, stickiges, which was sup-
posed to be good enough for me, nach echt orientalischer Auf-
fassung, daß der Mann das beste nimmt, und die Frau, was
gerade übrigbleibt. Ich bin aber zu Edmund gezogen, und wir
sind sehr comfortable. [...] Unsere Mahlzeiten haben wir in
einem enormen Zelt, wo 2–300 Personen sitzen können; es sind
viele Bekannte darunter, aber auch viele provinzialisch ausse-
hende Rauhbeine. Nachmittags machte ich einen Ritt auf
einem Elefanten, den uns der Maharajah schickte. Das Tier war
prachtvoll mit Goldbrokat behangen und trug eine silberne
Howdah [Sänfte]. Um hinaufzukommen, gebraucht man eine
Leiter, nachdem der Elefant sich vorher auf die Knie gelassen
hat. Wir ritten zuerst durch die Stadt und besahen uns die Prä-
parationen für die Illumination. In allen Straßen, die der Vizekönig passieren wird, sind die Häuser weiß bestrichen worden;
[...] Unser Elefant erschreckte alle Pferde, und eins sprang vor
Entsetzen in einen der kleinen Basarläden hinein und zertrüm-
merte die Tonkrüge. Wir ritten in den großen Palasthof, an dessen Tor hübsche geschnitzte und durchbrochene Arbeit angebracht ist. [...] Hinter einer großen Mauer befindet sich das
Zenana [Frauengemach], und da sie in diesem Staat sehr streng

sind, kommen die Prinzessinnen nie heraus. Mich dauerten sie sehr, aber nachher erfuhr ich, daß sie es selbst nicht geändert haben möchten, weil sie in der Tradition aufwachsen, daß es nur sehr ordinäre Frauen sein können, die draußen frei herumgehen dürfen, und je mehr man sie hütet, desto vornehmer kommen sie sich selbst vor. Der Heimritt bei untergehender Sonne und beginnendem Mondschein war reizend. Die Dämmerung bedeckte alles lumpenhaft Häßliche in den Straßen und nur die graziösen Silhouetten der Tempeldome, der schlanken Säulchen und Kuppeln an den Altanen der Häuser hoben sich vom abendlichen Himmel ab.«

Die Heykings residieren als Vertreter des deutschen Kaiserreichs in ihren Domizilen in Simla und Kalkutta und empfangen mitunter berühmte Persönlichkeiten, so den russischen Thronfolger Nikolaj Alexandrowitsch, den griechischen Prinzen Georg, den Prince of Wales Albert Victor und den österreichischen Erzherzog und Thronfolger Franz Ferdinand (dessen Ermordung 1914 Auslöser für den Ersten Weltkrieg werden wird). In Indien kommt am 17. November 1891 auch Elisabeth und Edmund von Heykings zweiter Sohn Günther zur Welt, ihr »Himalaya Baby«, wie die Mutter stolz verkündet. Die Ehe der Heykings, zwischenzeitlich durch das Stocken der Karriere belastet, gewinnt laut Elisabeth wieder an Harmonie: »Das Baby hat uns einander wieder näher gebracht, was ich von ihm hoffte.«

Nicht nur der Himalaya und Punjab sind Zielorte der Heykings, im Januar 1892 unternehmen sie auch eine fünfwöchige Fahrt in das zu Britisch-Indien gehörende Birma (das heutige Myanmar). Die Beschreibung des Landes und seiner Einwohner füllt in Elisabeths Tagebuch viele Seiten. In einem Brief, nach der Rückkehr nach Kalkutta geschrieben, fasst sie ihre Eindrücke enthusiasmiert zusammen:

»[Birma] ist wirklich ein schönes Ländchen mit reizenden heiteren liebenswürdigen Bewohnern u. Alles, was man da sieht u. hört, die Bauten, die Trachten, die Religion, die Tänze – Alles ist so hübsch und pontisch [wie am Schwarzen Meer] daß man in einem Märchenlande zu leben glaubt. – In Rangoon steht zwischen Palmen auf hohem Hügel das große Nationalheiligtum der Burmesen, die goldene Pagode und um sie herum stehen viele kleinere Pagoden und ernste Bronzebuddhas sitzen unter Alabas[t]erbaldachinen – in jeder Vollmondnacht feiern die Burmesen ihre religiösen Feste bei der goldenen Pagode und Scharen reizender Burmesinnen in engen rosarothen Seidenröckchen mit Rosen in ihrem glatten rabenschwarzen Haar, wandeln die hohe steile Treppe hinauf, knien vor den Buddhas nieder und bringen ihnen als Opfer blaßlila Lotosblumen dar. – Hoch über ihnen scheint ein Vollmond so schön und hell wie wir ihn in Europa nie sehen, vom Himmel heben sich mystisch leuchtend die goldenen Pagodaspitzen ab und durch die stille wunderbar gewürzte Tropennacht zieht das leise Rauschen der Palmenblätter und das märchenhafte Klingeln unzähliger kleiner goldener Glöckchen die oben an den Pagoden hängen. – wir sind bei dieser Reise bis nach Bhamo dicht an der chinesischen Grenze gekommen und haben die Dampferfahrt auf dem Irrawaddy sehr genossen, dessen Ufer uns an den Rhein erinnerten ins Tropische übersetzt.«

Sie ahnt nicht, dass der Berufsweg ihres Mannes sie bald nach China bringen wird, an dessen Grenze sie bereits gestanden hat. Doch zunächst geht es zurück in die Hauptstadt Britisch-Indiens. Der Abschied von Kalkutta kommt indes schneller als erwartet. Edmund von Heyking hat sich mit seinem Sekretär Wilhelm Solf (der später bis zum Gouverneur von Deutsch-Samoa und 1918 zum deutschen Außenminister aufsteigen wird) überworfen. Die Angelegenheit zieht Kreise bis hinauf zum Auswärtigen Amt und zum Kaiser. Heyking macht eine Eingabe um außerordentlichen Urlaub. Dem Antrag wird stattgegeben. Anfang April 1893 schiffen sich die Heykings in Bombay ein. Sie verlassen Indien, kehren nach Deutschland zurück – und wieder einmal wissen sie nicht, wie es weitergehen wird.

Unruhig bereisen sie in den nächsten Wochen und Monaten Italien, die Schweiz und Deutschland. Selbst in Buckow und Crossen kommen sie innerlich nicht zur Ruhe. Endlich, Ende Dezember 1893, erhält Edmund von Heyking die Berufung zum Generalkonsul in Ägypten, das als halb eigenständiges Vizekönigtum innerhalb des Osmanischen Reichs seit 1882 von den Briten besetzt ist – nach Ansicht Deutschlands völkerrechtswidrig. Deutscher Generalkonsul in Ägypten zu sein ist somit ein wichtiger und diffiziler Posten, auch geopolitisch hat das Land wegen des Suezkanals eine herausragende Position. Endlich ist Elisabeth von Heyking, die starke Frau hinter Edmund, zufrieden: »Noch nie haben wir ein Jahr so voller Hoffnungen begonnen und mit dem dankbaren Bewußtsein, daß die Wolke, unter der wir 10 Jahre gestanden, sich doch endlich lichtet, und Edmund auf einen Platz kommt für den er wirklich paßt und von wo aus der Weg zu allem führt.« Bereits Anfang Februar 1894 reisen die Eheleute ab, zunächst geht es nach Neapel, dort schiffen sie sich ein, am 18. Februar langen sie in Port Said an und fahren mit der Bahn nach Kairo.

Die Deutschen sind bei den Ägyptern beliebt, eben weil man in ihnen einen Gegenpart zur englischen Besatzungsmacht sieht. Bald werden der neue deutsche Generalkonsul und seine Frau an den Hof des Vizekönigs (Khediven) Abbas Hilmi II. geladen. Auch in der Oper begegnet Elisabeth dem Monarchen. Sie ist hingerissen: »Der Khedive hat ein rundes Kindergesicht und wird entschieden bald zu fett werden, aber von all der Tücke, die ihm die Engländer nachsagen, ist ihm nichts anzusehen. Während wir warteten, sagte jede von uns ihm eine kleine artige Phrase, und mit unsern Buketts in der Hand sahen wir entschieden aus wie Schulkinder in their best behaviour. Von dem kleinen Salon gingen wir dann mit Seiner Hoheit in seine Loge, wo zuerst die Khediviale Hymne stehend angehört wurde. [...] Der Khedive sagte mir verschiedene Nettigkeiten, und wie er alles tun wolle, um uns den Aufenthalt angenehm zu machen.« An anderer Stelle bemerkt sie über die Bildung des Khediven: »Wir brachten ihn aber auf seine Landwirtschaft, Pferde- und Kamelzucht für die er sich sehr interessiert u. da ging es dann sehr glatt weiter. Er sprach Deutsch mit uns u. man merkte ihm an daß er sich wohl fühlte inmitten Leuten dieser Nation zu sein, die ihn weder bevormunden noch sein Land verschlucken will.«

Bald kommt der neue deutsche Generalkonsul in offenen Konflikt mit dem englischen Gouverneur Lord Evelyn Cromer. Dessen Verhältnis zum Khediven ist angespannt, zumal der Ägypter sich von Cromer gegängelt fühlt. Heyking gerät in diese Querelen – und auch Elisabeth, die immer mehr zur Privatsekretärin ihres Mannes avanciert und ihn politisch zu beraten und zu beeinflussen sucht, wird indirekt Auslöserin politischer Kabalen. Cromer schreibt einen Beschwerdebrief an den britischen Botschafter in Konstantinopel, der wiederum seinen deutschen Kollegen Hugo von Radolin aufsucht und ihm wutentbrannt Cromers Anschuldigungen gegen Heyking, dieser würde sich eigenmächtig in die Politik Großbritanniens einmischen, vorträgt. Die Sache geht bis an das Auswärtige Amt nach Berlin, wo Heyking nach dem Weggang Herbert von Bismarcks keinen Fürsprecher mehr besitzt. Schließlich wird Heyking Anfang August 1894 beurlaubt, zugleich mit der Weisung, ins Konsulat nach Tanger in Marokko versetzt zu werden. Die Heykings empfinden das als Abschiebeposten und sind enttäuscht und empört. Besonders Elisabeth sieht die Eignung ihres Mannes unterschätzt und ihr eigenes Geltungsbedürfnis verletzt. Nicht zum ersten Mal wird sie aktiv und mischt sich recht eigenmächtig in die Belange des Auswärtigen Amtes ein, indem sie sogar einen Bittbrief an Kaiser Wilhelm II. schreibt – vergebens. Der Kaiser unterzeichnet am 7. Dezember 1895 die Ernennungsurkunde für Heyking, und Reichskanzler Chlodwig zu Hohenlohe-Schillingsfürst teilt dem künftigen Konsul in Tanger mit, er habe den Posten in Kairo bis Mitte März 1896 zu verlassen. Die Heykings, noch immer auf Urlaub in Deutschland, haben allerhand zu organisieren. Die Kinder werden in

Internaten in Kassel und Altenburg untergebracht, damit sie geregelten Unterricht erhalten. Elisabeth von Heyking ist es indes schwer ums Herz, wie sie am 5. Februar 1896 ihrem Tagebuch anvertraut: »Wie ausruhend wäre es, einmal wieder auch nur auf ein paar Stunden so ganz sorglos wie damals sein zu können! [...] Ich sage mir oft, daß die furchtbar melancholische Stimmung, in der ich mich seit Wochen befinde, krankhaft sein muß, und suche dagegen anzukämpfen, ohne zu können. Es ist mir, als würde bald eine große Welle, die immer näherkommt, über mir zusammenschlagen.«

Durch die Neue Welt ins Land der aufgehenden Sonne

Das Schicksal nimmt eine überraschende Wendung: Während die Heykings im April noch in Berlin sind und ihre Übersiedlung nach Tanger vorbereiten, entdeckt Kaiser Wilhelm das ferne China als Interessensphäre für die deutsche Handels- und Kolonialpolitik. Gerade die vom Auswärtigen Amt geäußerte Kritik, Heyking sei in Ägypten »zu schneidig« gewesen, erscheint dem Kaiser für die Vertretung deutscher Interessen im Reich der Mitte passend zu sein. Am 3. Mai widerruft Wilhelm seine Order vom Dezember und ernennt Edmund von Heyking zum neuen Gesandten in Peking. Gut drei Wochen später empfängt der Kaiser Edmund von Heyking in Potsdam und instruiert ihn bezüglich der deutschen Interessen in China: eine Ausweitung der Handelsaktivitäten, eine Militärreform in China mit Unterstützung deutscher Offiziere, die Durchsetzung deutscher Interessen gegen die Kolonialmächte Großbritannien, Russland und Japan und nicht zuletzt der Erwerb oder die Gründung eines deutschen Handelshafens auf chinesischem Boden.

Anfang Juni 1896 verlassen die Heykings Berlin. Am Lehrter Bahnhof verabschieden sie sich von den drei Kindern und der Gouvernante. Der kleine Günther ruft den Eltern zu: »Wir sehen uns ja alle zu den großen Ferien wieder!« In Hamburg besteigen die Eheleute ein Schiff, das sie nach New York bringt. Als sie den Ärmelkanal durchqueren und die englische Küste sehen, schreibt Elisabeth wehmütig ins Tagebuch: »Bei aller Freude und allem Stolz, zu denen zu gehören, die hinausziehen ins wahre Leben, empfindet man doch eine große Sehnsucht beim Anblick solch eines Fleckchens Erde, wo es sich so leicht glücklich sein ließe.« Auf der Fahrt über den nördlichen Atlantik geraten sie in undurchdringlichen Nebel, riesige Eisberge driften in der Nähe – was sechzehn Jahre später dem Passagierschiff »Titanic« zum Verhängnis werden wird. Elisabeth von Heyking notiert voller Angst und Schauder: »Das unheimliche Nebelhorn tönte ohne Unterlaß alle Minuten, und es klang wie ein Ungeheuer, das vor Entsetzen im Dunkel heult. Alle Türen, welche das Schiff in wasserdichte Kompartimente teilen, waren geschlossen, und man hatte das beruhigende und doch so unheimliche Gefühl, to be prepared for the worst. The worst wäre in diesem Fall Begegnung mit Schiffen oder mit Eisbergen, die um diese Jahreszeit von den nordischen Eisfeldern herabtreiben. Wirklich begegneten wir am Nachmittag des 10. [Juni] einem solchen Koloß, von dem der Kapitän meinte, daß er an 2000 Fuß hoch sein müsse.«

Am 12. Juni erreichen sie den Hafen von New York und kommen an der Freiheitsstatue vorbei, die, als sie elf Jahre zuvor zum letzten Mal in der Stadt waren, noch nicht errichtet war. Ebenso bestaunen sie die neu gebauten Hochhäuser mit bis zu zwanzig Stockwerken. Bereits anderntags reisen sie mit dem Zug weiter Richtung Nordwesten. Im Waggon verfügen sie über einen eigenen »drawing-room«, wie Elisabeth von Heyking stolz vermerkt. Es geht das Hudson-Tal entlang und über den St.-Lorenz-Strom ins kanadische Montreal, und weiter nach Ottawa, nun in einem weniger luxuriösen Waggon, »dessen Delabriertheit [Schadhaftigkeit] der Canadian-Pacific nicht eben Ehre machte«, wie Elisabeth kritisch anmerkt. Die Fahrt führt durch schier unendliche Wälder entlang der Großen Seen: »Den ganzen Vormittag dieselbe Gegend, die am meisten an ein flacheres, in die Unendlichkeit ausgedehntes Norwegen erinnert. Ein See folgt auf den andern, und man hat die Empfindung von etwas unendlich Großem, unendlich Hübschem und unendlich Monotonem. Steht der Zug einmal still, so hört man die Vögel in den Wäldern singen. An Blumen blaue Iris und rote Lilien, aber der Gesamteindruck ist nur immer Wasser, Felsen, dünne Tannen, und wieder dünne Tannen, Felsen, Wasser. Nachmittags kamen wir an den Lake Superior, der groß und im Nebel verschwindend wie ein wahres Meer erscheint.«

Weniger erbaut ist sie von der Prärie in Manitoba, vor allem von der dürftigen Zivilisation, die moderne technische Errungenschaften ohne ästhetisches Empfinden übernimmt: »Abends kamen wir nach Winnipeg, einer sehr aufblühenden Stadt, aber mit jenem far westlichen entsetzlich trostlosen Aussehen des Provisorischen. Scheußliche Plankenhäuser, denen man ansieht, daß sie möglichst rasch zusammengenagelt sind, und zwar nicht, um irgendein behagliches home, sondern nur um die notwendige Unterkunft zu bilden für Leute, die nur den einen Gedanken haben, to make money, and to make it quickly. In den Straßen fahren elektrische Bahnen, es brennt elektrisches Licht, und man sieht die unvermeidlichen Bicyclereiter. Das alles in diesem Rahmen macht das Bild noch trauriger, denn man denkt unwillkürlich an die europäischen Orte, wo man zuletzt elektrisches Licht, Bahnen und Bicycles gesehn hat, und wo eben alles zueinander paßte und nicht höchste Zivilisation neben größter Primitivität stand.«

Weiter geht es durch die kanadischen Rocky Mountains und den Gebirgszug der Selkirks, »welche noch wilder und großartiger sind. Manchmal ist man ganz umgeben von Gletschern und Schneefeldern, und dabei ist der Weg so eng und die Berge verschieben sich so sehr ineinander, daß man nicht begreift, wie sich die Bahn je wieder herausfinden wird.« Die Fahrt endet in Vancouver, direkt am Hafen. Die Heykings gehen an Bord des Passagierschiffs »Empress of Japan«. Durch bewegte See (»Edmund und ich halten uns aber tapfer«) geht es nordwärts zur Inselkette der Aleuten, sie queren den hundertachtzigsten Längengrad und »verlieren« an der Datumsgrenze einen Tag.

Das Schiff landet im japanischen Yokohama. Wegen trüben Wetters ist der Fujiyama leider nicht zu sehen. Die Heykings sind von Japan, das noch in einer vorindustriellen Schönheit daliegt, entzückt und bedauern, dass das Schicksal sie nicht hierher auf einen konsularischen Posten gebracht hat. Unheimlich hingegen nehmen sich Nachrichten aus, wenige Tage zuvor habe ein Tsunami im Norden Japans die Küste verwüstet, über fünftausend Menschen seien umgekommen. Dieser schlechten Nachricht ungeachtet reisen die Heykings mit dem Zug nach Nikko weiter und betrachten Land und Leute wie ein Puppenhaus: »Die Fahrt durch allerhand seltsame japanische Viertel, in denen man die kleinen Häuschen sich öffnen und erwachen sah, war von ganz besonderem Zauber, und auf dem Bahnhof war wieder das reizende Gedränge kleiner, niedlicher Japanerinnen und das Geklapper von Hunderten stelzenartiger Holzschuhe. Diese Chaussure war aber heut wohl am Platz, denn kaum hatten wir Tokio verlassen, so begann ein strömender Regen. Das grüne Land sah dabei noch grüner aus, und die Leute, die im Feld arbeiteten, nahmen Strohmäntel um, in denen sie wie emsige Stachelschweine aussehen. Jedes Eckchen Land ist bebaut und alles ist in kleine Felder abgeteilt, zwischen denen Kanäle hindurchfließen, und die reichlichen Pfützen sind mit Lotos bedeckt, von denen man nicht weiß, ob die rosa und weißen Blüten oder die geschweiften Blätter am schönsten sind. Zwischen all den hellgrünen Feldern erheben sich große, dunkle Bäume, unter denen sich die Häuser der Lebenden und die Gräber der Toten verstecken.«

Der kurze Ferienaufenthalt in Japan findet ein jähes Ende, als Edmund von Heyking erfährt, dass ein katholischer deutscher Missionar, Mitarbeiter des in China tätigen Bischofs Johann Baptist Anzer, in Shantung von Einheimischen ermordet worden ist. Die Tat wird nicht nur als ruchloser Mord an einem Christen gewertet, sondern auch als nationale Schmach. Der frisch berufene Konsul und seine ehrgeizige Gattin stechen bereits drei Tage später in See, um endlich nach China zu gelangen und sich dort in den Dienst deutscher Interessen zu stellen.

Am 28. Juli 1896 treffen sie in Shanghai ein, drei Tage später sind sie in Tschifu, dem Sitz des deutschen Ostasien-Geschwaders unter Admiral Alfred von Tirpitz. Der merkt bald, dass der neue Konsul nicht ohne seine ehrgeizige Frau zu denken ist. In seinen Erinnerungen aus dem Jahre 1919 schreibt der Admiral: »In Tschifu [traf ich] den neuen Gesandten, Herrn von Heyking, der denselben Auftrag, wie ich, hatte, mit seiner Gemahlin; ich forderte ihn zu einer dienstlichen Besprechung unter vier Augen auf und merkte bald, daß ich damit eine Ungeschicklichkeit begangen hatte, da die kluge Frau, die spätere Verfasserin der *Briefe, die ihn nicht erreichten*, der wichtige Mitarbeiter ihres Mannes war.« Es kommt bald zu Spannungen zwischen den beiden Männern – was Heykings Stand in Berlin erneut schwächen wird.

Die Heykings reisen nach Peking weiter und beziehen die deutsche Gesandtschaft, die alles andere als repräsentabel ist. Das ist nicht nur der Eindruck des Ehepaars; auch der Weltreisende Eugen Wolf, der zwei Jahre später nach Peking kommt, ist über den Zustand des Gesandtschaftsgebäudes entsetzt: »Aus kleinen niedrigen ineinander gedrückten Häuschen zusammengeschachtelt, in einem engen schmalen Hofe und mit einem Gärtchen, das eben für die tägliche Bewegung einiger Strafgefangenen ausreichend wäre, setzt sich die Gesandtschaftswohnung zusammen. Keine Vorhalle, kein Zugang, keine Freitreppe, keine Luft, kein Licht. Ein bedrückendes Gefühl beschlich mich, als ich diese Klausur betrat.« Wolf hat Glück im Unglück, betritt er doch die Gesandtschaft zwei Jahre nach dem Einzug der Heykings, die einiges renovieren lassen. Ihrem Tagebuch vertraut Elisabeth von Heyking kurz nach der Ankunft an: »Keine Tür schließt, keine Tapete ist auch nur erträglich, die vielen Reichsmöbel, die im Hause herumstehen, überbieten sich an Häßlichkeit. Das Ganze hat etwas Grabartiges. Dazu bieten die einfachsten Dinge so große Schwierigkeiten. Es gibt keine Ölfarbe in Peking, keine Matten, um die gräßlichen Fußböden zu bedecken, keine anständigen Tapeten. [...] Unter dem ganzen Gesandtschaftspersonal scheint nicht ein Mensch zu sein, von dem wirkliche Hilfe zu erwarten wäre. Edmund und ich fragen uns immer von neuem, ob wir nicht einen wahren Wahnsinn begangen haben, diesen Posten anzunehmen [...]. Man hofft immer, aufzuwachen und geträumt zu haben.«

Unversöhnlich – und etwas halsstarrig – steht die Konsulsgattin den Verhältnissen in Peking gegenüber, dessen Bevölkerung damals in traditionellen, vorindustriellen und korrupten Verhältnissen lebt: »Wider Erwarten ist diese Stadt wie ein weites leeres Dorf von elenden grauen Häuschen und Hütten; der Weg, wenn von solchem überhaupt gesprochen werden kann, ist noch chaotischer als vorher; bald versinkt man im Kot, bald geht es über große Steinhaufen. Dazwischen sind weite leere Plätze voll stagnierenden Wassers. Der erste Anblick ist so schauerlich häßlich, daß man das Ganze für ein Fieberbild und Alpdrücken hält. Endlich, 5 Stunden nachdem wir Tungchau [ein Pekinger Stadtteil] verlassen, bogen wir in die Straße der Gesandtschaften ein, neben welcher die schmutzigste litauische Dorfgasse ein Paradies ist.« Bereits wenige Wochen nach ihrer Ankunft »fliehen« die Heykings in ein provisorisches Sommerdomizil vor der Stadt, die Tempelanlage Tachiaosze. Während Edmund von Heyking sich um die Konsulatsangelegenheiten kümmert und die Möglichkeiten der Pachtung eines Hafens für deutsche Handels- und Kriegsschiffe sondiert, sucht Elisabeth Zerstreuung in der Malerei: In jenen Jahren entsteht eine ganze Reihe von Aquarellen, die später, im Zweiten Weltkrieg, gemeinsam mit ihrem schriftlichen Nachlass verbrennen. Nur wenige Aquarelle, die sich in Privatbesitz befinden, haben die Wirren der Zeit überstanden und zeigen eine sichere, geschulte Hand, zudem einen poetischen Blick auf chinesische Landschaften und Gebäude.

Ablenkung bietet auch ein Herr von Groot, russischer Vertreter in der chinesischen General-Zollinspektion, ein Baltendeutscher, in den Elisabeth von Heyking sich ein wenig »verguckt«. In ihrem Tagebuch vom 7. Februar 1897 bekennt sie: »Ich habe in dieser Zeit Herrn von Groot häufiger gesehen, der durch seine große Ruhe für mich einen Charme hat. Er gehört zu den Männern, die wissen, daß Frauen ont besoin d'être choyées [dass Frauen verhätschelt sein wollen], und er hat all die Eigenschaften eines guten Freundes, der kleine ennuis [Gefühle von Verdrießlichkeit] und Widerwärtigkeiten aus dem Wege schafft.« Groot wird später in Elisabeth von Heykings autobiografisch gefärbtem Bestsellerroman zum Vorbild für die wenig verschlüsselte Figur des Herrn Groote, zu dem die Ich-Erzählerin ein Liebesverhältnis unterhält, und dem die Briefe gelten, »die ihn nicht erreichten«.

Im Laufe der Jahre gelingt es Elisabeth von Heyking, das Gesandtschaftsgebäude etwas annehmlicher und repräsentativer zu gestalten. Sogar Prinz Heinrich, der Bruder Kaiser Wilhelms, kommt zu Besuch und lässt sich mit den Heykings vor der Eingangstür fotografieren. Der Schriftsteller Paul Lindenberg reist 1899 nach Peking (ein Jahr nach Eugen Wolf) und weiß über den Zustand der Räumlichkeiten schon Besseres zu berichten: »Wie sehr hatte es unser deutscher Gesandte, Baron von Heyking, im Verein mit seiner schönen, klugsinnigen und künstlerisch reichbegabten Gemahlin verstanden, seine Wohnstätte mit dem erlesensten Geschmack, mit den kostbarsten kunstgewerblichen Schätzen Europas, Indiens und Chinas auszustatten. Wohin das Auge blickte, traf es auf prächtige alte Möbel, herrliche Stickereien, auf seltene Bronzen, schöne Waffen, von Meisterhand geschaffene Gemälde, und alles paßte zusammen und machte einen vornehm-wohnlichen Eindruck.«

Die Eheleute Heyking beweisen sich nicht nur in der Renovierung und Ausstattung der Gesandtschaftsräume. Vor allem die Gründung eines deutschen Handelshafens und die Pachtung von ausreichend Land beschäftigt Edmund von Heyking und seine »Privatsekretärin« Elisabeth, die treibende, karrierebewusste Kraft hinter ihrem Mann: Am 4. Januar 1898 setzt Edmund von Heyking – ganz im Sinne seines Kaisers – die chinesischen Unterhändler ultimativ unter Druck: »Ich habe sehr scharf Befehle von meinem Herrn und Kaiser erhalten, und dies ist vielleicht die letzte Stunde, die Ihr noch frei habt.« Am 6. März 1898, zwei Jahre vor dem »Boxeraufstand« gegen die Kolonisatoren in China, schließt das Deutsche Reich, vertreten durch Edmund von Heyking, mit dem Kaiserreich China einen Vertrag, wonach die knapp fünfhundert Quadratkilometer großen Gebiete um die Bucht von Kiautschou auf neunundneunzig Jahre gepachtet werden. In den Unterlagen des Auswärtigen Amtes wird Heyking hochgelobt: Er habe die Verhandlungen »mit großer Festigkeit« geführt. Als das vom Kaiser von China unterzeichnete Abkommen im Konsulat eingeht, notiert Elisabeth von Heyking stolz: »Edmund zeigte mir ein Exemplar des Vertrags, und es freute mich, seinen Namen darauf zu sehen. Der Vertrag ist in gelbe Seide eingebunden und liegt zwischen zwei mit gelbem Brokat bezogenen Tafeln, die selbst wieder in einem gelben Brokatkasten ruhen, wie sie benutzt werden für alle Akten, die dem Kaiser von China vorgelegt werden.« In einem Brief vom 8. Januar 1898 an ihren Cousin Roderich von Oriola äußert sie sich – ähnlich wie ihr Mann – recht hemdsärmelig und drastisch über die Verhandlungen und die Chinesen: »Es war wirklich hohe Zeit, daß die Chinesen einmal eine Lektion bekamen. Die dauerndste Lehre wird ihnen aber die Besetzung Kiautschous sein! – aus welcher Besetzung seit ein paar Tagen eine Verpachtung auf 99 Jahre geworden ist. […] Um jede Scholle Erde hat Heyking kämpfen müssen. […] Es hat sich doch gelohnt in dieses Exil zu ziehen!«

In den folgenden Jahren wird der Hafen Tsingtau für Hochseeschiffe ausgebaut und eine Eisenbahnlinie ins Landesinnere gelegt. Die Stadt Tsingtau, einst ein unbedeutendes Fischerdorf, wächst auf über dreißigtausend Einwohner an. Eine grundlegende Infrastruktur nach deutschem Vorbild wird gebaut. Nach dem Ausbruch des Ersten Weltkriegs wird Kiautschou im November 1914 von japanischen Truppen erobert. Im Frieden von Versailles von 1919 wird das Gebiet Japan zugesprochen, im Washingtoner Abkommen von 1922 tritt Japan Kiautschou an China ab, ein Jahr darauf verzichtet Deutschland auf seine Pachtrechte. Bis heute zeugt der typisch »deutsche« Charakter der Altstadt Tsingtaus von ihrer Vergangenheit.

Bereits kurz nach Unterzeichnung des Kiautschou-Vertrags schlägt dem Ehepaar Heyking Missgunst entgegen. Elisabeth von Heyking ereifert sich über die knappen telegrafischen Anordnungen aus Berlin: »Kein Wort des Dankes, der Anerkennung! […] in Berlin kann man kein freundliches Wort finden!« Bald mengt sich Admiral Alfred von Tirpitz ein und beansprucht die Urheberschaft an dem Kontrakt. Die ungleichen Verträge der europäischen Mächte über Pachtung oder Erwerb von Handelsniederlassungen und Militärbasen sind demütigende Diktate, die in der chinesischen Bevölkerung für Unmut sorgen. Bereits im September 1898 entlädt sich der Volkszorn in blutigen Unruhen und einem Umsturzversuch gegen Kaiser Guangxu. Als der Kaiser Reformversuche einleitet, wird er von der Kaiserinwitwe Cixi, Adoptivmutter Guangxus, in den Sommerpalast verbannt und de facto entmachtet. Elisabeth von Heyking begleitet als Chronistin die Ereignisse jenes blutigen Septembers, wobei sie bei einem Ausritt am 29. September die explosive Atmosphäre in Peking selbst atmet:

»Ich ritt nachmittags mit Vidal [einem französischen Militärattaché] längs der Stadtmauer, inwendig, auf komischen kleinen Pfaden zwischen den elenden grauen chinesischen Hütten. Es fiel uns auf, welche Massen chinesischer Soldaten in der ganzen Stadt waren. Zerlumpte vagabundenartige Gestalten, die zu je zwei Mann an einem großen Gewehr schleppen, das in einen blauen Fetzen gewickelt ist. Wir kehrten an der äußeren Mauerseite zurück, und gegen den regnerisch grauen Himmel hatten die verwitterten Stadtmauern und die drohenden Türme mit ihren blaßgrünen Dächern einen seltsamen charme de tristesse. Wir ritten an langen Zügen chinesischer Soldaten vorbei; ihre roten dreieckigen ausgezackten Fahnen waren das einzig Grelle in der grauen Landschaft. Natürlich riefen sie uns allerhand Schimpfworte nach, da aber kein Dolmetscher dabei war, konnte es uns ja einerlei sein. Der Kaiser hat einen Fluchtversuch gemacht, ist aber am Tor des Palastes von den Wächtern der Kaiserin [Cixi] arretiert worden.«

Die Krawalle richten sich auch gegen in der Stadt lebende Ausländer, wie Elisabeth von Heyking tags darauf zu berichten weiß: »Der Kaiser sitzt gefangen auf einer Insel im Stadtpalais. Sechs seiner Beamten sind infolge seines Fluchtversuchs ohne Untersuchung sofort hingerichtet worden. Chang yin huang [ein hoher chinesischer Beamter, Unterhändler des Kiautschou-Vertrags] ist nach Turkestan verbannt. Als wir nachmittags ausreiten wollten, begegnete uns Sir Claude mit der Nachricht, zwischen der Station und der Stadt seien soeben Mrs. Beton im Karren und der Dolmetscher Mortimer zu Pferde vom Pöbel angegriffen und mit Steinen beworfen worden. Mrs. Beton sind auf dem Karren ihre Kleider auf dem Leibe zerrissen worden. Dem amerikanischen Bischof soll es ebenso ergangen sein, die Tragstühle voller Steine geworfen und dem Dolmetscher Dowrie durch einen Steinwurf eine Rippe zerbrochen.«

Nachdem der Kaiser von der eigenen Adoptivmutter abgesetzt worden ist und die Briten und Russen mit Kriegsschiffen vor der Küste Truppenpräsenz gezeigt haben, ebben die Unruhen rasch wieder ab. Doch es ist die Ruhe vor dem Sturm. Im Jahre 1900 bricht der »Boxeraufstand« los: Ein chinesischer Geheimbund, der sich selbst die Bezeichnung »Boxer« gibt, ruft zum Mord an den Europäern auf. Vereinzelt werden Missionare und Handelsleute getötet – Anlass für die europäischen Mächte, Truppen nach China zu entsenden. Der Oberbefehl liegt in Kaiser Wilhelms Händen. Bei der Einschiffung der Truppen hält er die berüchtigte »Hunnenrede«, ein Paradestück nationalen Dünkels: »Gefangene werden nicht gemacht. Wer euch in die Hände fällt, sei euch verfallen. Wie vor tausend Jahren die Hunnen unter ihrem König Etzel sich einen Namen gemacht haben, der sie noch jetzt in Überlieferungen und Märchen gewaltig erscheinen lässt, so möge der Name *Deutscher* auf tausend Jahre durch euch in der Weise bestätigt werden, daß niemals wieder ein Chinese wagt, einen Deutschen auch nur scheel anzusehen!«

Als der Boxeraufstand wütet und schließlich brutal niedergeschlagen wird, leben die Heykings schon nicht mehr in Peking. Edmund von Heyking wird im April 1899 für ein halbes Jahr beurlaubt und danach auf den Gesandtschaftsposten nach Mexiko versetzt, eine Position, die weniger Ansehen bietet und zudem schlechter bezahlt wird. Die Eheleute sind enttäuscht. Elisabeth schreibt etwas hysterisch in ihr Tagebuch: »›Nach Mexiko!‹ Ich stieß nur einen Schrei aus, und das ganze Herz krampfte sich mir zusammen. Ich fing an nervös zu schluchzen, ohne doch eine Träne weinen zu können, und frug nur immer wieder: ›Was haben wir getan, um das zu verdienen!‹ Ich hatte ein so vernichtendes Gefühl bitterer Kränkung und Demütigung.«

Wieder gilt es, den Erdteil zu wechseln, und wieder ist die Versetzung kein Aufstieg auf der Karriereleiter, sondern eine Vertröstung, ja, angesichts von Edmund von Heykings Leistung beim Zustandekommen des Kiautschou-Vertrags sogar eine Brüskierung. Nach einem längeren Urlaub in Berlin stechen die Eheleute am 25. April an Bord des Schnelldampfers »Wilhelm der Große« in See und erreichen wenige Tage später New York. Am 19. Mai 1900 treffen der Gesandte und seine Frau in Mexiko-Stadt ein. Elisabeth von Heykings Urteil im Tagebuch fällt wieder recht vernichtend und einseitig aus: »In Mexiko kommt man an, ohne recht zu wissen wie. Man sieht nichts von einer großen Stadt, nur ein paar Fabriken, und plötzlich hält der Zug in einem schuppenartigen Bahnhof. Ein Wagen brachte uns in das Hotel Sanz, das an der Ecke der so bombastisch beschriebenen Alameda [Pappelallee] liegt; sie ist nichts, als ein kleiner Platz mit staubigen Bäumen bewachsen. […] Der einzig zivilisierte Mensch im Hotel ist die amerikanische Haushälterin; sie sagt, sie sei grau geworden durch den Ärger des hiesigen Lebens.« Zehn Tage später haben sich Widerwillen und Überdruss noch verstärkt: »Unendlich melancholische Tage. Je mehr ich von dieser Stadt sehe, desto schrecklicher finde ich sie in ihrem namenlosen Schmutz, ihrem Staub, der alles durchdringt, und der furchtbaren zerlumpten Bevölkerung. [...] Die Straßen sind entsetzlich lärmend durch das schlechte Pflaster. Für die nächsten Jahre ist außerdem alles in besonders chaotischem Zustand, weil alle Straßen aufgerissen werden, um endlich eine Kanalisation einzurichten. Daher soll besonders viel Fieber und Typhus herrschen, und deutsche Ärzte raten, Herbst und Winter fortzugehen. Nirgends sieht man etwas Augenerfreuendes, denn die paar grünen Plätze sind gänzlich verstaubt durch die Staubwirbelsäulen, die fortwährend aufsteigen.«

Elisabeth von Heyking bemüht sich redlich, mehr von Land und Leuten zu sehen. Doch ein geplanter Ausflug nach den »schwimmenden Blumeninseln« scheitert an einem aufkommenden Staubsturm, »man konnte nicht die Häuser auf der andern Seite der Straße sehen«. Die protestantische Preußin hat schon viel Wundersames und Wunderliches von der in Mexiko verehrten Madonna von Guadelupe gehört, und so beschließt sie, einen Ausflug zu der Wallfahrtskirche zu machen: »Man sieht da in Höfe hinein, die so viel Elend, Schmutz und Schlechtigkeit enthalten, daß sich das Herz zusammenkrampft und man es alles für Fieberphantasie halten möchte. Aber es ist Wahrheit, und keine Feder vermag die ganze Wahrheit zu schildern. Inmitten dieses braunen Schmutzes sind einzelne Läden in grellen Farben gestrichen, und dazwischen Annoncen von Jahrmarktsbuden mit unmöglichen Wasserfällen, Riesentieren und nackten Weibern, alles möglichst in die Augen springend, auf die stumpfen Sinne dieser verkommenen rohen Menschen berechnet. Inmitten von alldem erheben sich Kirchen mit verfallenen Türmen und verwitterten Kuppeln, und man weiß nicht recht, sollen sie dieser elenden Menschheit Trost oder Hohn sein.«

Noch bevor sie die Kirche der Madonna von Guadelupe erreichen, geben sie auf und kehren um, angewidert von der Armut und dem Schmutz, die sie sehen. Zehn Tage später hat Elisabeth von Heyking ihrem Tagebuch erneut Schreckliches anzuvertrauen – eine Begegnung mit mexikanischen Alltagsvergnügungen:

»Hiesige Spielhöllen und Hahnenkämpfe gesehen. Schon in den Straßen steht es voll kleiner Buden und Tische zum Spielen, bis um einen Centavos herab kann man da setzen, und ganz kleine Kinder kommen an diese Tische und versuchen ihr Glück mit irgendeiner winzigen Münze. In den eigentlichen Spielhäusern stehen dann primitive Roulettes, und man sieht große Silberhaufen, die auf eine Nummer gesetzt werden. Die Spieler sind meist unheimliche Gestalten, und man sieht deutlich, wie sie den Revolver mit der Hand in der Tasche halten. Hinter einem dieser Säle war eine kleine Arena, von einer Brüstung umgeben in Tischhöhe, eine Reihe Stühle stehen darum, und die eifrigsten Wetter sitzen da auf die Brüstung gelehnt, Haufen von Silber vor sich auf der Brüstung aufgestapelt; [...]. Es gibt Kämpfe mit künstlichem und solche mit natürlichem Sporn. Die letzteren sind die grausamsten, weil sie am längsten dauern. [...] Nachdem das Anbinden geschehen, halten die Besitzer ihre Hähne auf dem Arm und bringen sie so nahe aneinander, daß sie sich gegenseitig etwas picken können. Dann reißt jeder Besitzer seinem Hahn schnell ein paar Federn am Schnabel aus, was diesen in volle Wut bringt, da er natürlich glaubt, daß es sein Rivale ist. Sind sie so in Wut gebracht, setzt man sie rasch auf den Boden und läßt sie gegeneinander los. Sie springen nun aufeinander, und es gelingt einem dem andern das Messer tief in den Kopf, Hals oder Bauch zu stoßen. Sobald der eine tot am Boden liegt, fängt der andre an zu krähen, mag er auch selbst noch so verwundet sein. Die Kämpfe mit dem natürlichen Sporn sollen noch viel entsetzlicher sein; die Hähne sind dabei manchmal so erschöpft, daß sie voneinander loslassen und haletant [keuchend] nebeneinander stehen, oder sie bluten beide derart, daß sie umsinken. Dann werden sie von den Besitzern künstlich belebt, die den Hahnenkopf in den Mund nehmen und ihm Atem einblasen, auch seine Wunden aussaugen. Dann werden sie wieder gegeneinander gehetzt, bis daß einer auf der Strecke liegen bleibt [...]. So recht etwas für dies Volk mit seinen stumpfen Nerven, denen kein Reiz stark genug ist.«

Überfordert ist die Protestantin auch von den »lebensfrohen«

mexikanisch-katholischen Beerdigungsritualen: »In allen übrigen Ländern umgibt man den Tod mit etwas Poesie und sucht das Grauenvolle zu umhüllen. Hier werden die Särge auf schwarze Tramway cars gestellt, und fouette cocher [mit einem Peitschenknall des Kutschers] hinaus gehen sie im Trab zwischen allen möglichen andern Cars, eine Tramwaylast wie alle übrigen. Hinter dem schwarzen offnen Sargcar folgt meist ein gewöhnlicher Tramcar, dessen Fenster verhängt sind und auf dem ein Zettel mit dem Wort ›funèbre‹ [Leichen(wagen)] angebracht ist. Darin sitzt dann die Trauergesellschaft. [...] Wer sich diese Begräbnisse ausgedacht hat, muß wirklich Nerven wie Schiffstaue gehabt haben.«

»Nachkommin romantischer Ahnen«

Elisabeth von Heyking kann die Jahre in Mexiko nur dadurch erträglich gestalten, dass sie eine Zerstreuung, die zugleich der Sammlung und Konzentration dient, wieder aufnimmt: das literarische Schreiben. Vor ihrer Abreise nach Mexiko hat sie sich an der Abfassung französischer Verse versucht. Nun beginnt sie mit einem Roman, der ihre Erlebnisse in Peking und die neuesten schauerlichen Nachrichten vom Boxeraufstand zum Thema hat. Noch ahnt sie nicht, dass das Schreiben ihr Beruf werden und dass sie damit Reichtum und Ruhm ernten wird.

Im Dezember 1902 stellt Edmund von Heyking beim Auswärtigen Amt in Berlin ein Urlaubsgesuch, da seine Frau gesundheitlich angegriffen sei und er seine Kinder in Deutschland wiedersehen wolle. Dem Gesuch wird stattgegeben, wenige Wochen später erhält Elisabeth von Heyking vom Verlag der Gebrüder Paetel in Berlin einen Vertrag für ihren Erstling *Briefe, die ihn nicht erreichten* zugesandt. Der Roman erscheint 1902 als Vorabdruck in der *Täglichen Rundschau*, ein Jahr später in Buchform. Er wird einer der größten Verkaufserfolge der damaligen Zeit.

Während Edmund von Heykings Diplomatenkarriere, die

zwanzig Jahre lang eigentlich auf der Stelle trat, sich dem Ende zuneigt (es folgt nur noch ein kurzer Einsatz in der deutschen Gesandtschaft in Belgrad und anschließend in der preußischen Gesandtschaft in Hamburg), beginnt Elisabeth von Heykings steiler Aufstieg als *die* Modeautorin ihrer Zeit. Mit der Rückkehr nach Europa stellt sie ihr Tagebuch, das zwanzig Jahre lang ein treuer Begleiter in allen Nöten gewesen ist, ein. Nun hat sie ein anderes Genre gefunden, ihre Ansichten und Erlebnisse zu verbreiten: im autobiografisch grundierten fiktiven Erzählen, in der Zwiesprache mit einem (meist weiblichen) Publikum.

Freilich können die Zeitgenossen aus dem Roman lesen, was in ihr Weltbild und ihr Interessenspektrum passt: nationale Töne, aber auch zivilisationskritische Gedanken. Selbst die Frauenfrage wird angerissen – zumindest aus Sicht der adligen Protagonistin, die an der Langeweile, dem »ennui«, leidet: »Ich wünschte – ja, was wünsche ich eigentlich? Ich wünschte, ich wäre mit Ihnen auf einer weiten, merkwürdigen, gefahrvollen Entdeckungsreise in irgendein seltsames Land – womöglich einen unerforschten Stern.« Diese überzogenen Wünsche nach Abenteuer und Gefahr sind eine Kompensation des unbefriedigenden Alltags: »Aber wahrhaftig und im Ernst – ich habe manchmal eine so brennende Sehnsucht, etwas zu werden, zu sein, zu leisten! Ich komme mir zuweilen vor, als bestände ich aus lauter ungenutzten Fähigkeiten und als gingen alle Gelegenheiten, sich zu betätigen, die die meinen sein sollten, an mir vorbei und zu anderen hin, die nicht wissen, was sie damit beginnen sollen.«

Als sich der Erfolg des Romans anbahnt, ist Elisabeth von Heyking fassungslos vor Glück: »Wie ein Traum ist es manchmal, und ich kann es gar nicht fassen, daß ich es bin, der all dies Schöne widerfahren ist. Edmund empfindet es alles mit und freut sich mit an dem Buch. Es ist uns beiden zu einem neuen Ankergrund geworden.« Sie entfaltet in den kommenden Jahren eine rege schriftstellerische Tätigkeit und veröffentlicht noch mehrere Romane und Erzählungen, die jedoch nur Achtungserfolge werden. Sie ist und bleibt in der literarischen Welt die Autorin der *Briefe, die ihn nicht erreichten.*

1908 erbt sie von einem kinderlos verstorbenen Vetter Schloss Crossen an der Weißen Elster, nördlich von Gera. Die Eheleute ziehen sich dorthin zurück. Das barocke Schloss wird zu einem kleinen geistigen Zentrum: Die Schriftsteller Paul Lindenberg, Heinrich Merck, Marie von Bunsen und andere gehen hier ein und aus. Merck erinnert sich schwärmerisch: »Hier, in einem alten Schloß auf der Höhe mit einem Park zu Füßen, um dessen Teich steinerne Sphinxe lagerten, und mit weitem Ausblick in das thüringische Hügel-Vorland, umgeben von Feldern und Forsten, hat sie die letzten Jahre ihres Lebens verbracht: Nachkommin romantischer Ahnen in romantischer Umwelt. Hier hat sie, die ein Leben im Treiben der großen Welt hinter sich hatte, in abseitiger Stille ihrer Neigung zu alten Büchern gelebt und der ererbten Lieblingsbeschäftigung dichterischen Schaffens.«

Die letzten Lebensjahre sind von Unglück, Verlusten und Krankheit geprägt: Edmund von Heyking leidet zeitweise an einer rätselhaften Geisteskrankheit. Er stirbt 1915. Die Söhne Alfred und Günther gehen im Ersten Weltkrieg an die Front. Schloss Crossen wird in ein Kriegslazarett umgewandelt. Elisabeth von Heyking leidet in jenen Jahren an einer Nierenbeckenentzündung. Anfang Oktober 1917 wird Günther von Heyking in der Schlacht bei Zonnebeke in Flandern getötet. Zunächst gilt er als vermisst, und Elisabeth von Heyking klammert sich verzweifelt an die Hoffnung, ihr Sohn werde doch noch in einem Lazarett lebend ausfindig gemacht. Wenige Wochen vor dem Ende des Kriegs trifft die Nachricht ein, Alfred von Heyking sei am 6. September 1918 bei Laon in Frankreich von einer Granate schwer verletzt worden und drei Tage später in einem Lazarett gestorben. Im Oktober 1918 stirbt der zehnjährige Enkel Achim, der Sohn ihrer Tochter Stephanie, die seit 1905 mit dem preußischen Regierungsassessor Hans von Raumer verheiratet ist, an der Spanischen Grippe.

Den Umwälzungen nach 1918 steht Elisabeth von Heyking

ablehnend und hilflos gegenüber. Beinahe amüsiert berichtet die Freundin Marie von Bunsen über das Aufeinandertreffen von adliger Dame und revolutionären Proletariern im November 1918: »Während der Revolutionszeit drangen Arbeiterräte ein und wollten das Schloß nach Waffen durchsuchen. Sie trat ihnen in all ihrer Vornehmheit höflich und ruhig entgegen: Allerdings hätte sie zwei Gewehre, die ihrer zwei einzigen Söhne, die beide im Krieg gefallen. Da zogen sich die Arbeiterräte schweigend zurück. Ihre Pensionsanweisung mußte immer persönlich beglaubigt werden. Da sie leidend war, bat sie den ›roten‹ Beamten der Ortschaft, diese Beglaubigung bei ihr vornehmen zu wollen. Er antwortete: ›das sei nicht sein Amt. Da sie jedoch eine *alte kranke Frau* sei, wolle er – ausnahmsweise – kommen.‹ Sie empfing ihn an dem mit altem Silber gedeckten Teetisch, er saß im geschnitzten damastbezogenen Lehnstuhl, hielt die kostbare Porzellantasse in der Hand, und mit ihrer sicheren, einnehmenden Liebenswürdigkeit reichte sie ihm Gebäck. Von Stunde an war er ihr schrankenlos ergeben.«

Über Weihnachten 1924 und Neujahr 1925 ist Elisabeth von Heyking in Berlin. Am 4. Januar besucht sie die Schriftstellerin Ina Seidel zum nachmittäglichen Tee. Danach fährt sie zur Pension zurück und zieht sich für einen abendlichen Empfang im Haus des Bankiers Paul Schwabach um. Als sie hinuntergeht, auf dem Weg zu dem vor dem Haus wartenden Auto, erleidet sie im Hausflur einen Schlaganfall. Man ruft einen Arzt und die Tochter Stephanie. Die schreibt am 17. Februar an Ernst Robert Curtius: »Ich fand sie bewußtlos, und sie hat ihre schönen Augen nicht mehr geöffnet. Der Arzt hoffte nach der ersten Teilbesserung auf Wiederherstellung, aber kurz nach 10 löschte ein 2ter Schlag das Leben sanft und schnell.«

Elisabeth von Heykings Leichnam wird nach Schloss Crossen überführt und in der Gruft beigesetzt. Ein Nachbar berichtet über die Feierlichkeit: »Ganz Crossen trauerte, als habe jeder einen Nahestehenden verloren. Arme alte Frauen legten ein kleines Sträußchen auf den Sarg.«

7 Annette Kolb (1870–1967)
»Glückliche Reise«

Im Mai 1939 tagt in New York der Internationale PEN-Club. Zu ihrer Überraschung wird die im Pariser Exil lebende Schriftstellerin Annette Kolb von dessen Präsidentin Dorothy Thompson eingeladen. Beide kennen sich von einer Begegnung in Paris im Jahre 1931. Annette Kolb nimmt die Einladung an. Aber sie hat kaum Geld. Zunächst will sie mit einem Orangenschlepper fahren, überlegt es sich aber anders. Eine Einzelkabine sollte es für eine Dichterin, die in ihrem siebzigsten Lebensjahr steht, doch sein! Im April reist sie nach Cherbourg in der Normandie und besteigt am 3. Mai die »Queen Mary« mit dem Ziel New York. Über die Fahrt und den Aufenthalt in Amerika hat Annette Kolb ein Jahr später ein kurzweiliges Buch mit dem Titel *Glückliche Reise* veröffentlicht.

Da sie nur über dreihundert Dollar verfügt, die Dorothy Thompson ihr hat zukommen lassen, muss sie sich an Bord mit einer fensterlosen Innenkabine bescheiden: »[…] die kleinste Innenkabine, in welche die Luft durch einen Wirbel transponiert hineinwehte, schluckte für die Hinfahrt allein die sämtlichen dreihundert Dollar auf.« Als sie seekrank wird, greift sie zu einem ihrer probaten Tricks, indem sie dem ahnungslosen Steward versetzt: »Es wäre peinlich für die White Star Line, mich ganz oder auch nur halb tot drüben abzuliefern.« Die leise Drohung wirkt – man teilt der blassen deutschen Schriftstellerin eine luxuriösere Außenkabine mit Fenster zu: »Herzerstärkend war das Rot des Teppichs, der sich über den ganzen Boden breitete, sowie der schwarze Lack des Gitters, hinter

welchem auf einen leisen Druck Flammen aufschlugen; ein hol-
der kleiner Schreibtisch – offen stehend, wie sichs gehörte, ein
Badezimmer.« Ihre Vorgehensweise verteidigt sie mit dem
Überlebenstrieb: »Die Natur stattet wehrlose Tiere mit Schutz-
vorrichtungen aus. Auch mimisch sind sie begabt. Geschäfts-
tüchtig nimmt der Käfer die Farbe der Baumrinde an, die er entlang reist. Eine Frau ohne Mann muß gepanzert durchs Leben
gehen, das Rapier führen in der behandschuhten Rechten.«

Annette Kolb hat in ihrem langen Leben eine Vielzahl von
Überlebensstrategien entwickelt. Finanzielle Not, politische
Verfolgung und mehrmaliges Exil zwangen sie dazu. Dabei lag
ihr – von kleinen Mogeleien abgesehen – nichts so sehr am Herzen wie die Wahrheit, gerade weil sie oft zwischen allen Stühlen saß.

Ein deutsch-französisches Haus

Annette Kolb stand *zwischen* den Sprachen, Völkern und Kulturen. Das wurde für sie prägend, sinnstiftend und belastend
zugleich. Geboren wird sie am 3. Februar 1870 in München –
wenige Monate vor dem Ausbruch des Deutsch-Französischen
Kriegs. Deutschland und Frankreich sind für die Familie Kolb
keine Gegensätze, sondern Ergänzungen. Der Vater Max Kolb ist
königlich-bayerischer Gartenbauinspektor (angeblich ist er ein
illegitimer Sohn des bayerischen Königs Maximilian Joseph II.).
Die Mutter Sophie Danvin ist eine aus Paris stammende Pianistin, die nur ungern an die Isar gezogen ist und sich zeitlebens
weigert, Deutsch zu lernen. Die Dienstwohnung in der Münchner Sophienstraße 7, direkt am Alten Botanischen Garten gelegen, wird zu einem wichtigen kulturellen Treffpunkt. Im Salon
von Sophie Danvin-Kolb treffen sich Bürger und Bohemiens,
Gräfinnen und Debütantinnen, arrivierte Malerfürsten und unbekannte Poeten. Die Schranken von Stand, Nationalität und
gesellschaftlichem Ansehen sind hier außer Kraft gesetzt. Aber
es gelten zwei Regeln: Es muss französisch gesprochen werden,

und jegliche Form eines militanten Nationalismus ist verpönt. Keine Selbstverständlichkeit im Deutschen Reich der Kaiserzeit, das sich durch den Sieg gegen den sogenannten »Erzfeind« Frankreich etabliert hat.

Die Kinder, zwei Knaben und vier Mädchen, wachsen in diesem halb bürgerlichen, halb bohèmehaften Haus weitgehend ohne Führung auf. Sie sind musisch begabt und werden doch nicht recht gefördert. Annette Kolb erinnert sich: »Ich spielte als Kind sehr gut, und es wurde schon daran gedacht, daß ich vielleicht eine Pianistin werden würde, weil ich so gut abspielte. Aber wenn ich einmal eine Sache konnte, welkte sie ein bißchen unter meinen Fingern. Ich war keine wirkliche Pianistin, und drum ließ ich es auch gehen.«

Annette Kolb lernt im Elternhaus nicht nur Künstler und Literaten kennen, sondern auch Politiker, Kirchenmänner und Diplomaten. Der Nuntius des Vatikans in Bayern ist ebenso unter den Gästen wie die Botschaftsräte Frankreichs und Englands. Besonders mit zwei Diplomaten schließt sie Freundschaft: Richard von Kühlmann und Camille Barrère. Beide werden sich in späteren Jahren für einen friedlichen Ausgleich zwischen Deutschland, Frankreich und England einsetzen – freilich mit unzureichendem Erfolg.

Annette Kolbs literarisches Schaffen ist von zwei Grundpfeilern getragen: der autobiografischen Selbstvergewisserung und dem Drang, Meinungen und gesellschaftspolitische Ideen ins Gewand der Literatur zu kleiden. In einem Interview von 1959 formuliert sie diesen Impetus: »Etwas musste ich werden. So schrieb ich. Aber nicht aus Wunsch, zu schreiben. Eher, meine Meinungen zu sagen.«

Die Freunde treffen sich nicht nur im Salon der Mutter, sondern auch in der literarischen Kaffeehausszene. Annette Kolb bevorzugt das Café Fahrig am Karlstor. Hier hat sie einen Stammplatz an einem Tischchen hinter einer Säule. Bei Wiener Kaffeehausmusik fühlt sie sich inspiriert: »Ich schrieb in Cafés, wo Musik war. Da ging ich hin, wie ein anderer in sein Büro geht. Von 4 bis 7 und abends von 9 bis 11. Da hatte ich immer dasselbe Tischchen, und da hab ich wahrgenommen, daß wenn man niemanden sieht, man auch nicht gesehen wird.«

Mit zweiundzwanzig Jahren unternimmt sie ihre erste Auslandsreise: nach Paris, in die Heimatstadt der Mutter. Hier lernt sie den Historiker Hippolyte Taine, den Bildhauer Auguste Rodin und den Komponisten Claude Debussy kennen. Als Feuilletonistin setzt sie sich wenig später in Deutschland für Debussys Musik ein und spielt noch 1933/34 im irischen Rundfunk ein paar Klavierstücke des Franzosen. Freilich ist die mittellose junge Frau in der schillernden und teuren Weltstadt gezwungen, ein Doppelleben zwischen Anspruch und Wirklichkeit zu führen, mit zum Teil grotesken Einfällen: »Der eine speist, der andere wohnt über seine Verhältnisse, und das bleibt so sein Lebtag lang … Als junges Mädchen schon horstete ich einmal drei Monate lang im fünften Stock eines repräsentativen Pariser Hotels. Aber der Rest war Spirituskocher, auch dieser nur geliehen. […] Das Menu selbst in der bescheidensten crêmerie konnte ja nicht in Frage kommen. Dafür waren alle Säle unten mein, das Feuer im großen Kamin, all die schönen Leute, die ein und aus gingen, ihr Frohsinn, ihr Wahn und die Zeitungen der ganzen Welt. Ein solches Doppelleben hinterläßt Spuren, Komplexe sogar.«

1897 unternimmt Annette Kolb ihre erste Reise nach Italien, die sich weniger glücklich gestaltet. Später verarbeitet sie in der Erzählung *Spitzbögen* ihren dreiwöchigen Aufenthalt in Florenz und Fiesole im Hause der englischen Schriftstellerin Vernon Lee, die von Annette Kolb – wenngleich namentlich nicht explizit genannt – als »Hexe« und »spinster« (alte Jungfer) diffamiert wird, die sie statt mit Gemüse mit »ungenießbarem Schilfe« beköstigt habe. In München verschärft sich unterdessen die finanzielle Situation der Kolbs. Annettes Bruder Emil hat die Mitgift der Schwestern verspielt und ist in Russland untergetaucht. Annette Kolb ist in jenen Wochen in Florenz deprimiert und ratlos. Ihr journalistischer Werdegang stockt. Sie gilt als unschön und ist mit fast dreißig Jahren bereits ein »altes Mädchen«. Entmutigt verlässt sie Florenz. Auf der Heimreise gibt sie ihrem Faible für Hüte nach und kauft in Bozen eine ausgefallene Kreation, obwohl das Geld für die Fahrkarte gedacht ist. So sitzt sie in Südtirol fest, bis sich die Eltern ihrer erbarmen und telegrafisch Geld anweisen. Abgerissen, ausgefroren, um einige Illusionen ärmer, aber immerhin mit neuem Hut langt Annette Kolb im winterlich verschneiten München an.

»Das Exemplar«

Annette Kolb heiratet nie. Sie wächst in einer Zeit auf, in der eine Mitgift noch eine wichtige Rolle spielt. Zu Unrecht ist die Schriftstellerin als der Typus der »alten Jungfer« karikiert worden. Sie weiß indes sehr wohl um die Freuden und Leiden von Liebe und Begehren. Einer der schönsten Liebesromane der deutschen Literatur stammt aus ihrer Feder: *Das Exemplar*. Das Buch, 1913 bei S. Fischer erschienen, ist ihr literarischer Durchbruch. Kritiker und Schriftstellerkollegen wie etwa Rilke und Hofmannsthal sind voll des Lobes. Noch im selben Jahr erhält sie den renommierten Fontane-Preis.

Das Buch erzählt die Geschichte der unmöglichen Liebe einer jungen Frau zu einem verheirateten Mann. Mariclées Geliebter ist ein »Exemplar« von einem Mann: Er ist schön, jung, erfolgreich, einfühlsam, kultiviert – aber: er ist verheiratet, ein für damalige gesellschaftliche Verhältnisse schier unüberwindbares Hindernis. Annette Kolb hat in dem Roman ihre eigene unglückliche Liebe zu dem englischen Botschaftsrat John Ford gezeichnet. Es ist die Geschichte eines Verzichts, aber auch einer weiblichen Selbstfindung voller Stolz und Eigensinn. Über Mariclée ist zu lesen: »[…] sie war nicht zu umschreinen und sehr früh unfähig geworden, restlos in einem Manne aufzugehen. Auf ihre geistige Welt hatte das Exemplar nicht den leisesten Einfluss. […] Indem sie keinem gehörte, behielt Mariclée, wie sie glaubte, auf irgendeine mystische und geheimnisvolle Weise auf alle liebenswerten Männer ein Recht. Zwischen der Eingrenzung oder der Einsamkeit blieb keine Wahl. So wuchs sie denn wie ein halb sublimer und halb absurder Protest ins Leben hinein.«

Nicht nur Schicksalsumstände, auch die Furcht, die schwer erkämpfte Emanzipation – auch ihre schriftstellerische Unabhängigkeit – in einer Ehe aufgeben zu müssen, haben Annette Kolbs Entscheidung, ledig zu bleiben, beeinflusst. Noch als Fünfundneunzigjährige weist sie den Gedanken einer partnerschaftlichen Bindung geradezu brüsk zurück: »Ich habe nie geheiratet. Ich habe mich verliebt, ich konnte mich verlieben, aber Heiraten wäre mir ein schrecklicher Gedanke gewesen.«

Annette Kolb ist keineswegs eine misanthropische Einzelgängerin. Im Gegenteil: Sie ist kontaktfreudig, reist viel und lernt gerne neue Länder und Menschen kennen. Bald spannt sich ein Netz von Freunden über Europa. Ihren Freunden gilt sie als treu und solidarisch. Umgekehrt scheut sie sich nicht, jemandem auch unliebsame Wahrheiten ins Gesicht zu sagen. Manche Bekanntschaft zerbricht darüber, aber wer ihre Direktheit und Ehrlichkeit auszuhalten weiß, hat in ihr eine ergebene Weggenossin. Hermann Kesten beschreibt sie so: »Annette Kolb besaß das Genie der Freundschaft und Freundlichkeit und hatte auch in aller Welt, und wie sie sich rühmte, in allen Gesellschaftsklassen, ergebene Freunde, wie sie selber ein unbeirrbarer, unerschrockener Freund war.«

»Die Schule der Feigheit«

Ist Annette Kolb mit ihrem Erstlingsroman der verspielten Kaffeehaus-Literatur entwachsen, so zeigt sie sich mit ihrer Aufsatzsammlung *Wege und Umwege* aus dem Jahr 1914 als politisch engagierte Autorin, die es sogar wagt, Kaiser Wilhelm II. und dessen stümperhafte Aggressionspolitik heftig zu kritisieren. Sie sieht sich vor allem durch ihre deutsch-französische Abkunft dazu berufen, für ein friedvolles Miteinander und einen kulturellen Austausch der beiden Nationen zu werben. Konservative Kritiker diffamieren sie nach dem Erscheinen von

Wege und Umwege als »hysterisches Schwabinger Frauenzimmer«. Annette Kolb ficht das nicht an. Sie macht sich das Klischee sogar zum Markenzeichen und bezeichnet sich selbst voller Stolz und Ironie als »böse Sieben« und »alte Schachtel, die garstige, die Kolb«. Erscheinungstag des Bandes *Wege und Umwege* ist – bittere Ironie der Geschichte – just der 1. August 1914, der Tag des Kriegseintritts des Deutschen Reichs. Für Annette Kolb zerbricht eine Welt. Noch als Fünfundneunzigjährige ereifert sie sich in einem Interview: »Der Militarismus ist die Schule der Feigheit, der Männerfeigheit. [...] Die zivile Feigheit ist aus dem Militarismus entstanden. Und die ist viel mehr bei den Männern als bei den Frauen. Das finde ich.«

Der Krieg ist eine Schule des Grauens, der Feigheit und der Verletzung der menschlichen Würde und bürgerlichen Integrität. Das muss Annette Kolb am eigenen Leib erfahren. Im Januar 1915 hält sie in Dresden einen Vortrag, worin sie sich kritisch gegen propagandistische Hetzkampagnen in der deutschen und französischen Presse wendet. Die national gesinnten Zuhörer sind empört und schreien sie nieder. Annette Kolb verlässt die Stadt noch in derselben Nacht. Nun werden die Geheimpolizei und das bayerische Kriegsministerium auf die unbequeme Literatin angesetzt. Die Behörden nehmen ihr den Pass ab, sie darf Deutschland nicht mehr verlassen. Ihre Telefonate und der Briefverkehr werden überwacht. Sie erhält ein Veröffentlichungs- und Auftrittsverbot. Zudem wird belastendes Material über sie gesammelt und ein Verfahren wegen Landesverrats vorbereitet. Nur mithilfe von Freunden – des Industriellen Walther Rathenau, der Verbindungen zum Auswärtigen Amt in Berlin besitzt, und der Diplomaten Richard von Kühlmann und Harry Graf Kessler – kann Annette Kolb im Februar 1917 das Land verlassen und ins Schweizer Exil gehen.

Dort findet sie Anschluss an pazifistische Kreise. Romain Rolland, René Schickele, Leonhard Frank und Hermann Hesse gehören zu ihren Freunden. Ihr politisches Denken radikalisiert sich. Vor dem Krieg plädierte sie noch für eine parlamentarische Monarchie, nun liebäugelt sie mit dem Sozialismus.

Auf dem Internationalen Sozialistenkongress Anfang Februar 1919 in Bern lernt sie den ersten frei gewählten bayerischen Ministerpräsidenten Kurt Eisner kennen, der wenig später, am 21. Februar, von dem rechtsnationalen Adligen Anton von Arco-Valley erschossen wird. Über ihre ambivalente Haltung zum Sozialismus schreibt sie: »Als Partei interessierte mich ja der Sozialismus nur wenig, wie jede andere. Aber das Ergebnis der kapitalistischen Ära war ein wirrer Knäuel ineinander verbissener Verbrecher, eine Welt, welche der Sozialismus jedenfalls nicht bereiten half. Er hatte keinen Teil an ihr. Deshalb nur gab es keine andere Brücke als ihn. Denn er war nur ein Weg, der weiterführt, indem er zurückgelegt und überwunden wird, niemals ein Ziel.«

Reichsbahn und Automobil

Als die Räterepubliken in Berlin und München von Reichswehr und Freikorps zerschlagen werden, erlischt auch Annette Kolbs Strohfeuer für die Ideen des Sozialismus. Sie kehrt nach Deutschland zurück. 1922 zieht sie mit ihrem Seelenfreund René Schickele und dessen Frau Anna nach Badenweiler im Markgräfler Land. Hier, im milden badischen Klima, mit dem Blick auf das Elsass und die Vogesen und in Nähe zu den Schweizer Freunden, beginnt für Annette Kolb die glücklichste und produktivste Zeit ihres langen Lebens.

Ihr Haus in Badenweiler existiert bis heute. Es ist klein und bescheiden, aber für die Autorin ist es ein Schatzkästlein: »Mein kleines Haus stand schon öfters in Zeitschriften abgebildet, doch wer mich fragte, was mir am besten daran gefiel, dem sagte ich: seine Weite. Dabei ist das Badezimmer nur eine Kabine, ich schlafe in einer Zelle, schreibe in einem Gelaß, und im Speisezimmer ist eine Bank den Wänden angebaut, damit man zu viert drin essen kann. Dreizehn schäbige Stufen führen zur oberen, schon mansardierten Etage. […] Nie aber sage ich: mein Häuschen, sondern nenne es mein Haus, weil man so frei darin herumgeht, als wäre es groß.« Sie hat endlich ein eigenes Arbeitszimmer. In ihrem Salon steht ein Blüthner-Flügel, den ihr ein Verehrer – anonym – geschenkt hat (eines schönen Morgens stand das Instrument einfach vor ihrer Tür). Bald nach der Einführung des Rundfunks im Oktober 1923 legt sie sich ein Radiogerät zu und hört mit Begeisterung die abendlichen Übertragungen aus den großen Konzertsälen. Im Garten pflanzt sie Rosen, Wicken und Stauden und genießt den freien Blick ins Rheintal.

Es hält sie jedoch nie lange am Stück in Badenweiler. Zeitlebens reist sie viel, zu Vorträgen, Lesungen, Konzerten, zu Freunden, Bekannten – und zu lästigen, aber notwendigen Verhandlungen mit Verlegern. Sie verdient in den Zwanzigerjahren nicht schlecht; freilich kann sie nicht haushalten. So wie die Honorare ihr zufließen, gibt sie sie recht unbekümmert aus. Sie kennt auch keine Scheu, die Verlage gegeneinander auszuspielen. Samuel Fischer, der alte, menschenfreundliche Patriarch des Verlags, nimmt ihr das nie übel, sondern umwirbt seine Autorin immer wieder aufs Neue und lädt sie sogar zu Ferienaufenthalten in seine Häuser in Berlin-Grunewald, in der Provence und im Tessin ein.

Die Verhandlungsfahrten nach Berlin sind ihr verhasst. »Berlin ermüdet mich furchtbar«, gesteht sie Schickele im Februar 1927, »J'aspire à mon départ. [Ich ersehne bereits meine Abreise.] Das essen, schwä[t]zen und wieder essen, o!« Die Preise in der teuren Weltstadt versucht sie schon mal mit nicht ganz »sauberen« Tricks zu drücken. Aus dem Hotel Englischer Hof schreibt sie dem Freund: »Ich habe mein ganzes Bett mit Tinte der Länge nach bekleckert ob ich daraufhin eine Ermässigung verlangen kann, wie mir gestern Abend im Bureau geraten wurde? Voriges Jahr wurde sie mir eo ipso zugestanden!«

Auf den Zugfahrten nach Berlin verliert sie in ihrer schusseligen Art wiederholt etwas, und nur selten findet es sich so überraschend wieder wie ihr Schirm: »Ich verlor zwar meinen Schirm, die Insassen schworen ich hätte keinen gehabt, aber ein goldiger Schaffner, der mir einen complett leeren Abteil ausfindig machte, spielte auch den D-Zug-Detektiv und brachte ihn mir aus einem ganz anderen coupé als dem, in welchem ich war. Aber ich hatte ihn wohl selbst dorthin gestreut.« Das Zugfahren ist ihr verhasst. Gerne hätte sie ein Auto, doch ist das zu jener Zeit für sie unerschwinglich. Also sitzt sie winters weiterhin in zugigen Waggons.

Ihre Rache an der Deutschen Reichsbahn ist subversiv und süß. 1925 veröffentlicht sie eine Glosse mit dem Titel *Schiffahrt und Eisenbahn*, worin sie die geplagten Bahnkunden zum Boykott aufruft: »Hat je vor mir einer den Plan eines Generalstreikes der Eisenbahnpassagiere gefaßt? Nein. Wir lassen uns in den stets überfüllten Zügen wahllos wie Herdentiere zusammendrängen und zahlen und überzahlen die unverschämte Tortur.« Listig setzt sie ihre vorgetäuschte publizistische Macht im Kampf mit dem »Kerkermeister«, wie sie den Schaffner abfällig nennt, ein. Als einmal die Zweite Klasse überfüllt ist, beordert der die widerspenstige Reisende in die Erste Klasse. Später, als sich der Zug leert, will er sie in die Zweite Klasse zurückschicken. Doch der Schaffner hat nicht mit Annette Kolbs Widerstand gerechnet, die vor den Augen ihrer schüchternen Sitznachbarin großes Theater spielt: »›Zurück!‹ schrie ich wie eine Wilde. ›Dann zahlen Sie die erste Klasse nach‹, sagte er erschrocken. ›Nein, keinen Pfennig!‹ schrie ich, denn mein Zorn kochte jetzt wie auf einem Schnellsieder. ›Aber morgen‹, schrie ich, ›steht diese Geschichte in allen Blättern; es stehen mir alle Blätter‹, log ich schreiend, ›alle Blätter Deutschlands stehen mir zu Gebote.‹ Ich fand eine sehr dramatische Geste, und der Mann fuhr vor meinen Megärenaugen betreten zurück. […] ›Sind Sie Schauspielerin?‹ fragte mich meine Gefährtin voll Bewunderung.«

Ist sie nicht in Berlin bei Samuel Fischer, so besucht sie ihre Vaterstadt München oder reist zu Schweizer Freunden nach Basel und Bern; dann wieder stattet sie ihrer »Mutterstadt« Paris eine Visite ab, setzt auch schon einmal mit dem Schiff von Cherbourg nach Cork in Irland über, um ihre Schwester Germaine zu besuchen, die dort verheiratet ist. Ein andermal fährt sie ins Tessin oder nach Venedig – und erteilt René Schickele brieflich Anweisungen: »René guckst du nach meinem Rosengarten? [...] Behaltst mein Häuschen brüderlich im Auge. Ich bin in Gedanken disponirend darin.«

Während sie die oberitalienische Ebene entsetzlich trist findet, genießt sie den Aufenthalt in Venedig und Pisa. Kaum ein Vierteljahr später, im Januar 1923, trudeln bei Schickeles in Badenweiler Briefe mit dem Kopf »Norddeutscher Lloyd Bremen. An Bord des D[ampfers]. ›Lützow‹« ein: Annette Kolb hat sich auf eine Kreuzfahrt nach Lissabon und Teneriffa begeben, unglücklicherweise leidend: »Pechserie in Teneriffa fing ich eine Wurzelhautentzündung und, damit mir nichts erspart bleibt fiel mir heute ein Vorderzahn aus. Cela ne m'avantage pas [das steht mir nicht] ich kann nicht lachen (hab auch keine Lust).«

Bereits im Frühjahr 1924 bricht sie wieder zu einer Reise auf, die sie nach Genua, Venedig und Neapel führt. Auf der Fahrt in die Serenissima kommt ihr im Zug die Reisetasche mit den Manuskripten mehrerer Jahre abhanden. Glücklicherweise findet ein Bahnbeamter das wertvolle Gepäck nach zweitägiger Suche und mehreren Telefonaten. Literarische Früchte dieser Reise sind das Feuilleton *Abschied von Venedig 1924* und die autobiografische Erzählung *Veder Napoli e partire*, worin sie sich mit Ironie und Augenzwinkern als Journalistin Bibiane Rahm selbst porträtiert, die in ihrer Mischung aus Zerstreutheit, Charme und Witz Unruhe ins abgezirkelte Leben eines befreundeten deutschen Ehepaars bringt. Wie vor langer Zeit in München sucht Annette Kolb nun wieder Kaffeehäuser auf, um sich durch deren Atmosphäre inspirieren zu lassen. Über ihr Alter Ego Bibiane Rahm heißt es: »Bibianens Sinnen und Trachten richtete sich nach einem ›Lokal mit Musik‹, weil ihre Produktion auf solche Schwingungen und Rhythmen eingestellt sei. Mit andern Worten, sie bedurfte des Klimbims, damit ihr etwas einfiel. [...] Rotbefrackte Zigeuner spielen flotten Schrittes die Ouverture zur Diebischen Elster. Und in einem Lehnstuhl glückselig hingegossen, sehen wir Bibiane Rahm, ein Heft auf den Knien. Ihre Füllfeder flutscht. Sie schreibt sich ihre Medikamente vom Hals.«

So sehr Annette Kolb die italienische Kultur und Literatur schätzt, ist sie doch in jenem Jahr 1924 missgestimmt – durch schlechtes Wetter, überhöhte Preise, und mehr noch durch den Kult um den »Duce« Benito Mussolini. Über ihn gießt sie ihren Spott aus: »Des Tages Held war Mussolini. Vor seinen Konterfeien gab es kein Entrinnen: Mussolini stehend, Mussolini sitzend, Mussolini mit einem kleinen Löwen an der Leine, Mussolini ohne kleinen Löwen, Mussolini in der Galakutsche an der Seite seines Königs, behufs Spezialaufnahme schützend zu ihm niederlächelnd, Mussolini mit ausgestrecktem Arm, Mussolini zürnend, Mussolini wieder gut, Mussolini diktatorisch auf- und abwärtsblickend, Mussolini schön, Mussolini ein Kind väterlich emporhebend, aber immer Mussolini.«

1928 erscheint ihr zweiter Roman *Daphne Herbst*, der bei Kritikern und Weggenossen erneut Begeisterung auslöst. Das Buch stellt den Niedergang der feudalen und patriarchalischen Gesellschaft des Königreichs Bayern dar. Dabei ist die Erzählung weder nostalgisch noch wehmütig verbrämt. Vielmehr wird eine veraltete, verkarstete, selbstgefällige Gesellschaft in all ihrer Morbidität und Lächerlichkeit entblößt. Den rückwärtsgewandten feudalen und bürgerlichen Kreisen stehen im Roman die aufstrebenden jungen Leute – auch die Frauen – entgegen, die mit Fleiß, Lebensbejahung und Fortschrittlichkeit ihr Schicksal selbst in die Hand nehmen.

Die große Welt strömt in den damals mondänen Kurort Badenweiler im Dreiländereck und macht den Aufenthalt angenehm und anregend. Die Häuser von Annette Kolb und René Schickele sind Treffpunkte von Literaten und Staatsmännern. Zu den Gästen gehören Thomas Mann, Otto Flake, Hermann Hesse und der Zentrumspolitiker Heinrich Brüning, der seit 1924 dem Reichstag angehört und von 1930 bis 1932 auch das Amt des Reichskanzlers innehat. Annette Kolb wird in den Jahren der Weimarer Republik nicht nur zu einer literarischen, sondern auch zu einer moralischen Instanz. Besonders die Völ-

kerverständigung, nicht zuletzt zwischen ihren beiden »Vater-
ländern« Deutschland und Frankreich, liegt ihr am Herzen.
1929 schreibt sie eine Monografie über den französischen
Ministerpräsidenten Aristide Briand. Der schloss 1925 mit dem
deutschen Außenminister Gustav Stresemann die Verträge von
Locarno, die Deutschland den Eintritt in den Völkerbund er-
möglichten. Im Vorfeld ihrer Arbeit zu der Briand-Monografie
wird Annette Kolb im September 1928 sogar zur Tagung des
Völkerbunds nach Genf eingeladen.

1932 erscheint Annette Kolbs *Beschwerdebuch*. Sie tritt darin
als Verfechterin der Ideen und Werte des Christentums und
der Aufklärung auf und verteidigt die parlamentarische Demokratie, zu einem Zeitpunkt, als die Demokratie in ihren Grund-
festen bereits schwankt. Die Nationalsozialisten werden im
Beschwerdebuch offen attackiert: »Wenn mir jemand sagt: ›Ich
bin kein Nazi, aber …‹, dann weiß ich schon, daß er einer ist.«
Für sie gibt es nur *eine* gültige Position: »Auch die Zeit erläßt
jeweils ihre Notverordnungen: zu seinem Europäertum und
seinem Pazifismus kann sich heute einer nicht laut genug be-
kennen.«

Ihr Europäertum stellt die vielgereiste und polyglotte Autorin auch als Vermittlerin zwischen den Sprachen und Kulturen
unter Beweis: als Übersetzerin wie als Rezensentin moderner
Literatur aus Frankreich, Großbritannien und Italien. Sie liebt
nicht nur die zeitgenössische Literatur, sondern ist auch technischen Neuerungen gegenüber aufgeschlossen. Der wiederhol-
ten Unbill mit der Deutschen Reichsbahn leid, steigt sie 1932
um – auf das Automobil: Sie besteht zweiundsechzigjährig die
Fahrprüfung. Bereits 1929 schrieb sie an Schickele: »Isabel erzählte wie leicht das chauffiren sei, ich, dass ich gern ein Han-
nomak [Hanomag] hätte wie Georg, falls mein Buch [*Versuch
über Briand*] zöge.« Obwohl das Buch nicht den erhofften
pekuniären Ertrag bringt, kann sie über Beziehungen einen kleinen Ford zu günstigen Konditionen erwerben. Im Freundeskreis
hält man die zweiundsechzigjährige Automobilistin für ver-
rückt. Schickele schreibt an Julius Meier-Graefe: »Außerdem

hat sie über Nacht beschlossen, Auto fahren zu lernen. Mehr sage ich nicht.« Und Kühlmann gratuliert nicht ohne Ironie zum Neuerwerb: »Sie werden sicher nun das eine oder andere Komische mit dem Gefährte erleben und daraus neuen Stoff für allgemein gefallende Artikel ziehen können.«

All diese Spitzen und Kommentare stören Annette Kolb nicht. Im Gegenteil: Mit Humor betrachtet sie ihre Fahrkünste, die zum Fürchten sind. Über sich selbst schreibt sie in der dritten Person: »Im Frühjahr 1932 war sie von der Leidenschaft des Chauffierens befallen, und eine Chauffeuse von Gottes Gnaden geworden, denn kein Huhn, keine Katze, nicht einmal eine Gans, die sich behäbig mitten auf dem Wege Zeit ließ, war durch sie zu Schaden gekommen. Ob auch die Schutzleute kopfschüttelnd zusahen, wenn sie mitten im Gedränge beim Rückwärtsfahren zeigen mußte, was sie konnte. Kurven aber, je mehr desto lieber, nahm sie voll Schneid, und ihr Examen bestand sie mit Auszeichnung. [...] Von nun an wurde sie von einem wahren Furor des Chauffierens erfaßt. War es nicht wie ein Hochzeithalten mit der Luft, [...] ein Riesenflirt mit der Natur? Im Herbst besaß sie – halb erschlichen, halb erworben – einen kleinen Ford. Sie ließ – als wäre es für immer – außen einen Gepäckhalter anbringen, im Inneren einen Spiegel, eine Uhr einfügen; sie stattete ihn mit Kissen, ledernen und seidenen, aus. Um Plaketten des heiligen Christophorus brauchte sie nicht zu sorgen. Sie erhielt deren eine Anzahl in allen Dimensionen von ihren besorgten Freunden.«

Sie wagt mit ihrem Auto selbst längere Strecken: rheinabwärts bis nach Köln, aber auch nach Berlin zu einer ihrer berüchtigten Verhandlungen mit S. Fischer. Ihre Briefe aus jener Zeit unterschreibt sie gern mit »der alte Sportsmann«.

Am 30. Januar 1933 wird Adolf Hitler zum Reichskanzler berufen. An jenem Abend dreht Annette Kolb wie gewohnt an ihrem Rundfunkgerät, in der Erwartung, eine Konzertübertragung hören zu können. Da erstarrt sie. Aus dem Äther dringen martialische Marschmusik und das Gegröle der Massen. Es ist die Reportage vom Fackelzug der SA und der Stahlhelmformationen vor der Berliner Reichskanzlei. Dann hört sie die geifernde Stimme des neuen Reichskanzlers Adolf Hitler. Über dieses Erlebnis notiert sie entsetzt und voller Verachtung: »Dann Worte, von mir zum ersten- und letzten Mal vernommen – in einem niederträchtigen Deutsch, eine Stimme, die in Gebell ausartete. Töne und Untertöne des Hasses, der Rachgier, der hündischen Wut. Sie entfachten in mir ein Organ für alle Infamie, deren dieser Unmensch fähig sein würde. Denn vom Bewußtsein der Macht war dieser unbefugte Redner getragen, und wenn er sie behielt, dann war Krieg, ein neuer, unmenschlicher Krieg unabwendbar. Aber nicht mit mir!«

Annette Kolb harrt noch drei Wochen in Deutschland aus, dann packt sie – nachdem sie von dem Schriftstellerkollegen Manfred Hausmann gewarnt worden ist – eines Nachts überstürzt ihren Koffer und lässt sich im Morgengrauen des 21. Februar 1933 von einem Taxi ins nahe gelegene Basel bringen. Keinen Augenblick zu früh: Bereits tags darauf wird die Grenze zur Schweiz gesperrt, wenige Wochen später wird in Berlin eine Frau festgenommen, die man irrtümlich für Annette Kolb hält.

Die Jahre bis zum Kriegsbeginn verbringt Annette Kolb überwiegend in Paris, ihrer »Mutterstadt«. Auch in diesen Jahren ist sie trotz aller Sorgen des Exils literarisch aktiv. Es erscheinen Berichte und Feuilletons über ihre Reisen nach Österreich und in die Vereinigten Staaten, sie schreibt Biografien über Mozart und Schubert. Verlegt wird sie weiterhin bei S. Fischer, dessen Schwiegersohn Gottfried Bermann Fischer den Verlag vor dem Zugriff der Nationalsozialisten zunächst nach Wien verlegt, später nach Stockholm.

Der größte Erfolg wird Annette Kolbs dritter und letzter Roman: *Die Schaukel* erscheint 1934 und erzählt unverhüllt autobiografisch die Geschichte ihres Elternhauses. Der Zauber der halb bohèmehaften, halb bürgerlichen Familie, die zwischen den Sprachen und Kulturen und ein wenig außerhalb der Zeitläufte steht, wird liebevoll, aber nicht ohne Ironie und sanfte Kritik geschildert. Das Buch endet mit einem Fanal, das man auch politisch verstehen kann: dem Brand des Münchner Glaspalastes im Jahre 1931, als die Weimarer Republik bereits im Untergang begriffen ist.

Anfang Mai 1939 verlässt sie das heimelig gewordene Pariser Exil und besteigt den Dampfer in die Neue Welt. An Bord beobachtet sie ein schönes, offensichtlich jüdisches Geschwisterpaar, das sie entzückt und zum Nachdenken über das jüdische Volk und sein Schicksal anregt. Sie kommt – neun Jahre vor Ausrufung des Staates Israel – für sich zu der Überzeugung, dass die Juden ein Anrecht auf einen souveränen Staat haben sollten: »Ein hartes und einzigartiges Geschick zwingt heute die Juden, von vorne anzufangen. Ihrer harrt eine Mission. Utopien sind am Ursprung aller großen Verwirklichungen. Als Utopisten standen ihre großen Urväter. Warum sollten die Juden statt des Exils sich nicht ein Reich [...] errichten? [...] Warum nicht ihre Vertreter entsenden? Sie könnten einen Herd mächtiger Anziehung bilden: ihre Leistungen in Kunst und Wissenschaft, ihren Kunstsinn und ihre Geistigkeit haben sie ja im Zusammenleben mit uns erwiesen.« Fast dreißig Jahre später wird Annette Kolb den Staat Israel besuchen und sich damit kurz vor ihrem Tod einen Lebenstraum erfüllen.

Zu einer Schiffsfahrt gehören auch Notfallübungen, von deren Notwendigkeit die Schriftstellerin, die sich ja im Verkehr unter den Schutz des heiligen Christophorus gestellt hat, nicht überzeugt ist: »Die Passagiere werden aufgefordert, zu einer Art Couturièreprobe – falls nämlich etwas passieren sollte – an Deck Nummer so und so viel zu erscheinen. Mit nichten: 1) glaube ich nicht, daß wir untergehen, 2) wäre schon noch Platz in einem lifeboat. Wir sind 400 statt 800 Passagiere hier oben. 3) gibt es für Gasmasken, Lippenstifte und Rettungs-gürtel eine limite d'âge [Altersbeschränkung], die man sich sel-ber setzt.«

Nachdem die anfängliche Seekrankheit überwunden ist, wird die Überfahrt ein Genuss. Freilich ist die eitle Selbstdarstellung mancher Gäste nicht nach Annette Kolbs Geschmack: »Das Meer ist ruhig, die Luft noch rauh. Im Speisesaal finden sich jetzt mehr Leute ein. Mein Tischchen ist nah am Eingang, so nehme ich abends die Parade der geschmückten Damen ab. Für wirklich fein hält sich ja nur, wer um fünf Shilling teurer oben im Restaurant ißt. Infolgedessen ist es dort knallvoll, hier aber leer. Somit ist es doch hier feiner …«

Der Himmel reißt auf, die Sonne scheint und lockt hinaus: »Ich habe meinen Liegestuhl am obersten, ungeschützten Deck. Auf der anderen Seite sind deren nur zwei aufgestellt. Den Rücken dem Meere zugekehrt, sodaß man ihr Gesicht nicht sehen kann, verbringt dort eine Dame ihren Tag, neben ihr auf einem Plaid sitzend ein mittelgroßer, sehr hübscher Hund. Er ist ihr Gesellschaft genug.« Annette Kolb ist glücklich und fühlt sich so unbeschwert wie seit Langem nicht mehr: »Seit drei Tagen schweige auch ich. Mit einem Male ist die Luft milde geworden. Bald hat man nur den Himmel im Auge: neigt sich das Schiff, so hebt sich das Meer; es heben sich fließende Höhen, verströmende Hügel am Rande des Horizonts, und das Herz wird einem so leicht! Wie durch ein lichtes Tor bin ich zu die-ser Reise ausgezogen, und es schwebt mir das Präludium zu ihr vor.« Das Präludium, das in ihrem Innern anklingen mag, wird gleichwohl durch die schlechte Darbietung der Bordkapelle verscheucht, wie die musikalisch Verwöhnte bitter vermerkt: »Wie heute auf allen Schiffen, in allen Kurorten, allen Cafés, ist auch hier die Kapelle miserabel. Elendige Geiger decken mit ihrem Gekratze, so ärmlich es ist, alles zu.«

Am 8. Mai 1939 läuft das Schiff in den Hafen von New York ein. Mit dem Taxi fährt Annette Kolb zu Dorothy Thompsons Wohnung am Central Park West 88 in Manhattan. Sie ist von der gewagten Schönheit der Stadt überwältigt: »Und plötzlich – mir schien es plötzlich – zog in einer ekstatischen Luft Manhattan an uns vorbei. Abbildungen, wer weiß wie oft gesehen, bereiten auch nicht im Geringsten auf den Eindruck, ja die Bestürzung vor, mit welcher man diese Stadt zum ersten Male gewahrt.« Sie ahnt nicht, dass sie bereits zwei Jahre später hier ihr drittes Exil zubringen wird.

Dorothy Thompson, Ehefrau des Schriftstellers und Nobelpreisträgers Sinclair Lewis, ist die einflussreichste Journalistin der Vereinigten Staaten, die »Vedette des amerikanischen Journalismus«, so Annette Kolb. Seit 1925 hat sie als Auslandskorrespondentin den Mitteleuropa-Dienst in Berlin geleitet. Seither ist sie eine hervorragende Kennerin Deutschlands. Aufsehen erregte sie mit einem Interview, das sie 1931 mit Adolf Hitler führte. 1934 wurde sie aus Deutschland ausgewiesen. In Amerika schreibt sie für die angesehene Tageszeitung *New York Herald Tribune*. Zudem engagiert sie sich im »Emergency Rescue Committee« für die Belange der europäischen Exilanten.

Der Empfang für Annette Kolb ist königlich – so erscheint es ihr: Das Apartmenthaus mit Aufzug kommt der an alte Pariser Mietshäuser gewohnten Schriftstellerin wunderbar vor. Der Fahrstuhl saust direkt zu Dorothy Thompsons Apartment hinauf, »so daß ich mit der Lifttüre mitten in die Wohnung hineinfiel, in der ich erwartet war«. Alles ist dahin ausgelegt, den Aufenthalt recht bequem zu gestalten: »Die Gardinen eines großen, luftigen Zimmers bewegten sich im Winde; fliehende Füße dienender Geister, ein gerüstetes Bad. Wie ein Held, der siegreich vor Troja gelegen war [...], zog ich durch den Gang, denn die mit Elektrizität geladene New Yorker Luft tat schon ihre Wirkung –, und erst als ich Koffer und Hutschachtel, die meine Siebensachen enthielten, hereinziehen sah, erwachte ich aus meiner Benommenheit.« Dorothy Thompson gibt die perfekte Gastgeberin und überlässt Annette Kolb den großen Salon, in dem ein Flügel auf die Hobbypianistin wartet. Die tritt ans Fenster und blickt auf die gewaltige Stadt: »Es tagte noch über dem Central Park, er schien mir recht städtisch: die Bäume hager, das Laub von gelblichem Grün. Zur Rechten aber, auf

Armeslänge sozusagen, Manhattan, geisterhaft erblassend wie ein Gebirge, und unter den Bauten, die pfeilgerade zum Himmel schossen, fiel jener anheimelnde weiße Turm besonders auf, der, wenn er niedrig und breit wäre, wie ein österreichisches Haus aus dem achtzehnten Jahrhundert anmuten würde.« Mit Einbruch der Dämmerung verwandelt sich die Stadt in ein Lichtermeer: »Felsenhohe Burgen – unvorstellbar, wenn man sie nicht gesehen hat – standen lichterloh – eine ganze Stadt für Riesen – nicht brennend, aber in Flammen, zu Raketen erstarrt; ein sprühendes Manhattan, von der Nachtluft umweht. Riesen setzten da wohl über die Dächer, schlugen sich Torbögen und Brücken auf und hielten Gelage. Was ist in Aufruhr? Nichts Ernstes. Es ist ein Spielzeug, aber von welchen Dimensionen, welcher Bewegtheit! Winzig erscheint angesichts ihrer der Mensch. Phantome sind es, ins Ungemessene vergrößert, die er hier projiziert.«

Tagungen, Empfänge, Cocktailpartys

Am nächsten Morgen fährt Annette Kolb gemeinsam mit ihrer Gastgeberin zum Tagungsgebäude des PEN-Clubs in einem Randbezirk New Yorks. Der Kongress ist bereits tags zuvor von Thomas Mann und Dorothy Thompson eröffnet worden. Schmerzlich wird Annette Kolb die Lage vieler deutscher Exilautoren bewusst: »Vergeblich ist das Lebenswerk der Meisten; ein Novum in der Literaturgeschichte: sie sehen, wie immer erfolgreich sie waren, ihre Bücher verboten oder verbrannt. […] Sein Absatzgebiet ist dahin. Wer da Hoffnungen auf die Vereinigten Staaten setzte, weil dort so viele Deutsche leben, hat sich grausam getäuscht. Seine Situation ist nirgends tragischer. Der Haß dort auf alles Deutsche ist heute so groß, daß auch dessen herrliche Sprache davon betroffen wird.« Schließlich verlässt Annette Kolb die Tagung, den »Kongreßalp«, betrübt, missgelaunt und enttäuscht darüber, dass sie kein Grußwort hat sprechen dürfen: »Es war eine Sitzung, die in trüber

Stimmung schloß.« Vor dem Tagungsgebäude irrt sie orientierungslos umher, ohne den Wagen Dorothy Thompsons oder den Thomas Manns zu finden. Endlich entdeckt Klaus Mann sie und bringt sie nach Manhattan zurück.

So gut sie sich in den Städten ihrer beiden Vaterländer Deutschland und Frankreich zurechtfindet: In Amerika fühlt sie sich von der Größe und Fremdheit der Örtlichkeiten und Umstände verunsichert und geradezu erdrückt. Sie steht im siebzigsten Lebensjahr, kann sich nicht mehr so schnell auf Neues einstellen. Und obgleich sie das Englische recht gut beherrscht (im Gegensatz etwa zu Thomas Mann), wird sie mit der amerikanischen Lebenswelt nie vertraut werden und unter dem Heimweh nach Europa leiden.

Tags darauf nimmt Annette Kolb an einem feierlichen Bankett des PEN-Clubs im Hotel Plaza teil. Am Abend zuvor hat die von der Reise und den vielen Eindrücken Verwirrte mithilfe von Dorothy Thompsons Sekretärin ein kleines Grußwort verfasst. Die Sekretärin steckte ihr das Blatt Papier zur Sicherheit in den Handschuh. Eingeschüchtert sitzt Annette Kolb nun unter fünfhundert anderen Gästen und bemerkt voller Entsetzen: »Ich trug keine Handschuhe mehr, und die zwölfeinhalb Zeilen waren glatt verschwunden. Ich kritzelte noch einmal etwas zusammen.« Schließlich verlässt sie das Bankett resigniert, ohne gesprochen zu haben, und fährt zu ihrer Bleibe zurück.

Am 11. Mai steht für Annette Kolb der Höhepunkt der Reise an: Eine Delegation des PEN-Clubs soll im Weißen Haus in Washington vom amerikanischen Präsidenten Franklin Delano Roosevelt empfangen werden. Annette Kolb ist aufgeregt, »denn eine Rede des Präsidenten war über den Ozean in meine Pariser Räume gedrungen und hatte eine sehr hohe Meinung von seiner Persönlichkeit in mir hervorgerufen. […] Eine Begegnung, wie immer flüchtig, genügte.« Wie auch andere Exilanten erkennt Annette Kolb, dass Amerika unter Roosevelt die einzige Macht der freien Welt ist, die Hitlers Expansionspolitik entgegentreten kann, nachdem die nachgiebige britische und französische Politik des »Appeasement« viele bitter enttäuscht hat.

Hitler steht in diesen Frühlingswochen 1939 im Zenit seiner Macht. Ohne einen Krieg führen zu müssen, hat er Österreich und das Sudetenland dem Reich einverleibt und die »Rest-tschechei« besetzen lassen.

Mit dem Zug geht es von New York nach Washington. Unterwegs versucht Annette Kolb das Abteilfenster zu öffnen, wird aber vom Schaffner daran gehindert: »›Air condition‹, sagte er stolz. In der Tat sehr bedingt war die Luft.« Auch die übrigen Annehmlichkeiten, die den Fahrgästen geboten werden, muten sie wundersam an im Vergleich zu den Erfahrungen, die sie mit der Deutschen Reichsbahn gemacht hat. Und dennoch fühlt sie sich in dieser hermetisch geschlossenen, schönen neuen Welt des amerikanischen Way of Life nicht wohl: »Neger präsentier-ten Getränke, Eismassen konnte man für einen Cent aus einem Automaten haben, die Amerikaner trinken immerzu. Man fühlt sich aber eingesperrt in ihren Zügen. Das Problem ist nicht gelöst. Die unseren haben auch ihre Fehler; sie sind mir den-noch lieber.«

In Washington angekommen, fahren die Schriftsteller zum Weißen Haus: »Der Weg führte über eine weite Terrasse mit dem Blick auf den Park; viele kleine Tischchen standen hier für uns gedeckt, und eine rot befrackte Kapelle brach in einen Tusch uns zu Ehren aus und spielte dann eine ungemein flotte Musik. Ah, wie hübsch das war! Wie tröstlich, reine Töne zu hören, für mich, die das Gekratze auf der ›Queen Mary‹ noch nicht verwunden hatte.«

Die Delegierten des PEN werden von Dorothy Thompson und der First Lady Eleanor Roosevelt empfangen: »Das Arbeits-zimmer Roosevelts lag zu ebener Erde und bildete eine Art Pavillon mit einem Riesenfenster, das denselben Ausblick hatte wie die Terrasse. Ihm zugewandt, mit dem Rücken gegen die Tür, durch welche wir der Reihe nach eintraten, saß der Präsi-dent. Es waren viele Diener zugegen, oder waren es Detektive? Denn einer von ihnen hielt den Blick auf unsere Hände gerich-tet.« Der Reihe nach dürfen die Gäste an den Bodyguards vor-bei das Oval Office betreten, wo sie von Roosevelt mit Handschlag und ein paar persönlichen Worten begrüßt werden. Diesen unvergesslichen Augenblick – natürlich passiert dabei wieder eine Panne – schildert Annette Kolb so:

»Nur eine Dame war noch vor mir, und sie wurde bei Gott laut und vernehmbar unter meinem Namen vorgestellt. Mrs. Roosevelt hatte kein Blatt in den Händen. Eine Verwechslung angesichts eines solchen Rudels von Schafen war nicht verwunderlich. Nun ja … Gleichviel, nicht wahr? … Immerhin … und ich trat vor … es würde sich ja gleich herausstellen, unter welchem Zeichen ich hier vorbeiziehe …

Doch es kam anders.

›But this is Annette Kolb‹, sagte Mrs. Roosevelt, mit dem Nachdruck auf den Taufnamen. Irgendein Atavismus aber, von der ›Mayflower‹ heraufgeweht, ein Impuls natürlicher Courtoisie, flog da den Präsidenten an, daß er sich ein wenig aufrichtete und sein Lächeln den Schein annahm, als wisse er Bescheid […] so ergriff ich rasch zwei- oder gar dreimal seine Hand und ging auf den Schein ein, als sei er bare Münze.«

Hochbeglückt und zufrieden verbringt Annette Kolb den Rest des Tages. Alle Mühen des Exils sind für Augenblicke vergessen: »Es stimmte etwas mit meinem Leben, und mit meinen Büchern desgleichen. Und sich selbst die Treue bewahren, war schließlich keine Utopie.« Nachdem sie das beeindruckende, willensstarke Gesicht Roosevelts gesehen hat, ist sie sich sicher, dass Hitler und seine Hassideologie nicht siegen werden. In Roosevelt erkennt sie »eine Gewilltheit zu herrschen, getragen von der Unerschrockenheit des ganz großen Kämpfers, dessen Format heute wohl nirgends seinesgleichen hat, der seine Überzeugung hält, wie einen Schild«. Die First Lady ist sogar so freundlich, die Schriftsteller durch einen Teil des Weißen Hauses zu führen: »Mußte man sich von der Terrasse trennen, so doch nicht von ihm [dem Präsidenten], denn all die lauschigen und so stilvollen Zimmer lagen in seinem Widerschein, und zu ihnen führte uns jetzt Frau Roosevelt treppauf, über die breiten Gänge, wie ein Torwart von Tür zu Tür zeigte sie sie uns und erzählte ihre Geschichte. Das herrliche Weiße Haus, so reich schon an Erinnerungen, hat etwas vom Charakter eines englischen Landedelsitzes, und daß die Gattin des Präsidenten uns so weitgehend die honneurs desselben machte, lag wohl im Programm dieses Tages; es bestand wohl die Absicht, uns möglichst viel Ehre zu erweisen, weil doch die meisten von uns so vom Stengel gefallen waren.«

Den Nachmittag verbringt Annette Kolb gemeinsam mit Dorothy Thompson, Klaus Mann und Ernst Toller auf einer Stadtrundfahrt durch Washington. Abends gibt es eine der zahlreichen Cocktailpartys, wie die erschöpfte Annette Kolb entsetzt vermerkt: »Es stand uns noch gegen 7 Uhr – standardtime – aber das versteht der liebe europäische Leser nicht, und man wird wahnsinnig, wenn man darüber nachdenkt – ein großer Cocktail bevor, und mein Tag hatte schon zwölf Stunden geschlagen.« Da tut es gut, befreundete deutsche Kollegen an der Seite zu haben, die das gleiche Schicksal des Exils teilen: Ernst Toller ist Annette Kolb in vielem geistig verwandt. Wegen seiner Mitgliedschaft bei den Münchner Arbeiterräten im Jahre 1919 wurde er zu fünf Jahren Festungshaft verurteilt. In seinen Dramen wandte er sich gegen Krieg und kapitalistische Ausbeutung. 1933 ging er ins Exil, zunächst in die Schweiz, dann nach Großbritannien und in die Vereinigten Staaten. Annette Kolb schreibt über den Gesinnungsfreund: »Human und reinen Wollens war und bleibt er das Opfer nicht nur seiner Illusionen, sondern auch seiner Gesinnung – dies ist viel. Die fünf Jahre Einzelhaft, die er in einer Festung verbrachte, verwand er nie. [...] Nunmehr war er ergraut, und es saßen ihm Dulderaugen in einem armen Gesicht.« Ernst Toller ist müde und mutlos geworden, er leidet unter Depressionen. Elf Tage nach dem Empfang in Washington begeht er in New York Selbstmord. Annette Kolb erfährt davon, als sie zusammen mit dem Lyriker Berthold Viertel zu Besuch bei Klaus Mann im Hotel Bedford ist. Sie ist bestürzt: »Er hatte ergebene Freunde, es war ein edler Zug in ihm. Er war nicht verlassen, dennoch starb er allein.«

Nach dem Cocktail-Empfang in Washington ist der Tag noch keineswegs zu Ende, auch wenn die hilflose Annette Kolb sich ins Bett sehnt: Denn die allzeit geschäftige und geschäftstüchtige Dorothy Thompson nötigt ihre Gäste ins Auto, »und von neuem befanden wir uns in Fahrt«, so Annette Kolb atemlos, »zum Haus eines gewichtigen Bankiers dieses Mal, der auch als Zeitungsverleger großen Einfluß besaß«. Das Haus des Bankiers vermittelt Annette Kolb einen Eindruck von amerikanischem Reichtum:

»Unter seinen Bilderschätzen hing gleich im ersten Zimmer ein berühmter Cézanne, noch fesselnder für mich ein großes Stilleben – stilles Leben fürwahr! – von Manet. Aber nicht in den Räumen, sondern auf der Terrasse und im Garten spielte sich das eigentliche Treiben ab. Im Speisesaal stand funkelnd, wie für Götter gedeckt und mit allen Drinks der Erde beladen, ein gewaltiger Tisch. Ich griff erschöpft nach einem Kristallglas, das enorm viel Eiskaffee faßte. Man war zur ebenen Erde, die Flügeltüren weit geöffnet, sah helle Kleider zwischen den Bäumen flitzen, die, im ersten Safte stehend, in der ersten Glut ihres Grüns rührende Schatten warfen. Damen hielten sich vor mir, deren Clips, deren Täschchen allein, von ihren Hüten und Schleiern nicht zu reden, Zeugnis ablegten vom Moneydasein ihrer Männer. Der Schnitt ihrer signierten afternoon frocks, ihrer Jäckchen oder Jacken, starrte von furchtgebietender Haute couture. Dollarbestände, hier überschlugen sie sich schon. Bei soviel Geld führt man keines mehr mit, kritzelt nur im Nepplokal nachläßig seinen Namen unter Ziffern auf ein Zettelchen hin und weiß von nichts, zieht nur bestaunt, ohne Verantwortung und unbeschwert, zum nächsten entertainment.«

Spätabends geht es mit dem Zug zurück nach New York, um zwei Uhr in der Nacht endlich sind sie in Dorothy Thompsons Apartment. Doch noch ist nicht an ein Zu-Bett-Gehen zu denken: »[…] wir verbrachten zu Hause noch ein Weilchen in ihrem Salon. Seit 5 Uhr morgens war ich munter, aber ich hatte es geschafft, und jetzt war schon alles Eins.« Endlich darf sich Annette Kolb mit der Höflichkeitsfloskel »it was a grand day« verabschieden. »Aber geschworen war's«, so notiert sie, »von Morgen ab würde ich die 14 Tage, die mir noch für Amerika blieben, nur mehr leben wie in einem Sanatorium. Jetzt galt es noch, mich von dem Ruß zu säubern –, und drei Uhr schlug's vom Turme.«

Doch ganz so schnell kann sie sich nicht in ein imaginäres Sanatorium davonstehlen. Nach einer kurzen Nacht geht es am nächsten Tag wieder zu einem Cocktailempfang (»affiges Wort«, meint Annette Kolb, »doch gibt es kein anderes dafür«) zum nahe gelegenen Wolkenkratzer »General Electric Building« des Rockefeller-Centers. Das Gebäude, erst sechs Jahre zuvor eröffnet, ist mit seinen 259 Metern Höhe und siebzig Stockwerken eine architektonische Sensation, nicht nur in New York, sondern weltweit. In wolkennaher Höhe, auf dem Dach, soll der Abschlussempfang des PEN-Kongresses stattfinden. Auch das Fernsehen ist in Amerika bereits Wirklichkeit, und im Televisionsstudio des 66. Stocks dürfen einige der seltsamen Schriftsteller aus der Alten Welt ein paar Worte ins Mikrofon und in die Kamera sprechen. Annette Kolb drückt sich rechtzeitig vor den fremdartigen Apparaturen (leider), amüsiert sich allerdings darüber, dass ihr Autorenkollege Hermann Kesser, »weil er sich auf dem Pilatusberg wähnte, […] zu unser aller Ergötzen einige Worte in Schwyzer Dütsch« spricht. Dann versammeln sich die Autoren auf dem Dach des Wolkenkratzers. Annette Kolb, die noch vor wenigen Jahren in ihrem Roman *Die Schaukel* eine Wanderung in den bayerischen Alpen beschrieben hat, fühlt sich an die Bergwelt erinnert: »Und wirklich war einem auf diesem Dache wie auf einer Alm nach glücklich zurückgelegter Bergtour zu Mute. Infolge eines herrlichen Kaffees fehlte nichts mehr an dem Höhenrausch. Kuhglocken und Jodler hätten keinen von uns überrascht, obwohl kein Großglockner, keine Alpenkette sich im Dunste zeigten, sondern ein ins Blau des Himmels zerfließender Ozean und Long Island, zart wie ein Blatt hingehaucht.« Doch ist sie der architektonischen Grandezza Manhattans und dem Zauber der Umgebung New Yorks gegenüber keineswegs blind: »Schön war dies Manhattan aus der Vogelperspektive zu sehen, so festlich, so schmuck, das Heute (nicht das Gestern) bejahend, selbst diese Sonne, die so heiter zu sinken begann, als dächte sie nur daran, wieder aufzugehen. Nicht nur Long Island, auch Connecticut habe ich auf die Weise gesehen; da drüben liegt es, hurrah!«

Sie trinkt an jenem Abend zu viele Cocktails – auch wenn sie es in ihrem Buch *Glückliche Reise* so offen nicht eingesteht. So hat sie tags darauf einen »Stahlring [...] um die Stirn geschnallt, ein ganzer Kürassierhelm war mir tief in den Nacken gerutscht, und kein Mittel verschlug mehr wider das Sturmgeläute in den Ohren«. Sie führt es nicht auf den Alkohol und die kurzen Nächte zurück, sondern auf den Fahrstuhl, mit dem sie sechsundsechzig Stockwerke hinauf und hinab sauste, was ihrer Ansicht nach »der Rest oder das Pünktchen auf dem i gewesen« sei. Sie hat solch einen gehörigen Kater mit Übelkeit und Schwächeanfällen, dass sie sich gezwungen sieht, einen Arzt aufzusuchen, dem sie – als entstammte sie dem 17. Jahrhundert – recht altmodisch auseinandersetzt: »Lieber Doktor, wir müssen gleich einen Aderlaß vornehmen.« »Doch«, so berichtet sie weiter, »ich war trotz seiner Jugend an den Richtigen geraten. Erst blickte er mich zweifelnd an, überlegte und erklärte sich nach kurzem Hin und Her zu einem kleinen Entzug bereit, den er wiederholen wollte, falls der Druck auf den Kopf sich dadurch hob.«

Als sie wiederhergestellt ist, muss Annette Kolb in Dorothy Thompsons Schlepptau zu ein paar weiteren Cocktail-Empfängen, begleitet von Dorothys berühmtem Ehemann Sinclair Lewis – dann aber ist es endlich so weit: »Morgen aber, das war sicher, würde mein Sanatoriumdasein allen Ernstes beginnen.« Es soll nach Princeton/New Jersey gehen. Thomas Mann hat an der dortigen Universität eine Gastprofessur inne. Die Manns bewohnen seit September 1938 das prächtige »Mitford House«, in einem parkähnlichen Garten gelegen, geeignet, einer nervlich aufgeriebenen Autorenkollegin aus Bayern für ein paar Tage Obdach und Erholung zu bieten.

Am 15. Mai bringt Dorothy Thompson ihren Gast zur Bahn, besorgt Annette Kolb eine Fahrkarte und Zeitungen und bittet den Schaffner, auf die etwas zerstreute alte Dame achtzugeben. Am Bahnhof von Princeton wartet bereits Katia Mann auf die seit Münchner Kindheitstagen vertraute Freundin. Fünf Tage lang ist Annette Kolb bei den Manns zu Gast. Sie erholt sich von den Strapazen, sonnt sich im Garten, wird von Katia Mann, die ihr das Frühstück aufs Zimmer bringt, kulinarisch verwöhnt. Nachmittags wartet ein schwarzer Diener mit dem Kaffee auf. Annette Kolb kommt aus dem Staunen nicht mehr heraus: »Thomas Mann bewohnt hier mit seiner Familie […] ein gro-ßes, sicherlich von einem Engländer erbautes Haus. Denn es ist – bis auf die nachträglich eingebauten Badezimmer – reins-tes early victorian. Sogar ein ›conservatory‹ [Wintergarten] ist darin. Im Garten sind alle Tulpen im Flor, auch der Dogwood-baum [Hartriegel] mit seinen Strahlenblüten, die vom Himmel gefallen scheinen. […] Katia bewohnt ein riesenhaftes Puppen-zimmer, und man denkt an Romane von Dickens, an Krinolinen und Schmachtlocken, Tee und geröstete Scheiben. Englische Gemütlichkeit jedoch ist das […]. Schon brennen die Lampen in all den victorianischen Zimmern. Bei Tische sind wir zu neunt.« Verwundert zeigt sich Annette Kolb über die Wohl-habenheit und das Dienstpersonal im Hause der Gastgeber. Katia Mann erinnert sich: »Annette Kolb war damals auch in Amerika und, zu Besuch, bei uns, sagte sie: na, hör mal, Katja, bei euch geht's zu! Sagte ich: Na ja, wir sind halt sehr fein. Es ist nun mal so.«

An den Abenden liest Thomas Mann, wie er es gerne tut, aus seinem eben in Arbeit befindlichen Manuskript, dem Roman *Lotte in Weimar*. Annette Kolbs Verhältnis zu Thomas Mann ist seit jeher angespannt. Sie kritisiert dessen chauvinistische Allü-ren. Er kann es nicht ertragen, dass sie sich in französischer Lite-ratur besser auskennt und ihm bereits in Münchner Zeit von Marcel Proust und dessen Romanzyklus *Auf der Suche nach der verlorenen Zeit* vorgeschwärmt hat – Namen und Titel, von denen er bis dahin noch nicht einmal gehört hat. Weit besser versteht sich die alte Dame mit den Jungen, vor allem mit ihrem Schriftstellerkollegen Klaus Mann, aber auch mit Erika und Golo. Mit ihnen unterhält sie sich in jenen Tagen in Princeton angeregt. Das Leben im Haus ist voller Inspiration. Annette Kolb genießt ihre Rolle als Zuschauerin, während sie selbst sich dem Müßiggang hingibt: »Erica ist aus New York zurück. Sehr schmal und ernst geworden, weiß sie dabei ihren Vater durch ihre Einfälle und ihren Witz aufzuheitern; er steht unter ihrem Charme. Alle im Hause sind beschäftigt. Katia in ihrem großen, vielfensterigen Puppenzimmer, stets um andere bemüht; Klaus an seiner Schreibmaschine, Golo desgleichen, titulierte Nichtstuerin bin nur ich unter den Tannen und lasse mich leben.« Dann rafft sie sich doch auf, besichtigt die Universität von Princeton, die Bibliothek, die Universitätskirche, geht auf dem Campusgelände verloren und wird von den Manns wieder aufgelesen und nach Hause gebracht.

Um der »Nichtstuerin« ein wenig Abwechslung zu verschaffen, bietet Katia Mann der Freundin an, sie zu einem Chorkonzert mit Spirituals mitzunehmen. Doch die dilettierende Pianistin, im mütterlichen Salon mit der Musik von Schumann und Chopin aufgewachsen, steht der musikalischen Ausdruckswelt der Schwarzen ablehnend gegenüber: »Spiritual Songs – 10 Minuten lang schön und gut. Aber ein ganzes Konzert von Spirituals? […] die erdrückende Monotonie von Dauerspirituals? … als Abschluß meines Sanatoriumsdaseins, dieser Atempause, dieser Enklave meines Lebens? […] Ich hatte mir schon leidende Töne angewöhnt! Weder auf der Fahrt, machte ich geltend, noch während des Spirituals hätten wir etwas von einander und während des luncheon im Freien bei der Hitze erst recht nicht.« Annette Kolb bleibt mit Golo Mann allein zurück, freut sich auf einen letzten freien Nachmittag unter den Tannen im Garten, mit Blick auf die Tulpenbeete, als ein heftiges Unwetter losbricht. Früher als erwartet, kehren Thomas und Katia Mann nachmittags zurück, sie plaudern noch ein wenig bei Tee,

dann nimmt Annette Kolb Abschied von ihrem »Sanatorium«
und fährt mit dem Zug zurück nach New York, wo sie von
Dorothy Thompsons Hausdame abgeholt wird.

»Ich möchte wiederkommen«

Anderntags sieht Annette Kolb im Kino den soeben angelaufe-
nen britischen Film *Goodbye, Mr. Chips*, wofür sie sich vor der
Kasse in eine lange Warteschlange reihen muss. Sie beabsichtigt
zudem, an der Metropolitan Opera eine Aufführung von Richard
Wagners *Tristan und Isolde* mit Kirsten Flagstad in der weiblichen Hauptrolle zu besuchen, doch ist die Oper bis auf den letzten Platz ausverkauft. Stattdessen schleppt Dorothy Thompson
ihren Gast wieder zu irgendwelchen Cocktailpartys. Annette
Kolb sieht auch den schwarzen Stadtteil Harlem mit seinen sozialen Verwerfungen. Als sie in einem kleinen Zigarrenladen An-
sichtskarten kauft, steht sie einem hübschen schwarzen Jüngling
gegenüber. Sie starrt ihn fasziniert an, der Bursche seinerseits
mustert die ältere Dame mit ebensolcher Neugierde – bis der
Ladenbesitzer den Gaffer mit unwirschen Worten verjagt. Seufzend schreibt Annette Kolb: »Da war die Negerfrage … auch das
noch! – nein, genug für ein Leben. Verlassen wir Harlem!«
   Natürlich denkt sie auch an ihr literarisches Fortkommen
und verhandelt – ergebnislos – mit einem Literaturagenten
über die Möglichkeit, in amerikanischen Zeitschriften zu ver-
öffentlichen, denn sie weiß, dass die sorglosen Amerika-Ferien
bald vorüber sein werden. Beistand erhält sie von der stets bur-
schikosen Erika Mann, die recht dreist versucht, für die Kollegin Aufträge zu akquirieren. Verschmitzt erinnert sich Annette
Kolb: »Verspätet ins Bedford Hotel, wo nach dem luncheon
Erica Mann an Hand eines Telephonbuches einigen Redaktionen mit hemmungslosen Anpreisungen meiner short stories
zusetzte. Es geschah mit solcher Dringlichkeit und einem so
virtuosen Ernst, dass ein immer neu ausbrechendes Gelächter
meinerseits ihre freundlichen Bemühungen sekundierte.«

Rasch gehen die Ferien zu Ende: »Mein amerikanischer Spaziergang liegt hinter mir.« Die Eindrücke von Amerika sind die eines Landes in Glück und Überfluss. Für Annette Kolb steht fest: »Ich möchte wiederkommen.« Dieser Wunsch wird eher und unter ganz anderen Umständen, als sie es sich vorstellen kann, in Erfüllung gehen.

Am 25. Mai 1939 besteigt Annette Kolb das Linienschiff »Champlain« und reist zurück nach Europa. Erneut genießt sie die Bequemlichkeiten an Bord. Das Schiff ist ausgebucht: »So blieb natürlich diese winzigste Kabine des Champlain mein Teil. Diskrete Erkundigungen wegen eines triumphalen Einzuges in dessen größte stießen auf ein höflich kaltes non-recevoir.« Immerhin bleibt sie vernünftig und bescheiden: »Dem Passagier von vor hundert Jahren wäre die mir zugefallene ja als die Erfüllung eines tollkühnen Traumes erschienen. Da plätscherte Wasser heiß wie kalt in den blanken Tisch, da stand ein Schrank und eine Kommode, und an Glühbirnen war kein Mangel.« Wieder platziert sie ihren Liegestuhl, der kurzzeitig abhandengekommen war und vom Steward schließlich gefunden wurde, an Deck und genießt Sonne und Wind, wenngleich die Bordkapelle ihrer Ansicht nach erneut zu wünschen übrig lässt: »Einer der Streicher wäre unter Umständen nicht ganz übel, aber das Zusammenspiel ist miserabel.« Dann kursiert unter den Passagieren die Nachricht, die berühmte Operndiva Kirsten Flagstad sei an Bord. Annette Kolb, der es in New York nicht gelungen ist, eine Karte zu ergattern, schreibt wie ein pubertierendes Mädchen ein schwärmerisches Briefchen an die Diva. Den sonnigen Pfingstsonntag, den 28. Mai, beginnt die Katholikin mit dem Besuch der Heiligen Messe, die im großen Schiffssalon gefeiert wird: »Zum Schlusse erging, von einem Campanile auf das glücklichste übertragen, Glockengeläute über das Schiff. Es war betäubend, als ginge man zwischen Feldblumen dahin, und als wehten Birken über den Weg …« So hochgestimmt geht sie nach einem raschen Mittagsmahl an Deck. Dort ist sie allein, und sie empfindet trotz aller Mühsal ihres bisherigen Lebens so etwas wie demütige Dankbarkeit gegenüber ihrem Schicksal:

»Dann war kein Laut weit und breit als das Rauschen der Wellen und des Schaumes, der schneeweiß abstach von ihrem heftigen Blau. Gegen die Reeling gelehnt, war ich Herz an Herz mit diesem Tage und überdachte mein Leben: zu gleichen Teilen benachteiligt und begünstigt, wie es schien.«

Mit ihrem Los des Exils und der unsicheren Zukunft versöhnt, begeht sie den letzten Abend auf dem Linienschiff: Es wird ein Ball gegeben, und die für die Schönheit nicht unempfängliche Annette Kolb beobachtet mit Wohlgefallen einen Tänzer, »ein dekorativer Jüngling aus Südamerika«. Beim Galaessen wird ihr doch noch die Operndiva Kirsten Flagstad vorgestellt, die sich als umgängliche Person erweist. Annette Kolb verliert die Contenance: »Sie sagte mir, daß sie Ende Juni an der Pariser Oper singen würde, und ich fiel ihr um den Hals.« Dann die letzte, kurze Nacht an Bord. Annette Kolb schafft es, ihre Siebensachen mithilfe einer Stewardess zu packen, denn sie selbst ist nicht nur zu ungeschickt, sondern auch dafür berüchtigt, dass sie ständig Gegenstände verlegt oder verliert. Sie selbst gibt den »Kobolden« die Schuld, die sich bei ihr eingenistet hätten, auch bezeichnet sie sich als »Quartalsverliererin«: »Ich befand mich nämlich mitten in einer Verlierkrise, denn wie es Quartalssäufer gibt, so bin ich eine Quartalsverliererin. Das geht dann so, bis der Spuk, manchmal auf viele Monate, von mir weicht.«

In der Nacht zum 1. Juni 1939 läuft das Schiff in Cobh in der südirischen Grafschaft Cork in den Hafen ein. Annette Kolb geht von Bord, blickt ein letztes Mal auf die »Champlain« zurück: »Und dann stand ich in der Nachtluft auf dem kleinen Tender, über den sich der Champlain aus unzähligen Lichtern strahlend türmte. Es ging auf zwei Uhr morgens, als er endlich mit großem Schwall und Gebrause weiterzog mit meinem Kabinchen, das wie eine Muschel vom Rauschen der Wellen erfüllt ist.« An der Mole wartet der Wagen ihrer Schwester Germaine Kolb-Stockley. Bei ihr erholt sich die Schriftstellerin von den Strapazen der Reise und dem Übermaß an Eindrücken, die sie in Amerika empfangen hat. Es ist eine »glückliche Reise« gewesen, und sie wird darüber ein wundervolles Buch schreiben.

Es war die Ruhe vor dem Sturm: Die Nationalsozialisten holen sie bald wieder ein. Drei Monate nach Annette Kolbs Rückkehr nach Europa bricht der Zweite Weltkrieg los. Frankreich wird im Mai 1940 von deutschen Truppen überfallen. Annette Kolb lebt zu dieser Zeit in Paris. Im Juni 1940 entkommt sie mit einem der letzten Züge – die deutschen Truppen stehen bereits vor Paris – nach Vichy, und unter abenteuerlichen Umständen über das faschistische Spanien und Portugal im März 1941 in die Vereinigten Staaten. Die Jahre des Exils und ihr Entrinnen vor den braunen Schergen beschreibt sie später in ihrem Buch *Memento*. Es ist die Denkschrift einer Überlebenden und eine Mahnung an die Nachgeborenen, sich frühzeitig jeglicher Form von Totalitarismus und Fanatismus zu widersetzen.

Memento erscheint 1960. Annette Kolb ist da bereits neunzig Jahre alt und führt das nicht untypische Dasein einer ehemaligen Exilantin. Die westdeutsche Wirklichkeit, das Streben nach materiellem Reichtum und die Verdrängungsmechanismen der ehemaligen Täter und Mitläufer sind ihr suspekt und zuwider. So lebt sie im »Exil nach dem Exil« und reist unruhig und ohne festen Wohnsitz zwischen Paris, Basel, Genf und Irland hin und her. Verwandte und Freunde gewähren ihr Obdach. Ihr Häuschen in Badenweiler kann sie nicht beziehen, sie muss nach dem Krieg erst gegen die Familie eines ehemaligen NS-Funktionärs prozessieren, die sich darin breitgemacht hat und es freiwillig nicht räumen will.

Solche Erfahrungen machen Annette Kolb zunehmend müde und resignativ. Aber noch immer kann sie auch widerstrebend und couragiert sein. Den Deutschen der Nachkriegsrestauration, die ganz auf den Götzen des Wirtschaftswunders setzen und sich unzureichend und unwillig mit dem Nationalsozialismus und ihrer Schuld befassen, ruft sie mit fünfundneunzig Jahren in einem Rundfunkinterview zornerfüllt zu: »Was, worauf die Deutschen nicht genug achten, ist, er [der Nationalsozialismus] hat bei ihnen gewütet, und sie sind die Erben! Das vergessen sie. Und deshalb sollten sie ganz anders sein, als sie sind. Und das Geld nicht lieb haben, und ... ganz anders sein, das Gegenteil der Nationalsozialisten sein! Aber es gibt viele nationalsozialistische Naturen, die geblieben sind als Erben! Das finde ich! Das ist das, was mich entfremdet, was mich unglücklich macht.«

Bis in ihre letzten Lebensjahre hinein bewahrt sich Annette Kolb die geistige Neugier. Seit 1961 wohnt sie wieder in der Vaterstadt München. Ein letzter Lebenstraum treibt sie um – und hält sie vielleicht sogar so lange am Leben: Sie will Israel bereisen. Es ist nicht der fromme Pilgerwunsch einer bekennenden Katholikin nach dem Heiligen Land, sondern die Neugier, ein historisch altes und staatsrechtlich junges Volk beim Aufbau eines eigenen Staatsgebildes kennenzulernen, dessen Pioniergeist zu atmen, dessen Aufbauwillen und Optimismus zu erleben. Zu diesem Wunschtraum trägt nicht zuletzt der jüdische Schriftsteller Elazar Benyoëtz bei, den Annette Kolb zu Beginn der Sechzigerjahre in München kennenlernt. Mehrfach muss die Reise verschoben werden. Einmal fehlt das nötige Geld, ein andermal geht es Annette Kolb gesundheitlich nicht gut. Freunde organisieren eine Spendenaktion. Im März 1967 ist es endlich so weit: Annette Kolb und ihr Neffe Fred besteigen in München ein Flugzeug nach Tel Aviv. Fast drei Wochen lang bereist die Siebenundneunzigjährige in Begleitung von Elazar Benyoëtz den Staat Israel. Sie besucht Tel Aviv, Rehovot, Caesarea, Akko, Haifa, Nazareth, Kana, die Jesreel-Ebene, Afula, Berg Tabor, Capernaum und Jerusalem. Schreiben kann sie über ihre Erlebnisse leider nicht mehr. Benyoëtz bemerkt rückblickend: »Als Annette im März 1967 endlich reisen konnte, war es nur noch möglich, ein Programm durchzuführen, das ganz von der Rücksichtnahme auf ihr Alter und ihren Gesundheitszustand bestimmt war. Besichtigungsfahrten und Ruhepausen waren sehr sorgfältig geplant worden.« Am See Genezareth (wo Jesus einst die Brüder Petrus und Andreas zu Jüngern erwählte und später die sogenannte Seepredigt hielt) steht die Greisin, so Benyoëtz, »lange am Ufer und schaute und drückte später ihre

Freude darüber aus, daß sie dort allein gewesen sei«. Stille, Besinnung und Einkehr bestimmen die Tage im Heiligen Land. »Im übrigen«, so Benyoëtz, »überstand sie alle Strapazen erstaunlich gut.« Später bedankt sich Annette Kolb, die nur noch mühsam ein paar Zeilen kritzeln kann, bei Benyoëtz mit den Worten: »Für heute grüßt Dich herzlich Deine alte Schwester Annette. Dein Land ist schon mein Land geworden!!« Wenige Monate nach ihrer Rückkehr stirbt sie am 3. Dezember 1967 in München und wird auf dem kleinen Dorffriedhof von St. Georg in München-Bogenhausen in einem Ehrengrab bestattet.

Übermäßig wichtig nahm sich Annette Kolb nie. Dazu besaß sie zu viel Humor und die Fähigkeit, auch über sich selbst zu lachen. An die Nachwelt richtete sie deshalb die bescheidenen Worte: »Ob sie euch noch etwas zu sagen haben wird, und ob etwas von ihren Büchern noch bleiben wird, wenn sie tot ist, das sind Fragen, die nur ihr beantworten könnt. Ihr werdet also mehr über sie wissen als sie selbst.«

8 Alma Karlin (1889–1950)
Einsame Weltreise

Im Jahre 1921 notiert die zweiunddreißigjährige Alma Maximiliane Karlin, die sich allein auf Weltreise befindet und eben auf einem Dampfer entlang der Küste Nicaraguas fährt: »An Land aber wollte ich. Man studiert weder Menschen noch Pflanzen vom Deck aus. Nicht ein Reisender der ersten Klasse, geschweige denn der dritten fuhr ans Land. Die meisten Menschen fahren wie die Reisekoffer durch die Welt, und die größte Zahl der sogenannten Touristen, die behaupten, alles gesehen zu haben, liest alles in einem Buche nach und sitzt dann einfach im Gasthaus und schlürft Eiskaffee oder nimmt Whisky-Soda. Ich will gar nicht leugnen, daß es angenehmer ist, als in der Tropenglut herumzulaufen.«

Alma Karlin ist bereits seit über einem Jahr auf Reisen, fast ohne Geld, ohne Kontakte und Empfehlungen, im Gepäck nur ein paar Kleider, ihre geliebte Schreibmaschine, Typ »Erika«, auf der sie ihre Tagebücher und Reportagen schreibt, und einen Pass des noch jungen Königreichs Jugoslawien. Die Zeitläufte haben Alma Karlin zur Untertanin König Peters gemacht. Doch zeitlebens fühlt sie sich, die in Cilli (dem heutigen slowenischen Celje) geboren ist, als Österreicherin. Und obgleich sie zehn Sprachen spricht und in der ganzen Welt als Globetrotterin unterwegs ist, empfindet sie doch ihre deutsche Muttersprache, in der sie denkt, träumt und ihre Werke zu Papier bringt, als die einzige Heimat in Zeiten, die viele Menschen entwurzelten und über den Erdball verstreuten. Ihr Verhältnis zur deutschen Sprache und zur deutschen Kultur begründet sie recht pragmatisch und ohne ideologischen Eifer: »Da wir zu Hause nur Deutsch sprachen und meine Mutter fast vierzig Jahre als Lehrerin an der deutschen Schule tätig war, wurde auch ich selbst der deutschen Erziehung teilhaftig und hatte Kontakte mit Deutschsprachigen, und da sogar im Haus meiner slowenischen Tante Deutsch mit mir gesprochen wurde, darf man mir meine Zugehörigkeit dem deutschen Volke und die natürliche Tatsache, daß ich das Resultat meiner Forschungen und Errungenschaften auf dem Gebiet der Literatur in erster Linie diesem Volke widmete, nicht vorwerfen. Der Mensch ist die Frucht seiner Erziehung.«

Am Beginn ihrer Weltreise, die acht Jahre dauern wird und Alma Karlin um viele Erlebnisse, Abenteuer und Erkenntnisse reicher machen, aber psychisch und physisch zerrütten wird, steht der »Größenwahn«, wie sie selbstkritisch urteilt, die Illusion, als »moderner Columbus« eine neue Welt entdecken und erobern zu wollen. Die *Einsame Weltreise*, wie sie ihr achtjähriges Abenteuer im Buchtitel nennen wird, gerät teilweise zur Höllenfahrt, die die junge Frau oft genug an den Rand des Zusammenbruchs und des Irrsinns führen wird, bedroht von Mördern, Dieben, Räubern und Vergewaltigern, geschwächt von Tropenkrankheiten, zermürbt von der Einsamkeit und dem Gefühl, fremd und hilflos zu sein. Am Ende ihres Abenteuers kehrt sie zwar erschöpft und um etliche Illusionen ärmer nach Europa zurück, aber zugleich in dem Wissen, dem weiteren Leben ohne Furcht begegnen zu können. Und sie ist auf dieser Odyssee zu einer Schriftstellerin gereift, die nicht nur einen lebendigen, bildreichen, mit Witz und Ironie gespickten Stil schreibt, sondern die auch etwas mitzuteilen hat.

Die Sprachensammlerin

Alma Karlin ist ein Kind der vielsprachigen, multikulturellen Donaumonarchie. Sie kommt am 12. Januar 1889 in Cilli im Kronland Krain, dem heutigen Slowenien, zur Welt. Der Vater, der bei ihrer Geburt bereits sechzigjährige Jakob Karlin, ist Major a. D. der k. u. k.-Armee, die Mutter Vilibalda, bereits fünfundvierzig Jahre alt, ist Lehrerin an einer Mädchenschule. Über Kindheit und Jugend Almas ist nicht viel bekannt, in ihren Büchern gibt sie nur schüttere Auskunft. Sie scheint bereits als Kind eigenwillig gewesen zu sein. Früh liebt sie Bücher und Sprachen, die ihr Welten eröffnen. Konventionen, die man zu Beginn des 20. Jahrhunderts noch an Frauen heranträgt, widersetzt sie sich: »Alle fraulichen Tugenden wie gut Kochen, Nähen und so weiter, alle weibliche Sanftmut, jede Spur von Gehorsam fehlten mir, und meine selbständige, etwas grüblerisch verschlossene und ganz und gar unfügsame Art verwandelte meine nächste Umwelt in erbitterte Widersacher. Meine spätere Gewandtheit im Verkehr mit Menschenfressern und Wilden überhaupt schreibe ich stets diesen meinen frühesten Übungen bei Familienzwisten zu.« Sie zeigt zeitlebens eine Sturheit in der Verfolgung ihrer Ziele, die man der schmächtigen Frau nicht unbedingt zutraut. Fotos zeigen eine elfenhafte Erscheinung mit Bubikopf (diese Frisur trägt sie, lange bevor sie in den Zwanzigerjahren modern wird) und einem mädchenhaften Gesicht, aus dem große, forschende Augen die Welt betrachten. Nach eigenen Angaben ist sie nicht einmal einen Meter fünfzig groß und bringt nur siebenundvierzig Kilogramm auf die Waage, was dem Typus der »Femme fragile« vermeintlich entspricht.

1907, mit achtzehn Jahren, legt Alma Karlin das Lehrerinnenexamen für Englisch und Französisch ab. Daraufhin reist sie nach England, um ihre Sprachenkenntnisse zu optimieren und »um so leben zu können, wie es meinem innersten Drange entsprach«. Noch hat sie keine genaue Vorstellung von ihrem Berufsziel, nur die eine: unabhängig von den Konventionen von Ehe, Familie, Geschlecht und Stand leben zu wollen. Sie arbeitet in einem Übersetzungsbüro, lernt nachts »eine fremde Sprache nach der anderen« und betätigt sich als geschickte Blumen- und Stilllebenmalerin. Doch sie ist arm, hungert oft, leidet unter Einsamkeit. Ihr Verhältnis zu Männern bleibt distanziert. Später, auf ihrer Weltreise, wird sie mehrmals beinahe vergewaltigt. Sie bleibt traumatisiert. Mit einundvierzig Jahren wird sie das Eingeständnis ablegen, diese Erfahrungen hätten ihr »etwas überlegen Kühles verliehen, das mich unberührt durch alle Gefahren gleiten läßt«. Und sie bekennt: »[…] es hat das in mir gebrochen, was unerläßlich ist, um Liebe, irgend eine Art der Liebe, zu empfinden. Heute steht zwischen der physischen Hülle eines Mannes und mir der unsichtbare Schutzkäfig, wie man ihn sichtbar und aus Gußeisen in Peru findet. Durch diesen Kasten hindurch beschaue ich mir leidenschaftslos seine Seele. Durch ihn kann ich aber auch nie den Weg zu einem Gefährten finden.«

Der Erste Weltkrieg reißt viele traditionelle Schranken nieder, zerstört zugleich aber die Sicherheit und Beständigkeit, die den Vielvölkerstaat Österreich-Ungarn so reizvoll prägten. Alma Karlin verlässt England und geht nach Schweden, das vom Krieg unberührt ist. Dort entdeckt sie ihren »wahren Beruf«, das Schreiben. Sie verfasst Reportagen, Gedichte und einen Roman und hegt – ihre profunde Sprachenkenntnis stachelt sie hierzu an – »den sehnlichen Wunsch, fremde Erdteile mit den Augen des Schriftstellers, des Malers, und vor allem mit den Augen der Frau zu schauen«.

Das Kriegsende treibt sie zurück nach Cilli, zu ihrer alten Mutter (der Vater ist bereits verstorben). Cilli heißt nun Celje und gehört zum neu gegründeten Königreich der Serben, Kroaten und Slowenen (»SHS-Staat«, seit 1929 Königreich Jugoslawien), das von König Peter I. regiert wird. In der Stadt, zu Zeiten der alten Donaumonarchie zu zwei Dritteln von Deutschen bewohnt, lebt noch immer eine starke deutschsprachige Gemeinde. Doch Armut, Inflation, Arbeitslosigkeit und eine gewisse nationalstaatlich-provinzielle Enge beherrschen den Alltag und das geistige Leben. Alma Karlin fühlt sich nicht mehr wohl, will sich nicht beschneiden lassen. Sie sei, stellt sie fest, »ohne Wissen und Wollen Staatsbürgerin eines fremden Staates geworden«.

Im Frühjahr 1919 entschließt sie sich, eine Weltreise zu unternehmen. Von Anbeginn steht ihre Unternehmung unter einem Unstern. Das wenige Geld, das sie besitzt, verliert immer mehr an Wert: »Als ich endlich reisefertig war, bestand mein Gesamtvermögen, durch Sprachunterricht erworben, aus hundertdreißig Dollars und neunhundertfünfzig Mark, so wenig ergaben mehr als zehntausend, damals im Sturz begriffene österreichische Kronen! Die Lira war plötzlich so hoch gestiegen, daß mein geblendetes Auge sie nicht mehr wahrnahm. Die Mark dagegen wurde fast unsichtbar, ehe ich recht in die Fremde gekommen. So verblieben einzig die Dollars.« Ein anderes Problem ist der Visumzwang: Sie hat kein genaues Ziel, will nur möglichst weit weg. Die Visumbeschränkungen weisen ihr einen eigentümlichen Weg: »Ebenso schwer war es, ein Visum zu erhalten. Indien wies ab, Ägypten war streng geschlossen, Holland verlangte für die Kolonien [in Südostasien] Goldwährung zur Einreise; nur Japan visierte anstandslos. Ich vertraute blindlings auf mein Wissen, trieb kühn ins Unsichere hinaus – ganz wie ein ahnungsloses Kind in ein leckes Boot klettert.« Da sie nicht Richtung Osten nach Japan reisen kann (da die Briten den Suezkanal gesperrt halten), will Alma Karlin wie einst Kolumbus den Weg nach Westen nehmen, um nach Asien zu gelangen. Dazwischen liegt Amerika, was Alma Karlin im Gegensatz zu Kolumbus weiß. Sie will nach Genua, Kolumbus' Heimatstadt, um dort ein Schiff zu besteigen, das sie nach Lateinamerika bringt.

Der neue Kolumbus

Endlich kann sie aufbrechen: »Am 24. November 1919 nahm ich Abschied. Eigentlich wollte ich es nicht. Am Ende war es leichter, sich vom Strom der Gewohnheit tragen zu lassen; aber etwas in mir drängte: Es muß sein. Was mich da zwang, war nicht Abenteuerlust; es war der Ruf einer gestellten, unabweisbaren Aufgabe. Seither habe ich stets an eine Vorbestimmung geglaubt. [...] Ich nahm Abschied von meiner bejahrten Mutter, wohl auf immer. Ich weinte nicht. In feierlichen Augenblicken stehe ich darüber. Echtes Leid ist wie ein trockener Blitz, gefährlicher als das folgende Unwetter mit Regen.« In einem finsteren, überfüllten Bummelzug geht es von Cilli über Steinbrück und Laibach nach Triest. An jeder Station muss sie umsteigen. Im Chaos der Nachkriegszeit gibt es keine Fahrpläne, kein Licht im Zug und auf den Bahnhöfen. In den Waggons reisen vielfach Schmuggler, Diebe, Schwarzhändler und allerlei Leute, die der Krieg erwerbs- und heimatlos gemacht hat und die nun als Auswanderer auf dem Weg nach Nord- und Südamerika sind, um dort ihr kleines Glück zu finden. In Triest angekommen, dem einstigen österreichischen Tor zur Welt, von dem nun aber keine Schiffe mehr nach Übersee abgehen, wohnt Alma Karlin bei zwei alten Tanten. Die eine liegt im Sterben und verbreitet bereits einen schrecklichen Verwesungsgeruch, die andere äußert sich zu Almas Reiseplänen recht nüchtern: Sie würde keinen Fisch mehr essen, sobald die Nichte Triest mit dem Ziel der Überfahrt nach Amerika und weiter nach Japan verlassen habe. Auf die Frage nach dem Weshalb erklärt die Tante: »Weil ich nicht Menschenfresser werden will, denn bist du einmal allein auf dem [Schiff] Scotland Maru, so werden dich die Japaner mißbrauchen und dich hierauf ins Meer werfen. Die verschiedenen Fische werden sich an deinen Resten gütlich tun und …«

Durch solche Schwarzseherei lässt sich der selbsternannte weibliche Kolumbus nicht abschrecken. Alma Karlin fährt mit dem Zug weiter, über Venedig nach Genua. Im Wartesaal des Bahnhofs verbringt sie eine Nacht und wird bestohlen. Ohne ihre Handtasche, aber noch mit der geliebten »Erika«, landet sie auf dem Polizeirevier und wird an ein Nonnenkloster verwiesen, das gestrandete Frauen aufnimmt. Wochenlang harrt sie auf eine günstige Mitfahrgelegenheit nach Südamerika, bemüht sich um Visa für lateinamerikanische Länder. Ihre Ersparnisse schmelzen dahin. Endlich findet sie einen Dampfer, die »Bologna«, der nach Venezuela und weiter durch den Panamakanal nach Peru fahren soll. Für das Unterdeck ergattert Alma Karlin ein Ticket dritter Klasse. Einen Tag nach Aschermittwoch 1920 besteigt sie das Schiff, das zunächst nach Marseille und Barcelona fährt und die Straße von Gibraltar passiert, um die Atlantikroute nach Südamerika zu nehmen.

Bald nach dem Ablegen gerät die »Bologna« in stürmisches Wetter. Besonders in den Massenunterkünften unter Deck macht sich die Seekrankheit breit. Recht belustigt schreibt die angehende Globetrotterin: »Meine fünfunddreißig Mitopfer stöhnten nach Noten. Das hätte ich ihnen noch vergeben, denn das Schiff rollte, und ich mußte mir allerlei Reden halten, um nicht mitzustöhnen, daß sie aber die abendlichen Maccaroni alle an meinem Gesicht vorbei auf den Boden anrichteten (denn Brechschüsseln fehlten), schien mir eine strafwerte Taktlosigkeit. Wenn man etwas im Magen hat, so behält man es drinnen.« Doch auch der tapferen Weltreisenden aus Cilli vergeht jegliche Koketterie: »Der gelbe Niagara von oben, der mit seinen Nebenfällen auf dem Boden bald zum See wurde, die feuchte Duftwelle hinter mir, das Liegen auf leintuchgroßem Bett und das Gekratztwerden von einer rauhen, grauen Wolldecke wurde bald durch zwei neue Plagen ergänzt: die halbtoten Araberinnen jammerten laut, und ihre Wanzen [...] kletterten an den Bettstangen nieder und versuchten mein Blut. Ich brauche daher nicht erst zu betonen, daß ich etwas ernüchtert aufstand. [...] Ich fand das Reisen nach fremden Weltteilen anders, als erwartet.« Auf dem Schiff sind Männer und Frauen – selbst Ehepaare – streng getrennt, und doch steigt jede Nacht ein Peruaner zu seiner kroatisch-italienischen Ehefrau hinunter, um sie zu verprügeln. Die anderen mitreisenden Frauen schauen teilnahmslos zu, während das Schiff – inzwischen mitten auf dem Atlantik – im hohen Wellengang immer ärger rollt, und alles, was nicht angebunden oder festgenietet ist, durch die Kabinen fliegt. Doch bald klart das Wetter auf, die See wird ruhig. Alma Karlin verlässt die Gruppenkabine und sucht sich an Deck einen Taupfeiler, auf den sie sich setzt, »die Welt zu Füßen, den Mut ungestutzt, den Willen ungebrochen, zukunftsblind«. Die Augen werden ihr recht bald geöffnet werden ...

An den Kanarischen Inseln vorbei geht es Richtung Amerika,

das Schiff nimmt genau den Kurs, den »im Jahre 1492 der arme Columbus genommen haben soll«, erinnert sich Alma Karlin, »und wie damals war der Wind stets genau hinter uns und trieb uns einer neuen Welt entgegen. Zehn Tage lang würden wir nun fahren, ohne jemals anderes zu sehen als Himmel und Wasser«. Noch einmal hat die »Bologna« einen schweren Sturm zu überstehen, »das Schiff hatte den Veitstanz«. Schließlich aber erreichen sie die windstillen Breiten der Tropen, »auf Deck spannte man das Zeltdach; alle erschienen auf einmal in lichten Gewändern, und ehe man es wußte, wurde der Teer in den Fugen der Deckplanken weich«. Erste Vögel umkreisen die »Bologna«, Hölzer treiben dem Schiff entgegen, »da jubelten wir wie einst Columbus, denn nun wußten wir: Vor uns liegt Land«.

Sie ankern vor der östlichsten der karibischen Inseln: Barbados. Die Passagiere dürfen zu einem Spaziergang von Bord. Enthusiastisch erinnert sich Alma Karlin: »Eine lange Allee von Königspalmen nahm uns auf und führte uns hinaus ins Freie. In diesem Augenblick fühlte ich mich für alle Leiden bezahlt, denn ich sah zum erstenmal die echten Tropen mit ihrer blendenden Pracht, dem Zauber des Ungewohnten, der drückenden Wärme, ohne die Schattenseiten auch nur zu ahnen.« Wieder vergleicht sich die junge Frau mit dem großen Entdecker: »So mochte Columbus gefühlt haben, als sich ihm, so nahe von Barbados, eine neue Welt aufgetan.« Noch ist sie voll naiver Entdeckerfreude, voll des Glaubens in die Menschheit, voll ungetrübter Schaffenslust: »Ich bereute kein Opfer. Lernen wollte ich, schreiben, malen, das erlebte Wunder in jeder Weise anderen mitteilen.«

Sie wandelt nicht nur auf den imaginären Spuren des Christoph Kolumbus, sondern auch auf den Fährten Alexander von Humboldts: Nach einem Zwischenstopp in Trinidad stoßen sie zum Orinoko vor. Selbst zwanzig Meilen vor dessen Mündung ist das Meerwasser süß, treiben Hölzer, Gras, Tierkadaver – Spuren der schier undurchdringlichen Tropen, die der Strom auf über dreitausend Kilometern Länge durchmisst. Weiter fahren sie entlang der Küste Venezuelas, kommen an den niederländischen Antillen vorbei, ankern vor der kolumbianischen Hafenstadt Cartagena de las Indias. Alma Karlins Stimmung kippt, die tropische Hitze und das verkommene Stadtbild tragen dazu bei: »Kleine, schwarzgestrichene, offene Wägelchen laufen mit einem Geklirre durch die Straßen, als wäre der Verkehr riesengroß, und langohrige Hunde schnuppern nach Abfällen in allen Winkeln. Bei aller Tropenpracht wirkte Cartagena tot. Südamerika erfüllte mich mit einer Schwermut, die ich bei aller Anstrengung nicht abzuwerfen vermochte. Mir war's, als fiele ich hoffnungslos zurück durch die Jahrhunderte, und etwas von der verborgenen Wildheit, gleich groß in Eroberern und Unterdrückten, beklemmte mich wie eine unsichtbar mir aufgebürdete Last.«

Höllenkreise und Karfreitagsprozession

Nicht lange kann sie sich solch schwarzgalligen Stimmungen überlassen. Das Schiff passiert den von US-amerikanischem Militär kontrollierten, zweiundachtzig Kilometer langen Panamakanal, der seit 1914 die Weltmeere Pazifik und Atlantik verbindet. Als das Schiff dessen südliches Ende erreicht, hat die Reisende Anwandlungen von Verlassenheit: »[…] nie wieder fühlte ich mich wie vor dem Panamakanal. Es war mir, als sei ich in ein neues Leben getreten.« Das Passieren des Kanals wird zum Symbol: nicht nur dafür, die andere Seite des Globus erreicht zu haben, sondern auch für verlorene Illusionen. Alma Karlins dunkle Ahnungen werden sich nur zu bald erfüllen …

Die Westküste Südamerikas präsentiert sich den Passagieren unheimlich und wild, wie ein Bild aus Dantes Höllenkreisen: »Feuerspeiende Berge kochten dort wie Riesenkessel, und aus den spitzen Gipfeln stieg der Rauch wie aus Riesenschloten.« Sie passieren den Äquator, die Sternbilder wechseln, die traditionelle »Äquatortaufe« freilich wird auf dem Dampfer nicht vollzogen, wie Alma Karlin bedauernd vermerkt. Am nächsten Tag erreichen sie die Mündung des Flusses Guayas – fremdartige, teils berückende, teils verstörende Bilder bieten sich der Passagierin: »Er kommt aus den Tiefen von Ecuador und kennt die Gewässer, die von den berühmten Bergen der Cordilleren hinabfließen. Unzählige Baumstämme mit fremden Schlinggewächsen trieb er meerwärts an uns vorbei, aber auch allerlei Aas, Alligatoren und Fische, die sonderbar bunt und flach wirkten. Kleine nackte Jungen saßen auf treibenden Hölzern und ruderten mit den Füßen, unbekümmert um alles, was sich da im Strom an Schlangen, Alligatoren und Abfall versammelte.« Nachmittags erreichen sie die Stadt Guayaquil: »[…] große Zettel warnten uns alle, nicht das Schiff zu verlassen, weil die Pest, Cholera, Ruhr, das Beri-Beri, das gelbe Fieber und der Aussatz [Lepra] chronisch in dieser ungesunden, unreinen Stadt wüteten und das Schiff in Quarantäne müßte. Eine gute Meile im Fluß warf der ›Bologna‹ Anker, und selbst da waren wir noch nicht sicher, von Mückenstichen verschont zu bleiben. Jeder Stich aber konnte uns Malaria, das gelbe Fieber oder sonst ein Übel schlimmster Art einimpfen. Auch herrschte der Aussatz unter den ärmeren Leuten vor, so daß es nicht wünschenswert war, die geringste Sache käuflich zu erwerben. Niemand aus den Booten wurde aufs Schiff gelassen.« Den Warnschildern zum Trotz versucht die neugierige junge Frau etwas von der Stadt zu erhaschen. Was sich ihrem Blick darbietet, ist nur ein Vorgeschmack auf das, was sie selbst noch durchleben wird: »Vom Schiff aus konnte man ganz gut die winkeligen Straßen, die, wie von einem Irrsinnigen angelegt, hinab- und hinaufgingen, und mehr Katzenköpfe als Menschen hatten, beobachten. Wagen schwankten wie im Sturm, und Indianer kauerten überall, wo sie nicht hingehörten. Auf fremden Türschwellen, auf fremden Körben, auf den reichlich aufgestapelten Säcken der Veloce [Fahrräder]. […] Der Rauch ferner Feuerberge verdunkelte nicht selten den Ort auf Stunden; Aschenregen war häufig.«

Das Schiff lichtet die Anker und verlässt den Ort der Aussätzigen. Südwärts, an den himmelhohen Gipfeln der Kordilleren vorbei, stampft der Dampfer. Unterwegs wird Alma Karlin Zeugin einer seltenen Himmelserscheinung, des »grünen Strahls«.

Von einem Mitreisenden wird sie aufgeklärt: »Es war der grüne Strahl – etwas, das man nur in der Wüste oder auf sehr ruhigem weiten Meer schauen kann. Man sagt, daß der sich nie über seine echten Herzensgefühle täuscht, der den grünen Strahl gesehen hat.« Von solch einer romantischen Himmelserscheinung wird die junge Autorin in Peru empfangen – das Land wird für sie zu einer Begegnung mit Gewalt, Ausbeutung und menschlicher Niedrigkeit werden. In der Hafenstadt Callao geht Alma Karlin am Karfreitag des Jahres 1920 an Land – ihre Schreibmaschine schmuggelt sie durch den Zoll, denn auf technische Geräte stehen hohe Einfuhrgebühren – und fährt ins nur eine halbe Stunde entfernte Lima, die »Stadt der Könige« und Hauptstadt Perus. Der erste Eindruck ist festlich – doch bei näherem Hinsehen zeigt sich lediglich Talmiglanz: »Lima selbst ist eine Stadt in spanischem Stil mit einer großen Domkirche, aus der nun eben – es war Karfreitag – alle Würdenträger in langer Prozession aus den Toren traten. Sie hatten goldschimmernde Helme mit rotem, weißem und seltener mit blauem Federbusch und sehr reiche, strahlende Uniformen. Bei ihrem Erscheinen begannen vier Musikapellen, jede etwas anderes, in ihrer Ecke der Plaza de Armas zu spielen, und die Menge jubelte. In feierlichem Zuge trug man Christum zu Grabe. Alle Frauen trugen schwarze Mantillen und ihre braungelben Gesichter, umrandet von dem schwarzen Tuch, sahen unglaublich häßlich aus – sie wirkten wie Totenschädel.« Das kulturelle Programm an jenem Feiertag ist bescheiden: Abends begibt sich Alma Karlin in Begleitung eines Mitreisenden von der »Bologna« in ein Kino, wo ein Film über das Leiden und Sterben Christi gezeigt wird. Das anwesende Publikum ist unmittelbar von der filmischen Darstellung ergriffen und reagiert spontan: »So oft die bösen Menschen kamen, pfiffen, schrien, trampelten die Zuschauer, und, was uns beiden so viel Spaß machte, war diese erregte Menge, die alles miterlebte und in ihrer Übertreibung wie wild war.«

Anderntags besteigt Alma Karlin den Zug nach Arequipa und weiter nach Cuzco, hinein in die schwindelerregende Bergwelt der Anden. Ein letztes Mal blickt sie von einer Anhöhe hinunter nach dem in der Ferne liegenden Dampfer »Bologna«: »Erst heute begann meine Columbusfahrt, denn erst heute war ich allein, auf mich selbst angewiesen.« Bislang wiegte sie sich in der Sicherheit eines Linienschiffs, wenngleich nur als Passagier dritter Klasse. Nun aber beginnt der ungeplante Teil der Weltreise, ohne Ticket, ohne Begleitschutz, ohne das Wissen, was es zu essen gibt und wo sie sich abends schlafen legen kann. Der Zug müht sich in steilen Kehren die Berge hinan. Bald zeigt sich der jungen Reisenden der von den Indios verehrte, fünftausendachthundert Meter hohe, schneebedeckte Vulkan Misti: »Zwischen zwei Bergketten erhob sich eine herrliche, schneeweiße, oben abgerundete Masse. Wie losgetrennt von der Erde schien mir der Berg. Er grüßte, winkte gleichsam und warnte. Hoch stand er über mir, nicht nur räumlich, sondern auch innerlich. Er hatte eine Seele, und diese Seele gehörte dem Ewigen an.« Sie erreicht die Stadt Arequipa in den Anden, die zu Füßen des Misti liegt und bereits 1540 von spanischen Eroberern gegründet worden ist. Alma Karlin mietet sich ein Zimmer und beginnt die Stadt und ihre Bewohner auf Spaziergängen zu erforschen und zu beobachten. Tagsüber macht sie sich Notizen oder fertigt mit Bunt- und Bleistiften Zeichnungen an, abends sitzt sie in ihrem Kabuff und tippt Reisenotizen, Erzählungen und Artikel. Sie schaltet in einer Zeitung eine Annonce, worin sie Nachhilfeunterricht anbietet, und erhält etliche Antworten. Alles scheint wie am Schnürchen zu laufen: »[…] ich sah mich schon mit vollen Säcken das alte Inkareich verlassen. Ich lächelte wie ein Krampus [Knecht Ruprecht] auf einer Zuckerschachtel und war ›columbusser‹ denn je.«

Dann jedoch folgt eine Reihe von Erlebnissen, die der jungen Autorin das andere Gesicht des von Machismo und Patriarchat geprägten Landes offenbaren und sie verstört zurücklassen. Bei einem Spaziergang durch die vor der Stadt liegenden Maisfelder versucht ein Mann sie zu vergewaltigen. Sie ringen erbittert: »Mir blieb nur ein dunkles Erinnern an einen Kampf, der uns schnell vom schmalen Pfad unten im Graben landete, so daß mein neues Staatskleid mit einer sandigen Kruste bedeckt wurde, was meine Erbitterung noch erhöhte. Von Zeit zu Zeit verlor ich die Tasche und schwamm gewissermaßen zu ihr zurück, riß sie an mich und kämpfte weiter, ohne daß der Peruaner mich auf die Beine kommen ließ. Alle meine Bitten, alle meine Vorstellungen blieben ungehört und ernteten einzig ein kaltes ›Es nützt nichts!‹. Das Menschtier kniete mit all seiner Schwere auf mir und vereitelte jede Bewegung außer der meiner Arme [...] und preßte seine dicke, arbeitsharte Hand auf meinen Mund. Meine Zähne sind noch von Mutter Natur eingehängt; sehr gute überdies. Ich vertiefte sie in die Pfote. Das Tier ließ los. Ein Stoß [...], und ich war frei. Ehe er mich zu packen vermochte, war ich den Abhang hinaufgelaufen und rannte aus Leibeskräften dem Weichbild der Stadt zu.«

Dieses Erlebnis wird Alma Karlin verändern. Ein Leben lang bleibt sie traumatisiert, weist Männer zurück, verdammt männliches Begehren. Von da an wird sie sich auf ihrer Weltreise nie mehr naiv und offen geben, in ihrem Reisebericht äußert sie nach dem Schockerlebnis von Arequipa immer wieder männerfeindliche und rassistische Vorurteile, sich selbst inszeniert sie von da an als die unverstandene, fragile Frau. »In drei Tagen«, schreibt sie nach dem Überfall, »hatte ich mir das Lächeln abgewöhnt. Wer mit mir sprach, dem sah ich kalt in die Augen, mit einem Mund, der sich nie verzog.« Sie zieht sich in ihre Arbeit zurück und kultiviert das Image der bedrohten Dichterin im Gehäus, die an der Welt leidet und zu zerbrechen droht. Sie gesteht: »Mein Dasein gehörte der Feder; modern gesprochen meiner ›Erika‹. Darin fühlte ich – vielleicht auch mit Selbstüberhebung –, daß ich etwas zu leisten, der Menschheit etwas zu geben vermochte, das ganz so, in dieser Eigenart, kein anderer vermochte.«

Wenige Wochen nach diesem traumatisierenden Erlebnis im

Maisfeld wird sie erneut angegriffen: Als sie ein befreundetes Ehepaar auf dessen Landgut außerhalb Arequipas besucht, versammelt sich ein Mob von Indios vor dem Anwesen und bewirft unter wüsten Beschimpfungen und Drohungen das Haus mit Steinen. Das Gerücht hat sich verbreitet, die Fremde mit den kurzen Haaren sei in Wahrheit ein Mann, zudem ein chilenischer Spion. Die Situation droht zu eskalieren – da kommt ein Polizeiinspektor, der in der Nähe seine Finca besitzt, des Weges und kann den Mob zum Rückzug bewegen. Alma Karlin kehrt in die Stadt zurück, »von einer hoffnungslosen Schwermut befallen«. Wenige Wochen später kommt es zu einem dritten Überfall: Eines Nachts wacht sie auf und sieht einen Fremden an ihrem Bett stehen, der in ihr Zimmer eingebrochen ist und sich anschickt, sie zu vergewaltigen. Es gelingt ihr, nach einer Eisenstange zu greifen, die sie zur Verteidigung neben ihr Bett gelegt hat, und damit zuzuschlagen: »Nun flog er durch die Weite des Zimmers und sank neben der Wand nieder. Ich sprang aus dem Bett und erreichte mit einem katzenartigen Sprung die Türe, riß sie auf, sauste die halsbrecherische Leiter [...] hinunter.« Den Plan, weiter nach Chile und Bolivien zu reisen, gibt sie auf. Sie will so rasch wie möglich Peru und Südamerika verlassen. Aber es mangelt an Geld. So ist sie gezwungen, weiterhin in dem Land zu bleiben, unter Ängsten, alltäglichen Bedrohungen und Beschimpfungen. Endlich hat sie genügend beisammen, um in der südperuanischen Hafenstadt Mollendo ein Schiffsticket dritter Klasse nach Panama zu kaufen. Pathetisch notiert sie in ihrem Tagebuch: »Land der Verbrecher, leb' wohl! Nicht um den größten der Inkaschätze möchte ich dich wieder besuchen! Land, wo die Sinne herrschen und jedes bessere Empfinden schweigt.« An Bord des Dampfers »Imperial« geht es Richtung Norden, wieder unter erbärmlichsten Bedingungen, aber sie ist erleichtert, den südamerikanischen Kontinent hinter sich gelassen zu haben: »Die erste Nacht lag ich auf einer geborgten Matratze mit dem Gesicht nach unten, die Tasche gegen den Magen gedrückt und die ausgestreckte Hand auf meiner Erika.«

Ein paar Tage später erreicht die »Imperial« die amerikanische Panamakanalzone. In Alma Karlin erwacht wieder die Abenteuerlust: »Ich stand auf dem Boden der Vereinigten Staaten unter englisch sprechenden Menschen und durfte neu aufbauen. Mit fünf Dollars in der Tasche. Dennoch kam mir nicht einmal der Gedanke, geschweige denn der Wunsch, die Reise aufzugeben und geschlagen heimzukehren. [...] Fürs Nachgeben bin ich nie gewesen.« Noch immer hat sie ein Visum für Japan in der Tasche. Aber sie will nicht auf kürzestem Wege dorthin, sondern sich zuvor Mittelamerika und die kalifornische Küste ansehen. Die Neugier ist wieder erwacht, auch der literarische Drang, über das Gesehene und Erlebte zu schreiben, für ihr Publikum in Europa, das immer öfter durch Reportagen in Zeitungen und Zeitschriften von dieser hartnäckigen und abenteuerlustigen Globetrotterin erfährt.

Erneut stellt sich die Geldfrage. Alma Karlin ist pleite: »Was für Tantalusqualen ich auf Schritt und Tritt zu erleiden hatte! In jeder Apotheke verkaufte man Eiskaffee und Gefrorenes, aus jedem Speisehaus quoll verlockender Duft, und, wie um alles zu krönen, verkaufte man in offenen Buden ›heiße Hunde‹, das heißt Wiener Würstchen. So oft ich durch die Kanalzone ging, die durchweg wie ein Park war und in der man allerlei Obstbäume angepflanzt hatte, hob ich verstohlen die winzigen Jobos (stark duftende, kleine Früchte ähnlich den Pflaumen, doch mit großem Kern) auf und saugte an ihnen, um das Gefühl des Essens zu haben. [...] Doch alle diese Leiden erblaßten vor der Geldsorge, die mit jedem Tage drückender wurde. [...] Zum Schluß ging ich zum amerikanischen Roten Kreuz, erhielt ein kleines Darlehen und erklärte mich bereit, in den Hospitälern der Zone die Nachttöpfe zu waschen, wenn ich nur angestellt werden würde, doch selbst diese Möglichkeit versagte.« Schließlich erhält sie einen Job im Arbeitsvermittlungsamt. Und sie findet ein Zimmer zur Untermiete im Haus eines älteren deutschen Paares, das sich aber als hartherzig und autoritär erweist. Alma

Karlin versucht aus ihrer Lage das Beste zu machen. Sie arbeitet im Stellenbüro, schreibt abends in der öffentlichen Bücherei ihre Artikel, malt Weihnachtskarten, die sie verkauft, spart Geld, erträgt die Allüren und Gemeinheiten ihrer Wirtsleute. Als der Vermieter, der neben seiner Ehefrau noch eine chinesische Geliebte hat, ihr Avancen macht und ihr zu verstehen gibt, Chinesinnen seien glücklich, auch wenn der Mann mehrere Frauen hat, denn »er versorgt sie vollkommen und nimmt ihnen alle Gedanken für das tägliche Sein«, antwortet die junge Schriftstellerin selbstbewusst: »Ich habe selbst Gedanken und bin keine Chinesin!« Alma Karlin packt ihre Siebensachen und die Schreibmaschine und verlässt den »Bananenwinkel« und damit den »Abschnitt meines Lebens, in dem ich Sklavin gewesen war«.

Sie hat Glück: Sie wird geprüfte Übersetzerin für das amerikanische Gericht in der Kanalzone. So verdient sie eine Zeit lang respektabel und kann Geld für die Fortführung ihrer Weltreise beiseitelegen. Ihre Freizeit nutzt sie zu Ausflügen in die Umgebung. Eine Exkursion führt sie per Boot bis in die Gewässer der Insel Palo Seco, auf der Leprakranke in Quarantäne untergebracht werden, damals eine übliche Art, mit den unheilbar Kranken umzugehen. In einer Mischung aus Grausen und Mitleid berichtet Alma Karlin: »Als ich einmal nach Toboga, der ersten der Perleninseln, fuhr, brachte man ein achtjähriges Mädchen nach der Insel der Geächteten. Es hatte eine feuerrote Warnungsschärpe um und saß in einem kleinen Boot, das angekoppelt wurde. Nichts Schrecklicheres, als das endliche Entgleiten dieses Bootes vor Palo Seco. Einsargen eines Menschen bei lebendigem Leibe …«

Wellenreiten in Waikiki

Nach ein paar Monaten besteigt sie einen Küstendampfer, der sie entlang der mittelamerikanischen Staaten nordwärts bis Los Angeles und San Francisco bringt. Obwohl sie froh ist, der Armut und den unhygienischen Lebensverhältnissen Lateinamerikas entronnen zu sein, ist die Rückkehr in die westliche Zivilisation für sie ein Schock: Die idealistische Europäerin, aufgewachsen in der alten Welt des katholischen Kronlands Krain, kann sich mit dem puritanischen Materialismus der US-amerikanischen Gesellschaft nicht anfreunden. Ihr Urteil fällt harsch aus: »Bei den Nordamerikanern ist alles Pose: Ihr Fortschrittsgeist, der nur die Neugierde eines Kindes ist und schnell erlischt, wenn nicht großer Gelderfolg der Lohn ist; ihre Sucht nach Tugend, die das Land ›trocken‹ macht und nur Trinker erzieht, dabei aber Millionen in erhöhten Preisen in die Taschen der Händler spielt; ihr Drang nach Wissen, der wie ein fliegender Fisch über die Oberfläche schießt, und ihr Volkstum (ihre gepriesene Demokratie), die nur auf dem Papier und im Munde ist, denn nirgends auf Erden wird der arme Schlucker, der sich nicht die erste Klasse nach Amerika leisten kann, so elend und schimpflich schlecht behandelt, wie gerade in dem ›freien‹ Lande.« Aus solchen Zeilen spricht nicht nur die Verstörung einer Frau, die sprichwörtlich einer »Welt von gestern« entstammt, sondern auch die Verbitterung darüber, selbst zu den mittellosen »Underdogs« zu gehören, für die der »amerikanische Traum« nicht Wirklichkeit geworden ist. Darüber tröstet die märchenhafte Kulisse San Franciscos mit dem »Goldenen Tor« wenig hinweg. Alma Karlin bleibt nur zwei Monate in Kalifornien. Sie kauft sich bald ein Schiffsticket. Der Dampfer bringt sie nach Hawaii, damals US-amerikanischer Besitz, aber noch nicht Bundesstaat. Der Archipel ist für sie nur Zwischenstation für die Weiterfahrt nach Japan, dem eigentlichen Ziel ihrer Weltreise. Alma Karlin hat ihre eigene, etwas abstruse Theorie über das amerikanische Interesse an der pazifischen Inselgruppe. Damals ist Alfred Wegeners Theorie der Kontinentalplattenverschiebung noch recht jung, und die Literatin überschätzt die Geschwindigkeit der tektonischen Drift: »Um Oahu hebt sich langsam der Meeresboden; warum, weiß man nicht genau, wahrscheinlich infolge von Sandverschiebungen und Druck von der Beringstraße herab. Sicher ist, daß schon in fünfzig Jahren ein Gebiet wie das heutige Kalifornien dazugewachsen sein wird, und die Amerikaner dadurch in unerwarteten Landbesitz kommen werden [...].« Ihre Erfahrungen in Honolulu sind indes nicht die besten: Zum einen wird sie wiederholt wegen ihres Aussehens – sie trägt ärmliche Kleidung und verzichtet auf Schminke – angesprochen. Zum anderen wird sie auf offener Straße Opfer eines Raubüberfalls: Der Täter entreißt ihr die Handtasche mit ihren Papieren und all ihren Ersparnissen. Es ist ein schwerer Rückschlag, aber sie lässt sich dadurch nicht von der Weiterreise abbringen. Wieder verdingt sie sich monatelang als Nachhilfelehrerin und Artikelschreiberin. Ihre freie Zeit bringt sie mit Spaziergängen über die Insel Oahu zu. In Waikiki probiert sie – in Begleitung – sogar das traditionelle Wellenreiten – damals noch keineswegs ein Breitensport: »Wir stiegen in ein Auslegerkanu – ich in einem geborgten Mantel, da mir stets kalt war – und fuhren im Mondschein auf das Meer hinaus. Vor uns dehnte sich die glitzernde Fläche, hinter uns grinste schwarz der unheimliche Pali, der stark befestigte Diamantenkopf [zwei Berge] und der weiße Strand von Waikiki. Das Wellenreiten begeisterte mich. Wir warteten, weit draußen vor der Riffbrandung, auf eine Welle. Sahen wir sie kommen, so ruderten wir alle wie toll, um ihr voranzueilen. Plötzlich schoß sie daher, hob das Kanu und trieb uns mit rasender Schnelligkeit dem Strande zu ...« Die Zeit auf Oahu dehnt sich: »Und immer noch saß ich im verhaßten Paradies des Stillen Ozeans und mußte mir von jeder Frau meine Kleider als unmodern vorwerfen [...] lassen.« Endlich hat sie genügend Geld beisammen, um ein Schiffsticket zu kaufen, in der vierten Klasse auf einem ostasiatischen Liniendampfer, der nach Japan fährt. An Bord hat sie das Glück, von einem der Seeoffiziere als »Intellektuelle« erkannt zu werden. Er vermittelt ihr unter der Hand eine Einzelkabine mit »[...] dem besten Bett mit Decken, Leintüchern, Kissen [...]. Man hatte mich in die Mittelklasse befördert«. Das Schiff passiert die Datumsgrenze, und Alma Karlin wundert sich, einen Tag aus ihrem Leben gestrichen zu bekommen, »denn ich schlief an einem Donnerstag ein und wachte an einem Samstag auf«.

In Yokohama geht sie an Land und fährt nach Tokio, wo sie ein Zimmer in einer Pension mietet. Von den russischen Vermieterinnen wird sie herzlich umsorgt, ein Empfehlungsschreiben öffnet ihr manche Tür: So erhält sie eine Anstellung als Leiterin eines Sprachkurses an der Meiji-Universität, arbeitet zudem im Büro einer deutschen Maschinenfabrik und unterrichtet ein paar Privatschüler. Schließlich erhält sie einen Job im Büro der Deutschen Botschaft, die damals von dem ehemaligen Kolonialgouverneur und letzten kaiserlichen Außenminister Wilhelm Heinrich Solf geleitet wird. Zudem schreibt sie Artikel für eine Tokioter Zeitung. In ihrer knapp bemessenen Freizeit nimmt sie an traditionellen japanischen Festen teil, etwa an einer Totenfeier, macht Ausflüge in die pittoreske Umgebung, so zum Riesenbuddha im Küstenort Kamakura und in die Bergstadt Nikko mit ihren bedeutenden historischen Tempelschreinen, und nimmt Unterricht in traditioneller japanischer Malerei. Sie ist am Ziel, und sie könnte nach dreijähriger Reise eigentlich die Heimfahrt antreten, auf möglichst geradem Weg wieder ostwärts durch den Panamakanal, oder in anderer Richtung, westwärts durch den Indischen Ozean und das Rote Meer zurück nach Europa. Doch nachdem sie sich in Japan körperlich und geistig von den Strapazen Südamerikas erholt hat und sich zudem ein finanzielles Polster erwirtschaften konnte, sieht sie keine Notwendigkeit, die Reise abzukürzen. Die Welt steht ihr offen, die Leser in Europa warten auf Reportagen aus fremden Ländern, und auch Alma Karlin wird erneut von Fernweh und Abenteuerlust gepackt. Selbst Wilhelm Solfs Bitte, sie möge noch drei Monate bleiben, weist sie höflich aber entschieden zurück. Und so verlässt Alma Karlin am 1. Juli 1923 Japan und begibt sich per Schiff nach Korea, das von japanischen Truppen besetzt ist.

Von Anbeginn ist sie von der kargen Schönheit des Landes gefangen: »Die weiche Sanftheit japanischer Landschaft war wie weggewischt. Näherrückende, hierauf wieder zurückweichende Bergrücken, seltsamförmig und schwachbewaldet, wurden sichtbar, und alles wirkte herber, frischer, unberührter, selbst die Reisfelder, aus denen sich oft Kraniche erhoben. Die Bauernhäuschen hatten flach wirkende, strohbedeckte Dächer, die wie mit einem großen Fischernetz übersponnen schienen, und einige von diesen Hütten waren nur aus Lehm irgendwie zusammengeworfen. An den Äckern entlang, wie stumme Wächter, liefen Pappeln, und nackte Kinder wechselten mit halbnackten Leuten. Alle Naturvorgänge spielten sich angesichts des fahrenden Auges ab. Ich faßte eine unerklärliche glühende Zuneigung zu Korea.« Sie besucht Seoul und die alte Kaiserstadt Heijo, probiert einen Sud aus der als Wundermittel gepriesenen Ginsengwurzel – verspürt aber keinerlei Wirkung. Schließlich besteigt sie den Zug und fährt weiter, durch die Mandschurei, ein Land, »öde bis zur Mundverstauchung durch Gähnen«, wie sie harsch urteilt.

Der Zug bringt sie nach China. In Peking will sie ein paar Wochen bleiben. Zwar findet sie ein annehmbares Zimmer in einer Pension mit netten Wirtsleuten und jubiliert bereits vom »Paradies der Reise«, doch bald wird sie – als Ausländerin – getäuscht und enttäuscht: »Die erste Woche in Peking verriet nichts von all dem Glück. In jedem Geschäft wurde ich übers Ohr gehauen [...].« Immerhin kann sie einer englischsprachigen Zeitung in China einige Artikel verkaufen, und auch aus Deutschland und Österreich kommen Aufträge für Reportagen. Bald macht sie sich auf den Weg in die Provinz. Im Seebad Peitaiho bewundert sie den langen Strand mit den kleinen Landhäusern, die zumeist von Europäern bewohnt werden. Zum »touristischen Programm« gehört auch der Besuch historischer Tempelanlagen. Interessanter jedoch sind für die Journalistin Eindrücke aus dem alltäglichen Leben. Dazu gehört auch ein Sandsturm, der aus der Wüste Gobi kommend über Peking hereinbricht: »Erst wurde der Himmel fahlgelb, so daß er die Augen blendete und das Herz mit sonderbarer Furcht erfüllte, hierauf tauchten hinter den Westbergen ungeheure schwefelfarbige Wolken auf, ballten sich zu dräuenden Massen zusammen und wurden in Peking selbst zu einem feinen Sandregen.

Man mußte alle Fensterritzen verstopfen und alles zudecken, dennoch kroch dieser Sand, der Hauch der Gobiwüste, durch die feinsten Öffnungen und erschwerte selbst das Atmen. Draußen aber heulte der Sturm und wirbelte wie ein Wahnsinniger in seinem Sterbetanz. Es war so finster, daß man Licht brennen mußte, und gegen die Fenster schlug die knisternde Wolke in unheimlichem Takt.«

Im November 1923 beschließt Alma Karlin, China zu verlassen und südwärts zur reisen, über die Philippinen nach Australien und weiter nach Neuseeland, denn in Peking wird es empfindlich kalt, und auf der Südhalbkugel lockt der Sommer. Sie nimmt in der Hafenstadt Tientsin ein Schiff, das sie über das einstmals russisch besetzte Port Arthur (das heutige Lüshunkou) durchs Gelbe Meer bringt. Nach dreitägiger Fahrt erreicht sie Schanghai in der Jangtsebucht. Die Stadt hat den weltweiten Ruf eines Matrosenparadieses samt Opiumhöhlen, und auch Alma Karlin besucht das Hafen- und Rotlichtviertel und ist von der Armut und dem Prostituierten- und Drogenmilieu fasziniert und abgestoßen gleichermaßen. Weiter geht es an der chinesischen Küste südwärts nach Futschau (Fu-zhou). Die Hafenstadt gibt damals noch ein sehr pittoreskes Bild ab: »So enge Straßen, daß man mit ausgestreckten Armen fast die gegenseitigen Mauern berührt; Kulis mit Hüten wie ein Strohzuckerhut und dunkelfarbiger als die Nordchinesen; aus dem verdunkelnden Oberbau der Häuser spähen Mädchen mit Blumen im Haar herab; auf der Straße, mühselig humpelnd, alte Frauen auf Fußstümpfen in hübschen Pantöffelchen, vielleicht noch ein Männerherz mit diesen goldenen Lilien entzückend; Sänftenträger mit ihrer Last, Rikschas mit lautem Geklingel, rund herum der Duft des Ostens, die anziehenden Läden, die herabhängenden Anzeigeschilder, die Eßstellen mit Kochtöpfen, Näpfen und Schüsseln und der auf dem Boden kauernden Menschheit, die da mit Stäbchen die fragwürdigsten Speisen in den Mund wirft. Alles ist südlicher, nackter, fremder, farbenbunter als in Peking, stärker von Sandelduft und Weihrauch durchzogen, noch unberührter, noch altmodischer.«

Dann geht es nach Taiwan, von den Portugiesen einst Formosa, die Wunderschöne, genannt. Auch diese Insel steht damals unter japanischer Besatzung. Alma Karlin hat besonders von den in den Bergen lebenden Ureinwohnern, den Tayalen, gehört, bei denen damals noch die Kopfjagd als Ritual ausgeübt wird – was freilich von den japanischen Besatzern bekämpft wird. »Hinter solchem Gras verborgen«, so wird ihr erzählt, »oft drei Tage lang regungslos ausgestreckt, lauern die Tayalen, bis ein Opfer vorübergeht. Dann schießen sie erst einen Pfeil darauf ab, stürzen dann auf den Getroffenen zu und schneiden das Haupt ab, den Körper zurücklassend. Es kann nämlich kein Jüngling heiraten, der nicht wenigstens einen Kopf heimgebracht hat, denn das ist das Zeichen seiner Reife [...].« So macht sich die reisende Reporterin auf, fährt unter Geleitschutz ins Inselinnere und gelangt zu einer Polizeistation an der Grenze zum Stammesgebiet der Tayalen. In Begleitung überschreitet Alma Karlin die unsichtbare Demarkationslinie und steigt in ein Tal hinab, hinein ins Gebiet der Kopfjäger. Sie erreichen eine »jener unheimlichen Hängebrücken aus Rattanranken [...], die wie eine Schaukel den Fluß überspannten. Zwei schmale Bretter bildeten alles, worauf man festen Fuß faßte, und zum Anhalten gab es in höchster Fingerhöhe ein Seil, das natürlich nachgab. Man schaukelte wie eine Seiltänzerin über die Brücke. Um mich zu entmutigen, verbeugte sich der Inspektor und ließ mich vorangehen, in der Erwartung, mich heulend Kehrt machen zu sehen, doch ich dachte mir damals nichts dabei oder höchstens, daß man eben die gehen müsse und ich folglich gehen würde.« Anders als die japanischen Polizisten glauben, hat diese kleine, unscheinbare Europäerin keine Angst vor den Kopfjägern – im Gegenteil: Sie fühlt sich in der zivilisationsfernen Weltabgeschiedenheit eigentümlich wohl. So zumindest behauptet sie es in ihren Reisenotizen: »Nie in meinem Leben hat mich das Gefühl bemeistert, irgendwo ganz fern von der Welt zu sein, wie hier in diesem Ort, dem ›Zusammenlauf der Flüsse‹. Die runddachigen Häuschen, die grellgrünen Bananen, der grüne, rauschende Fluß, die hohen, hohen Berge, die alle Aussicht verhinderten, die Sonne auf den fernsten Abhängen, die goldene Stille … Da sehnte ich mich, bei den Kopfjägern zu bleiben und die Welt, die voll Tücke und Schriftleitungen war, ganz zu vergessen. Ohne Ehrgeiz zu leben, ohne Zweck, nur in sich und die allernächste Welt versunken.« Die sie begleitenden Polizisten drängen die vom Ennui befallene Europäerin zur Umkehr, sie »trieben mich bald aus dem Paradies wieder fort, so gern ich die Tayalfrauen mit ihrem schwarzen Gesicht, dem stechenden Blick und den steifen Hanfgewändern noch betrachtet hätte«. Ihr bleibt nichts anderes übrig, als sich der Staatsgewalt zu beugen. Eine Sehnsucht bleibt zurück: »Ein Hauch von Herbst und von Sterben, wehmütig schön in dem goldenen Dezemberlicht, lag selbst über dieser Tropenlandschaft, und im hohen Suzukigras raunte warnend der Wind.«

Sie will weiter, tiefer hinein in die rätselhafte Inselwelt Südostasiens. Sie verlässt Taiwan, besucht noch die chinesische Hafenstadt Amoy (das heutige Xiamen), eines der gefürchtetsten Piratennester der Welt, und die Stadt Kanton (Guangzhou). Im Landesinneren der Region Guangdong herrscht Bürgerkrieg, und Alma Karlin muss, am Ufer des »Perlenstroms« sitzend und Tee trinkend, ein grausiges Szenario betrachten: »Leichen erschossener Soldaten, Esel- und anderes Tieraas, kleine, weggeworfene Kinderkörperchen, Unrat und Abfall jeder Art schwamm hier dem Meere zu.« Nicht minder verwirrend wirkt auf sie das Warensortiment eines »Seegeschmackladens« in der Stadt Kanton. Alma Karlin steht mit offenem Mund vor den Regalen, die alles lagern, was aus dem Meer kommt – und noch einiges mehr: »Haifischflossen […], getrocknete Austern, in der Suppe gekocht, Bohnennudeln und Lotossamen, Melonenkerne und Schwämme (Baumohren, wie die Chinesen sie nennen), Fut tsey, ein seltsames Gras, das sich wie gehacktes Roßhaar anfühlte, Bao yü (Muscheln in zähe Scheiben geschnitten), Bambusschößlinge, Erdhühner (Frösche) und Matai (Pferdehufe).«

In Kanton grassieren die Schwarzen Blattern, auch Europäer erkranken und sterben binnen weniger Tage. Alma Karlin tritt die Flucht nach vorne an. In der nahen britischen Kronkolonie Hongkong lässt sie sich im US-amerikanischen Konsulat ein Visum für die Philippinen ausstellen, die seit dem Spanisch-Amerikanischen Krieg im Besitz der Amerikaner sind. Auf einem Frachtdampfer, der außer seiner Ladung nur drei Passagiere an Bord hat, verlässt Alma Karlin Hongkong und setzt zu den Philippinen über. Ein wenig fühlt sie sich nach Lateinamerika versetzt: Die Bevölkerung ist überwiegend katholisch und spanischsprachig, das Klima tropisch-schwül. Drei Wochen bleibt Alma Karlin auf dem Archipel. Von der Hauptstadt Manila aus bricht sie zu Exkursionen in die Umgebung auf. Eine Fahrt zur Wallfahrtsstätte Antipolo bleibt ihr besonders in Erinnerung. Die Marienkathedrale »Unserer Lieben Frau des Friedens und der guten Reise« ist auch für die Globetrotterin Alma Karlin ein lohnendes Ziel: »[…] es gab da über dem Hauptaltar eine aus Holz geschnitzte Mutter Gottes aus dem siebenzehnten Jahrhundert, die aus Spanien stammte, nach Acapulco in Mexiko geschickt wurde und die viermal die Segelfahrt über den Stillen Ozean mitmachte, eben um das Schiff zu schützen, weshalb man sie ›Nuestra Señora de Buen Viaje y de Paz‹ nannte, und war eine Schutzpatronin der Reisenden nicht eben das, was ich am nötigsten brauchte?« Ihr Eindruck von der Insel Luzon ist der von Armut, Rückschrittlichkeit, aber auch von landschaftlicher Schönheit und pittoresker Einsamkeit: »Weite Felder, über die eine weißschwarze Krähe fliegt; totes Laub, das im Dickicht raschelt, seltsam gedrehte, weiße Blüten und zartrosa Dolden an niederen Sträuchern; ein Karabao oder Wasserbüffel in bedeutender Entfernung und in der Nähe nur rollende Hügel, die allmählich zu Bergen werden. Alles einsam – einsam wie mein Leben.«

Nach drei Wochen in Manila bricht sie unruhig auf: Sie will in den Dschungel. Durch das Inselgewirr der Philippinen geht es südwärts nach Borneo, das unter tropischer Sonne liegt. Der nördliche Teil steht damals unter britischer Hoheit. Das Schiff landet in der nordöstlichen Hafenstadt Sandakan an, die von Chinesen und Malaien besiedelt wird und auf die Reisende einen pittoresken, gepflegten Eindruck macht. Auf Borneo vernimmt sie von der unvergleichlichen Tierwelt: den dort lebenden Nashörnern, den Tigern und Krokodilen, den Borneobären und vor allen den Orang-Utans. Sie verzichtet jedoch auf einen Trip in das nahezu unerschlossene Innere der Insel, wo es noch Kopfjäger gibt, und beobachtet stattdessen in den Bäumen Sandakans wundersame tropische Vögel: Nashornvögel, Zwergpapageien, Goldkehlchen. Abends sieht sie fliegende Füchse, die zur Familie der Flughunde gehören und eine Spannweite von bis zu 1,70 Metern erreichen.

Weiter geht es über die Insel Celebes, damals zu Niederländisch-Indien gehörend, und durch die Sundasee mit ihren Perlausternbänken. Am Horizont kann sie im Dunst die Küste Neuguineas erahnen, doch ihr Reiseziel heißt Australien.

Down under

An der Küste von Queensland und dem Großen Barrier-Riff entlang geht es nach Brisbane. Dort besucht Alma Karlin nur kurz eine Music-Hall, dann fährt sie weiter nach Sydney. Die Hauptstadt von Neusüdwales ist eine Millionenstadt. Die Hafensilhouette freilich bietet noch einen bescheidenen Anblick: ohne Hochhäuser, ohne Oper, ohne die erst 1932 eröffnete Hafenbrücke. Im nahen Nationalpark und im Tiergarten bewundert Alma Karlin Koalabären, Kängurus und die urzeitlichen Schnabeltiere. Doch in jenen Wochen in Sydney fühlt sie sich zunehmend »kampfesmüde«, wie sie einräumt, denn der Absatz ihrer Artikel und Reportagen in Österreich und Deutschland stockt. Beide Länder haben mit der Wirtschaftskrise zu kämpfen, und die Leser haben andere Sorgen und Interessen als die Abenteuer einer jungen Frau »down under«. Das lässt Alma Karlins Reisekasse bald leer zurück, und wieder fragt sie sich, wie sie jemals wohlbehalten nach Europa zurückkehren solle. Resigniert schreibt sie: »[…] ich begann zu verstehen, daß man nicht alles Wichtige erlernen, alle Pflichten gegen die

Heimat als Journalistin und alle Pflichten der Studierenden auf dem Gebiete der Botanik erfüllen konnte, wenn man nebenbei auch noch stumpfsinnige Geldarbeit zu leisten hatte. Auf diese Weise würde ich einmal nach tausend Erdenjahren heimkehren.« Mit ihrem letzten Geld fährt sie per Eisenbahn weiter, an die Südspitze des Kontinents, nach Melbourne. Dort, so hat sie gehört, gehe ein kirchliches Missionsschiff nach Neuseeland ab. Dorthin will sie, zu den Antipoden, in das von Mitteleuropa gerechnet fernste Land auf dem Erdball. Durch ein Interview aufgehalten, verpasst sie um ein Haar die Abfahrt des Schiffes: »Vier Minuten vor der Abfahrtszeit sauste ich noch hundert Schritt von der Halle dahin, und gerade als man die Brücke löste, pustete ich heran, sprang auf die schwebende Verbindung und warf mich dem ersten Offizier (unfreiwillig) an die Brust. Gleichzeitig löste sich das Schiff vom Landungsplatz.«

Fünf Tage dauert die Überfahrt nach Wellington. Völlig abgebrannt langt Alma Karlin dort an. Ein japanischer Kreditbrief, den sie noch besitzt, wird von den neuseeländischen Banken nicht eingelöst. Die Eisenbahnverbindung nach Auckland im Norden wird wegen eines Streiks nicht bedient. Die Reisende ist am Ende der Welt, und nervlich ebenso am Ende. Schließlich helfen Quäker der notleidenden Frau weiter und verschaffen ihr ein günstiges Zimmer. Den japanischen Kreditbrief kann sie durch Vermittlung einer Zeitungsredaktion, bei der sie vorspricht, endlich einlösen. Fürs Erste also hat sie keine Geldsorgen und kann wieder Pläne schmieden. Nach einer Woche fährt die Eisenbahn wieder, und Alma Karlin kann die Reise nordwärts machen, nach Auckland, die größte Stadt in dem britischen Dominion-Staat. Es ist Ende April 1924, Herbst auf der Südhalbkugel, und im sonst eigentlich subtropisch gemäßigten Auckland ist es ungewöhnlich kalt. Seltsam sind Flora und Fauna: Die Globetrotterin bewundert die hohen Baumfarne mitten in der Stadt, vernimmt von dem flugunfähigen Vogel Kiwi, von dem ausgestorbenen Straußenvogel Moa, von der kleinen Echse Tuatara, die noch ein urzeitliches drittes Auge, das »Stirnauge«, besitzt, das jedoch von einer Haut überzogen ist. Auch hört sie mit Respekt von den Ureinwohnern Neuseelands, den kriegerischen, tätowierten Maori, die vor allem im Ostteil der Insel leben. Erneut schreibt sie Artikel und hält vor Frauenklubs und Kirchengemeinden Vorträge über die Frauenfrage, über Europa und den Weltfrieden, sodass sie ihre Reisekasse etwas füllen kann.

Es drängt sie ins Innere der Nordinsel. Eine Einladung des Pfarrers von Rotorua kommt ihr gelegen. Die Erdkruste in dem vulkanisch tätigen Gebiet ist dünn. Heiße Quellen, Krater mit kochendem Schlamm, Schwefeldämpfe, Geysire, kochende Flüsse, Wasserfälle, Sinterterrassen und unergründbare Seen überziehen das Gebiet. Alma Karlin ist hingerissen:

»Aber man braucht nicht vor dem größten der Geiser zu stehen, um vor dem Wirken der Erdgeister Achtung zu bekommen – die kleineren Springbrunnen der Natur, die quaksenden, glucksenden Schlammlöcher, die siedenden Bäche tun es auch. Mit einem ganz eigentümlichen Gefühl geht man durch die wenig bewachsene, aus den merkwürdigsten Steinbildungen zusammengefügte Schlucht und bemerkt neben sich den hellen Fluß, aus dem ein feiner Dampf aufsteigt, der aber so heiß ist, daß man darin nicht baden könnte. Aus dem Gestein dringt, zwischen zwei Pflanzen, ein feiner, geisterhafter Dunst, in einer finsteren Höhle brodelt es, und man merkt starken Schwefelgeruch; in den Bergen selbst scheint es zu dröhnen wie fernes Kampfgetöse, und ein Wasser kann eiskalt, das nächste siedend sein. Darüber der blaue Himmel, die fremde Pflanzenwelt [...] und endlich der mächtige See Tarawera ... Mehrere feuerspeiende Berge umgeben ihn, und einige tragen Schnee, während andere kahl und schwarz aus dem Hellbraun der Umgebung stechen wie ein offenes Maul, das auf Beute lauert.«

Sie besucht ein nahe gelegenes Maoridorf und staunt. Die Frauen kochen, indem sie ihre Töpfe einfach in die heiße Erde eingraben: »Manchmal hatte man in der Tat das unangenehme Empfinden, auf einer Tortenkruste zu gehen, die jeden Augenblick einstürzen konnte. Heiße Quellen, heiße Bäche, heiße Tümpel überall.« Auf Bitten der Fremden aus Europa führen die Maorimänner ihren berühmten Kriegstanz »Haka« auf, »bei dem die Zungen herausgestreckt werden, um volle Verachtung auszudrücken und wobei ohrenartige Verlängerungen an einer Stirnbinde den Schmuck bilden. Grimassen in diesen ganz und gar tätowierten Gesichtern wirken schauerlich«. Ein Ausflug führt Alma Karlin in den subtropischen Norden, nach Whangarei, wo sie die letzten Bestände der riesenhaften Kauribäume bestaunt.

Dann treibt ein innerer Drang sie weiter. Eine Bekannte in Neuseeland hat ihr Geld für eine Fahrt zu den Fidschi-Inseln geliehen. Diese Gelegenheit lässt sich die Globetrotterin nicht entgehen.

Im Insellabyrinth Melanesiens

Die Reise führt sie hinein in die geheimnisvolle Welt der Südsee. Nach einer stürmischen Fahrt auf einem Segelschiff erreicht Alma Karlin Vitu Levu, die Hauptinsel des Fidschi-Archipels. Der Empfang ist herzlich, aber nachts leidet sie unter dem Besuch von Ratten, Kakerlaken und riesigen Krabben: »Sechs steife, dornbesetzte, knisternde Beine, und Augen, die vor Erstaunen heraus- und bei Furcht in den Kopf zurückfliegen. Mitten in der Nacht schwere Schritte auf meinen Stufen, Getöse, Knistern, Krachen … Ein Menschenfresser? […] Nichts davon! Eine Madame Krabbe, die zu mir will. Sie kletterten am Bettpfeiler empor, sie fielen von Stühlen. Mein Netz verwirrte sie und hielt sie ab, doch hätte ich es nicht gut hineingestopft gehabt, so würden sie meine Zehen beknabbert haben.«

Je tiefer sie in die Inselwelt Melanesiens hineingerät, desto gefährlicher werden die Begegnungen und Abenteuer. Passagierschiffe gibt es in dieser abgelegenen Weltgegend kaum. Nach wochenlangem Warten hat Alma Karlin Glück: Ein Frachtdampfer ankert vor Suva, dem Hauptort von Vitu Levu, der auf dem Weg nach Neu-Irland (der ehemaligen deutschen Kolonie Neu-Mecklenburg) ist, einer Insel östlich von Neuguinea. Zwar wird sie von einem Insulaner gewarnt, kurz zuvor sei auf dem Schiff ein Mord geschehen, der nicht habe aufgeklärt werden können, doch die Globetrotterin sieht in dem Frachter die einzige Chance, um die Fidschi-Inseln – noch dazu wohlfeil – verlassen zu können. Also geht sie unerschrocken an Bord, im Gepäck einen Dolch zur Selbstverteidigung …

Von Bettwanzen zerbissen, »weißer, oder richtiger gelbgrüner als zuvor«, erreicht sie das französische Neu-Kaledonien. In der Inselhauptstadt Noumea, wo sie einige Zeit zu leben gezwungen ist, muss sie sich wegen heftiger Zahnschmerzen zum Dentisten begeben, einem rechten Salbader: »Er schob mir grob einen [mit Kokain] getränkten Schwamm in den Mund und riß so tierisch an mir herum, daß er den Zahn abbrach und mich mit einer Menge hängender Nervenbündel vom Stuhl fallen ließ. Sieben Aspirin nahm ich, um die Schmerzen zu betäuben, und heute, nach vier Jahren, ist die Stelle noch so empfindlich, daß ich auf dieser Seite nichts essen kann. Was ich die folgenden drei Wochen litt, kann niemand beschreiben. Ich strafte ihn in der einzig denkbaren Weise, indem ich ihn nicht bezahlte. Durch das Hungern und die Schmerzen kam ich indessen noch mehr herab.«

Krank, erschöpft und ausgehungert langt sie 1925 auf der zu Vanuatu (Neue Hebriden) gehörenden Insel Épi an. Im Dorf Bouroumba ereilt sie die Tropenmalaria, die sie beinahe das Leben kostet: »Keine Krankheit, – nicht einmal Lungensucht oder Magenleiden – stimmt so herunter wie tropische Malaria. Sie entwickelt den gefürchteten Tropenkoller, diese entsetzliche, hoffnungslose Schwermut, die sich langsam in Tropenneurasthenie verwandelt; sie brütet die düstersten Träume aus und sie bricht allen Willen. Es gibt nicht ein Glied, das nicht schmerzt, nicht stark in Mitleidenschaft gezogen ist […]. Ich sehnte mich aus vollster Seele nach dem Tode. Ich war zu gebrochen, um siegreich dagegen ankämpfen zu können.« Fiebernd liegt sie auf ihrem Lager, muss erfahren, dass das einzige Schiff »Kreuz des Südens«, das zu jener Zeit die Insel anläuft, Anker lichtet und Richtung Norden fährt. Sie muss sich schließlich per Boot, das von Kakerlaken und Spinnen verseucht ist, zu der hundert Kilometer entfernten Insel Efate bringen lassen. Im Städtchen Port Vila gibt es ein Nonnenkloster. Die Maristen-Schwestern nehmen Alma Karlin, ein Häuflein Elend, barmherzig auf, pflegen und füttern sie, bis sie wieder Lebensmut hat, bei Kräften ist und die Reise, die längst zu einer Sucht geworden ist, fortführen kann. Die Fahrt geht weiter nach Vanikoro, einem Eiland der zu den britischen Salomonen gehörenden Santa-Cruz-Inseln. Vanikoro hat bei Seefahrern und Entdeckern seit dem späten 18. Jahrhundert einen makabren Ruf: Vor der Insel gingen 1788 die beiden Schiffe des französischen Forschers und Weltumseglers Jean-François de La Pérouse spurlos verschwunden. Erst vierzig Jahre später entdeckte eine Expedition Wrackteile von La Pérouses Schiffen vor Vanikoro. Vermutlich hatten sich etliche Männer nach einem Schiffbruch auf die Insel retten können, wurden aber von den Ureinwohnern getötet. Auch Alma Karlin ist auf die Insel nicht gut zu sprechen: Der örtliche Richter lädt sie ein, in seinem Haus zu nächtigen. Zu später Stunde offenbart er ihr, dass er zum Dank etwas Entgegenkommen erwarte. Die Reisende widersetzt sich mit heftigen Worten. Der Richter lässt von ihr ab mit der Bemerkung, »eine so dumme Gans wie mich noch nie getroffen zu haben«. Alma Karlin verlässt das vermeintlich paradiesische Eiland, das schon La Pérouse und seinen Männern zum Verhängnis wurde.

Sie gelangt zur nordwestlich gelegenen Inselgruppe der Salomonen und geht auf der Insel Malaita an Land. Die Ureinwohner waren früher als Kannibalen berüchtigt, und der regierende Häuptling verbietet der fremden Frau bei Todesstrafe, das Inselinnere zu erkunden. Trotz ihrer schwachen Konstitution kann Alma Karlin jedoch der Versuchung nicht widerstehen. Mit Hilfe eines Führers dringt sie in den schier undurchdringlichen Dschungel ein: »Wir wateten im Urwaldschlamm bis zum Knöchel, und nie waren wir sicher, ob wir auf einem modernden Baumstamm oder auf einem Alligatorrücken gingen. Tausende kleine Krabben, manche hellblau, andere krebsrot, schossen vor uns in die Tiefe. Die Nase verstrickte sich in nicht bemerkte Spinngewebe, und giftige Spinnen schossen wangenwärts. Tausendfüßler waren unter dem modernden Laub verborgen, Schlangen konnten verdeckt sein, Ameisen aller Formen fielen aus dem Laubwerk oder stachen aus gerollten Blättern. Dabei herrschte im Urwald eine wahre Dampfbadhitze, die durch die zahlreichen Moskitobisse arg verschlimmert wurde. Jeder Schritt mußte erkämpft werden, denn allerlei Dornsträucher, Kletterpflanzen und gefallene Bäume bildeten fortwährende Hindernisse.« Nach ein paar Stunden müssen sie das Dschungelabenteuer aufgeben. Erschöpft, zerstochen und verschwitzt kommt Alma Karlin ins Dorf zurück, um sogleich die Pflanzen, die sie im Dschungel gesammelt hat, zu zeichnen, bevor sie in der Hitze verwelken.

Bei einem deutschen Siedlerehepaar ist sie zu Gast. Doch die Malaria und die ständigen Strapazen lassen sie eines Tages auch geistig zusammenbrechen. Als einmal die Gastgeberin ihr auf Deutsch eine Frage stellt, stammelt Alma Karlin Unzusammenhängendes: »Am schlimmsten aber war das Erkennen, daß mich die Laute erreichten, ich sie aber nicht mit dem Gehirn aufzufangen vermochte. Dadurch geriet ich in größere Angst und in neuen Schweiß, so daß man mir mit Zeichen bedeutete, vollkommen ruhig zu bleiben. Ich wollte sprechen und stotterte nur, ich war abgeschnitten von meinen Mitmenschen.« Wochenlang halten diese Erschöpfungszustände und geistigen Ausfälle an. Endlich kann Alma Karlin weiterreisen. Sie will nach Neuguinea, obschon wohlmeinende Menschen ihr davon abraten und ihr allenfalls noch eine kurze Lebensspanne einräumen. Auf der kleinen Salomoneninsel Tulagi erleidet sie erneut eine Fieberattacke, die sie beinahe tötet. Der einzige dort wirkende Arzt hat sie bereits aufgegeben, als das Fieber unerwartet sinkt. Kaum hat sich Alma Karlin leidlich erholt, fährt sie mit dem nächsten Schiff weiter, Richtung Norden. Sie will endlich zum Bismarck-Archipel und nach Neuguinea, zu den Kannibalen. »Ich trat«, schreibt sie fatalistisch, »meine Todesfahrt an.«

Alma Karlin erreicht die Gewässer des Bismarck-Archipels. Dessen Inseln sowie das nordöstliche Neuguinea, einstmals deutsche Kolonie, stehen seit dem Ende des Ersten Weltkriegs im Auftrag des Völkerbunds unter australischer Mandatsverwaltung. Auf der Insel Bougainville verbringt sie Weihnachten 1925 in einer katholischen Missionsstation. Das Fieber, woran sie seit Monaten leidet, lässt allmählich nach, sie kann wieder essen und kommt zu Kräften. Doch seelisch ist sie weiterhin zerrüttet, die Strapazen der vergangenen Jahre und die stete finanzielle Misere zehren an ihren Nerven. Durch die Wirtschaftskrise in Deutschland hat sie kaum noch journalistische Aufträge, zudem kann sie die wenigen Honorare, die noch eingehen, auf den damals außerhalb aller Zivilisation liegenden Inseln der Südsee nicht abrufen, da es hier keinerlei Bankensystem gibt. Die wenigen Redaktionen, für die sie noch arbeitet, lassen sie telegrafisch wissen, sie solle so schnell wie möglich nach Java reisen, dort lägen Geldanweisungen vor. Doch wie ohne Geld dorthin gelangen? Sie ist verzweifelt und antriebslos: »Über meiner Seele aber lag der Schatten der Entheimatung, und die Hoffnungen, die wie goldene Sonnen mich jahrelang angelockt hatten, begannen zu verblassen. Ich hatte gebetet, auf den Inseln sterben zu dürfen, wenn ich nicht für etwas ganz Ungewöhnliches auserlesen war, denn von des Lebens Schattenseiten hatte ich für ein Durchschnittsdasein mehr als hinreichend gesehen. Nicht einmal das Sterben schien mir erlaubt, und dennoch änderte sich nichts an meinem Geschick.«

Sie lebt stumpfsinnig vor sich hin – rafft sich aber doch wieder auf und erkundet die Insel. Auf Bougainville leben tief in den Wäldern noch Kannibalen, die sich auf die Verwendung tödlicher pflanzlicher und tierischer Gifte verstehen. Nicht ohne wohligen Grusel berichtet Alma Karlin von einem Mordanschlag auf eine ihrer Mitbewohnerinnen: »Am Abend um sieben fuhr sie froh und gesund von uns ab, um vier Uhr morgens, als die Schwester die Insel erreichte, war sie schon im Sterben

und eine wahre Kugel [aufgebläht durch das Gift]. Die Eingeborenen nennen das Gift unheilbar. Die Pflanze verraten sie
nicht.« Alma Karlins depressive und neurotische Zustände ver-
schlimmern sich. Sie nennt das den »Tropenkoller«: »Manchmal
saß ich traumlange Minuten, den Bleistift müßig in der Hand,
und starrte auf die fernsten Bergkämme. War das Höchste wirklich gleich dem Niedrigsten, und war es alles eins, was man begann? Waren wir nur das Spielzeug einer Macht, die uns un-
barmherzig schob, beengte, unser bestes Tun an unsichtbarer
Schranke zerschmetterte? Oder kam es nur auf das unbedingte
Fest- und Durchhalten an?« Sie gibt sich einen Ruck, weniger
aus hoffnungsvoller Überzeugung denn aus erbittertem Trotz:
»Da sagte ich mir, daß ich durchhalten wollte – und wäre es den
Göttern selbst zum Trotz. Wenn ich das Leben abstreifen
würde, so sollte es mit dem Bewußtsein geschehen, nichts ver-
säumt zu haben und einer höheren Macht heimtückisch unter-
legen zu sein. Das rettete mich, sonst wäre ich auf Bougainville,
wie man landläufig sagt, zum Teufel gegangen.«

Sie will dem Tod trotzen, und wird doch immer wieder an
ihn gemahnt: In der Missionsstation sterben Menschen an tropischen Krankheiten und Schlangenbissen. Einmal ist sie zugegen, als im nahen Dorf eine Leichenverbrennung feierlich begangen wird. Aus ihrem Bericht spricht nicht nur das Interesse
der Hobby-Ethnologin, sondern auch der Schauder einer Frau,
die dem Tod mehr als einmal ins Gesicht geblickt hat: »Ich
beobachtete alles von der Veranda aus […]. Ein Augenblick ist
immer schaurig bei einer Verbrennung: Wenn die Hitze der
schweren Hölzer die Leiche zum Krümmen bringt und die
Tote, sich aufbäumend, die Lider aufschlägt und die Augen
rollt. Da fühlt man Kälte am Rückenmark. Der Geruch bren-
nenden Menschenfleisches ist ebenfalls nicht erheiternd, und
all die begleitenden Bräuche haben etwas Wildes, Niegeschau-
tes, das das Herz sonderbar berührt und in Aufruhr bringt.«

Es gelingt ihr, auf einem Frachter mitgenommen zu werden,
der nach Neuguinea fährt. In Madang, dem einstigen Kaiser-
Wilhelmshafen, geht sie an Land, doch sie bleibt nur kurz. Sie

ist zu schwach, als dass sie sich ins teils unerforschte Inselinnere durchschlüge. Der Frachter fährt nordwestwärts an der »ungesunden Küste« entlang, nach Aitape (dem einstigen Berlinhafen) und Vanimo, das kurz vor der Grenze zu Niederländisch-Neuguinea liegt. Auf der Fahrt bietet sich ihr das immer gleiche melancholische Bild: »Den Strand von Neu-Guinea entlang stehen die Sagopalmen im tiefen Morast, und dahinter steigt Bergkette hinter Bergkette an. Die höchsten Spitzen, von hier aus nicht zu erkennen, deckt ewiger Schnee inmitten von tropischer Umgebung. Dahin ist noch niemand vorgedrungen, nur Luftschiffe haben die Pracht erspäht.«

Sie besucht ein Dorf der Papua-Ureinwohner, die noch kaum mit der westlichen Zivilisation in Kontakt gekommen sind. Ihre Notizen sind von einem latenten Rassismus geprägt, den sie gegenüber Menschen aus außereuropäischen Kulturen wiederholt durchscheinen lässt: »Kaum saß ich im sogenannten Fremdenhaus des Dorfes – einer zugigen, völlig leeren Hütte –, so näherten sich mir Männer und Frauen. In der Regel liefen die Frauen hier nackt wie das Getier, doch mir zu Ehren legten sie ihre Festgewänder aus einfacher und aus bemalter Tapa [ein Stoff aus der Rinde des Maulbeerbaums] um und ließen ihre Hals-, Armbänder und übrigen Schmuck vor mir leuchten. Sie waren sehr stark gebaut und vollbrüstig, sonst nicht schöner und nicht häßlicher als die anderen Inselweiber. [...] Die Männer machten gar nicht den Eindruck von Männern [...]. Ich betrachtete sie, wie ich ein Tier fremder Art betrachtet hätte, fand sie haarig, schwarz, breitgebaut, bärtiger als ich sie bis dahin gesehen [...], und nur das eine fiel mir auf: sie trugen das Zeichen ihrer Männlichkeit in einem gelben Flaschenkürbis, der mittels einer schwarzen Fasernschnur um die Hüften gebunden war. Die schwarzen Männer mit den goldgelben Hülsen wirkten komisch und nackter als nackt.«

Auf Anordnung des Polizeiinspektors von Vanimo bringen zwei Eingeborene Alma Karlin in einer Pinasse, einem einfachen kleinen Kahn mit Segel, in den niederländischen Teil Neuguineas, dem heutigen West-Irian. Sie geraten in die Nacht hinein, es fängt zu regnen an. Alma Karlins Fieber steigt an. Zudem benehmen sich ihre Bootsführer recht seltsam – sie fürchtet, von ihnen ausgeraubt, getötet und vielleicht gar verspeist zu werden. Einen Augenblick lang überlegt sie, ins Wasser zu springen, aber in der stockfinsteren Nacht würde sie kaum die Küste erreichen, zumal das Wasser von Haien und Krokodilen wimmelt. Ihren Dolch, den sie seit Panama mit sich führt, hat sie dummerweise im Koffer verpackt. Aber sie erinnert sich, in ihrer kleinen Tasche ein Fläschchen gemahlenen Pfeffer zu haben. Sie holt es heraus und birgt es in ihrer Faust. Die Bootsleute bringen sie nicht wie vereinbart nach Jayapura, sondern landen mit ihrem Kahn irgendwo an der baumbestandenen Küste und befehlen ihr auszusteigen. Alma Karlin erinnert sich: »Wie auf ein verabredetes Zeichen lösten sich aus der Finsternis zwei weitere Gestalten. Was beabsichtigten sie?« Die Männer beginnen einen Kriegstanz. »Nun mußte ich handeln oder sterben.« Mit dem Mut der Verzweiflung schüttet Alma Karlin den Männern Pfeffer ins Gesicht. Dann rennt sie davon, durch den Sand, »wie ich in meinem ganzen Leben noch nie gelaufen war«. Nach dem ersten Schrecken haben die Männer die Verfolgung aufgenommen. Sie durchwatet einen seichten Fluss, immer in Angst vor Krokodilen, gelangt zu einer Hütte, lugt durchs Fenster, sieht dort vier junge Malaien schlafend liegen: »Ihr Anblick ließ mich zurückfahren. Da kam ich in der Tat vom Regen unter die Traufe.« Sie erreicht eine zweite Hütte, schiebt den Fensterladen beiseite und klettert durch die Öffnung hinein. Sie hat Glück: Ein malaiisches Ehepaar wohnt darin. Die Eheleute begreifen die Situation sofort, sie verriegeln die Hütte und bieten der weißen Frau Schutz. Die Verfolger erreichen die Hütte, umschleichen sie, doch als ein Hund anschlägt, lassen sie ab und verschwinden in der Nacht.

Alma Karlin ist gerettet. Die malaiischen Dorfbewohner bringen sie anderntags ins nahe gelegene Hollandia (das heutige Jayapura), Hauptort von Niederländisch-Neuguinea. Sie besteigt ein Schiff und fährt westwärts, nach Sorong, an der nordwestlichen Spitze des »Vogelkopf« genannten Teils von Neuguinea. Dort findet sie Menschen, die ihr eine Überfahrt nach Java ermöglichen. Sie lässt die Küste Neuguineas hinter sich. Beinahe wehmütig resümiert sie: »Mir wurde das Herz von trüber Ahnung schwer. Das war der letzte echte Hafen von Neu-Guinea, dann wichen das Festland [sic] und bald die vorliegenden Inseln zurück, versanken in bläulicher Ferne, und damit endeten sehr bedeutungsvolle, schwere und bittere Jahre meines Lebens. Sieben volle Jahre zog ich nun über den Erdball und lernte, und immer tauchten neue Leiden, nie unerwartete Freuden auf. [...] Würde Java das Land der Erlösung sein? [...] Der ›Van Noort‹ pustet und will weiter. Uns holt das Boot, hinter uns schwindet Neu-Guinea. Ich bin der Südsee entronnen.«

Sie tritt die Heimreise an, so rasch wie möglich, unterwegs Artikel schreibend und so Geld verdienend. Über Java, wo sie die Geldanweisungen der deutschen und österreichischen Redaktionen und Verlage endlich einlösen kann, geht es weiter westwärts, über Sumatra, Malaya, Thailand, Birma, Indien und per Schiff durch das Arabische Meer, das Rote Meer, den Suezkanal und das Mittelmeer zurück nach Triest, dem Ausgangspunkt ihrer Reise. In den letzten Tagen des Jahres 1927 langt sie dort an, erschöpft, krank, desillusioniert. Aber sie trägt einen Schatz in ihrer Tasche: ein dickes Bündel Manuskripte, Notizen und Zeichnungen.

Bewundert, verfolgt, totgeschwiegen und gepriesen

Nach der Rückkehr in ihre Heimatstadt Celje beginnt Alma Karlin mit der Auswertung ihrer Reisenotizen und Materialien. Zügig, aller Erschöpfung zum Trotz, verfertigt die geübte Journalistin daraus drei umfangreiche Bücher, die 1930 bis 1933 in dem auf Reise-, Memoiren- und Abenteuerliteratur spezialisierten Verlag Wilhelm Köhler (Minden i.W., Berlin und Leipzig) erscheinen und zu Verkaufserfolgen werden. In jenen Jahren fährt sie unermüdlich zu Lesungen und Vorträgen durch halb Europa, auf denen sie über ihre Abenteuer spricht. Zu Beginn der 1930er-Jahre ist Alma Karlin eine der meistgelesenen Reise-autorinnen im deutschen Sprachraum. Zudem veröffentlicht sie mehrere Romane und Erzählbände, die gleichwohl weniger bekannt werden. Von dem Erzählband *Windlichter des Todes* ist die schwedische Schriftstellerin Selma Lagerlöf so begeistert, dass sie – die als Nobelpreisträgerin im Komitee für die erlauchte Auszeichnung sitzt – Alma Karlin für den Preis vorschlägt. Als deutschsprachige Autorin in Slowenien, das zum Königreich Jugoslawien gehört, bleibt Alma Karlin hingegen eine Außen-seiterin.

Eine enge Freundschaft verbindet sie mit der aus Rostock stammenden Kunstmalerin und Theosophin Thea Schreiber-Gammelin (1906–1988), unter deren Einfluss Alma Karlin sich ebenfalls theosophischen Themen zuwendet. Ihre literarische Karriere wird durch die Machtübernahme der Nationalsozialis-ten in Deutschland (1933) und Österreich (1938) beendet. Zwar werden ihre Bücher und Artikel zunächst nicht verboten, doch verzichtet Alma Karlin in den 1930er-Jahren darauf, in deutschen Zeitungen und Zeitschriften zu publizieren. Zwei Jahre lang, von 1937 bis 1939, bietet Alma Karlin dem verfolg-ten deutschen Journalisten Hans Joachim Bonsack und anderen Unterschlupf in ihrem Haus in Celje. Die deutsche Minderheit in Celje, die mehrheitlich deutschnational gestimmt ist, übt Druck auf Alma Karlin aus. Daraufhin verlassen Alma Karlin und Thea Schreiber-Gammelin Celje und gehen nach Zagrad im südöstlichen Slowenien, wo sie eine Villa beziehen. Es ist ein inneres Exil im eigenen Land.

Im April 1941 besetzen deutsche Truppen Jugoslawien. Im selben Jahr werden Alma Karlins Bücher in Deutschland ver-boten. Da Alma Karlin sich seit Jahren ablehnend über den Nationalsozialismus geäußert hat, wird sie von der Gestapo verhaftet und ins Gefängnis ihrer Heimatstadt Celje gebracht, später nach Maribor (Marburg an der Drau). Von dort soll sie in ein Konzentrationslager nach Deutschland verschleppt werden. Der Auslieferung entgeht sie durch den Einsatz ihrer Freun-din Thea Schreiber-Gammelin: Die besitzt gute Kontakte in

Deutschland. Alma Karlin kommt frei, allerdings wird sie weiterhin von der Gestapo überwacht. Im Herbst 1944 gerät die deutsche Besatzung in Jugoslawien ins Wanken. Eine breite Partisanenbewegung unter Josip Tito kann den Besatzern immer erfolgreicher Widerstand leisten. Alma Karlin geht im Herbst 1944 in den Untergrund und schließt sich den Partisanen in der Weißkrain (im südlichen Slowenien) an. Ein Versuch, zu den britischen Truppen im italienischen Bari vorzudringen, scheitert.

Das Kriegsende erlebt Alma Karlin in Dalmatien. Sie kehrt in ihr Häuschen in Celje zurück, auf dem Pečovnik-Hügel, am linken Ufer des Flusses Savinja (Sann). Ihre Villa in Zagrad wird von der neuen kommunistischen Regierung beschlagnahmt. Als Angehörige der deutschsprachigen Minderheit und als deutsch schreibende Autorin jenseits des Eisernen Vorhangs in der Zeit des beginnenden Kalten Kriegs ist sie mehr denn je isoliert. Die meisten Menschen der deutschsprachigen Minderheit in Jugoslawien, vor allem die rund hundertsechzigtausend Donauschwaben aus der Wojwodina, werden aus ihrer Heimat vertrieben oder in Internierungslagern inhaftiert, viele werden umgebracht. Alma Karlin kann in ihrer Heimat bleiben. Die seit Längerem herzkranke und an Krebs leidende Frau ist nach Celje zurückgekehrt, um dort zu sterben, wie sie ihrer Freundin gesteht. Alma Karlin, die große Weltreisende, beendet ihre Lebensreise am 14. Januar 1950. Zwei Tage später wird sie im nahen Dorf Svetina beerdigt. 1988 stirbt Thea Schreiber-Gammelin. Auch sie wird in dem Grab, das bis heute existiert, beigesetzt.

Alma Karlins deutschsprachiges Werk gerät im kommunistischen Jugoslawien in Vergessenheit. Als im Jahre 1991 die sozialistische Republik Jugoslawien in einem Bürgerkrieg zerbricht, gelingt es Slowenien fast ohne Schäden, sich aus den militärischen Auseinandersetzungen herauszuhalten. Der junge slowenische Nationalstaat entdeckt sehr bald die Schriftstellerin Alma Maximiliane Karlin aus Celje und ihr breites literarisches Werk. Heute wird ein Teil des Nachlasses im Regionalmuseum Celje verwahrt. Ein Schauraum widmet sich ihrem Leben und

Werk. Ihr Häuschen ist heute Museum. Wurde die Autorin in den Jahrzehnten unter dem kommunistischen Regime als »Deutsche« totgeschwiegen, wird sie in der jungen Republik Slowenien, die seit 2004 Mitglied der Europäischen Union ist, als slowenische Autorin entdeckt – und sicherlich ein wenig einseitig vereinnahmt. Einige ihrer Bücher erschienen inzwischen in slowenischer Übersetzung. Im April 2010 wurde auf dem Krekplatz in Celje ein Bronzestandbild enthüllt: Es zeigt die Weltreisende auf dem Weg zum Bahnhof, mit Mantel und Hut, in der Hand einen Koffer mit ihrer geliebten Schreibmaschine vom Typ »Erika«.

9 Annemarie Schwarzenbach (1908–1942)
Ins Land der künstlichen Paradiese

Es ist Mitte Oktober 1933. Am Bahnhof von Istanbul entsteigt eine kleine Gruppe von Archäologen dem Orientexpress. Sie sind auf dem Weg nach Mesopotamien, ins Land Ur, zu den großen Ausgrabungsstätten. Ein zufällig vorbeischlendernder Passant nähme wahrscheinlich nur Männer in dem Grüppchen wahr. Vielleicht fiele ihm ein junger, etwas dandyhafter Herr in Knickerbockern und Haferlschuhen auf, mit Tweedsakko und schmaler Krawatte. Der junge Mann hat ein zartes Gesicht, einen sinnlichen Mund, träumerische Augen, er trägt einen Seitenscheitel. Erst als er etwas zu seinen Mitreisenden sagt, erkennt der Passant an der Stimme, dass es sich um eine Frau handelt.

Annemarie Schwarzenbach ist zu jenem Zeitpunkt fünfundzwanzig Jahre alt. Sie ist Journalistin und hat Erzählungen und einen Roman veröffentlicht, der wohlwollend aufgenommen worden ist. Als Tochter einer Schweizer Industriellenfamilie, die ihr sogar ein Haus in Sils im Engadin zur Verfügung gestellt hat, könnte Annemarie Schwarzenbach ein sorgenfreies, gutsituiertes Leben führen – wären da nicht allerlei emotionale Verstrickungen, psychische Abhängigkeiten, ein gewisser Hang zur Selbstzerstörung, ein Faible für Drogen, eine fatale Freundschaft zu den Geschwistern Erika und Klaus Mann und ein Gefühl der Fremdheit in dieser Welt. Und wie viele »Unbehauste« drängt es auch Annemarie Schwarzenbach hinaus in die Welt, in der Hoffnung, im Fremden das eigene Ich klarer widergespiegelt zu sehen.

Sie begleitet ein Archäologenteam, um die frühen Kulturen besser zu verstehen, aber auch, um die gegenwärtigen Völker des Orients in ihrem Alltag zu erleben und so Rückschlüsse über sich selbst ziehen zu können. Denn in Europa herrscht nicht eben eine gelöste Stimmung für freie Geister: Ein dreiviertel Jahr zuvor haben Adolf Hitler und die Nationalsozialistische Partei die Macht in Deutschland übernommen und mit der Beseitigung der bürgerlichen Rechte begonnen. Auch in Italien herrscht ein faschistisches System. Der Schweizerin Annemarie Schwarzenbach, Bürgerin eines neutralen Staates, könnte dies relativ gleichgültig sein, aber sie weiß aus eigener Anschauung, wie sehr Andersdenkende unter faschistischen Ideologien leiden und aus Angst um Leib und Leben aus ihrer Heimat fliehen müssen: Bereits im Frühjahr 1933 haben Thomas Mann und seine Familie Deutschland verlassen und in der Schweiz Asyl gefunden. Annemarie Schwarzenbach steht im Konflikt mit der eigenen Familie, die Politik als etwas Unbürgerliches, Unschweizerisches betrachtet, alle sozialistischen Tendenzen verteufelt, insgeheim aber eine aus Konservatismus und Patriotismus gespeiste Nähe zum völkischen Deutschtum verspürt. Die Tochter Annemarie, von der eigenen Familie als undankbar und nichtsnutzig abgeurteilt, steht dem konträr entgegen. Sie will mit ihren Reportagen gegen die zunehmende politische Radikalisierung kämpfen. Doch gerade in jenem Jahr 1933 entschließt sie sich zu einer Reise in den Orient, weg aus Europa mit seinen politischen, sozialen und ideologischen Verwerfungen. In ihrem zwei Jahre später entstandenen Skript *Tod in Persien* verteidigt Annemarie Schwarzenbach vor sich und der Umwelt ihre »Flucht« so: »Untätig zuzuschauen war gewissenlos – und ich ertrug es auch nicht. Noch viel weniger wollte ich kämpfen, mir kam die Rolle falsch vor, die man mir auferlegte. Ja, ich bin aus Gewissenhaftigkeit weggegangen, und viele haben mich um meine Freiheit und um meine Wahl beneidet.«

Das klingt ein wenig sophistisch, und tatsächlich dürfte die Neugier auf das Fremde größer gewesen sein als die Weigerung, sich in die falsche Rolle erzwungenen Kampfes fügen zu wollen. Ihre Reisen sind keineswegs Fluchten vor »der« Realität, aber sehr wohl Transferierungen in eine andere Realität, die, was den Orient anbelangt, märchenhaften Charakter besitzt. Annemarie Schwarzenbach reist weder aus touristischer Naivität noch aus dem Gefühl europäischer Überlegenheit. Ihre Reisen sind nicht Ausdruck zivilisatorischer Überheblichkeit und Saturiertheit, vielmehr lässt sie dem Geheimnis des Fremden seinen angemessenen Raum. Dazu ist sie durch eine Grundstimmung empfänglich, die bereits in der Antike als die »glückliche Art, unglücklich zu sein« bezeichnet wurde: die Melancholie.

Nachdem die kleine Gruppe der Archäologen sich mit dem Taxi zu einem Istanbuler Hotel hat bringen lassen, greift Annemarie Schwarzenbach zum Notizbuch, um ihre ersten Eindrücke von der modernen türkischen Stadt, die als Byzanz und Konstantinopel eine zugleich abend- wie morgenländische Tradition besitzt, festzuhalten. Zu Beginn ihres Buches *Winter in Vorderasien*, das in den kommenden Monaten entstehen wird, findet sich der Satz: »Die Griechen haben das Wort erfunden, schwer und volltönend wie eine farbige Abendstunde vor dem Erlöschen: Melancholie.«

Gefährten und Gefährdungen

Annemarie Schwarzenbach kommt am 23. Mai 1908 in Zürich zur Welt. Der Vater, Alfred Schwarzenbach, ist ein begüterter Seidenfabrikant, die Mutter, Renée Schwarzenbach-Wille, die Tochter des deutschnational gesinnten Schweizer Generals Ulrich Wille und dessen Frau Clara, einer geborenen von Bismarck. Annemarie ist das dritte von vier Kindern des Ehepaars. Der Vater ist ein einfühlsamer, herzenswarmer Mensch, das Verhältnis zur resoluten, rechtsnational gesinnten Mutter ist jedoch zeitlebens angespannt. 1911 kaufen die Schwarzenbachs die Domäne Bocken bei Zürich, ein Gutshaus mit Stallungen und Ländereien. Wie auch ihre Mutter begeistert sich Annemarie für den Reitsport und die Musik. Eine Zeit lang trägt sie sich mit der Absicht, Konzertpianistin zu werden. Bis zum sechzehnten Lebensjahr besucht sie keine öffentliche Schule, sondern erhält Privatunterricht, erst 1923 wechselt sie in ein privates Institut nach Zürich. Es ist eine behütete, abgeschottete Kindheit und Jugend, von materiellen und sozialen Privilegien geprägt. Als die Hoffnung, Pianistin zu werden, an physiologischen Schwierigkeiten scheitert, wendet sich Annemarie Schwarzenbach einer anderen Leidenschaft zu, der sie seit Kindheitstagen frönt: dem Schreiben. Später beteuert sie: »Schon als Kind hatte ich die Neigung, alles aufzuschreiben, was ich sah, tat, erlebte und empfand. Mit neun Jahren schrieb ich in ein liniertes Heft meinen ersten Roman; da ich wußte, daß Neunjährige von den Erwachsenen nicht ernst genommen werden, ließ ich den Helden elf Jahre alt sein.«

Dass Annemarie schreibt, wird von Renée Schwarzenbach als Versuch gewertet, sich ihrer Kontrolle zu entziehen. So sehr die Musik im Hause Schwarzenbach hochgehalten wird, so misstrauisch ist man gegenüber Literatur und Journalismus. Das Schreiben wird für Annemarie die einzige Möglichkeit und Berechtigung zum Dasein. Das weiß ihre Mutter, und sie wird – wie eine Parze – bei jeder Gelegenheit versuchen, Annemarie diesen Lebensnerv abzutrennen. Am Ende wird Annemarie Schwarzenbach diesen Existenzkampf verlieren und mit dem Tod bezahlen – und dadurch, dass sie ein zwar kurzes, aber intensives Leben als Literatin und Reporterin geführt hat, recht behalten.

Ihre ersten Schritte, sich vom erstickenden Milieu ihres Elternhauses zu befreien, vollzieht Annemarie Schwarzenbach als junge Frau. Die Liebe erscheint ihr zunächst ein Weg – und sie wird ihr ganzes Leben lang auf der Suche nach der *einen*, erfüllten Liebe, nach dem Aufgehen im andern sein. Annemarie Schwarzenbach liebt Frauen, dessen ist sie sich schon in jungen Jahren bewusst. Sie lebt diese Neigung ohne falsche Scham, ohne Versteckspiel, voller Selbstbewusstsein. Vor allem *eine* Frau durchzieht viele Jahre lang ihr Dasein, obgleich diese der

Schweizerin eine erfüllte Liebe nicht schenken kann und will: Erika Mann, Tochter Thomas Manns und die Lieblingsschwester Klaus Manns. Mit ihm, dem schreibenden Spross des berühmten Nobelpreisträgers, verbindet Annemarie mehr als nur eine Literatenfreundschaft: Es ist eine enge Symbiose zweier gefährdeter Gestalten, die vor allem eine fatale Leidenschaft verbindet: die Drogensucht. Früh kommt Annemarie mit Rauschmitteln in Kontakt. Verhängnisvolle Mittlerin ist – wie auch bei Klaus Mann – Mopsa Sternheim, die Tochter des Dramatikers Carl Sternheim. An den Drogen wird Annemarie zugrundegehen, auch wenn ihr Lebensende durch einen tragischen Unfall eingeleitet wird.

Das Verhältnis zur eigenen Familie, aber auch die Neigung zum Drogenkonsum sind von Schuldkomplexen beladen. Annemarie Schwarzenbach hat zeitlebens ihr Schreiben und auch ihre Sehnsucht nach fernen Ländern als Möglichkeit gesehen, dieser Schuld zu entfliehen oder gar sie abzuarbeiten. Eine Vorstellung, die durchaus religiösen Ursprung hat. Dem befreundeten Pfarrer Ernst Merz bekennt sie im Februar 1926: »Ich möchte ja nichts anderes als wandern – von Welt zu Welt, und nicht aufhören, bis ich endlich Gottes Verzeihung erlange und den Quell der Reinheit finde. Ich habe mich noch nie so nach etwas gesehnt wie nach diesem heiligen Wasser. Aber man findet es ja nicht.«

Nach dem glänzend bestandenen Abitur beginnt Annemarie Schwarzenbach ein Studium der Geschichte und Literatur an der Universität Zürich. Sie verlässt die Zürcher Hochschule nach einem Jahr, um ihre Studien an der Pariser Sorbonne fortzusetzen. Die Ferne lockt sie, auch die Mondänität der französischen Hauptstadt. Nach dem zweiten Studienjahr kehrt sie nach Zürich zurück. Im Frühjahr 1931 promoviert sie zum Doctor philosophiae mit einer Dissertation über die Geschichte des Hochengadins, einer Landschaft, zu der sie zeitlebens eine innige Verbundenheit empfindet, und wohin sie sich gerne zum Schreiben und zur Erholung zurückzieht. Mehrere Erzählungen entstehen, darunter die *Pariser Novellen* und die *Lyrische*

Novelle. 1931 wird ihr erster Roman *Freunde um Bernhard* ver-
öffentlicht. Ihre Prosa ist vielfach autobiografisch gefärbt, die
Autorin verarbeitet darin ihr Leiden an der Liebe und an der
Sehnsucht, ihr Fernweh, ihre geistige Unbehaustheit. Dieses
Fremdsein in sich und der Welt sucht sich in jenen Jahren ein
Ventil: das Reisen.

Mit Erika und Klaus Mann und deren Münchner Freund
Ricki Hallgarten plant Annemarie Schwarzenbach im Frühjahr
1932 eine Autofahrt nach Persien. Klaus Mann erinnert sich in
seinem Lebensbericht *Der Wendepunkt*: »Unsere Abreise war
auf den 5. Mai 1932 festgesetzt. Am Tag vorher fuhren wir zu
den Studios der ›Emelka‹-Filmgesellschaft, wo wir für die Wo-
chenschau aufgenommen werden sollten. Wir trugen unsere
neuen Overalls, mit Tropenhut, Sonnenbrille und allem Zube-
hör; unsere zwei Ford-Wagen, frisch lackiert, stahlgrau mit viel
Nickel, blitzten in der Sonne. Es war ein herrlicher Tag.«

Anderntags, die Geschwister Mann sitzen im Münchner
Elternhaus auf gepackten Koffern, erreicht sie ein Anruf von
der Polizeiwache in Utting am Ammersee: Ricki Hallgarten hat
sich erschossen. Die Manns sind unter Schock, ebenso Annemarie Schwarzenbach. Das persische Reisevorhaben wird abge-
sagt. Nach Ricki Hallgartens Beerdigung bricht das Trio dennoch auf, nach Venedig und an den Lido, um dort auf andere
Gedanken zu kommen und in der gemeinsam gelebten Freundschaft Halt und Trost zu finden.

Reisen als Trost, als Mittel der Selbstfindung, als Gegenstand
journalistischer Tätigkeit: Annemarie Schwarzenbach verfasst
in jenen Jahren für den Piper Verlag zwei Reiseführer über die
Schweiz, zudem bereist sie Finnland und Schweden. Der
Schmerz über die Fanatisierung des politischen Lebens in
Deutschland treibt sie im Herbst 1933 zu dem Entschluss, sich
einer Gruppe von Archäologen anzuschließen, um doch in das
von antiken und orientalischen Mythen umrankte Persien zu
gelangen.

Als Annemarie Schwarzenbach am 15. Oktober mit dem Orientexpress in Istanbul, dem alten Konstantinopel, anlangt, scheint sich ihre diffuse Erwartung zu erfüllen. Sie sieht in der geheimnisvollen Stadt weniger das Fremde als das in Kindheits- und Erwachsenenträumen Ersehnte: So besucht sie die Hagia Sophia und bezeichnet die seit Atatürk als Museum genutzte ehemalige Moschee und Kirche als »Kindheitstraumbild«. Über die Existenz als Reisende philosophiert sie: »Wie oft spielt man mit dem Gedanken, das gewohnte Dasein an einer Stelle will-kürlich abzubrechen, sich von den alten Orten, Freunden, Tätigkeiten zu trennen, in Anonymität unterzutauchen – und wie weit ist man stets wieder von dieser Versuchung des Schick-sals entfernt!« Sie überquert den Bosporus, die »Grenze Asiens, die Meerespforte« – auch das ein Schritt der Verheißung. Es ist der Eintritt in die märchenhafte, geheimnisvolle Welt des Ori-ents. Europa wird zurückgelassen, und mit ihm das Leiden an der Vernunft und die Zivilisationsmüdigkeit. Der Orient ist ein Versprechen auf das Ursprüngliche, das Archaische und Anar-chische, das Märchen und das Abenteuer ...

Auch landschaftlich wird das Vertraute zurückgelassen: Die Straße durch Kleinasien, auf der Annemarie Schwarzenbach in einem Ford fährt, windet sich durch fast menschenleere Step-pen, über »Anstiege und Schluchten aus grauem, unbewachse-nem Erdreich. Unendliche Farbenskalen spielen an fernen Hori-zonten, der Himmel selbst ist so gross wie über dem Meer und spannt sich, ein durchsichtig seidenes Gewölbe mit langen Wol-kenstreifen, über dem trostlosen Land.« Zielpunkt ist Ankara, die neue, moderne Hauptstadt der von Atatürk gegründeten Republik, doch die Szenerie am Straßenrand wirkt wie aus einer anderen Welt: Kamele sind zu sehen, »sie standen in lan-ger Kette auf einem Hügelrücken, dunkel und gross im leeren Himmel«. Alter Orient und die moderne Türkei, die bestrebt ist, sich dem Westen anzuschließen, prallen aufeinander: »Drei Tage brauchen die Kamele von hier bis zum Salzsee. [...] während oben die Flugzeuge pfeilgeschwind vom Bosporus herfliegen und täglich die Diplomaten aus der ganzen Welt mit dem Taurus-Express eintreffen.« Annemarie Schwarzenbach langt unmittelbar vor dem türkischen Nationalfeiertag in Ankara an. Sie sieht Botschafter aus aller Welt. Die Stadt ist festlich beflaggt und mit Blumen geschmückt, Soldaten und Pfadfinder sind unterwegs, aus den Cafés dringt Walzermusik von Johann Strauß. »Und alle«, so die Schweizerin, »erleben staunend das Schauspiel der Stadt Ankara, die, so versichert man uns, das schlagende Herz der Türkei sein wird.« Ankara selbst ist inhomogen: Einerseits sind noch die mächtige Burg aus der Seldschuken-Zeit und verwinkelte Gassen zu sehen. Andererseits wächst die Stadt in die Ebene hinein, wird das neue Regierungsviertel mit prächtigen Repräsentationsbauten errichtet. »Unheimlich ist dies alles, sinnlos, imponierend wie die Ereignisse einer Film-Wochenschau.«

Annemarie Schwarzenbach bleibt nicht lange in der Hauptstadt. Sie ist ja in dieses Land gekommen, um den alten, zauberhaften Orient zu suchen, nicht die Assimilierung an das westliche Europa. So geht es weiter in den Osten des Landes hinein. Die Szenerie wird zunehmend archaisch: »Einem biblischen Brunnen begegnen wir. Da fliesst Wasser in einen schmalen, langen Trog; dahinter eine Mauer, zwei Bäume, ein wenig Gras. Frauen sitzen am Trog, verhüllt, auf ihre Tonkrüge gestützt.« Doch das Fremde hat auch seine unheimliche, einschüchternde Seite. Vor allem nach Einbruch der Dunkelheit wirkt das Land fremd und gewaltig: »Dann ist es Nacht. Kurden lagern an der Strasse, ihre Weiber hocken um runde Kupferkessel, deren Rand, eine kreisrunde Scheibe, über dem dürftigen Feuer leuchtet.« Jäh wird Annemarie Schwarzenbach klar, dass sie als Fremde immer fremd bleiben wird, ihre Suche nach dem, was sie als Europäerin verloren glaubt, sich gegen sie richten wird: »Die Europäer fürchten sich in diesem Land. Keiner von ihnen wird heimisch; daran ändern Jahre nichts.« Seltsamerweise wird die Schweizerin diese, ihre eigene Erkenntnis in den folgenden Jahren immer wieder missachten. Sie wird nie aufhören, in der

Fremde des Orients ihre geistige Heimat und ihr wahres Ich zu suchen.

Aber selbst die westliche Zivilisation, wonach die junge türkische Republik strebt, wird von Annemarie Schwarzenbach, der zivilisationsmüden Schweizerin, als etwas Erstrebenswertes erkannt und verteidigt. In der Fremde begegnet sie den Werten der Aufklärung und des Humanismus neu und unverfälscht – so zumindest erscheint es ihr. Freilich werden auch hier, in den Städten, Tennisplätze und Pferderennbahnen gebaut, werden äußere Annehmlichkeiten des Westens kopiert, doch ist dieses Land noch zukunftsgläubig, noch nicht kultur- und zivilisationsmüde, und vor allem nicht durch eine Ideologie fanatisiert und pervertiert: »[...] man lebt in einem Land, welches an seine Zukunft glaubt und an die Güter der Vernunft, der Zivilisation und des Fortschritts, die man in Europa so erniedrigend preisgibt.« Der Glaube an die Realisierbarkeit demokratischer Werte ist hier, fern der politischen Realität des Abendlandes, ungebrochen: »Das Land wird von einer Auswahl geistig hochstehender Männer regiert, von aufrichtigen Demokraten, die kein anderes Ziel kennen, als ihr Volk möglichst bald mündig zu machen.« Tatsächlich wird die Türkei in jenen Jahren für immer mehr Menschen aus Deutschland und Österreich zum gastfreundlichen Exilland.

Die idealisierte Darstellung der laizistischen türkischen Republik birgt auch ihre Schattenseiten, die Annemarie Schwarzenbach durchaus vor Augen geführt werden. So reitet sie einen Berg hinauf, auf dem sich die Reste des Grabmals des Hussein Ghasi, eines Derwisch-Heiligen, befinden. Das Grabmal ist einige Jahre zuvor von den türkischen Behörden teilweise zerstört worden: »Solche heilige Stätten, befürchtet man, sind die Versammlungsorte von Unzufriedenen, Fanatikern, verjagten Mönchen, Reaktionären, die die neue Regierung hassen und als Feind ihrer heiligen Religion betrachten. Deshalb sind in Istanbul die *Tekken* der Derwische [»Konvente« des Derwisch-Ordens] geschlossen, und selbst hier, in der windgepeitschten Einsamkeit, befand man es für nötig, das von armen Hirten verehrte Grabmal zu zerstören. Durch eine niedrige Türe konnte man ins Innere gelangen – da lag Schutt bis zur halben Höhe der Mauern aufgehäuft.«

Weiter geht es nach Kayseri, dem alten Caesarea, Hauptstadt der Region Kappadokien. Annemarie Schwarzenbachs anfängliche Begeisterung über die Segnungen der Zivilisation in der Türkei ist brüchig geworden, ihr Misstrauen gegenüber »falschen« Verheißungen wächst. So auch, als sie sich vom Direktor der regionalen Eisenbahn die Fortschritte im Netzausbau erläutern lässt: »Ihn und seinesgleichen unermüdlich das Wort ›Zivilisation‹ wiederholen zu hören, dazu die Flut von Programmpunkten, Neuerungen, Fortschrittsseligkeiten, ist für uns so ernüchternd wie das Schauspiel des Defilees in Ankara am Tag der Republik; […]. Was uns erschreckt, ist die Form, die Propaganda, die Massenverführung. Aber was gefordert wird, ist Aufklärung, Weitherzigkeit, Vernunft. […] so schafft uns doch nicht die Kluft zwischen der ›Zivilisation‹ J. Beys [des Eisenbahndirektors] und der unsrigen so tiefes Missbehagen, sondern diejenige zwischen seiner Zuversicht und unserm Zweifel.« Städte wie Kayseri sind lediglich Inseln der Zivilisation im Meer der archaischen Ursprünglichkeit: Weiter geht es hinein in die Gebirgslandschaften Kappadokiens, an alten Festungen und Karawansereien vorbei, durch Dörfer mit kleinen Lehmbauten. Es geht über den Pass Incesu in die durch Erosion geformte »Welt der zwanzigtausend Pyramiden; so von den Alten genannt, von uns Mondlandschaft, denn man glaubte sich auf ein anderes Gestirn versetzt, wo bleiches Licht herrscht und unsere Sinne von unfasslichen Erscheinungen getäuscht werden«. Im Dorf Ürgüp sind die »Häuser wie Kulissen vor die Höhlen in weichen Tuffelsen gesetzt«. Im angrenzenden Tal von Göreme hingegen bietet sich dem Blick »ein erstarrter Wald aus Kegeln, Türmen, Nadeln und Pyramiden, manche aufgereiht wie Orgelpfeifen, manche einzeln und gigantisch, manche vereist und bärtig, gleichsam taumelnd, nach vorn geneigt, im Sturz aufgefangen und nun gramvoll erstarrt, stumme Ankläger einer ausschweifenden Natur«.

Mit der Bahn geht es weiter nach Konya, Zentrum des Derwisch-Ordens. Annemarie Schwarzenbach besucht das Kloster der Derwische, sieht den Sarkophag des als Heiligen verehrten Dichters Dschalal al-Din Rumi, der »die Sterne« besang »und das in Sehnsucht kreisende Herz der Menschen«. Rumi liegt »in der Pracht einer Grabkapelle, die der grüne Turm überwölbt, deren Wände von goldenen und farbigen Schriftzeichen bedeckt sind, deren Säulen herrlich beschmückt sich im Dunkel verlieren; unten hängen Öllampen und ziselierte Silbergefässe, man geht über alte Teppiche aus Smyrna und Kula, aus Persien und Afghanistan; aber über den mächtigen Sarkophag des Heiligen und seines Sohnes ist ein schwarzes Tuch ausgebreitet, und oben zu ihren Häupte[r]n stehen die schwarzen Turbane wie Kuppeln einer Moschee«.

Sie fahren in den Winter hinein, in den Bergen liegt bereits Schnee. Jenseits des Taurus-Gebirges sehen sie »durch eine ungeheure Felskluft« das Meer. Doch die milderen Gefilde an den Ufern des Mittelmeers bleiben ihnen einstweilen versagt. Es ist bereits der 5. Dezember, und weiter geht es per Bahn nach Südosten. Das einstige Osmanische Reich ist seit dem Ende des Ersten Weltkriegs aufgeteilt in unabhängige Staaten, britische und französische Mandatsgebiete. Die Grenzziehungen sind teilweise willkürlich und tragen zur Destabilisierung der ganzen Region bei. Annemarie Schwarzenbach und ihre Begleiter gelangen an die syrische Grenze. Das Land zwischen Libanon und Euphrat steht unter französischer Hoheit. Im Zug gesellt sich ein junger Jude zu ihnen, der nach Palästina will. Doch die französischen Militärbehörden haben Anweisung, einreisenden Juden nur den Transit in den britischen Irak zu gewähren. Vergebens versucht Annemarie Schwarzenbach zu vermitteln, der jüdische Passagier wird von den Franzosen nach Mosul im Irak weitergeleitet – noch ist die zionistische Bewegung, die eine Einwanderungspolitik nach Palästina betreibt, international nicht anerkannt.

Abends erreichen die Archäologen Aleppo in Syrien. Sie sehen die verwinkelten Gassen, den berühmten gedeckten Basar, die Bäder und Moscheen. Annemarie Schwarzenbach erfährt vom rätselhaften Schicksal der Fliegerin Marga von Etzdorf, die sich am 28. Mai 1933 nach einer Bruchlandung bei Aleppo, bei der sie unverletzt blieb, durch zwei Schüsse das Leben nahm. Die erst fünfundzwanzigjährige Fliegerin war auf dem Weg von Berlin nach Australien und sah durch den Zwischenfall ihren Ruf als Rekordfliegerin beschädigt. Annemarie Schwarzenbach ist von dieser Geschichte tief bewegt. Sie selbst empfindet in ihrem Leben eine fatale Nähe zum Tod und wird mehrmals einen Selbstmordversuch unternehmen. Schicksale wie die der jungen Marga von Etzdorf lösen in ihr nicht nur Gefühle mitleidiger Anteilnahme aus, sondern geben auch eigenen, verdrängten Ängsten und Sehnsüchten Raum.

Annemarie Schwarzenbach lernt in jenen Wochen und Monaten in diversen Ausgrabungsstätten in Syrien die Grundlagen der Archäologie kennen. Eine Zeit lang erscheint es ihr sogar vorstellbar, den Beruf des Archäologen zu ergreifen. Doch der Drang zu schreiben ist größer – und vor allem der Drang nach dem Fernen und Fremden. Rastlos ist Annemarie Schwarzenbach in jenem Winter in Syrien unterwegs. Sie besucht Antiochia, Homs, Damaskus und Latakia. Sie sieht nicht nur die grandiosen Landschaftskulissen und die pittoresken Altstädte und Burgen, sondern auch das Konglomerat der Völkerschaften und Konfessionen, die unter osmanischer Herrschaft weitgehend friedlich nebeneinander lebten, und nun, in der von Nationalismus und Ideologien vergifteten Moderne, zu Feinden wurden. Sie beschreibt Aleppo als »Grenzstadt, wo sich Türken und Araber hassen, vertriebene Armenier sich aufhalten und Juden, die nach Palästina wollen; Kaufleute aus allen Gegenden zwischen Japan und Russland, Irak und der Türkei, afrikanische Soldaten und französische Offiziere – alle unfreiwillig hier, alle bereit, über die Grenze zu wechseln, nach Beirut oder Ägypten zu fahren. Ja selbst die bunten Mädchen werden aus Beirut für kurze Zeit nach Aleppo geschickt und kehren in jene mildere und reichere Stadt zurück, wenn sie genug Geld verdient haben.« Im grenznahen Aleppo kommt es immer wieder zu kriminellen Übergriffen und Spannungen, auch angeschürt durch die Art und Weise der französischen Besatzungsmacht, hart durchzugreifen. Annemarie Schwarzenbach berichtet: »Die Türken sind hier sehr verhasst. Man hat mir erzählt, dass die meisten Banditen, die des Nachts die Automobile überfallen, aus der Türkei herüberkommen. Vor kurzer Zeit nahm ein französischer Leutnant etwa zehn solcher Leute gefangen und liess sie auf der Stelle köpfen. Die Fotografie dieser schaurigen Exekution wurde auf seinen Befehl an der Grenze in jedes Automobil gereicht, das in die Türkei hinüberfuhr. Der Mann ist später ohne Bestrafung versetzt worden.« Auch wegen des Aufeinanderprallens traditioneller und moderner Lebensformen kommt es zu Konflikten, vor allem wenn es ums pure Überleben geht: »Dieses Jahr wird es viele Beduinenüberfälle geben, weil die Schafherden durch den langen Regenmangel zusammengeschmolzen sind und die Nomaden schon jetzt Hunger leiden. Für gewöhnlich ist es weniger gefährlich, durch die Wüste zu fahren als des Nachts hier auf den grossen Strassen.«

Auch in Syrien greift die Zivilisation um sich und zerstört den Reiz der Landschaft und das Geheimnisvolle der orientalischen Kultur. Damaskus wird von der Schweizerin als »enttäuschend« bezeichnet: »die nüchternen Strassen, die Geschäfte, Taxihalteplätze, englischen Anschriften«. Sie flüchtet nach Baalbek, besichtigt die antiken Ausgrabungen. Es dunkelt, und die Tempelruinen wirken im Sternenlicht noch geheimnisvoller, schöner und unwirklicher: »Thronend erhöht der Rumpf über einem Feld zusammengestürzter Säulen; die letzten aufrecht stehenden ruhten gewaltig vollendet im nächtlichen Himmel. Durch eine Bresche in der Mauer erblickten wir eine andere Säulenreihe, ein einsames Bruchstück; aber was wir sahen, war vollkommen und gigantisch und fast übermenschlich. Ein Gefühl von Ohnmacht und Hingerissenheit erfüllte mich ganz […].«

Nächstes Ziel ist der ebenfalls von den Franzosen besetzte Libanon, dessen herrliche Gebirgslandschaft mit schneebedeckten Gipfeln und schönen Dörfern Annemarie Schwarzenbach ein wenig an die Schweizer Heimat erinnert: »Am Nachmittag fuhren wir auf herrlichen Strassen durch die blaue Kette des Libanon und erblickten noch vor der Dämmerung das Meer. Terrassenförmig senkte sich das Gebirge hinab, auf flachen Felsplatten und geschützten Erdhügeln standen die letzten Zedern Salomos; kleine Dörfer wechselten mit Lagern schwarzer, viereckiger Nomadenzelte, tiefer unten sahen die Ortschaften französisch aus; es gab kleine Restaurants an der Strassenseite, auch Tankstellen, Gärtnereien, Weekendhäuser.« Der Blick auf die Hauptstadt ist atemberaubend: »Dann wieder Wald, und über das dunkle Laub der Orangenhaine hinweg erblickte man Beirut, vorgebaut auf die Landzunge einer weissen Bucht, eine südliche Küstenstadt, geschützt durch das Gebirge, reich an Gärten, Palmen, Pinien, hellen Häusern, kleinen Hotels. Im Hafen schaukelten die Maste der Fischer- und Handelsboote, Dampfer stiessen langatmige Sirenenrufe aus, Matrosen gab es, auch Offiziere und Negersoldaten.« Sie gönnt sich den Spaß, auf den schneebedeckten Hängen des Libanon Ski zu fahren – fast wie zu Hause in der Schweiz, nur dass hier die Klima- und Vegetationszonen hart nebeneinander liegen: »Wir fuhren bis zu den Weinbergen und trugen dann die Skier, von Mauer zu Mauer springend, bergab.« Hier scheinen Okzident und Orient miteinander versöhnt, die oftmals grausame und zerstörerische Menschheitsgeschichte für einen Augenblick zur Ruhe gekommen. »Später«, so Annemarie Schwarzenbach voller Emphase, »kam die fruchtbare und leidenschaftliche Vermischung griechischen und orientalischen Geistes, aus der eine Quelle der Lieblichkeit entstand: griechische Anmut mit der religiösen Inbrunst des Ostens gepaart, und die schmalen geneigten Jünglinge vertauschten die lächelnde Trauer ihrer halboffenen Lippen mit der nach innen gekehrten Weisheit des östlichen Antlitzes.« Diese Vermählung der Gegensätze von Abend- und Morgenland sieht die Reisende in Syrien und mehr noch im Libanon mit seiner Hauptstadt Beirut verwirklicht: »Wir hatten vom ersten Augenblick an grosse Sympathie für Beirut; das Leben muss dort leicht sein, der syrische Winter dringt nicht bis über den Libanon, und das Meer verspricht die milde Dauer von Riviera und Côte d'Azur.«

Sie kann nicht lange bleiben, bereits anderntags muss sie mit der Gruppe der Archäologen nach Syrien zurück, zu den Ausgrabungsstätten von Rihanija. Von dort unternimmt Annemarie Schwarzenbach einen Ausflug nach Baghras, der einstigen Kreuzritterfestung Pagrae. Die kriegerische, blutige Vergangenheit des Landes, das oft Zankapfel der Völker und Konfessionen war, taucht vor ihrem inneren Auge auf: »Man erzählt, dass im Jahr 968 unter seinen [des Schlosses] Mauern der byzantinische Kaiser Nikephoros Phokas mit seinem siegreichen Heer kampierte. Er führte 100 000 gefangene Heidenkinder mit sich, Mädchen und Knaben, die für den Sklavenmarkt von Byzanz bestimmt waren. Sie sollen haufenweise an Fieber und Erschöpfung gestorben sein. […] die Kreuzfahrer haben Baghras später ausgebaut; es war einer der stärksten Plätze in ihren wechselnden Kämpfen mit Armeniern, Byzantinern, Seldschuken und Mamluken. Auch Saladin soll es belagert haben, ohne es einnehmen zu können.« Das wechselhafte Schicksal der Region wird auch im Äußeren der Menschen sichtbar: »Als ich mich erkundigte, woher die ziemlich zahlreichen blonden Kinder der Gegend stammen, sagte man mir, es seien Alawiten, die sich mit den Nachkommen von ›Franken‹ vermischt hätten.«

Zurück in Rihanija, liest Annemarie Schwarzenbach in der Zeitschrift *Time* einen kurzen Nachruf auf die britische Schriftstellerin, Menschenrechtlerin und Abenteurerin Stella Benson, die am 6. Dezember 1933 mit nur einundvierzig Jahren im vietnamesischen Honkai an einer Lungenentzündung starb und zahlreiche Länder, darunter Indien, Indochina, China, Korea und Japan, bereist und beschrieben hat. Die Schweizerin ist angesichts dieses kurzen und so intensiv geführten Lebens bewegt. Nicht ohne Neid konstatiert sie: »Ich glaube, dass die Angelsachsen mehr Abenteuer ertragen, ohne Schaden an Leib und

Seele zu nehmen, als wir Schweizer. Genau wie sie auch mehr trinken können, ohne dass ihr Selbstgefühl darunter leidet.« Sie ahnt nicht, welch große und bedeutende Reiseschriftstellerin sie selbst einmal wird – wenngleich ebenfalls von der Selbstzerstörung gefährdet. Jedenfalls sieht sich Annemarie Schwarzenbach in eine Zeit gestellt, die das Abenteuer nicht mehr kennt. Die Zivilisation mit ihrem Ordnungswahn hat bereits vieles überwuchert und frisst sich immer weiter bis in die entferntesten Länder und Kulturen hinein. Ihre eigene Suche nach der unverfälschten Fremde sieht die Schweizerin als Sisyphos-Arbeit, als vergebliche Mühe. Sie kann nur noch Rudimente der Vorzeit ausfindig machen, die Zeit der Abenteurer – so glaubt sie ernüchtert und resigniert – ist vorbei.

Obgleich Annemarie Schwarzenbach immer wieder den Einbruch der Zivilisation in die Ursprünglichkeit der arabischen Welt bedauert und anprangert, ist sie doch gerade vom Nebeneinander von Okzident und Orient, von Tradition und Moderne fasziniert. Einen arabischen Rummelplatz betrachtet sie mit heller Begeisterung: »Da gab es Tänzer und Gaukler, dressierte Affen, Messerkämpfer, Wahrsager. Im Kreis standen die Zuschauer: vom Land Gekommene, Beduinen und Männer aus dem Gebirge – in tausend phantastischen Kopfbedeckungen, in hohen Stiefeln, in langen goldgestreiften Gewändern.« Besonders haben es ihr die Beduinenjünglinge mit ihrer durch die Schminke noch unterstrichenen androgynen Schönheit angetan: »Am dritten Tag des Festes sah ich Beduinen tanzen. Die Jünglinge trugen ihre Haare halblang oder in viele kleine Zöpfe geflochten. Die blaugeschminkten Augen erhöhten noch den Eindruck des Mädchenhaften in ihren schönen Zügen. Da sie sich so wild gebärdeten [...], wirkte diese weibliche Schönheit, die Blässe der Haut, umrahmt von bläulichschwarzem Haar, noch sonderbarer und ganz aus einer fremden Welt.« Über allem aber steht das Geheimnisvolle, Mystische, Unerklärliche, Archaische, das, was gegen die europäische Vernunft und die Regulierung der Leidenschaften verstößt: »Da waren die Schwertkämpfer, die ihre Posen so gut auswendig wussten und doch nicht das Bild von Angriff, Spannung und ritterlichem Spiel erweckten – es blieb beim Waffenklirren, bei der leeren Gebärde. Die Zauberer trieben allerhand übliche und durchsichtige Kunstgriffe, doch murmelten sie dabei Wüstenzauber und Geisterbeschwörung.«

Immer sucht Annemarie Schwarzenbach nicht nur das Fremde oder das längst Vergangene – in arabischen Riten und osmanischen Häusern, in den Ruinen der Phönizier, Griechen, Römer und Kreuzritter –, sondern auch sich selbst, eine geistige Heimat, Kindheitserinnerungen, Projektionen an eine heile, verloren gegangene Welt. Solche Gefühle und Assoziationen werden etwa wach, als sie in Dschebail bei Byblos die alte Kirche Saint-Jean besucht: »In der Kirche Saint-Jean herrschte der Friede einer Dorfkirche. Von den Wänden kam der Geruch feuchten Steins, vermischt mit der Erinnerung brennender Kerzen, einer ewigen Lampe, ein wenig Weihrauch. [...] Eine Erinnerung erwachte und zehrendes Heimweh: ein Sommerabend, Schwalben schossen mit hellen Schreien durch das schwebende, gleichsam von Engeln getragene Gewölbe der Kirche Wies ...« Bis zu ihrem Lebensende wird Annemarie Schwarzenbach das verloren geglaubte (und nie besessene) Paradies suchen, in fernen Ländern, bei fremden Menschen, in flüchtigen und überdies oft unglücklichen Liebesbeziehungen.

Sie verlässt den Libanon, den sie als »vollkommenen Platz, dem Paradies benachbart« bezeichnet, mit dem Gefühl der Wehmut und räsoniert etwas altklug über die Lebensform des Reisens: »Dies ist überhaupt die grösste Gefahr einer langen Reise: Da man beständig aufbricht oder die Zeit möglichst nützlich und ohne allzu grosse Entmutigungen ausfüllt bis zum nächsten Aufbruch und dann jedesmal wieder abrechnet, als sei es endgültig, so ist man sich beständig bewusst, dass Tage derart vergehen und dann Monate, und dass das ganze Leben nur aus einer kleinen Zahl solcher Unternehmungen besteht. Ja, diese ganze, auf einer Reise verbrachte Zeit zeigt nur ein wenig unverkleideter und zusammengedrängt, wie wir unser ganzes Dasein verbringen: Anfangs überschwenglich und mit zahlreichen und grossen Absichten, bald zufrieden mit den Realisationen am Wege, selten mit einem festumrissenen Ziel, noch seltener sicher über dessen Wert; auf unsere innere und äussere Würde bedacht und darüber hinaus auf Harmonie mit dem, was wir lieben – und dies zu erreichen, ist schon viel.«

Vom Heiligen Land nach Mesopotamien

Weiter geht es nach Palästina, ins Heilige Land. Die Region steht damals unter britischem Mandat, und noch ist es nicht das Einwanderungsland für Juden aus aller Welt. Annemarie Schwarzenbach besucht Sidon und Tyros, in Haifa wohnt sie bei einem Templer, dessen Vorfahren aus Württemberg stammten. Sie sieht die Weingärten am Berg Karmel, ist bezaubert vom friedlichen Nebeneinander der Kulturen und Konfessionen: »In der Nähe der Küste reihten sich nun die Orangenhaine, landeinwärts die Dörfer, die Felder, die Weiden. Jüdische und deutsche Siedlungen wechselten ab mit arabischen Dörfern, schönes Bauernland mit kahleren, dürftig bebauten Strecken.« Sie reist nach Nazareth und Jerusalem, besucht aber nicht die heiligen Stätten (die sieht sie nur am Rande), sondern interessiert sich für das moderne Leben, den Melting Pot der Kulturen: Sie wohnt in einem Nonnenkloster, besucht aber abends nicht einen Gottesdienst, sondern ein Konzert des philharmonischen Orchesters. Beethoven und Brahms sind die akustischen Eindrücke, die sie aus Jerusalem mitnimmt. Sie lässt sich die Hebräische Universität zeigen und ist von der zionistischen Idee angetan, die damals, vor dem Holocaust, in Intellektuellenkreisen durchaus noch umstritten ist: »Kein Land ausser Palästina«, so die Schweizerin, »kann den Gedanken des jüdischen Volkes tragen; daneben scheint das arabische Problem gering. Und nirgends als in Jerusalem ist jene Hochstimmung und Aktivität denkbar, die den so bitter notwendigen Optimismus gegenüber den sich häufenden Schwierigkeiten aller Art erzeugt.« Nach drei Tagen verlässt sie – noch immer in Begleitung der Archäo-

logen – Jerusalem, reist zum Toten Meer und zum See Genezareth, damals dünn besiedelte Gegenden, noch nicht von der
wasserintensiven Nutzung gefährdet, weitgehend in dem Zustand, wie Jesus und die Jünger sie erlebt haben mögen.

Dann geht es zurück nach Syrien. Sie spricht mit dem
Scheich eines Beduinenstammes und bedauert deren Gefähr-
dung durch die westliche Zivilisation: »Vielleicht ist sie [die
Welt der Nomaden] heute im Begriff, sich aufzulösen. Nicht
lange kann ein freiheitgewohntes Volk die Berührung mit den
in Gesetzen grossgewordenen abendländischen Mächten ertragen, und nicht lange duldet die Grenzziehung der Mandate
die schrankenlosen Wanderungen, die für die Existenz grosser
Nomadenstämme notwendig sind.«

Endlich verlassen sie Syrien und nehmen ein Flugzeug ins
Zweistromland, zum Zielpunkt ihrer archäologischen For-
schungsreise. Vom Fensterplatz aus sieht Annemarie Schwarzenbach die schier endlose Wüste, darin »Gazellenherden. Sie
flohen, weisse Tiere, von ihren Schatten begleitet, unter uns
hinweg.« Am 29. Januar 1934 ist Annemarie Schwarzenbach in
Bagdad. Sofort ist sie vom fremdländischen, mystisch aufgela-
denen Zauber der Stadt und des Landes überwältigt: »Vor meinem Fenster strömt breit und gelb der uralte Tigris. Palmen stehen am jenseitigen Ufer, grosse Ruderboote gleiten zur Brücke
des General Maude hinab.« So bald wie möglich wollen sie zu
den Ausgrabungsstätten fahren, doch die Regenzeit beginnt, die
Pisten versinken im Schlamm, und die Gruppe ist gezwungen,
zehn Tage in Bagdad zuzubringen. Immerhin kann Annemarie
Schwarzenbach in Begleitung eines Archäologen die Ausgrabungen von Babylon besichtigen, dort begegnet sie den Spuren
der berühmten Globetrotterin und Archäologin Gertrude Bell.
Annemarie Schwarzenbach ist bei Weitem nicht die einzige
Besucherin. Der Tourismus ist in jenen Jahren bereits stark im
Kommen, vor allem Reisende aus Amerika und Großbritannien
sind auf den Spuren der alten Kulturen, was die Schweizerin
mit Argwohn betrachtet: »Ich sah Dr. Jordan nachdenklich und,
so schien es mir, mit leicht getrübtem Auge vor seinem [steiner-

nen] Löwen stehen. Es kann für ihn keine Freude sein, der wachsenden ›Profanierung‹ der Weltstadt Nebukadnezars und Alexanders durch soviel unberufene Touristenneugier beizuwohnen.« Annemarie Schwarzenbach steht als Reisende selbst in jenem Paradoxon, das Unberührte, Unverfälschte zu suchen und durch ihre Anwesenheit ebendiese Unberührtheit zu gefährden.

Sobald die Regentage vorüber sind, startet sie mit einer jungen Amerikanerin und einem palästinensischen Ingenieur nach Ur und Warka. Sie geraten in ein anderes Wetterextrem: Ein Sandsturm zieht auf. »Unsere Handtaschen, Decken und Mäntel waren sofort mit einer dicken Staubschicht bedeckt«, erinnert sie sich. Die Autofahrt durch Nacht und Sturm wird zum furchteinflößenden Erlebnis: »[…] man ist nur noch ein einziger Punkt in einem grossen Kreis von Wind, Ebene, Sand, schwarzem Horizont. Es war eine schreckliche Einsamkeit. Wir trafen lange Zeit nichts Lebendiges mehr an ausser ab und zu einem Beduinenzelt.« Die Zikkurat von Ur taucht vor ihnen auf, »gross und beherrschend«. Annemarie Schwarzenbach ist begeistert. Sie besucht die Königsgräber und das als Abrahams Haus überlieferte Gebäude und fühlt sich vom Atem der Geschichte angeweht.

Weiter geht es nach Warka. Sie durchqueren den trockenen Schart al-Kar, einen ehemaligen Flussarm des Euphrats. Wieder geht es durch die Wüste, »wir hatten die schreckliche und fast schon schöne Vergänglichkeit aller menschlichen Bestrebung vor unseren Augen, und ich gestehe, dass ich geneigt war, angesichts der Wüste, die einmal der Boden der frühesten Kultur gewesen ist, an allen Realitäten der Vergangenheit wie der Zukunft zu zweifeln, denn wir glauben so recht von Herzen doch nur an den Augenblick, den es nicht gibt.« Nicht nur die äußere Verlorenheit in der Wüste nimmt zu, sondern auch die innere Einsamkeit. Das Ich schrumpft in dieser Nicht-Landschaft, die Elemente sind wild und unbeherrscht, die Gebote der Zivilisation gelten hier – in dieser ungefügen, von Menschenhand verschonten Landschaft – nichts: »Am Abend gab es ein Gewitter

[…]. Wir sahen, vom Dach des Expeditionshauses, die Blitze und den roten, feurigen Schein am Rand der Wüste und die gelbgefärbten Wolken, welche wie riesige Tierherden über die endlosen Sandflächen gejagt wurden. Und die ganze Nacht hindurch hörte man den Wind um das Haus pfeifen.« Sie besichtigt weitere Ausgrabungsstätten: Tell Asmar und Chafaja. Dann geht es nach Bagdad zurück, in die Arme der Zivilisation. Es ist, als könnte sie die Begegnung mit dem Archaischen – seien es die Reste der frühen Kulturen oder die Elemente der ungebändigten Natur – nur wenige Tage ertragen.

Nun will Annemarie Schwarzenbach die heiligen Stätten der Schiiten sehen. Nicht der Drang nach mystischer Versenkung treibt sie, sondern eher die touristische Neugier der Europäerin, die weniger »erleben« als »verstehen« will. Zusammen mit einem irakischen Führer fährt sie im Auto nach Karbala. Unterwegs sieht sie Wagenkolonnen von Pilgern und Begräbniskonvois, die in ihren Augen etwas Makabres besitzen: »Die Leichen liegen in schmalen Särgen, oder, häufiger, bloss in rote und gelbe Teppiche gewickelt, auf einem zugeschnittenen Brett und werden quer über einen offenen Wagen gelegt. Dahinter nehmen die trauernden Familien Platz, die den Verstorbenen in die Totenstadt begleiten. So werden die Leichen der frommen Schiiten über grosse Strecken, selbst aus Persien, nach Karbala gebracht, in langen Tagesreisen.«

Die Begegnung mit der Religion der Schiiten bereitet ihr Angst, die Geschichte der Auseinandersetzungen zwischen den diversen muslimischen Stämmen, Clans und Glaubensrichtungen reizt Annemarie Schwarzenbach zu polemischen Äußerungen: »Es gibt in der düsteren Religion der Schiiten kaum einen Tag der Freude, aber unendliche Bussfeste und den schrecklichen Monat Moharram mit seinen Passionsspielen und ekstatischen Prozessionen. Heute noch geisseln sich fromme Unglückliche und schlagen sich mit Ketten bis zum Verbluten. Das Unglück ist ihre Tradition, seitdem Ali, ein Schwärmer und mit Visionen Begabter, die Tragödie recht eigentlich anzog und beschwor. Seine Feinde ermordeten ihn in Kufa, der Verräterstadt. [...] Es gibt in Irak mehr Schiiten als Sunniten, nämlich anderthalb Millionen. Ich hörte liberale Mitglieder des Parlamentes sagen, die Schiiten seien die ›Geissel‹ des Landes. Jedenfalls sind sie die Feinde jedes Fortschritts und hassen nicht nur die Europäer, sondern alles, was auf Veränderung und Bewegung hinweist, denn ihre Religion verlangt ja den ewigen Rückblick, die fruchtlose Anklage, den Zustand der Feindschaft und Verschliessung. Fanatischer als die Iraker sind die Perser – und Karbala ist fast eine persische Stadt.« Man mag solche Äußerungen als vergröbernd ansehen. Andererseits erkennt die Autorin durchaus das Konfliktpotenzial, das im Gegensatz der Konfessionen von Schiiten und Sunniten liegt und in jüngerer Zeit in mehreren Kriegen und Bürgerkriegen in der Region erneut zum blutigen Ausbruch kam.

Ihre Erfahrung in Karbala ernüchtert sie insofern, als sie erkennt, dass sie als Europäerin und Frau als Eindringling mit unverhohlener Ablehnung betrachtet wird: »Hier begann die unfassbare Abwehr. Niemand belästigte uns. Erwachsene trieben manchmal die Kinder auseinander, die uns neugierig folgten. Die Händler im Basar taten uns die Ehre nicht an, uns etwas von ihren Waren anzubieten. Sie beugten sich über ihre Arbeit, über Sandalen, Wassersäcke, Kupferkessel, und sandten uns unter gesenkten Lidern Blicke nach, die nicht Neugierde verrieten, nur die gleiche kalte Abwehr. Es war ein unheimlicher Spaziergang, ich war froh, als ein Gendarm uns einholte [...].« Die europäische Projektion vom verheißungsvollen, lebensfrohen, toleranten Orient scheint von da an in Annemarie Schwarzenbachs Vorstellungswelt wenn nicht zerstört, so doch zumindest eingeschränkt.

Die Fahrt geht weiter: In Nadschaf fühlt sich die Reisende ebenfalls unsicher, der Ort kommt ihr noch »gefährlicher und intrigenreicher« als Karbala vor: »Noch kommen dort Europäer ums Leben« – ein subjektives Gefühl, das gleichwohl nicht zu leugnen ist. Auch der heiligen Stadt Kufa wird ein Besuch abgestattet. Der pittoreske Eindruck des Ortes versöhnt Annemarie Schwarzenbach wieder: »Ich fand den Anblick Kufas schöner und sonderbarer als den irgendeiner Stadt, die wir bisher gesehen hatten: mehr Burg als Stadt, und unwirklicher als eine Burg [...], Legende und Realität, die sich vereinen.« Sie will nicht lassen von ihrer Illusion des »märchenhaften« Orients, wenngleich sie nur in Begleitung von vier Gendarmen die Gräber und Schreine der schiitischen Märtyrer besuchen kann: »Wo wir gingen, folgte uns eine stumme Menge; wir fühlten ihre feindlichen Blicke in unserem Rücken.« Die Stadt der Märtyrer und Toten bedrückt sie, nimmt ihr den Atem, im eigentlichen und übertragenen Sinn: »Leere Särge, schmale, leichte Kisten, standen der Sonne ausgesetzt, daneben ausgebreitet die langen Leichentücher. Wir gingen durch den Basar zurück, leicht benommen von dem Geruch der Leichenstadt, ihren Gewürzbuden und dem rötlichen Staub der Kupferschmiede.«

Nach so vielen antiken Ruinen und muslimischen Heiligtümern drängt es die Schweizerin nach etwas »Zerstreuung«, die man ihr in Form einer Treibjagd anbietet. Eigentlich sind ihr solche Waidmannsleidenschaften fremd, aber in diesem Fall scheint sie es als willkommene Abwechslung zum bisher Gesehenen zu werten. Zu ihrer eigenen Überraschung findet sie Gefallen an der Hatz: »Die Jagd war ein reales Vergnügen, eine handfeste Erregung; es war nötig, sich von der bleiernen Schläfrigkeit zu befreien, die die schlaffe Luft aus der Sandwüste und der träge Lauf des mittäglichen Tigris erzeugten. Es galt, sich draufgängerisch auszutoben.« Ihre Sprache unterscheidet sich nicht von der üblicher Jagddarstellungen: »Manchmal dauerte es lange, bis die Hunde einen Schakal auftrieben. Kläffend, mit erhobenen Schwänzen, rasend erregt, schossen sie nach allen Seiten; [...]. Manchmal dauerte ein solches Rennen mehr als drei Meilen.« Schließlich ist auch dieses Abenteuer ausgekostet und für die Leser zu Hause in der Schweiz hinreichend beschrieben. Es drängt sie, endlich das Zweistromland, das sie mehr beunruhigt als reizt, zu verlassen. Ein anderes Zauberwort tönt in ihr – auch das besetzt mit schönen Imaginationen und Illusionen: Persien.

Anders als die übrigen Länder der Großregion, die damals unter britischem oder französischem Mandat stehen, ist Persien ein unabhängiges Kaiserreich, das autokratisch regiert wird. Die Fahrt geht Anfang März über den Paytak-Pass in den persischen Teil Kurdistans, in die Stadt Kermanschah. Annemarie Schwarzenbach sieht links und rechts der Straße große Mohnfelder, »die im Juni wie Baumwolle blühen, weisse weithin wiegende Schleier«. Von hier stammen die Opiate, denen Annemarie Schwarzenbach zunehmend verfällt. Das Land der künstlichen Paradiese. Die Projektionen in ihrem Kopf beginnen wieder zu keimen wie die Saat auf den Mohnfeldern …

Sie ist berauscht – von der Landschaft, der Kultur, der Geschichte, den dunklen Verheißungen des alten Reichs. Der Islam scheint hier – so ihre Illusion – durch die große Tradition poetisiert. »Die Perser«, so Annemarie Schwarzenbach emphatisch, »sind ein sehr dichterisches Volk, doch ihre Begabung ist unstet und schwankend, rauschartig, verführerisch, leicht ausartend in Plattheit. […] Niemand, der das Werk ihrer Dichter kennt, wird ihre Empfänglichkeit für die Verführung des Opiums erstaunen. Auch die dünne Luft ihrer Hochebenen, die gleichsam unwirkliche Fernsicht, das Übermass in allen Dingen mag dazu beitragen, sie zu Kindern und Träumern zu machen […].«

Über Hamadan und Kaswin, das aus früherer Zeit noch russisch geprägt ist, geht die Fahrt durchs schneebedeckte Gebirge nach Teheran, zu Füßen des 5671 Meter hohen Berges Damawand. Auch hier zieht die Schweizerin europäische Vergleiche: »Wie in Innsbruck sehen die schneebedeckten Berge überall in die breiten Strassen hinein.« Während das Elburs-Gebirge noch voller Schnee und Eis liegt, herrscht unten im Tal bereits der Frühling: »Keine Jahreszeit hätte sich besser eignen können, um die Bekanntschaft Persiens zu machen, als dieser herbe und liebliche Frühling! Die Sonne hat schon einige Kraft, aber die Luft ist frisch und immer von leichtem Wind bewegt. Die grossen Hochebenen sehen aus wie dem Himmel entrissen, die

Gebirge an ihrem Rand glänzen in überirdischen Farben, aber trotzdem ist das Land nicht urweltlich, sondern präsentiert sich als alter, geschichtlicher Boden und weckt abwechselnd Ehrfurcht und Neugier.« Gleichwohl sieht sie auch hier den schiitischen Islam mit geradezu prophetischem Argwohn: »Die Perser aber sind heute noch, wenigstens in religiösen Gefühlen, eines Fanatismus fähig, der wie ein Aufflackern bedrohter und im Kern schon angegriffener Energien ist. […] Ali, ihr Prophet, und ihr Liebling Hussein tragen Märtyrerkronen, doch kennen sie nicht die Verklärung des Leidens, die dem Christentum eigen ist, und haben deshalb auch keinen Trost demütiger Herrlichkeit zu vergeben.«

Diese Reisende zieht Vergleiche. Sie kann und will sich nicht rückhaltlos auf die fremde Kultur einlassen. Das Schweizerische, das Europäische sitzt in ihr zu tief, ebenso die Überzeugung, dass europäische Aufklärung und christlicher Humanismus den anderen Kulturen und Religionen ethisch und kulturell überlegen sind. Gleichwohl reist sie in jene fernen Länder, um das Vorzivilisatorische zu entdecken, die Entgrenzung – ein Irrglaube und ein Trugschluss. Denn sie vergisst stets, dass sie, auch wenn sie noch so weit reisen wird, ihr eigenes Ich nicht wird abstreifen können.

Von Teheran geht es ins Karakatsch-Gebirge zum Sattel der »kaspischen Tore«, einem Pass, der zu allen Zeiten von Völkern und Heereszügen begangen wurde, um nach Innerasien zu gelangen. Alexander verfolgte über diesen Gebirgssattel den Perserkönig Darios, und umgekehrt brachen über den Pass die Mongolen in das alte Reich ein und zerstörten die blühende Stadt Rhagai, deren Ruinen die Reisende besichtigt. Annemarie Schwarzenbach fährt weiter Richtung Norden, sie durchquert Täler und passiert Gebirgszüge und versteppte Hochebenen, »endlos ist die Ebene und so sehr verliert man den Begriff von Raum und Mass«. Schließlich überschreitet sie die Klimascheide zum Kaspischen Meer, und wieder zieht die Schweizerin Vergleiche mit der heimischen Bergwelt: »[Wir] befanden uns bald in einem Tal, welches den Voralpen der Schweiz vergleichbar ist. Die Hügel waren glatte, hellgrüne Weiden, in der feuchten Talsohle standen die Gehöfte, langgestreckte, niedrige Hütten mit tiefen Giebeldächern aus Stroh und Holz-schindeln.«

Sie und ihre Begleiter fahren hinunter nach Mesche-e Schehr, einem kleinen Hafenort: »[…] dort sah ich zum erstenmal das Kaspische Meer, einen abendlichen blauschwarzen Spiegel hin-ter dem aufgebrachten Schaumwall vor der Flussmündung.« Der Ort ist von Russen geprägt, russische Dampfer liegen vor Anker und transportieren Kaviar in die russischen Häfen. Sie gehen in den Dünen spazieren, sehen »Scharen wilder Gänse, welche langgestreckte Ketten bilden«. Annemarie Schwarzen-bach denkt an Skandinavien, wo sie im vorvergangenen Som-mer war: »Kein Nils Holgersson ritt auf ihrem Rücken und liess seinen kleinen Holzschuh auf den Strand fallen.« Die Fahrt geht weiter nach Deno, dessen Hafen für die Versorgung Tehe-rans ausgebaut werden soll. Die Schweizerin geht auf den Markt, beobachtet, wie ein junger Bär, dessen Mutter vor weni-gen Tagen in den Bergen erschossen worden ist, zum Kauf ange-boten wird. Sie hört von Tigern, die es in den Bergen noch geben soll. Dann erreichen sie den Ort Ab-e Garm mit seinen heißen Schwefelquellen, seinen Sanatorien und Bädern, den überschwemmten Feldern, auf denen Reis angebaut wird – Brutstätten der Malariamücke. Die umliegenden Gebirgshänge erinnern Annemarie Schwarzenbach wieder an die schweizeri-sche Heimat: »Dies alles könnte in einem Tal Graubündens sein, die waldigen Hänge, Schnee an ihrem Ende und das fri-sche Gebirgswasser, läge nicht zu den Füssen, zwischen den Bäumen sichtbar, das Kaspische Meer: ein unendlicher und stil-ler Horizont.« Sie besichtigen Teeplantagen, die wenige Jahre zuvor von Chinesen angelegt worden sind, um den Reisanbau zurückzudrängen und so die Malaria zu bekämpfen. In der Pro-vinzstadt Rescht ist wieder der »Bilderbuch«-Orient zu Hause: Karawanen aus Innerasien machen hier halt, Kamele lagern in den Höfen, die Stadt ist ein Zentrum des Seidenhandels.

Zurück geht es über einsame Hochebenen nach Teheran.

Dann bricht die Gruppe ins antike Persepolis auf. Die Fahrt auf unbefestigten Pisten mit Löchern und Gräben, durch Flussbetten und Schlammfelder dauert zwei Tage. Es regnet in Strömen, mehrmals haben sie eine Reifenpanne, der Chauffeur ist ein Opiumraucher, »jung und von Leidenschaften gequält«. Sie kommen ins legendäre Isfahan, dann wieder ins Hochgebirge, das »Dach von Persien«, und wieder glaubt Annemarie Schwarzenbach, »am Ende der Welt« zu sein. Sie ist berauscht, von der Weite, der Einsamkeit der Landschaft und der Einsamkeit in ihr selbst, vielleicht auch vom Opium. Persepolis taucht auf, mit seinen uralten Säulen, die in den nächtlichen Himmel ragen. Annemarie Schwarzenbach ist verzaubert: »Was der königliche Name enthielt, nahm hier Gestalt an und verdichtete sich, wie durch einen einzigen Schöpfungsakt, in endgültige und sprechende Form gebracht.« Weiter geht es nach Schiras, das der bekannten Weinrebe den Namen gab und »von dunkeln Zypressen umrahmt, in einer grünen Ebene« liegt. Hier liegt der Dichter Hafis begraben, auch er ein Sänger des Rauschs der Liebe und des Trunks. In der Felswand von Naksch-e Rustam besichtigt Annemarie Schwarzenbach die alten Königsgräber. Mehrmals müssen sie im Gebirge übernachten, der Sternenhimmel ist spektakulär, es sind existenzielle Erfahrungen – vom Rausch verstärkt: »[...] kurz vor Sonnenaufgang schien das Weltall greifbar und rollte sich majestätisch vom Nacht- zum Tagesgestirn.« Über Pasragadai mit dem Grab des Königs Kyros und Isfahan mit der Moschee Lotfallah und dem berühmten Basar geht es in die heilige Stadt Kum. Endlich, am 15. April 1934, treffen sie wieder in Pahlewi am Kaspischen Meer ein. Hier hat die erste Orientreise Annemarie Schwarzenbachs ein Ende: Sie kauft sich ein Ticket für eine Fahrt auf einem russischen Dampfer und schifft sich ein.

Ihre Fahrt geht noch weiter, über Russland zurück nach Mitteleuropa. Aber den Orient mit seinen vielen Gesichtern, schönen und verstörenden, lässt sie hinter sich zurück. Als der Dampfer den Anker lichtet, liegt die Stadt im Nebel verborgen. Es ist, als verbärge Persien zum Abschied sein Gesicht, wie eine orientalische Haremsdame. Der Orient, den Annemarie Schwarzenbach, die Reisende aus dem Westen, suchte, hat sich ihr eher oberflächlich und gleichgültig gezeigt und ihr den Zugang in die von ihr geforderten Geheimnisse letztlich versagt. Sie aber, die Schweizerin, kehrt verändert zurück. Sie wird den Orient nie mehr loswerden. Sie kehrt zurück in ein Europa, das immer mehr in Fanatismus, Ideologie und Gewalt versinkt. Der Orient bleibt in ihrer Erinnerung ein Idealbild. Auf der Rückreise schickt sie aus Baku in Aserbaidschan eine Postkarte an Klaus Mann: »Ich kann, wenn ich an Europa denke, nichts finden, was mich dort hielte oder mir auch nur recht erträglich schiene.« Die Ideologie der Nationalsozialisten, unter der auch ihre besten Freunde Erika und Klaus Mann zu leiden haben, ist ihr zuwider und verhasst. Mit ironischem Sarkasmus lässt sie sich auf derselben Postkarte über den nationalsozialistischen Rassenwahn aus: »Ich würde in Rhagai hauptsächlich Schädel messen und die Absurdität der deutschen Rassen-Idioten an iranischen Beispielen kundtun, das allein kommt mir verführerisch vor.«

Süßes Eheleben in Persien

Nur fünf Monate später bricht Annemarie Schwarzenbach erneut nach Persien auf. Im August 1934 hat sie gemeinsam mit Klaus Mann am sowjetischen Schriftstellerkongress in Moskau teilgenommen, als eine von etlichen internationalen Delegierten des antifaschistischen Lagers. Damit, aber auch mit der finanziellen Unterstützung von Klaus Manns Zeitschrift *Die Sammlung*, hat sie sich eindeutig als politisch engagierte Autorin profiliert – und gilt in den Augen der Berliner Reichskulturkammer als missliebige Person. Ihr wird der Aufenthalt in Deutschland verboten. Das impliziert auch die Nutzung der deutschen Gesandtschaften im Ausland.

Ihre zweite Persien-Reise unternimmt Annemarie Schwarzenbach wiederum in einer emotionalen Melange aus Fernweh und Selbstmitleid. Dem Freund Claude Bourdet gesteht sie im September 1934: »Manchmal frage ich mich, welcher Teufel mich dazu zwingen mag, mich diesen seltsamen Selbst-Prüfungen zu unterziehen. Ich bin doch so *ungern* allein.«

Mit dem Zug erreicht Annemarie Schwarzenbach, von Tiflis und Baku kommend, Persien. Hier schließt sie sich einer archäologischen Expedition unter Professor Erich Schmidt im Auftrag der Museen von Boston und Philadelphia an und besucht zunächst die Ausgrabungsstätte von Rhagai, südöstlich von Teheran. Anders als bei ihrem ersten Orient-Aufenthalt, als sie die Landschaften und Städte bereiste, um sich ein Gesamtbild zu machen, bleibt sie diesmal weitgehend in den diversen Camps und arbeitet als Archäologin: Sie steht frühmorgens auf, beteiligt sich an den Grabungen und tippt abends auf der Schreibmaschine Inventarlisten und Katalogkarten. Es ist ein eintöniges und zugleich hartes Leben im Dienst der Wissenschaft, und dennoch sehnt sie sich keineswegs zurück in die Schweizer Sicherheit und den bürgerlichen Luxus. Dem Freund Claude Bourdet schreibt sie: »Aber ich habe Angst vor der Rückkehr. Ich glaube an nichts und an niemanden, und ich zweifle an meinem Leben. Deswegen fühle ich mich versucht, hier zu bleiben, fern der Welt.«

Sie verschweigt in dem Brief an Bourdet, der sie unglücklich liebt, dass ein anderer Mann ihr den Hof macht. Es ist Claude Achille Clarac, Sekretär der französischen Botschaft in Teheran. Annemarie Schwarzenbach findet ihn sympathisch, bedarf wohl auch der Anlehnung in einer Zeit, in der sie sich von der Welt und von sich selbst überfordert sieht – und verlobt sich mit Clarac im November 1934. Ihren Klagen über Persien und die Fremdheit in der Welt tut das keinen Abbruch. An Klaus Mann schreibt sie im selben Monat: »Das Land ist zu groß, das Leben hier draußen zu abseitig [...], das in den breiten Straßen der Hauptstadt wiederum zu menschenreich.«

Mitte Dezember 1934 kehrt Annemarie Schwarzenbach zurück in die Schweiz – und gerät in abstruse Streitigkeiten und Skandale: Während ihrer Abwesenheit ist Erika Mann, deren

Kabarett »Die Pfeffermühle« seit geraumer Zeit in der Schweiz auftritt, von der Presse mit dem in der Eidgenossenschaft als »Todesurteil« wirkenden Vorwurf konfrontiert worden, sie sei Kommunistin. Es gab Entführungsdrohungen und Randale. Hinter diesem Komplott vermutet Annemarie Schwarzenbach nicht zuletzt ihre eigene Mutter, die als stramme Patriotin gilt, mit fatalem Hang zu deutschnationalem Gedankengut. Annemarie Schwarzenbach stellt sich gegen ihre eigene Familie und verteidigt die Freundin Erika Mann, die zu lieben sie nie aufgehört hat, in einem Artikel in der *Zürcher Post*. Die Aufregungen zehren an Annemarie Schwarzenbach. Sie nimmt in jenen Wochen vermehrt Rauschmittel, unter anderem das schmerzstillende Medikament Eukodal. Ihre Abhängigkeit ist so fortgeschritten, dass sie sich Ende Januar 1935 – nach einem Suizidversuch – zum Entzug in eine Klinik begibt. »Es braucht Zeit«, schreibt sie vom Krankenbett aus an Claude Bourdet, »man muß ins Nichts hineintauchen, die Erinnerung wiederfinden [...].«

Leidlich körperlich und seelisch wiederhergestellt, heiraten sie und Clarac am 21. Mai 1935 in Teheran. Ihre Nachrichten von der Reise dorthin klingen alles andere als emphatisch. An Claude Bourdet, der über die Heirat seiner besten Freundin todunglücklich ist, schreibt Annemarie Schwarzenbach aus Beirut: »In Wirklichkeit habe ich panische Angst.« Die Ehe ist kameradschaftlich, keineswegs von sexueller Leidenschaft bestimmt. Das wissen beide Ehepartner von Anbeginn. Annemarie Schwarzenbach wird trotz des Eherings in den folgenden Jahren einige leidenschaftliche Beziehungen zu Frauen unterhalten – unter anderem zu Margot von Opel, der Frau des Rennfahrers und Industriellen Fritz von Opel. Ihr Ehemann Claude Clarac hingegen wird sich zeitlebens zu Männern hingezogen fühlen. Es ist – zumindest für Annemarie Schwarzenbach – der verzweifelte Versuch, Ordnung und Kontinuität in ihr Leben, das ihr zunehmend entgleitet, zu bringen. Weder Clarac noch ihre wechselnden Beziehungen zu Frauen, weder ihr Schreiben noch ihre Reisen werden ihr den Halt geben, den sie sich wünscht. Bis zu ihrem frühen Tod ist Annemarie Schwarzenbach auf der Suche – nach Wärme, Orientierung, Sinn. Ihre unmäßige Rastlosigkeit, die sie in allen Bereichen an den Tag legt, lässt außer Acht, dass Sinn und Sinnfindung nur aus dem eigenen Ich kommen können.

Mit ihrer Hochzeit erhält Annemarie Schwarzenbach die französische Staatsbürgerschaft und verliert die schweizerische. Ein Nachteil, wie sie fünf Jahre später, nach dem Überfall deutscher Truppen auf Frankreich, noch erfahren wird. Doch in jenem Sommer 1935 scheinen Europa und die europäischen Querelen weit weg zu sein. Wieder umfängt sie der Zauber des Orients – oder das, was Annemarie Schwarzenbach sich darunter ausmalt. Ihre Vorstellungswelt in jenen Monaten ist stark von einem Dolcefarniente europäischer Ausrichtung geprägt. Dazu gehören auch die materiellen und gesellschaftlichen Vorzüge einer Gattin des Sekretärs der französischen Botschaft: Claude Clarac schenkt seiner Frau einen Buick-Packard-Sportwagen. Zudem mietet er im Dorf Farmanieh, zwanzig Kilometer von Teheran entfernt, ein Landhaus mit Park und eigenem Badeteich, das im Besitz eines persischen Prinzen ist. »Standesgemäß« residiert hier die junge Dame, umsorgt von mehreren Bediensteten, und genießt ihr privilegiertes Dasein.

Sie ist in jenen Monaten nicht müßig, trotz der Verführung zum Müßiggang. Sie schreibt einige Erzählungen und diverse Artikel und Kolumnen (die erst dreiundfünfzig Jahre nach ihrem Tod unter dem Titel *Tod in Persien* veröffentlicht werden), auch über Persien und die persische Lebensweise. Ihr Resümee bleibt resignativ: »Ich habe auf alle Arten in Persien zu leben versucht. Es ist mir nicht gelungen. […] Die Gefahr hat verschiedene Namen. Manchmal heisst sie einfach Heimweh, manchmal ist es der trockene Höhenwind, der an den Nerven reisst, manchmal der Alkohol, manchmal schlimmere Gifte. Manchmal gibt es keinen Namen, dann, wenn man von der namenlosen Furcht heimgesucht wird.« Und an anderer Stelle äußert sie den Verdacht der Fruchtlosigkeit ihrer autobiografisch gefärbten Reisenotizen: »Manchmal frage ich mich, warum ich alle diese Erinnerungen aufschreibe. Würde ich sie fremden Menschen zu lesen geben wollen? [...] ich frage mich also nicht so sehr, weshalb ich mich preisgebe, sondern viel eher, warum ich überhaupt schreibe. Denn dies ist gewiss nicht leicht, es zu tun; es ist eine furchtbare und wahrscheinlich fruchtlose Anstrengung. Man muss sich *erinnern*, und wenn auch die Erinnerung mich und ebenso sicher meine Schicksalsgenossen keinen Augenblick freigibt, so brauchen wir doch wenigstens nichts davon zu wissen. Wir sind ja schon an den Zustand gewöhnt, der uns in diesem Land eigentümlich ist: Wir sind keinen Augenblick frei, wir sind nicht ›wir selbst‹, die Fremde gewinnt Macht über uns und entfremdet uns unserem eigenen Herzen.«

Das Reisen ist für Annemarie Schwarzenbach ein existenzielles Gleichnis, aber nur, um am Ende der Reise sich die Unmöglichkeit des eigenen Lebens einzugestehen. Ihren Freunden und ihrem Mann macht diese tiefe Verstörung zu schaffen. Nach ein paar Monaten im persischen Landhaus verlässt Annemarie Schwarzenbach, von Unruhe getrieben, ihren Mann und kehrt nach Europa zurück. Dem Vertrauten Claude Bourdet gesteht sie: »Ich werde tun, was ich als Claudes [Claracs] Frau zu tun habe, aber ich werde nicht mein Leben opfern.«

»Wird Gott nie seinen Frieden mit mir machen?«

Sie wird ihr Leben anders opfern: An die Unmöglichkeit, ihren Frieden mit sich und der Welt zu finden. Mehrmals wird sie nach Amerika reisen, ihren exilierten Freunden Erika und Klaus Mann hinterher, auch ihrer unglücklichen Liebe Margot von Opel. Den Orient wird Annemarie Schwarzenbach noch ein weiteres Mal aufsuchen – 1939 fährt sie in Begleitung der Globetrotterin und Reisejournalistin Ella Maillart mit dem Auto nach Afghanistan. Doch die Reise endet im Zerwürfnis und im Drogenrausch. Trotz der chaotischen Umstände bringt Annemarie Schwarzenbach über achtzig Artikel und Reisereportagen aus Afghanistan mit nach Europa, zudem zahllose Fotografien. Wegen der schwierigen Zeitverhältnisse – Europa befindet sich im Krieg, die Schweiz gleicht einer, wenngleich friedlichen, Festung – kann nur ein Teil der Artikel in Schweizer Zeitungen und Zeitschriften erscheinen. Erst im Jahre 2000 wird eine repräsentative Auswahl der Reportagen über die Afghanistan-Reise in dem Band *Alle Wege sind offen* publiziert. Deren Ton ist nachsichtig und tröstlich: »Man führte mich zum Hakim, der auf einem Filzteppich sass und eine Wasserpfeife rauchte. Während man mir Brot und ein Schälchen ungesüssten Tee anbot, umringte mich Jung und Alt, die Kinder staunten mich an, die schönen Mädchen bestasteten meine Kleider, der Arzt richtete freundlich-ernste Fragen an mich, gab mir ein Pferd und einen Führer mit, damit ich ja den Heimweg nicht verfehle. Echte Herzlichkeit im Wüstendorf und im reichen Garten von Schibargan, diese Tugend macht mir Afghanistan lieb und wert.«

Das sind verklärte Erinnerungen, nicht um den Lesern etwas vorzumachen, sondern um die selbst erlebten Strapazen zu lindern. Diese Strapazen aber gehen weit über das auf abenteuerlichen Reisen Übliche hinaus: Annemarie Schwarzenbach und Ella Maillart erleben und durchleben Sandstürme, Hitze, heftige Regenfälle, Reifenpannen, Diebstähle, sie leiden unter Durst, Fieber, Parasiten, Schlaflosigkeit. Doch das eigentliche Unglück ist und bleibt Annemarie Schwarzenbachs verhängnisvolle Schwäche für Drogen, die in Afghanistan, einem der Hauptanbaugebiete von Mohn, leicht zu beschaffen sind. Am 21. Oktober 1939 trennen sich die beiden Frauen im Streit. Ella Maillart, die später selbst ein Buch über die Reise schreiben wird *(Der bittere Weg)*, folgt einer Einladung und fährt ins indische Neu-Delhi. Annemarie Schwarzenbach hingegen zieht sich ins Lager der französischen archäologischen Delegation im Dorf Deh Hassan in der afghanischen Provinz Turkestan zurück und beginnt dort einen »kalten« Entzug. Sie ist körperlich, geistig und seelisch am Ende. Einmal rennt sie hinaus in die Wüste und schreit weinend in die feindliche Unendlichkeit hinein: »Wird Gott nie seinen Frieden mit mir machen?« Ende Dezember 1939 – in Europa wütet seit einem Vierteljahr der Krieg – ist sie wieder so weit bei Kräften, dass sie Afghanistan verlassen und nach Indien fahren kann. In Indore trifft sie sich mit Ella Maillart. Die beiden Frauen versöhnen sich – halten aber weiterhin die distanzierte Anrede »Sie« aufrecht. Ella Maillart versucht die Kollegin zum Bleiben zu bewegen. Doch Annemarie Schwarzenbach will zurück nach Europa. Am 7. Januar 1940 besteigt sie in Bombay ein Schiff, das sie nach Genua bringt.

Die folgenden zweieinhalb Jahre verbringt Annemarie Schwarzenbach unruhig zwischen der Schweiz, New York und dem französischen Kongo. Frankreich wird im Mai und Juni 1940 von deutschen Truppen besetzt. Als französische Staatsbürgerin ist Annemarie Schwarzenbach nun direkt vom Krieg betroffen. Das Haus in Sils, das ihr Vater, dessen Firma in Schieflage geraten ist, noch immer für sie hält, wird nur noch auf wenige Wochen zum Rückzugsort.

Annemarie Schwarzenbach reist im Mai 1940 in Begleitung ihrer Freundin Margot von Opel in die Vereinigten Staaten. In New York begegnet sie der erst dreiundzwanzigjährigen Schriftstellerin Carson McCullers, die in jenem Jahr mit ihrem Roman *Das Herz ist ein einsamer Jäger* einen sensationellen Erfolg feiert. McCullers beschreibt Annemarie Schwarzenbach, in die sie sich einseitig verliebt: »Ihr Gesicht war ein Donatello, mit den glatten blonden Haaren, die wie bei einem Jungen geschnitten waren. Ihr dunkelblauer Blick erforschte ihr Gegenüber in aller Ruhe. Ihr Mund war kindlich und weich.«

Annemarie Schwarzenbach wird immer zerbrechlicher und verletzlicher – äußerlich und innerlich. Sie gleicht einem »verwüsteten Engel«. Im New Yorker Hotel Bedford trifft sie ihre Freunde Klaus und Erika Mann wieder und feiert mit Klaus und seiner Clique rauschende Drogenfeste. Es folgen hässliche Szenen, psychotische Anfälle, einmal versucht Annemarie Schwarzenbach ihre Freundin Margot von Opel im Schlaf zu erwürgen. In einem Brief an Ella Maillart aus dem Jahre 1940 beschreibt Annemarie Schwarzenbach durchaus hellsichtig und zugleich ergeben ihre geistige Situation: »Ich glaube, akzeptieren zu müssen, daß für mich zwar ein gutes und verantwortliches Leben möglich ist, daß ich aber *niemals* vor Glück überschäumen werde. [...] Und ich glaube nicht, daß ich durch den Verzicht auf Drogen Glück, eine schlagartige Freude oder ein leichtes Leben ohne Leiden erlange. Aber ich glaube, daß das Leiden (nicht die ›Katastrophe‹) die Voraussetzung für alles ist, was ich aus meinem Leben oder meiner Begabung machen kann.«

Sie hält dem Leiden an sich und der Welt nicht mehr stand. Nach dem Tod des Vaters im November 1940 unternimmt sie einen Selbstmordversuch (mit einem Cocktail aus Schlaftabletten und Drogen) und wird anderntags von Margot von Opel aufgefunden. Annemarie Schwarzenbach wird ins Krankenhaus gebracht, später, nach einem erneuten Suizidversuch, zum Entzug und zur psychiatrischen Behandlung in eine Privatklinik eingewiesen. Dort verbringt sie mehrere Wochen ohne Kontakt zur Außenwelt.

Unter der Bedingung, sofort aus den Vereinigten Staaten auszureisen, wird sie Anfang Februar 1941 aus der Klinik entlassen. Sie fährt mit einem der wenigen noch verkehrenden Passagierschiffe zurück nach Europa – der Atlantik wird von deutschen U-Booten unsicher gemacht – und geht in Lissabon an Land. Sie kehrt kurz in die Schweiz zurück, wird jedoch nach wenigen Wochen von ihrer Mutter gezwungen, das Land zu verlassen. Annemarie Schwarzenbach ist und bleibt das schwarze Schaf der Familie, die Schande des Clans.

Noch einmal macht sie sich in die Ferne auf, in der Hoffnung, mit ihren Reportagen zum Kampf gegen Krieg und Faschismus beitragen zu können, aber auch im Verlangen, ihren inneren Frieden in der Fremde zu erlangen – ein vergebliches Unterfangen: Im Mai 1941 reist sie in den französischen Kongo, dann in den belgischen Kongo. Die Kolonien werden von den »freien« Verbänden Frankreichs und Belgiens kontrolliert. Annemarie Schwarzenbach bereist das Riesenland, das »Herz der Finsternis«, wie der Schriftsteller Joseph Conrad es nannte, fährt stromaufwärts bis Lisala, immer tiefer hinein in den schier undurchdringlichen, gefährlichen und teils unerforschten Dschungel, ohne sauberes Wasser, ohne Strom, ohne alle Annehmlichkeiten der Zivilisation. Sie schreibt einen Zyklus von Klageliedern unter dem Titel *Kongo-Ufer* – es wird ihr Schwanengesang. Darin lautet es: »Die Stunden verrinnen, ich wollte klagen,/sie haben mich seit vielen Tagen umhergetrieben,/und ich habe nur ein Leben. […]/[…] und Erinnerungen durchziehen/manchmal wie allmächtige Ströme die/Landschaft. Hundertmal hat meine arme/Seele den Tod geliebt, der ihr versagt ist.« Als sie endlich die grüne Hölle hinter sich lässt, wirkt sie erleichtert: »[…] ich hatte so lange im engen Kreis dieser schleichenden Bedrohungen gelebt und nach aus den Ästen glühenden Augen gespäht, daß ich den ersten Hauch der Befreiung untrüglich erkannte. Ging mein Atem leichter? […] hörte ich in der Stille das schläfrige Ziehen der Wolken und Vögel? – Ich jubelte, ich wollte weinen und blieb reglos vor Glück. […] Eine Straße schlängelt sich den Bergen zu, der ich folgen würde. Segen schwebte über der in feierlicher Morgenstille badenden und zum Licht emportauchenden Erde, dem Herzen Afrikas.«

Sie bleibt noch mehrere Monate im kongolesischen Léopoldville und Thysville und arbeitet an Artikeln und an einem Poem. Im Frühjahr 1942 verlässt sie den Kongo und fährt mit dem Schiff nach Lissabon. Sie reist nach Madrid, dann nach Tétouan in Spanisch-Marokko, wo sie sich mit ihrem Ehemann trifft, der dort im diplomatischen Dienst steht. Dann kehrt sie in die Schweiz zurück. Ende Juni begibt sie sich nach Sils. Noch einmal hofft sie darauf, ihren Frieden zu finden, in der geliebten Bergwelt, im Kontakt mit Freunden und den Bewohnern des Ortes, im Schreiben, in der Natur.

Am 6. September 1942 stürzt Annemarie Schwarzenbach vom Fahrrad. Sie wird ins Krankenhaus gebracht, später nach Bocken zu ihrer Mutter und dort von zwei Pflegerinnen versorgt. Sie hat schwere Gehirnschädigungen erlitten – nicht nur durch den Sturz, sondern auch infolge des jahrelangen Drogenmissbrauchs –, kann nicht mehr sprechen, nicht mehr gehen, erkennt die ihr nächsten Verwandten und Freunde nicht mehr.

Da Renée Schwarzenbach weiß, wie sehr ihre Tochter an Sils hängt, willigt sie ein, Annemarie zurück ins Engadin zu bringen. Annemarie Schwarzenbach stirbt am 15. November 1942 in Sils und wird einige Tage später im Familiengrab in Horgen bestattet.

Mutter und Großmutter vernichten einen Großteil der nachgelassenen Korrespondenz – unter anderem die Briefe von Erika und Klaus Mann, Ella Maillart, Carson McCullers und Claude Bourdet. Die Familienehre soll unbefleckt bleiben. Annemarie Schwarzenbachs Reisen – in den Orient, in den Kongo, in die Herzen der Finsternis, die des Erdballs und die der Seele – gelten in den Augen der bürgerlichen Familie Schwarzenbach-Wille als Ärgernis und Anstößigkeit. Erst rund fünfzig Jahre nach ihrem Tod wird die Schriftstellerin und Reisende Annemarie Schwarzenbach wiederentdeckt, werden ihre bis dahin im Schweizerischen Literaturarchiv in Bern liegenden Skripte – zum Teil erstmalig – ediert.

In ihrem Artikel *Nicht mehr viel Zeit*, entstanden auf ihrer letzten Reise durch Persien, schrieb Annemarie Schwarzenbach voller Trauer: »Ich weiß, dass ich es niemandem werde begreiflich machen können. Auch was ich hier geschrieben habe, ist völlig nutzlos; das bekümmert mich zuweilen. Denn meine Furcht gilt nur zwei Dingen: dem marternden Gefühl der Krankheit und Schwäche, weil ich es fast nicht mehr ertragen kann, und dem Gedanken, dass ich nicht genug Zeit haben werde, alles aufzuschreiben.«

Auswahlbibliografie

Sophie von La Roche

Assing, Ludmilla: Sophie von La Roche, die Freundin Wielands. Berlin 1859.

Becker-Cantarino, Barbara: Meine Liebe zu Büchern. Sophie von La Roche als professionelle Schriftstellerin. Heidelberg 2008.

La Roche, Sophie von: Reisetagebücher: Aufzeichnungen zur Schweiz, zu Frankreich, Holland, England und Deutschland. Ausgewählt und mit einer Einführung von Klaus Pott. Konstanz 2006.

Maurer, Michael (Hg.): Ich bin mehr Herz als Kopf. Sophie von La Roche. Ein Lebensbild in Briefen. München 1983.

Meighörner, Jeannine: Sophie von La Roche. »was ich als Frau dafür halte«. Deutschlands erste Bestsellerautorin. Erfurt 2006.

Milch, Werner: Sophie La Roche. Die Großmutter der Brentanos. Mit 24 Bildern. Frankfurt/M. 1935.

Ottenbacher, Viia und Heinrich Bock: »… schönere Tage sah ich nie …«. Sophie von La Roche in Warthausen. Spuren 38. Marbach/N. 1997.

Strohmeyr, Armin: Sophie von La Roche. Eine Biografie. Leipzig 2006.

Vorderstemann, Jürgen: Sophie von La Roche. Eine Bibliographie. Bibliographische Hefte. 2. Mainz 1995.

Louise Seidler

Kaufmann, Sylke (Hg.): Goethes Malerin. Die Erinnerungen der Louise Seidler. Berlin 2003.

Körner, Irmela (Hg.): Frauenreisen nach Italien. Schriftstellerinnen des 19.Jahrhunderts beschreiben das Land ihrer Sehnsucht. Wien 2005, S.97–138.

Kovalevski, Bärbel: Louise Seidler. 1786–1866. Goethes geschätzte Malerin. Berlin 2006 [mit umfangreicher Bibliografie].

Malwida von Meysenbug

Hering, Sabine und Karl-Heinz Nickel (Hgg.): Malwida von Meysenbug – Ausgewählte Schriften. Königstein/Taunus 2000.

Leis, Mario: Frauen um Nietzsche. Reinbek 2000.

Leisner, Barbara: Malwida von Meysenbug. »Unabhängig sein ist mein heißester Wunsch«. München und Düsseldorf 1998.

Meysenbug, Malwida von: Aus den Memoiren einer Idealistin. Hg. und bearbeitet von Fritz Böttger. Berlin 1970.

Meysenbug, Malwida von: Der Lebensabend einer Idealistin. Nachtrag zu den *Memoiren einer Idealistin*. Berlin 1906.

Meysenbug, Malwida von: Individualitäten. Berlin 1902.

Nickel, Karl-Heinz (Hg.): Malwida von Meysenbug: Durch lauter Zaubergärten der Armida. Ergebnisse neuerer Forschungen. Kassel 2005.

Reuter, Martin: 1848, Malwida von Meysenbug und die europäische Demokratiegeschichte. Die Politik einer aristokratischen Demokratin im 19. Jahrhundert. Kassel 1998.

www.meysenbug.de [Homepage der Malwida von Meysenbug-Gesellschaft e. V.].

Frieda von Bülow

Bülow, Frieda von: Im Lande der Verheißung. Ein deutscher Kolonial-Roman. Dresden 1899.

Bülow, Frieda von: Reisescizzen und Tagebuchblätter aus Deutsch-Ostafrika. [Berlin 1889]. Herausgegeben mit einer Einleitung, Anmerkungen und einem Literaturverzeichnis von Katharina von Hammerstein. Cognoscere Historias. Bd. 19. Berlin 2012.

Czernin, Monika: »Jenes herrliche Gefühl der Freiheit«. Frieda von Bülow und die Sehnsucht nach Afrika. [Romanbiografie]. Berlin 2008.

Decker, Kerstin: Meine Farm in Afrika. Das Leben der Frieda von Bülow. [Romanbiografie]. Berlin 2015.

Graichen, Gisela und Horst Gründer: Deutsche Kolonien. Traum und Trauma. Unter Mitarbeit von Holger Diedrich. Berlin 2005.

Hammerstein, Katharina von: Sich MitSprache erschreiben. Selbstzeugnisse als politische Praxis schreibender Frauen, Deutschland 1840–1919. Heidelberg 2013, S. 205–249.

Hoechstetter, Sophie: Frieda Freiin von Bülow. Ein Lebensbild. Dresden 1910.

Peters, Carl: Lebenserinnerungen. Hamburg 1918.

Wieben, Uwe: Carl Peters. Das Leben eines deutschen Kolonialisten. Rostock 2000.

Marie von Bunsen

Bunsen, Marie von: Die Welt, in der ich lebte. Erinnerungen aus glücklichen Jahren. 1860–1912. Leipzig 1929.

Bunsen, Marie von: Im fernen Osten. Eindrücke und Bilder aus Japan, Korea, China, Ceylon, Java, Siam, Kambodscha, Birma und Indien. Leipzig 1943 [Erstausgabe: Leipzig 1934].

Bunsen, Marie von: Im Ruderboot durch Deutschland. Havel, Werra, Weser und Oder. Berlin 1914.

Bunsen, Marie von: Zeitgenossen, die ich erlebte. 1900–1930. Leipzig 1932.

Krebs, Gerhard: Marie von Bunsen und Japan. In: Japanstudien. Jahrbuch des Deutschen Instituts für Japanstudien. Bd. 2 (1990). München 1991, S. 259–268.

Elisabeth von Heyking
Heyking, Elisabeth von: Briefe, die ihn nicht erreichten. Berlin 1903.
Heyking, Elisabeth von: Tagebücher aus vier Weltteilen 1886–1904. Hg. von Grete Litzmann. Leipzig 1926.
Lindenberg, Paul: Es lohnte sich, gelebt zu haben. Erinnerungen. Berlin o. J. [1941].
Merck, Heinrich: Begegnungen und Begebnisse. Gesellschaft der Bücherfreunde zu Hamburg. Hamburg 1958, S. 25–29.
Sieberg, Herward: Elisabeth von Heyking. Ein romanhaftes Leben. Hildesheim 2012.
Strohmeyr, Armin: Die Frauen der Brentanos. Porträts aus drei Jahrhunderten. Berlin 2006.

Annette Kolb
Annette Kolb – René Schickele. Briefe im Exil 1933–1940. In Zusammenarbeit mit Heidemarie Gruppe, herausgegeben von Hans Bender. Herausgegeben von der Akademie der Wissenschaften und der Literatur zu Mainz, Klasse der Literatur, Bd. 65. Mainz 1987.
Bauschinger, Sigrid (Hg.): Ich habe etwas zu sagen. Annette Kolb 1870–1967. Ausstellung der Münchner Stadtbibliothek anläßlich ihres 150jährigen Bestehens 24.9.–29.10.1993. Konzeption: Sigrid Bauschinger unter Mitarbeit von Ursula Hummel und Sabine Kinder. München 1993.
Benyoëtz, Elazar: Annette Kolb und Israel. Heidelberg 1970.
Kolb, Annette: Beschwerdebuch. Berlin 1932.
Kolb, Annette: Daphne Herbst. Roman. Berlin 1928.
Kolb, Annette: Das Exemplar. Roman. Berlin 1913.
Kolb, Annette: Die Schaukel. Roman. Berlin 1934.
Kolb, Annette: Glückliche Reise. Stockholm 1940.
Kolb, Annette: Memento. Frankfurt/M. 1960.
Kolb, Annette: Wege und Umwege. Leipzig 1914.
Lemp, Richard: Annette Kolb. Nachlaßverzeichnis und Bibliographie. Aus: Richard Lemp: Annette Kolb. Mainz 1970, S. 33–67, 114–117.
Strohmeyr, Armin: Annette Kolb. Dichterin zwischen den Völkern, München 2002 [mit ausführlicher Bibliografie].

Alma Karlin
Burkhardt, Matthias: Malerin, Partisanin, Mystikerin. Thea Schreiber-Gammelin. 1906–1908. Rostock 2010.

Karlin, Alma M.: Einsame Weltreise. Die Tragödie einer Frau. Minden i. W., Berlin und Leipzig 1930.

Karlin, Alma M.: Erlebte Welt. Das Schicksal einer Frau: Durch Insulinde und das Reich des weißen Elefanten, durch Indiens Wunderwelt und durch das Tor der Tränen. Minden i.W., Berlin und Leipzig 1933.

Karlin, Alma M.: Im Banne der Südsee. Als Frau allein unter Pflanzern und Menschenfressern, Sträflingen, Matrosen und Missionaren. Minden i.W., Berlin und Leipzig 1930.

www.almakarlin.si [mit Bibliografie]

Annemarie Schwarzenbach

Fleischmann, Uta (Hg.): »Wir werden es schon zuwege bringen, das Leben.« Annemarie Schwarzenbach an Erika und Klaus Mann. Briefe [1930–1942]. Herbolzheim 1993.

Georgiadou, Areti: »Das Leben zerfetzt sich mir in tausend Stücke«. Annemarie Schwarzenbach. Eine Biographie. Frankfurt/M. 1996.

Lavizzari, Alexandra: Fast eine Liebe. Annemarie Schwarzenbach und Carson McCullers. Berlin 2008.

Maillart, Ella: Der bittere Weg. Mit Annemarie Schwarzenbach unterwegs nach Afghanistan. Zürich 2003.

Miermont, Dominique Laure: Annemarie Schwarzenbach. Eine beflügelte Ungeduld. Biographie. Zürich 2008.

Müller, Nicole, und Dominique Grente: Der untröstliche Engel. Das ruhelose Leben der Annemarie Schwarzenbach. München 1996.

Schwarzenbach, Alexis: Auf der Schwelle des Fremden. Das Leben der Annemarie Schwarzenbach. München 2011.

Schwarzenbach, Annemarie: Alle Wege sind offen. Die Reise nach Afghanistan 1939/1940. Ausgewählte Texte. Mit einem Essay von Roger Perret. Basel 2003.

Schwarzenbach, Annemarie: Tod in Persien. Mit einem Essay von Roger Perret. Basel 1995.

Schwarzenbach, Annemarie: Winter in Vorderasien. Tagebuch einer Reise. Basel 2002.

Strohmeyr, Armin: Klaus und Erika Mann. »Wir traten wie Zwillinge auf«. Eine Biografie. Leipzig 2004.